大学生通识精品系列教材

西方文化述要

——认识你自己

（修订版）

蔡申 著

西安交通大学出版社
XI'AN JIAOTONG UNIVERSITY PRESS

图书在版编目(CIP)数据

西方文化述要:认识你自己/蔡申著.—修订版.
—西安:西安交通大学出版社,2016.5(2020.8重印)
大学生通识精品系列教材
ISBN 978-7-5605-8531-4

Ⅰ.①西… Ⅱ.①蔡… Ⅲ.①西方文化-文化史-
高等学校-教材 Ⅳ.①K500.3

中国版本图书馆CIP数据核字(2016)第111711号

书　　名 西方文化述要——认识你自己(修订版)
著　　者 蔡　申
责任编辑 雒海宁

出版发行 西安交通大学出版社
(西安市兴庆南路1号　邮政编码710048)
网　　址 http://www.xjtupress.com
电　　话 (029)82668357　82667874(发行中心)
(029)82668315(总编办)
传　　真 (029)82668280
印　　刷 西安日报社印务中心

开　　本 700 mm×1000 mm　1/16　**印张** 20.875　**字数** 275千字
版次印次 2016年8月第1版　2020年8月第4次印刷
书　　号 ISBN 978-7-5605-8531-4
定　　价 39.00元

读者购书、书店添货,如发现印装质量问题,请与本社发行中心联系、调换。
订购热线:(029)82665248　(029)82665249
投稿热线:(029)82668525
读者信箱:xjtu_rw@163.com

目录

引　言

第一章　童年的思考——古希腊文明…………………… (001)

一、古希腊罗马概述 …………………………………… (002)

二、希腊神话 ………………………………………… (011)

三、《荷马史诗》 ………………………………………… (022)

四、希腊悲剧与《俄狄浦斯王》 ………………………… (027)

五、古希腊哲学与多方面的文明成就 ………………… (035)

六、古希腊文明的特点 ……………………………… (047)

第二章　灵魂的渴望——基督教文明…………………… (059)

一、风从东方来 ……………………………………… (060)

二、从犹太教到基督教 ……………………………… (070)

三、《圣经》的主要内容 ……………………………… (079)

四、《圣经》的文化意义 ……………………………… (086)

五、希伯来文明的特点 ……………………………… (096)

六、中世纪及其文明成就 …………………………… (106)

第三章　青春的觉醒——文艺复兴与宗教改革………… (116)

一、文艺复兴及其文化成就 ………………………… (116)

二、但丁与莎士比亚 ………………………………… (129)

三、宗教改革 ………………………………………… (138)

四、新教伦理 ………………………………………… (147)

五、科学与理性主义的发展 ………………………… (155)

六、从巴洛克到古典主义 …………………………… (165)

第四章　巨人的成长——启蒙运动 ……………………（174）
一、启蒙运动 ……………………………………………（175）
二、歌德与《浮士德》 ……………………………………（183）
三、革命年代 ……………………………………………（190）
四、从浪漫到现实 ………………………………………（203）
五、群星灿烂的俄苏文艺 ………………………………（216）
六、社会主义从空想到科学 ……………………………（228）
第五章　失重年代的思考——现代思潮 ………………（238）
一、上帝死了 ……………………………………………（239）
二、异彩纷呈世纪文坛 …………………………………（256）
三、异化理论与表现主义 ………………………………（271）
四、心理分析与意识流小说 ……………………………（279）
五、存在主义哲学与存在主义文学 ……………………（289）
六、《不能承受的生命之轻》 ……………………………（301）
结语 ……………………………………………………（310）

引言

在古希腊著名的德尔斐神庙①入口，可以看到镌刻在石头上的一句话："认识你自己！"——这一流传千古的箴言，实际上诠释了整个西方文化的核心价值与最高使命。

人类跨入文明的门槛已经有近6000年的历史。就西方文化来说，从构成其源头的希腊罗马文明和希伯来文明，到"二希"汇流的中世纪文化、文艺复兴、宗教改革、科学革命、启蒙运动，再到百余年来的现代思潮，贯穿始终的一条红线就是人类对自我的认识，和对人生意义的叩问与追寻。正如卡西尔在《人论》中所说，这"已被证明是阿基米德点，是一切思维的牢固而不可动摇的中心"②。

什么是文化？文化学的奠基者泰勒说："文化是包括知识信仰、艺术、道德、法律、习俗和任何人作为一名社会成员获得的能力和习惯在内的复杂整体"③。在这个复杂整体里，最核心的是什么呢？泰勒强调的是

古希腊著名的德尔斐神庙遗址

---

① 德尔斐神庙对古希腊人来说是一个有着特殊意义的地方。据说，宙斯从天涯两极同时放飞的双鹰，最后在这里交汇，希腊人立石为记，称为"地球之脐"。人们关注德尔斐神庙，还因为她言无不中的神谕。从个人命运，到军国大事，德尔斐神庙的谕言都非常准。而在神庙的入口，则镌刻着那句著名的箴言："认识你自己"

② [德]恩斯特·卡西尔. 人论[M]. 甘阳，译. 上海：上海译文出版社，2003:3.

③ [英]爱德华·泰勒. 原始文化：神话、哲学、宗教、语言、艺术和习俗发展之研究[M]. 连树声，译. 桂林：广西师范大学出版社，2005.

“使人与其他动物有所分别”的一种智慧。由此，我们或许也可以引申出一个简单而通俗的定义：文化就是“人化”。

文化，“化”是变化、化成，由一种状态变成另一种状态，由一种事物变成另一种事物；向哪儿变？向哪儿“化”？——“文”化，把生物学意义上的人变成、“化”成文化意义上的人。泰勒说的使人和其他动物“有所分别”的到底是什么呢？就是这个“文”字。正是这样一个“文”字，标志着人和其他动物的不一样。人不仅有“食色性也”，而且有意识，有思想，有理性，有审美的能力，有精神上的追求，特别是人还有理想、有信仰，有对人生价值、人生意义的思考和实践。所以，我们说任何文化都是人一步步地把自己变得更像人的一种行为和过程。文化追求的最终目的，在于一个大写的“人”字。

构成文化的有物质、制度、精神等层面，其核心在于精神层面。在精神层面中，最根本的是人对自我的认识与造就。我们说文化是人使自己一步步变得更像人的过程，这个过程就是人对自我的认识与造就的过程。

再进一步来看，在人的自我认识与造就中，最关键的又是什么呢？我认为，是关于人生价值、人生意义的思考与探究。现在常说一个概念叫“终极关怀”，“终极关怀”就是人活着都要关注，都要搞清楚的一些核心问题——我是谁，我从哪里来，到哪里去；我的现实存在、我生命的意义等等。我们讲“文化将人和动物区别开来”，这个区别中最根本、最主要的，是人有关于自我的这个意识，有“活明白”、“不白活”的生命欲求。

苏格拉底说：“未经思考的生活是不值得过的”。一部文明史，人类始终关注的一个核心问题就是人生的价值和意义。一个人为什么活，应该如何活，怎么才叫没白活？——这是人生的根本性问题，是任何一个时代、任何一个民族的人都要面对的问题。

正是对人生意义锲而不舍的追求与超越，构成了整个西方“文”化、“人”化，成长、成“人”的历史。

第一章

童年的思考——古希腊文明

德国哲学家雅斯贝尔斯(1883—1969)曾提出过所谓“轴心时代”的概念。他认为,公元前800年至公元前200年之间,是人类文明的“轴心时代”。在那个时代,希腊、以色列、中国和印度的古代文化都发生了“终极关怀的觉醒”。“轴心时代”的各大文明都出现了伟大的精神导师,古希腊有苏格拉底、柏拉图,以色列有犹太教的先知,印度有释迦牟尼,中国有孔子、老子,古波斯有索罗亚斯特,由此形成了不同的文化传统。这些文化传统经过2000多年的发展,在相互影响中已成为人类文明的共同精神财富。而那些没有能够实现超越突破的,如巴比伦文化、埃及文化等,虽然规模宏大、成就不菲,却都难以摆脱灭绝的命运。雅斯贝尔斯说:“人类一直靠轴心时代所产生的思考和创造的一切而生存,每一次新的飞跃都回顾这一时期,并被它重新燃起火焰”①。

掷铁饼者——米隆

古希腊是“轴心时代”的一个重要组成部分。作为西方文明主要源头之一的古希腊文明,其发端固然离不开近东文

① [德]卡尔·西奥多·雅斯贝尔斯.历史的起源与目标[M].魏楚雄,等,译.北京:华夏出版社,1989:14.

明的哺育，但它在成长过程中最终还是与近东文明分道扬镳，而且表现出了极高的原创性和人文主义特征。希腊人所创造的文明，特别是以雅典为代表的希腊文明，其基础是建立在乐观、自由、理性、人文等人类最为崇尚的理想之上的，具有人类文明的崇高性和元典精神。它的存在不仅对西方文明的内容和走向产生了巨大的、决定性的影响，而且成为烛照后世的伟大文明遗产，其价值早已经超越时空，成为每一代人和每一个民族，在任何历史阶段都可以一次又一次进行挖掘，并从中获得宝贵启迪的伟大文明。

一、古希腊罗马概述

古希腊。古希腊是整个西方文化最直接的源头，也是西方文化发展的第一个高峰。如英国著名诗人雪莱所说："我们都是希腊人！"

古希腊文化涵盖了从氏族制希腊社会到希腊化时代的文化，持续时间1000多年。

希腊是海洋孕育的民族。希腊位于欧洲南部，地中海的东北部。包括巴尔干半岛南部、小亚细亚半岛西岸和爱琴海中的许多小岛。希腊的东面是小亚细亚，再过去就是两河流域，北面是今天的东欧，南面通过克里特岛连接了埃及和整个非洲大陆。这样一个区域，其实关涉到了小亚细亚文明、非洲文明、欧洲文明。

希腊多山地，干旱而贫瘠。特定的地理条件使古希腊人难以靠农耕方式谋生。但是，这里海岸曲折，海岛相连，港湾众多。古希腊人往往凭借得天独厚的海洋资源，从事海外贸易，海外殖民和经济文化交流。地中海气候温和宜人，盛产葡萄酒和橄榄油，为希腊的海外贸易提供了商品。所以，古希腊同其他地区，特别是同埃及和西亚各国有着广泛的商业和文化联系。早在古希腊文明诞生之前，西亚的两河流域就已经具备了较先进的书写、冶金、纺织等技艺，艺术，数学、天文学、建筑学也达到了相当高的水平。地处北非的埃及，在工业、农业、科学、文学艺术方面更出现了古代罕见的奇迹。这些丰富的文明资源给希腊带来了深刻的、多方面的影响。

丹纳在《艺术哲学》里提到一个非常著名结论：艺术受制于三大条件，即种族、时代和环境①。希腊的自然环境是非常美的。《荷马史诗》描绘爱琴海②，说它是醇酒的颜色，它那种沁人心脾的清澈和碧蓝，会让人产生一种所谓的幸福发呆感。在这样的一个环境里，诞生非凡的艺术，出现伟大的文明，是很自然的。

古希腊文明的发展大致经历了三个阶段：爱琴文明、城邦文明和希腊化时代。

爱琴文明。公元前 3000 年左右，在爱琴海区域已有两个民族先后创造出了米诺斯文明和迈锡尼文明。这种最初的奴隶制文明的产生，标志着西方结束了漫长的史前时代，迎来了文明的曙光。

米诺斯文明诞生于克里特岛。克里特岛曾是早期地中海上的良好贸易港口，与古埃及和小亚细亚有着密切的商业联系。公元前 2500 年左右，在克里特岛出现了一些奴隶制小国家，其中以米克诺索斯的米诺斯王朝最为强大。公元前 1600 年左右，克里特文明进入繁荣期，出现了象形文字、青铜器、陶器，金银制作技术也有了明显进步。米诺斯王宫建筑规模宏大，结构复杂，希腊神话中所说的“迷宫”即指此。公元前 15 世纪末，米诺斯王朝走向衰落，来自希腊半岛的迈锡尼人占领了米诺斯，爱琴文化也由以克里特文化为主，转入以迈锡尼文化为

① 伊波利特·阿道尔夫·丹纳(1828—1893)：法国著名文艺理论家和史学家，历史文化学派的奠基者和领袖人物，被称为“批评家心目中的拿破仑”。他的艺术哲学对 19 世纪的文艺研究产生了深远的影响。《艺术哲学》是丹纳最重要的文艺理论著作。

② 希腊神话说，克里特岛米诺斯国王的儿子在雅典被人杀害，为了替儿子复仇，米诺斯要求神的惩罚。雅典人向米诺斯求和，答应每隔 9 年送 7 对童男童女到克里特岛。在米诺斯迷宫的深处，有一只人身牛头的怪物米诺牛，这个生性凶狠残忍的怪物是宙斯的私生子，雅典送来的童男童女就是给它吃的。雅典国王爱琴的儿子、著名的希腊英雄忒修斯决心前去为民除害。爱琴和儿子约定，忒修斯如果杀死米诺牛，返航时就把船上的黑帆换成白帆。忒修斯来到克里特，他的英俊潇洒让米诺斯的公主阿里阿德里涅一见钟情。公主知道忒修斯的使命后，送给他一把魔剑和一个线团。忒修斯将线团的一端拴在迷宫的入口处，然后放开线团，沿着曲折的通道走向迷宫深处。他找到并杀死了米诺牛，又顺着线走出迷宫，逃离了克里特岛。经过几天的航行，雅典遥遥在望。忒修斯和伙伴们沉浸在兴奋中，却忘记了和父亲的约定。一直翘首等待的爱琴国王看到归船上挂的仍然是黑帆，以为儿子已被米诺牛吃了，悲痛之下跳海自杀。为了纪念这位慈爱的父亲，那片海便得名“爱琴海”。

主的时期。

迈锡尼位于伯罗奔尼撒半岛。迈锡尼人创造的文化通常被称为青铜文化。迈锡尼王国的社会制度类似东方的君主制，实行完全的军事化，其赫赫声威在荷马史诗《伊利亚特》中多有描绘。迈锡尼城堡的狮子门体现着它的强大和威严：四块巨石构成门槛、左右门框和顶拱，顶拱之上是一块刻着两只狮子浮雕的大石板。

大约在公元前13世纪初，发生了著名的特洛伊战争。以迈锡尼为首的希腊联军尽管最终摧毁了特洛伊城，但自身的损失也极其巨大，由此趋于衰落。

爱琴社会给古代希腊留下了丰富的文化遗产。爱琴社会的农业、手工业和航海技术为古代希腊人所继承。他们的建筑、壁画和雕刻艺术，到希腊古典时代得到了广泛发展。在迈锡尼时代的泥板文书中，已有宙斯、赫拉、阿耳弥斯、波塞冬等诸神的名字，可见希腊神话早在克里特——迈锡尼时代就已有了雏形。以爱琴社会为题材的《荷马史诗》，对于希腊精神的塑造更是产生了无与伦比的巨大影响。

城邦文明。从公元前8世纪到公元前5世纪，是古希腊历史上的“古风时期”。

公元前800年前后，一个崭新的城邦文明崛起于希腊半岛和爱琴海周边地区，古希腊文明进入了一个非常繁盛的时代。很多美丽的希腊神话都是城邦时期开始流传的。希腊人的称谓开始成为该地区人们的通用称谓。

古希腊曾建立了200多个奴隶制城邦国家，他们以城市为中心，连同城郊和农村，组成大小不一、各自为政的城邦国。各邦国之间一般是平等的邻邦关系。到了公元前7世纪末，希腊各城邦的经济几乎完全变成了外向型，海上贸易成为经济的主导。寻找土地，寻找粮食，寻找矿产、金属，成为希腊海外扩张的三大动力。公元前6世纪到公元前5世纪，以雅典为代表的希腊城邦文明达到了极盛时期。对外战争的胜利，也在一定程度上强化了繁荣的局面。公元前5世纪初的希波战争，希腊人在马拉松战役和萨拉米战役中取得了重大胜利①。战后，许多希腊城邦建立海上同盟，抵御波斯侵略。雅典是海上同盟的盟主。

希腊城邦国中最大的是雅典和斯巴达，他们的发展道路也最具代表性和独特性。古希腊的历史，主要是围绕他们的存在和影响而展开的。

雅典被视为希腊民主制的典范。公元前 594 年，梭伦②执政，推行政治改革，使雅典在通向民主制的道路上迈出了一大步。民主制在伯里克利③时代发展到顶点。希波战争结束之后，以雅典为首的希腊各城邦奴隶制经济走向繁荣，城邦民主政治发展到了一个黄金时代。以此为基础的哲学、政治学、伦理学、文学、艺术及科学技术等，都出现了空前繁荣的局面。

然而，伯罗奔尼撒战争④使希腊城邦陷入了严重的危机，希腊由此一步步走向衰落，各城邦先后为马其顿所征服。

---

① 希波战争是古代波斯帝国为了扩张版图而入侵希腊的战争，是世界历史上第一次欧亚两洲大规模的国际战争。这场战争前后持续了将近半个世纪，结果以希腊获胜，波斯战败而告结束。首战是公元前 491 年的马拉松战役。此役中雅典人利用地形和智谋，以弱敌强，以少胜多。波斯军队阵亡 6400 人，雅典方面仅损失 192 人。希腊取得胜利后，指挥官派战士费里皮德斯由马拉松回雅典报捷，费里皮德斯一气跑了 42.195 公里，到雅典后只喊了一句："我们胜利了！"就力竭而死。为纪念这位英雄，希腊人在 1896 年举行了第一次马拉松赛跑大会。后来，马拉松长跑成为奥运会的固定比赛项目。希波双方的决定性较量是萨拉米战役。公元前 480 年，波斯国王薛西斯一世亲率大军，分水陆两路再度远征希腊，在温泉关被斯巴达国王列奥尼达率领的希腊联军阻挡。后来，波斯军队利用希腊内奸领路迂回到了希腊军背后，利奥尼达率领 300 斯巴达勇士坚守温泉关，最后全部阵亡。在随后的萨拉米斯海战中，希腊人却再次以弱胜强，最终彻底扭转了整个战局。他们不仅将波斯人彻底赶出了欧洲，而且还解放了久被波斯占领的小亚细亚沿岸的各希腊移民城邦，波斯帝国由此一蹶不振。

② 梭伦(公元前 638—公元前 559)，古希腊七贤之一，古希腊最杰出的政治家之一，也是一位多才多艺的诗人。梭伦在前 594 年出任雅典城邦的第一任执政官，制定法律，进行改革，史称"梭伦改革"。

③ 伯里克利(约公元前 495—公元前 429)，政治家，古希腊奴隶主民主政治的杰出的代表。在伯里克利的领导下，雅典的奴隶制经济、民主政治、海上霸权和古典文化臻于极盛。

④ 伯罗奔尼撒战争是以雅典为首的提洛同盟与以斯巴达为首的伯罗奔尼撒联盟之间的一场战争，从公元前 431 年一直持续到前 404 年，几乎所有的希腊城邦都卷入了这场战争。期间，双方曾几度停战，最终斯巴达获得了胜利。这场战争给繁荣的古希腊带来了前所未有的破坏，整个希腊由盛转衰。

人们常把希腊城邦这一空前繁荣而后又走向衰落的时期称为“古典时代”。

古代雅典有着丰富的精神文化生活。城邦宗教节日期间举行的各种庆典和祭祀活动，成为全体公民参与的公共生活。如泛雅典娜节、奥林匹亚赛会等。宙斯是各城邦的主神，希腊各邦每年一次到奥林匹亚的宙斯庙举行大祭，大祭期间还要进行体育竞赛和文艺表演。据说第一次宙斯大祭是在公元前776年，后人把这次奥林匹亚赛会，作为第一届奥运会载入了史册。对希腊人来说，奥林匹亚赛会是高于一切的大事，赛会期间禁止战争，即使战事正在进行，也必须“神圣休战”，人们要忘掉仇恨与战争，投身竞技比赛。因此，奥运火炬象征着和平、光明、团结与友谊。

斯巴达是一个奴隶制的公社国家。虽然斯巴达也同其他城邦国家一起进入了奴隶制社会的繁荣时期，但它在教育方面却仍实施氏族部落式的军事教育。斯巴达教育的唯一目的，就是要通过严酷的军事体育训练，把氏族贵族的子弟培养成为合格的武士。斯巴达的儿童属于国家。孩子一出世就受到严格挑选，只有体质健壮的才能留下来，虚弱的便弃之荒野任其死去。男孩从7岁到18岁集中过兵营生活。在这10年中，他们要接受单调严格的军事体育训练。军营中缺衣少食，冬天也得光头赤足，睡觉不用被褥，只铺垫野草芦苇。格斗是日常课题，和野兽搏斗也是不可少的。受了伤不能哀叫，否则要遭到毒打甚至处死。凡此种种，都是为了把他们训练成身强力壮，坚韧凶狠、机敏顺从的战士。年满20岁要开往边境，开始实战训练。这一阶段也需要10年。直到年满30岁，通过一定仪式才能成为合格的军人，获得正式的公民身份。斯巴达的妇女也要接受军事训练。当男子外出征战时，妇女要承担防守城池的责任。在著名的温泉关战役中，300勇士视死如归，坚守不退，为斯巴达人留下了彪炳史册的光荣。

斯巴达式的教育作为一种古典的教育方式，不仅对柏拉图、亚里士多德的教育思想，而且对后世西方教育（如英国的寄宿学校和公学等）都有明显的影响。

希腊化时期。公元前4世纪前后，战争、瘟疫和内讧一步步耗尽了希腊的元气。位于希腊北部的马其顿日渐强大，并最终击败了底比斯和雅典的反抗，将整个希腊置于自己的统治之下。但是，马其顿人在文化方面却心悦诚服地崇敬着希腊。马其顿亚历山大大帝就是亚里士多德的学生。亚历山大也是一位百科全书式的人物，不仅是天才的军事家和政治家，还擅长体育竞技，精通文学、医学和科学。亚历山大的铁骑在把战火燃向东方的同时，也把希腊的辉煌文化带到了东方。古希腊文明随着亚历山大大帝的东征，传播到了所有被征服地区，影响得到了空前的扩大。这就是所谓的希腊化时期。

古罗马。古罗马兴起于意大利半岛。位于欧洲南部的意大利半岛像一只穿着长筒靴的脚从欧洲大陆伸入地中海，它与希腊既相连又相望。

在希腊古典文化高度繁荣之时，罗马还是一个刚刚步入文明的城邦。随着罗马的对外扩张，它越来越多地接触并受到希腊文化的影响。到公元前8世纪，罗马开始大量吸收希腊文化，并在此基础上形成了具有自身特色的文化。

相传罗马城是由一对孪生兄弟所建。据维吉尔《埃涅阿斯纪》所载，两兄弟是特洛伊英雄伊尼特的后代。伊尼特本是爱神阿芙洛狄忒之子。特洛伊战争之后，他带领一部分逃亡的特洛伊人，经过长期跋涉和漂泊，来到意大利中部的拉丁姆平原。后来，他的儿子阿斯卡尼在此兴建了亚尔巴龙加城，并做了国王。当传到努米托为王时，其弟阿穆略弑兄篡位，并杀死了他的侄儿，只留下一个侄女西尔维亚。阿穆略为防止西尔维亚生育子嗣对他构成威胁，便强迫她做了维斯塔神庙的女祭司，并将她囚于孤塔之中。但战神阿瑞斯爱上了西尔维亚，并来到塔中与她相会。西尔维亚生了一对孪生子，即罗慕洛与勒莫兄弟。阿穆略闻知后，下令处死西尔维亚，并将刚出生的孪生兄弟投入台伯河中。可是，他们被河水冲到了岸上，并由一只母狼用自己的乳汁养活了。两兄弟长大成人后杀死了阿穆略，夺回了王位，在台伯河畔母狼哺养他们的地方建立了一座城市，并以罗慕洛的名字将该城命名为罗马。罗马的城标就是一尊青铜的母狼雕像,母狼腹下有两个正在吮吸乳汁的婴儿。

罗马建城不久,兄弟俩因利益之争起了冲突,罗慕洛斯杀死弟弟,成为唯一的统治者。罗马最初的居民多是一些奴隶、逃犯和亡命之徒,其他城邦的人均不愿与之通婚。罗马人以举行盛大的献祭仪式为名,引来了邻近的萨宾人。罗马人则乘机劫掠了萨宾人的妇女,强行成婚。后来,当萨宾人前来兴师问罪时,那些当初被劫掠的妇女们却怀抱婴儿冲至两军阵前,制止了这场即将在父兄和丈夫之间发生的战争,从而使萨宾人与罗马人走到了一起①。

古罗马的历史一般分为王政时代、共和时代和帝国时代。

公元前753年,罗慕洛斯在台伯河畔创建罗马城,开创了王政时代。在王政时代,国王是大立法官、军队的首领、大祭祀长,其权力只受元老院和公民大会的制约。元老院就是元老议会,由不同部族首领组成,有权通过或否决国王的任命以及判定国王的立法和诉讼。公民大会由罗马的全体男性公民构成。

公元前510年,罗马人驱逐了王政时代的第七任君主“高傲者”塔克文②,建立了罗马共和国。共和国由元老院、执政官和部族会议三权分立。掌握国家实权的元老院由贵族组成。执政官由百人队会议从贵族中选举产生,行使最高行政权力。部族大会由平民和贵族构成。

在共和时期,罗马开始迅速向外扩张。对于共和国早期的罗马人来说,战争成为他们维系生活的重要手段,只有通过战争他们才能获得财富和基本的生存资料——土地。孟德斯鸠评论道:“罗马因此永远是处于战争状态,而且这些战争又永远是激烈的战争……罗马人不战胜决不缔结和约”③。整个罗马如同一台疯狂旋转的战争机器,在短

---

① 罗马人主要由三个不同的部族共同构成,他们分别是:以罗慕洛斯命名的罗马纳人,以萨宾人的首领塔提乌斯命名的塔提恩人,以及因曾在丛林中避难而被称为卢克伦人的亡命者。

② 卢修斯·塔克文·苏佩布(? —公元前496年),罗马王政时代第七任君主,据传他杀死了他的岳父前任国王塞尔维乌斯·图利乌斯才登上王位,被视为暴君和独裁者。公元前509年被人民起义所推翻。

③ [法]孟德斯鸠.罗马盛衰原因论[M].婉玲,译.北京:商务印书馆,2009:6.

短的几个世纪里，他们就从小小的“七丘之国”，发展成为一个雄霸欧亚非三大洲的超级世界大国。

在对外扩张的过程中，罗马人充分表现出他们勇猛、顽强、凶残、忠诚，以及自我牺牲等性格特点。每个罗马战士不仅是为了掠取财富而战，也是为了国家的利益和个人的荣誉而战。这种崇尚武力的民族性格和视死如归的荣誉意识，以及不达目的决不罢休的顽强意志，使得所有对手都感到心惊胆战。

从公元前三世纪开始，统一了意大利半岛的罗马人，通过三次布匿战争①，消灭了地中海世界的两个劲敌——叙拉古和迦太基；通过四次马其顿战争②，占领了马其顿和希腊各城邦；通过叙利亚战争③重创了塞琉西王国，并于公元前64年将其吞并。到了帝国时期的图拉真④时代，罗马的疆域达到了极盛。其领土东起幼发拉底河，西至西班牙、不列颠，南自北非和埃及，北迄莱茵河、多瑙河，整个地中海变成了罗马帝国的内湖。

罗马共和国晚期，随着社会经济政治的发展变化，独裁与共和之间斗争激烈，共和政体陷入了危机。公元前70年左右，克拉苏、庞培和凯撒三人达成协议，建立了“前三头政治”⑤。公元前46年，凯撒回到罗马，授意元老院任命他为可以执政十年的独裁者。凯撒厉行改

---

① 布匿战争是公元前264年至前146年之间，古罗马和古迦太基为争夺地中海西部统治权而进行的战争，名称来自当时罗马对迦太基的称呼“布匿库斯”。其间最著名的是第二次布匿战争。迦太基主帅汉尼拔率6万大军穿过阿尔卑斯山入侵罗马。罗马则出兵迦太基本土，汉尼拔回军驰援战败，迦太基丧失全部海外领地，交出舰船，并向罗马赔款。布匿战争的结果是迦太基被灭，罗马争得了地中海西部的霸权。

② 马其顿战争指公元前214年至前146年，古罗马共和国和马其顿王国之间先后进行的4次战争，战争最终以罗马控制马其顿王国而告结束。

③ 叙利亚战争指公元前192年至前188年，古罗马和塞琉古国王安条克三世之间的战争。结果是罗马获得彻底的胜利，安条克三世被迫签下阿帕米亚和约，割让小亚细亚。罗马由此成为地中海唯一的一等强国。

④ 图拉真(53—117)：罗马帝国五贤帝之一。在位期间，对内巩固了经济和社会制度，对外发动战争，将罗马帝国的疆域扩张到历史上最大范围。他曾经建立图拉真柱记载自己的功绩，元老院赠给他“最佳元首”(最优秀的第一公民)的称号。

⑤ 恺撒(公元前100—公元前44)、庞培(公元前106—公元前48)、克拉苏(约公元前115—公元前53)均为罗马共和国末期杰出的军事统帅、政治家。3人于公元前60年结成秘密的政治同盟，一起反对元老院，史称“前三头”。

革,但因独裁而招致政敌仇视。公元前 44 年 3 月 15 日,凯撒的亲信布鲁图受人指使刺杀了他。随后,凯撒的追随者又建立了"后三头政治"。"后三头政治"由屋大维、凯撒部将安东尼和李必达组成。屋大维是凯撒的甥孙,后又被收为义子。"后三头政治"建立不久,得到元老院支持的屋大维就与安东尼发生了分裂。安东尼在埃及得到女王克莉奥帕特拉的支持。双方的战争于公元前 31 年结束,安东尼和克莉奥帕特拉海战失败,双双在亚历山大城自杀。这场战争的结束标志着罗马告别共和,进入了帝国时代。屋大维获取了凯撒曾经拥有的所有权力,确定自己为绝对的统治者,最初自称为"元首(第一公民)",后来被尊称为"奥古斯都",意为"庄严、伟大、神圣"。

从军事民主制到共和制,再到君主制,罗马的政治制度一直在不断变革。它每一次革新的脚步都适应并促进了国家的发展,为罗马的扩张创造了有利的政治条件。反观一水之隔的希腊,虽然把崇尚自由的城邦文明发展到了极致,却一直没能与时俱进因势而变,没能形成强有力的中央集权,终至败亡。这是值得人们深长思之的。

从公元 3 世纪起,几百年的奢华生活损耗了罗马的力量,强盛了近两个世纪的罗马帝国开始陷入严重的危机。经济萧条,人口减少,田地荒芜,统治日益减弱。公元 4 世纪,北方蛮族[①]大举南下吞食帝国的领土。罗马内部却为争夺王位打得不可开交。公元 395 年,统一的罗马帝国的最后一位君主狄奥多西一世,在死前把帝国一分为二传给了两个儿子,由此形成了东、西两个罗马。东罗马以君士坦丁堡(原名拜占庭,即如今土耳其最大的城市伊斯坦布尔)为京城,西罗马仍以罗马城为首都。

公元 476 年,日耳曼雇佣军废黜了罗马末代皇帝。西罗马帝国灭亡,欧洲开始步入了中世纪。

东罗马帝国则一直延续至公元 1453 年,终为土耳其奥斯曼帝国

---

① 指当时生活在希腊罗马北方的克尔特人、日耳曼人和斯拉夫人等游牧民族,其中主要是日耳曼人。

所灭。

二、希腊神话

神话产生于人类的童年时代，并且一直伴随着人类的成长。世界上几乎所有的民族都有自己的神话。

希腊神话丰富多彩，生动活泼，内涵深刻，意味无穷。在古希腊人的想象中，晚霞是被女神吻过的牧童的赤颊，山谷回声是失恋而隐居的仙女的叹息，水仙花是顾影自怜的美男子，月桂树则是被阿波罗追逐的美女的化身……希腊神话在描写人对现世价值的追寻，人与命运的矛盾和抗争中，展示了人性的充沛与美好，表现了人类童年时期的自由、乐观与浪漫。

希腊神话不只是希腊艺术的武库，而且是它的土壤。古代希腊的史诗、悲剧、雕塑等往往取材于神话。

希腊神话也是整个西方文明的摇篮和精神源泉。在西方文明的诸要素中，热爱现实生活、追求自然和人性美、强调以人为本、张扬人的尊严和力量，推崇理性与自由，以及不断进取的乐观主义精神等，都能在希腊神话中发现它们的思想源头。

希腊神话可以说是西方文化元典中的元典，对西方文化的各个方面都产生了巨大而深刻的影响。一直到今天，神话仍然在人们的社会和文化生活中扮演着重要的角色。

希腊神话的内容。希腊神话大约产生于公元前 8 世纪以前。它在希腊原始初民长期口口相传的基础上形成雏形，后经荷马、赫西俄德等人的作品记载了下来。如今主要见于两部荷马史诗《伊利亚特》《奥德赛》，还有《神谱》《变形记》等著作，以及古希腊的悲剧和喜剧等。

古罗马的神话基本上是承袭希腊神话而来的，只改了人名，如宙斯在罗马神话中称为朱庇特，天后赫拉称为朱诺，著名的爱神维纳斯，希腊原名叫阿芙洛狄忒。

希腊神话是一个广阔浩繁的系统，传说故事众多，支脉派系庞杂，结构繁复又十分完整。希腊神话具有明显的家族色彩,神与神互有血缘关系,包孕着一条血缘的纽带。

希腊神话大体可分为神的故事和英雄传说两大部分。

神的故事包括旧神和奥林匹斯诸神两大谱系。

旧神谱系因为记载在赫西俄德所著的《神谱》中,又称为“赫西俄德神谱”。主要是关于天地和人类起源的开辟神话。

在希腊神话中,最初的宇宙是一片混沌,混沌神名为卡俄斯。卡俄斯生了地母盖亚。盖亚又生了天神乌拉诺斯。盖亚与自己的儿子乌拉诺斯结合,生了奥克阿诺斯、瑞亚、忒弥斯和克罗诺斯等六男六女十二位提坦神。提坦神是希腊神话中先于奥林匹斯众神的古神。某些提坦神的子女如普罗米修斯等有时也被称为提坦。神话中的这部分内容,包含着希腊先民对宇宙开辟、生命起源等直观而朦胧的意识,也保留着人类早期血婚制度的痕迹。

天神乌拉诺斯粗暴专横,且性欲极其旺盛,对子女实行完全的独裁统治。地母盖亚不满于此,教唆子女反抗丈夫。她最小的儿子克洛诺斯在提坦神的支持下,接受了盖亚的石镰,藏在母亲的阴道里,用石镰将父亲阉割,由此取代父亲成为新的主宰。克罗诺斯把被乌拉诺斯囚禁的独眼巨神和百手巨神等从塔尔塔罗斯[①]解放出来,但是,当克罗诺斯巩固了自己的权力之后,就又将他们关回原处。被废的乌拉诺斯发出诅咒:弑父篡位者将同样被自己的子女所推翻。克洛诺斯与自己的妹妹瑞亚结合,也生了六儿六女。他害怕父亲的诅咒成为现实,因而将瑞亚所生的孩子尽数吞进肚里。他最小的儿子宙斯出生时,瑞亚用尿布包着一块石头给丈夫吃了,瑞亚骗过克洛诺斯后又将宙斯转移到了克里特岛。

宙斯在克里特长大成人以后,果然起而推翻了克洛诺斯的统治,并强迫他吐出先前所吞下的兄弟姊妹,并娶了姐姐赫拉为妻。克罗诺斯被推翻之后,部分提坦神反对奥林匹斯的新神, 双方展开了激烈的

① 塔耳塔洛斯:“地狱”的代名词,复仇女神平时就居于此。

战斗。奥林匹斯众神放出独眼巨神和百手巨神助战，最终取得了胜利。提坦神战败后被打入了塔尔塔罗斯。据晚期的神话说，提坦神后来与奥林匹斯众神和解，移居到了长乐岛。

在旧神阶段，神界统治权的易手是通过“禁忌——放逐——反叛——取代”的途径实现的。从乌拉诺斯到克洛诺斯，再从克洛诺斯到宙斯，每一次子继父业，都必有一场艰苦卓绝的战斗才得以完成。

新神谱系即奥林匹斯神系。所谓奥林匹斯神系，是指居住在奥林波斯山上的诸神。这是在旧神系统之后发展起来的一个新的神祇系统。奥林波斯山位于希腊北部，是一座终年积雪的山峰。古希腊人认为，天堂是可以到达的，只要把希腊最高的三座山峰垒叠在一起，就形成了天梯，可以直达天堂。三座山最上面的一座就是奥林波斯山。奥林匹斯众神居住在奥林波斯山上，执掌着统治世界的权柄。在古希腊，奥林匹亚赛会就是为了祭祀以宙斯为首的奥林匹斯诸神而举行的。

黑格尔认为，奥林匹斯神族取代提坦神族，标志着“东方精神”向“西方精神”的转变，即专制主义向民主精神的转变。弗洛伊德在《文明及其不满》一书中，把这一过程说成是从“原始父亲”的专制向“兄弟联盟”的民主制度的转变。弗洛伊德认为，在文明时代的早期，部落中的“原始父亲”在性和其他方面对儿子们进行控制和压抑，当儿子们触犯禁忌时就遭到放逐。被放逐的儿子们联合起来，杀死“原始父亲”，并由他们中最强有力者取而代之，由此又导致新的压制和新的叛乱。直到最后一个“原始父亲”被杀死以后，联合起来的儿子们才不再重蹈覆辙，而是以一种民主形式的“兄弟联盟”，取代“原始父亲”的权威，这才导致了新的文明统治形式的产生。弗洛伊德的这一思想，无疑是从希腊神话所反映的神王统治形式的演化得到了启发。

当宙斯为首的奥林匹斯神族取代了提坦神族之后，一种较为宽松的民主氛围就出现了。宙斯对其子女不再进行强制性的压抑，虽然他也预知自己将面临父辈一样的悲剧结局，但是，宙斯既没有像乌拉诺斯那样把子女们囚禁于地下，也没有像克洛诺斯那样把子女吞入腹中，而是让他们与自己一起共居于奥林匹斯山的神殿，共商神界和人间的事务。新一代的神遵循一种朴素的民主原则和睦相处，他们的地位类似于罗马元老院的元老或英国上议院的议员，而宙斯的形象也不再是一个专横跋扈的专制君主，而更像一个有威望的元老院领袖或者议院议长——虽然他有时也会表现得像个暴君。

奥林匹斯有十二位主神。

宙斯是天神、众神之神。他手执雷电，雄壮威武，还可以幻化为鹰、雄狮和公牛等。宙斯又颇具人性，他好色，还多少有些怕老婆。据统计，宙斯与六位女神、八位凡间女子有染，生有十七个儿女。

赫拉是天后，宙斯唯一的合法妻子。赫拉原是宙斯的姐姐，他们的婚姻关系还属于母系氏族的血亲制残余。赫拉的眼睛特别大，又称牛眼赫拉。她的主要的职责是保护婚姻。赫拉好用权势，嫉妒而残酷，不容忍宙斯所爱的任何女性，对宙斯的私生子女也都怀有强烈的仇恨。宙斯爱上了河神的女儿伊俄，下凡与之约会，被赫拉发现。宙斯怕赫拉吃醋，就把伊俄变成了一头小母牛。赫拉识破了丈夫的计谋，指使牛虻不断蛰刺伊俄。伊俄被牛虻穷追不舍，痛苦地跑遍了世界，最后停在埃及，面对奥林匹斯山跪了下来。宙斯不得不向赫拉保证放弃对伊俄的爱情，赫拉这才放了伊俄一马。

传说中，宙斯与兄弟姊妹们一起推翻了父亲的统治，然后与两位最有本领的兄弟抽签三分天下。宙斯自己抽到了天空，所以为天神。波赛冬和哈台斯是法力仅次于宙斯的神。哥哥波赛冬抽到了海洋，成为海神。波塞冬威力巨大且野心勃勃，地震和海啸都是他愤怒的表现，著名的特洛伊城墙也是他帮助特洛伊人修建的。弟弟哈台斯抽到了冥界，成为冥王。

哈台斯看中了春神珀耳塞福涅，她是农业女神得墨忒耳的女儿。在宙斯的默许之下，哈台斯乘春神在原野玩耍时把她抢到冥府。得墨忒耳到处寻找女儿，后来得知了真相，她一怒之下，停止了一切作物的生长，结果大地变得一片凄凉，神和人都开始面临饥荒。宙斯为了缓和矛盾，便和哈台斯交涉，让他把春神放回阳世。哈台斯不敢违背宙斯的意旨，但骗珀耳塞福涅吃了三颗石榴籽——据说无论什么人或神，都不能乱吃冥王的东西，只要吃了，就永远属于冥王管理了——珀耳塞福涅既然吃了哈台斯的石榴子，宙斯也无可奈何。因此，她每年仍有三分之一的时间必须待在冥王那儿。此后，每到春天，珀耳塞福涅便回到母亲身边，这时候大地就万物复苏，花香鸟语。到了秋冬，珀耳塞福涅须回到冥土去，大地又变得肃杀荒凉。这则神话解释了四季的更替，也喻示着生命的循环。珀耳塞福涅生活在冥土的时候，意味着种子已经埋到了地下；当她返回人间，则表示植物又生长繁育，开始了新的生命轮回。

以上四位神是同辈的，奥林匹斯神系中的其他八位都是宙斯的儿女。

阿波罗是太阳神，希腊神话中最具男性美的神。传说他是宙斯与女神勒托的孩子，刚出生四天就杀死了赫拉派来的巨蟒皮同——著名的德尔斐神庙就建在他战胜皮同的地方。古希腊的雕刻常以阿波罗为题材，他背着弓箭，驾着骏马拉的太阳车。英国学者格思里在《希腊人和他们的神》里说：阿波罗“是希腊精神的具体体现。一切使希腊人与其他民族相区别，特别是使之与周围的野蛮民族相区别的东西——各种各样的美，无论是艺术、音乐、诗歌，还是年轻、明智、节制——统统汇聚在阿波罗身上”[①]。阿波罗是理性精神的象征，意味着节制与平衡。阿波罗还多才多艺，主管光明、青春、医药、畜牧、音乐和诗歌。他请九个姐妹帮自己管理文艺，九位女神叫做缪斯女神。

阿波罗爱上了河神的女儿达芙妮。达芙妮在田野里被阿波罗追赶，只好向宙斯求助，在即将被追上的瞬间化为了月桂树。她的身体变为树干，手臂成了树枝，双脚变为树根，头发成了树叶。其实，这场悲剧的根源在于阿波罗是太阳神，而达芙妮是河神之女，代表着露珠。露珠在旭日的辉映下璀璨炫目，但她惧怕太阳的热情，因为光照之下

① 陈中梅．宙斯的天空——《荷马史诗》里的宙斯、雅典娜和阿波罗研究[M]．北京：北京大学出版社，2011：256．

的露珠很快就会蒸发。为了表示对意中人永不泯灭的爱情，阿波罗将月桂树封为自己的圣树，把月桂枝编织的桂冠，赐给一切有成就的人。“桂冠诗人”之称即源于此。

围绕太阳神阿波罗的凄美爱情故事还有很多。水泽仙女克吕提厄爱上了阿波罗，可是阿波罗却对她不理不睬。吕提厄日渐憔悴，最后变成了向日葵，可脸庞化成的花盘仍然始终追随着太阳。

阿耳忒弥斯是月神，阿波罗的孪生妹妹，罗马名戴安娜。阿耳忒弥斯又是狩猎女神，她背着弓箭，身边有头鹿。阿尔忒弥斯还是处女的保护神。猎人阿克泰翁无意中看到她在森林的水泽边沐浴，她就把猎人变成了雄鹿，还让自己的猎犬把他撕成了碎片。

雅典娜是智慧女神、城邦的保护神。宙斯的第一个情人智慧女神墨提斯怀孕后，有预言说她生下的子女将比宙斯强大，并会推翻他。恐惧之余的宙斯把墨提斯吞到了肚子里，可胎儿却在宙斯的头颅中继续生长。后来，宙斯疼痛难忍，让人用斧头劈开自己的头颅，雅典娜便全副武装地跳了出来。雅典娜先后在父母的身体里孕育，所以兼有双亲的长处，成了威力与智慧的化身。

雅典娜和海神波赛冬争夺雅典，众神决定让希腊人自己选择。波赛冬用他的三叉戟砸出一眼水井，可水是咸的；而雅典娜投出长矛，长矛在井边化为一棵橄榄树。于是，雅典人选择了雅典娜作为自己城邦的保护神。橄榄由此成为希腊的国树。雅典娜也是文明和进步的象征。她教会雅典人纺纱织布、造车造船、冶炼、雕刻。她还在奥林匹斯山设立了文明史上第一个陪审制法庭，法庭以不记名投票的方式，按多数的意志进行判决，这可以说是最早的民主制度。雅典卫城就是为了祭祀雅典娜而修建的。

阿芙洛狄忒是宙斯与海洋女神的女儿，爱与美女神，罗马名维纳斯。阿芙洛狄忒意为“从海水的泡沫里诞生”。阿芙洛狄忒是个多情女神，虽然她有一个合法丈夫，但不断与神和凡人偷情，传说罗马人的祖先伊尼特即她与凡人所生的儿子。阿芙洛狄忒对植物神阿多尼斯一见钟情。但阿多尼斯只喜欢自由地驰骋山林，在打猎时被箭猪咬死。当时，爱神预感到不测，为了寻找阿多尼斯，她不顾一切穿过玫瑰花丛，玫瑰刺破了她的手和腿，鲜血滴在花瓣上，白玫瑰变成了红色。冥后受其感动，特许阿多尼斯每年回阳世 6 个月，与爱神团聚。由此，有了西方情人节互赠红玫瑰的传统。

经常陪伴阿芙洛狄忒的有美惠三女神和小爱神埃罗斯。埃罗斯是位小天使，手持两种箭，被金箭射中的人会产生出不可抑制的爱情，被铅箭射中的人则相互排斥。这个小天使在罗马神话中叫做丘比特。

赫淮斯托斯是匠神和火神，宙斯与赫拉的儿子。据说他刚降生时，赫拉嫌他长得丑陋，把他从奥林匹斯山上扔到海中，后来被好心的仙女收养。长大后，赫淮斯托斯回到圣山，为宙斯建造了富丽堂皇的宫殿，为阿波罗建造了太阳车。一次，他无意中惹恼了宙斯，又被宙斯扔下天庭，摔瘸了一条腿。不过，丑人也有艳福，他娶了最美的女神阿芙洛狄忒为妻。

阿瑞斯是战神，阿芙洛狄忒的情人。有一次两个人偷情，被火神赫淮斯托斯用大网罩住。

赫尔墨斯是宙斯的使者，为众神传递消息；又是亡灵的接引神，他挥动金仗，让死者安然入睡，并陪伴亡灵前往冥府。同时，他还是市场神、财神。赫尔墨斯是一位最具平民性的神，有许多反传统的行径。他刚出生就偷了阿波罗的牛群，由此成为窃贼之祖。他又是个天才，发明了七弦琴、牧笛、音律、字母、天文、重量、尺度等。他还是个乐天派，也与爱神偷情。人们说，赫尔墨斯是“古代的嬉皮士”。

狄奥尼索斯是酒神。他所代表的酒神精神与阿波罗的理性相对，狂欢和陶醉是其特性。尼采将阿波罗精神和狄奥尼索斯精神——即象征理性的日神精神和象征生命冲动的酒神精神——视为希腊精神的两极。

提坦神基本上都是自然力量或自然现象的化身，在他们身上往往残留着非人的特征。从奥林匹斯神系开始，诸神的性质发生了变化。他们从直接的自然之神变成了管制自然的神，从原始的、拜物教的神变成了具有较多人文色彩和社会因素的神，在形态和精神特征上更是达到了神人“同形同性”。这是希腊神话趋于发达的重要标志。

英雄传说。希腊神话除了神的故事以外，还有人的故事，这主要是英雄的传说。作为希腊神话的最后一个主题，英雄传说的形成也标志着希腊神话体系的最终完善。

希腊神话中的英雄，多具有半神的身份，他们或直接出自天神与凡人的结合，或其世系中有神的血统。可是，从他们的行迹来看，则更像古代希腊的贵族。神族血统只是为其形象增添一些浪漫与传奇而已。

在古代希腊，每个英雄都是特定部落或城邦的崇拜对象。以他们为中心，形成了几大英雄传说系列，如赫拉克勒斯、珀耳修斯、杀死米诺牛的忒修斯、夺取金羊毛的“阿耳戈”英雄等。其中，最负盛名的是《荷马史诗》所描述的特洛伊战争中的阿喀琉斯、赫克托耳等英雄。这些系列已接近真实的历史记载，是希腊先民开疆拓土历史的隐喻式说明。

赫拉克勒斯是希腊神话中最伟大的英雄。他是宙斯与其最后一位凡间情人阿尔克墨涅的孩子。阿尔克墨涅是底比斯的王后。宙斯为了得到这位对丈夫忠贞不二的美女王后，变形为国王安菲特律翁的模样，使阿尔克墨涅误把他当成了出征归来的丈夫。宙斯还给日神和月神都放了长假，使得那个浪漫的夜晚竟有平时的三倍之长。九个月之后，阿尔克墨涅生下了一对双胞胎——赫拉克勒斯和伊菲克勒斯。嫉妒的天后知道后指使两条大蛇去伤害婴儿，小小的赫拉克勒斯一手抓住一条蛇，把它们都掐死了。长大后的赫拉克勒斯更是神勇无比，共完成了十二项英雄伟绩。如除掉尼米亚猛狮，杀死长着九个头的大蛇海德拉，清除 30 年未曾打扫而臭气熏天的奥吉亚斯的牛圈等。一天，赫拉克勒斯到了利比亚，那里的国王安泰俄斯向他挑战。安泰俄斯是海神波塞冬和大地女神盖亚的儿子。他从小吃狮子肉长大，力大无比，而且，只要他的身体接触到他的大地母亲，就能源源不断地汲取到新的力量。但是，赫拉克勒斯把安泰俄斯举过头顶，在半空中扼死了他。赫拉克勒还帮助伊阿宋觅取了金羊毛，解救了被宙斯缚在高加索山上的普罗米修斯。

珀耳修斯是宙斯与达那厄的儿子。达那厄是阿尔戈斯国王阿克里西俄斯的女儿，神谕说阿克里西俄斯的外孙有朝一日会杀死他。阿克里西俄斯便将女儿幽禁在一座铜塔里。可是，宙斯化作金雨（阳光）与达那厄相会。达那厄受孕后生下了珀耳修斯。长大后的珀耳修斯在奥运会上投掷铁饼，意外击中了外祖父。后来，珀耳修斯去了亚洲，他的儿子成了波斯的统治者，波斯就是以他的名字命名的。珀耳修斯曾杀掉女妖美杜莎，还解救了美丽的安德洛米达。美杜莎凭着一头披肩秀发，竟敢和智慧女神比美。雅典娜把美杜莎的秀发变成了无数吱吱作响的毒蛇，更恐怖的是她两眼闪着致命的光，任何人只要看她一眼，就会立刻变成石头。现代语境里的 Medusa 一词即有“致命的诱惑”之意。原本魅力无穷的美女成了恐怖的妖怪。珀耳修斯用宙斯送给他的盾牌作为镜子，凭借盾牌的反光一步步接近美杜莎，最终砍下了她的头。安德洛米达是埃塞俄比亚的公主，她的母亲说女儿长得比海上所有的仙女还漂亮。这一下触怒了海神波塞冬。波塞冬以大水淹没了埃塞俄比亚，强逼安德洛米达的父母将女儿锁到海边的岩石上，作为给海怪刻托的牺牲品。当海怪前来吞食时，正巧路过的珀耳修斯飞身而下，杀死海怪，救出了安德洛米达。后来，安德洛米达嫁给珀耳修斯，成为英雄的妻子。

神话的意义。马克思认为，神话是“通过人民的幻想，用一种不自觉的艺术方式加工过的自然和社会形式本身”[①]。神话是原始人根据自身的形象、自身的生产生活状况和他们对自然的理解想象而来的产物。某些事物和现象，曾为人们无数次的经历和体验，在人们的脑海里留下了深深的烙印，进而幻化成形象，逐步产生了神话，产生了人化的自然和人化的神。狩猎经济比较发达的部落创造的神话大多与狩猎有关，农耕发达的部落创造的神话多与农业有关，这反映了神话幻想的现实制约性。

① 《马克思恩格斯选集》第 2 卷，第 113 页。

神话反映了从蒙昧时期到野蛮时期、从母权制到父权制过渡时期的史前史，表达了远古人类对纷繁复杂的自然和社会现象，以及对人自身的诠释，反映了童年时代的人与大自然、人与社会的种种矛盾和抗争。它不仅是宝贵的历史资料，是了解人类童年的入门钥匙，也蕴含着原始人对自身以及作为人类生存环境的宇宙的思考与解释，蕴含着他们对普遍人性及人类命运的追问和探询。当人类试图对自己和自己生存的世界做出解释的时候，也就意味着文明的萌芽，意味着人的意识和人性的觉醒。

现代神话学认为，神话起源于巫术和宗教的祭祀、礼仪，是泛灵论和比拟类推[①]的产物，是原始初民凭借他们旺盛的想象力构建的话语体系。英国著名的人类学家詹姆斯·弗雷泽、奥地利心理学家弗洛伊德和荣格等，对此都有较深入的论述。荣格说，原始人并不是发明神话，而是在体验神话，是人神互渗。美国民俗学家邓迪斯在他编选的《西方神话学读本·导言》中开宗明义地提出："神话是关于世界和人怎样产生并成为今天这个样子的神圣的叙事性解释"[②]。邓迪斯指出，这个定义中决定性的形容词是"神圣的"，它把神话与其他的叙事性形式，例如民间故事等区别开来。神话是一种匿名创作的叙事，它提供了世界为何是现在这样，以及人们为何如此行事的解释，它是将自然升华为文化的一个重要的表达，是人类对自我身份解释和确认的一种尝试，是一种特定的意义揭示。

从本质上说，神话具有集体和公共的性质。通过神话，可以把一个部落或民族结合于共同的心理和精神，因为神话象征性地展现了一个民族的心灵和性格，映射了一个民族的希望、价值、忧虑和抱负。

现代神话学强调，神话产生于人把自己的现实上升为文化的需要，其目的在于为自己创造和提供一个可以居住其中的、有意义的环境，在于为人生设立一个价值观念或体系。从根本上讲，神话并不是

---

① 参见 J. G. 弗雷泽的《金枝》。

② [美]阿兰·邓迪斯. 西方神话学读本[M]. 朝戈金，译. 桂林：广西师范大学出版社，2006："导言".

作为一种单纯的文学，而是作为人的存在方式提出来的。人和其他动物不同。其他动物是一代又一代的复制自己，而人是一种历史性的存在，一种生成性的存在，是文化的产物。人是一代又一代地“文化”自己，创造自己，发展自己，超越自己。神话正是对人的存在和人生意义的一种前哲学、前逻辑的思考和诠释，是人类最初的为自己揭示和创造意义的活动。

神话是在极其漫长的岁月中逐渐形成的。现代人的出现已经有20多万年。在这20多万年的漫长岁月中，我们一万多代的原始祖先，一代又一代前后接续，薪火相传，对这些神话不断地进行创作、充实、阐释、发挥，这其中不仅蕴涵着原始的心理和情感，而且自有一种简单的深刻。如有的学者所说，作为人类最初感觉和把握世界的方式，神话既像天真烂漫的儿童的眼光，有着丰富的想象、鲜活的直觉和朴稚的思维，也如历经沧桑的智叟的凝视，蕴含着对普遍人性及人类命运的追问和探索。正是这种孩童般纯真与智叟般深刻的奇妙结合，使得神话产生了无穷的魅力。

在西方文明的进程中，希腊神话像不息的火炬，一次次将人类的智慧点亮。19世纪以来，西方重要的社会思潮往往借助神话来进行诠释，文学大师们更开始了将现代社会神话化的尝试。乔伊斯的《尤利西斯》、爱略特的《荒原》、卡夫卡的《城堡》、马尔克斯的《百年孤独》、福克纳的《喧哗与骚动》等一大批优秀作品，均在努力将当代人类的生活状态予以“再神话化”。现代哲学、心理学、人类学、文艺学等对神话的普遍关注，既表明在现代社会环境下，人们不得不重新确立人的理性，重新认识自己，重新界定人安身立命的价值和意义，也表明了神话所具有的不朽魅力和无穷生命力。

看来，神话也许是人类精神中永恒的情结。人类的许多童真、梦幻、浪漫、追求，乃至困惑与思考，似乎都渊源于此。这是任何技术的、科学的、逻辑的东西所不能取代的。或者说，神话中正有着人类所难以割舍的精神家园。

三、《荷马史诗》

《荷马史诗》是西方最早的书面文学作品。恩格斯说："荷马的史诗以及全部神话，这就是希腊人由野蛮时代带入文明时代的主要遗产"[①]。马克思则说：希腊的史诗和艺术具有"永久的魅力"，至今"仍然能够给我们以艺术享受，而且就某方面说还是一种规范和高不可及的范本"[②]。

《荷马史诗》包括两部：《伊利亚特》和《奥德赛》。就其基本内容来说，也属于神话中的英雄传说。

相传《荷马史诗》的作者为生活于公元前10世纪至8世纪之间的盲诗人荷马。不过目前更流行的观点认为，《荷马史诗》是以古代的民间传说为基础，通过包括荷马在内的许多人的反复加工、整理和修改，最后才得以形成。

《伊利亚特》共24卷。故事缘起于希腊神话中"不和的金苹果"的传说。相传阿喀琉斯的父母——国王帕琉斯与海神忒提斯举行婚礼，忘了邀请不和女神厄里斯，愤怒的厄里斯在婚宴上扔下一个金苹果，上面写着"赠给最美的女子"，由此引发了天后赫拉、智慧女神雅典娜和爱神阿芙罗狄忒之间的争夺。三位女神找到特洛伊王子帕里斯裁决。女神中最骄傲的一位对他说："我是赫拉，宙斯的妻子。你把这个金苹果判给我，就可以统治地上最富有的国家"。第二位女神说："我是雅典娜，假如你判定我最美丽，那么，你将以人类中最富有智慧和战无不胜而出名"。最后，第三位女神微笑着开了口："那些许诺是靠不住的。我愿意送给你一样礼物，它会带给你快乐，让你享受幸福的爱情。我愿把世界上最漂亮的女子送给你做妻子。我是阿芙洛狄忒，专司爱情的女神"。帕里斯权衡之后，把那个金苹果判给了阿芙洛狄忒。

后来，帕里斯率领特洛伊的战船途经斯巴达，在神庙献祭时遇见

---

① 马克思恩格斯选集(第4卷)[M].北京：人民出版社，1972：22.

② 同上，第2卷，第114页。

了海伦。海伦是宙斯和斯巴达王后勒达的女儿。宙斯趁勒达在河中洗澡时化作天鹅与她亲近，勒达怀孕生下了世上最漂亮的美人海伦。这时的海伦已是斯巴达国王墨涅拉俄斯的妻子。帕里斯一见到海伦即刻认定，这便是爱情女神赠给他的美女。帕里斯温文尔雅，又弹得一手好琴，也使海伦迷醉得不能自制。帕里斯带走了海伦，并把斯巴达国王的财富劫掠一空。外出归来的墨涅拉俄斯怒不可遏，他赶到迈锡尼，找到自己的哥哥——迈锡尼的国王阿伽门农。兄弟二人遍游希腊各地，要求所有的王国都参加讨伐特洛伊的战争。特洛伊也称“伊利昂”，位于爱琴海东岸，是西亚与南欧、北非的交通贸易要冲，由于可以控制通往黑海的贸易并且拥有附近的银矿而极为富庶。这座“东方的黄金之城”原本就叫希腊人垂涎欲滴，兄弟二人的吁请自然是一呼百应。希腊大军压境，特洛伊国王普里阿摩斯的长子赫克托耳率军迎敌。海神波塞冬和太阳神阿波罗联手打造的特洛伊城固若金汤。战争一打就是十年。

十年的特洛伊战争，史诗只选了最后一年中的最后 51 天，重点描写的仅是其中 10 天。

希腊联军的主将是阿喀琉斯，他被称为“希腊第一勇士”。他的母亲海洋女神忒提斯在阿喀琉斯出生后，为了自己的孩子能够永生不死，就捏着他的脚踝，将其浸泡在冥河斯提克斯中，使阿喀琉斯得以刀枪不入。他全身唯一可入侵处是未被冥河水浸到的脚踝，西谚“阿喀琉斯之踵”——致命的弱点，即源于此。

《伊利亚特》开宗明义：“阿喀琉斯的愤怒是我的主题”。史诗以战争中希腊联军统率阿伽门农夺走阿喀琉斯宠爱的女俘，阿喀琉斯因愤怒而不再出战这一情节为楔子，着重描写了阿喀琉斯的两次愤怒，以及此后 51 天之内发生的事情。

阿喀琉斯的愤怒罢战，导致希腊联军节节败退。阿喀琉斯的好友帕特洛克罗斯借用他的铠甲兵器，率领希腊士兵迎战。但帕特洛克罗斯根本不是赫克托耳对手，最终被赫克托耳的长矛刺死。阿喀琉斯听到噩耗，悲怒之下重返战场，挑战赫克托耳。《伊利亚特》写道：阿喀琉斯战神一样威武地向赫克托耳扑了过来。赫克托耳知道末日已到，但仍拔剑相迎。阿喀琉斯用盾牌掩护，头盔上的羽饰在风中飘拂，长矛闪着寒光。他睁大眼睛，寻找机会，赫克托耳只有肩与脖子相连接的锁骨旁露出一点空隙。阿喀琉斯看得真切，狠狠一矛刺穿了赫克托耳的喉头。阿喀琉斯这个残忍的胜利者把赫克托耳的尸体拖在战车后面，飞驰而去。

《伊利亚特》的结局是到《奥德赛》中才交代的。赫克托耳战死后，希腊人攻城仍然不能得手。后来，以智慧著称的奥德修斯想出一个妙计："让我们造一个巨大的木马，马腹里尽可能地隐藏足够多的人。其余的人则乘船离开特洛伊海岸"。特洛伊人发现希腊战船离去，成群结队涌到海边。他们看到巨大的木马，惊讶而兴奋地把木马拖回了城里。夜里，特洛伊人饮宴欢庆，士兵们醉得一塌糊涂。奥德修斯等悄悄放下预先准备好的木梯，他们走了下来，拔出宝剑，挥舞长矛，对着酒醉和昏睡的特洛伊人大肆屠杀。特洛伊变成了一片火海。

奥林匹斯诸神也介入了这场人间的纷争。阿波罗本是特洛伊的保护神；而象征司法公正的雅典娜和作为婚姻保护神的赫拉，则处处与特洛伊人作对。战争的最后，雅典娜指使巨蟒缠死了特洛伊的祭司拉奥孔，促成了木马计的得逞。特洛伊陷落之际，阿波罗在奥林匹斯山上看到特洛伊血流成河，恼怒至极，他指点着帕里斯拈弓搭箭，朝阿喀琉斯的脚踵射去。这位"不死的英雄"像座坍塌的巨塔栽倒在地上，"大地也发出沉闷的轰响"①。

《奥德赛》也分为 24 卷。它的故事发生在紧接着特洛伊战争之后的 10 年中。特洛伊战争后，那些幸免于难的希腊英雄先后回到故乡，只有奥德修斯因冒犯海神波塞冬而滞留异乡。史诗用倒叙的手法，把奥德修斯 10 年的海上历险，放在他归家前的 40 多天来描述。

奥德修斯是伊大卡岛的国王，他勇敢坚定而又善用计谋。在特洛伊战争中，奥德修斯曾多次献策，屡建奇功。在《奥德赛》中，奥德修斯

① 本书凡出自与有关章节对应的文学作品的引文均未作注。

为返回家乡，先后经历了十三次大的劫难：独目巨人吃掉了他的同伴，魔女喀尔刻用巫术把他的船员变成了猪；他避开了女妖塞壬迷惑人的歌声，逃过了怪物卡律布狄斯和斯库拉的追踪……在漫漫长路的无尽艰险中，有时选择死亡甚至比选择生存更为容易。但是，生命的执着，故土的召唤，激励着奥德修斯顽强地与惊涛骇浪和妖魔鬼怪搏斗，任何的困难和威胁都没能吓倒他，任何的荣华富贵，甚至爱情的诱惑也没能动摇他，最后，尽管历尽艰辛，尽管只剩孤身一人，奥德修斯却始终矢志不移，一心回家。

奥德修斯的妻子珀涅罗珀是海伦的堂妹。她的父亲为女儿比武定亲，奥德修斯在竞赛中取胜，得到了聪明而美丽的珀涅罗珀。奥德修斯出征多年不见归来，有谣传他已经死了。珀涅罗珀的美丽和财富地位吸引了众多的求婚者。为应付这些居心不纯的求婚者，珀涅罗珀在房里支起了一架织布机，对他们说："你们必须等待，必须等我为我丈夫的父亲织好这段寿布，我不能让希腊的女人指责我，说我没有给显赫而又年迈的人穿一件体面的寿衣！"此后，她白天也真的坐在织布机前织布，可是到了夜里，就又在烛光下把白天织的布拆掉。

奥德修斯的回家之路，一走就是 10 年。10 年漂泊中[①]，他有 7 年是在俄奇吉亚岛上度过的。俄奇吉亚是一座孤岛，岛上怪石嶙峋，巨树参天。在一次海难后，奥德修斯被岛上的女神卡里索普所救。女神对奥德修斯一见钟情，两人恩爱缠绵。女神祈求宙斯赐予身为凡人的奥德修斯以永生，宙斯居然也答应了。但是，面对神赐的永生仙酒，奥德修斯却犹豫了。

奥德修斯一个人躲到海岸边去哭泣——他哭泣，是因为生命的有限性乃人的本质之一，从某种意义上讲，正是这种有限性赋予生命以意义。因为有死亡才有了爱、欲望、幻想和文化，才有了这些使生活变得不可预测和令人激奋的东西。没有死亡也就没有了期待、冒险、惊喜和神秘感，人生变成不断的重复，那将是无聊，甚至可怕的。逃避死

① "漂泊"是西方文学的一个重要母题，这一传统应该始于《奥德赛》。

亡其实就等于放弃了完整的人生过程。对于一个没有死亡的人,一切都是可预期的,生命一眼就可以望到头。这样的人生没有一个可以让人全身心投入的未来。而人生的意义恰恰在于可以在有生之年有所期待,有所追求,实现理想,完成使命。

最终,奥德修斯放弃了永生的仙酒,选择离开。他对女神说:"……珀涅罗珀在身材和容貌上都比不过你;她不过是个凡人,你却长生不老。可是我还是天天怀念,想要回家,想看到还乡那一天,哪怕天神在葡萄紫的大海上打击我,我也有忍受苦难的决心,可以坚持下去"。

在经历了种种磨难和诱惑之后,奥德修斯终于回到了日思夜想的祖国。他狂吻着伊大卡岛的土地,心中的喜悦难以形容。聪明的奥德修斯装成一个衣衫褴褛的乞丐,很快摸清并掌握了形势,在自己儿子和牧猪人的帮助下,利用在大厅比武的机会,让觊觎者一个个死在了他的箭下。

奥德修斯一家人终于团聚。后来,他们幸福地生活了许多年。

在《荷马史诗》中有一个重要的主题——"选择"。史诗一而再、再而三地涉及人生的选择。先是帕里斯的选择:要江山还是要美人,帕里斯选择了美和爱情。此后,是他的哥哥赫克托耳,乃至整个特洛伊人的选择。希腊联军兵临城下,但也提出:特洛伊人若归还海伦就可以作罢。面对如此宽容的条件,特洛伊人却仍然选择了迎战。在这个选择的背后,是民族的尊严和对美的尊崇。赫特托尔在接受阿喀琉斯挑战之前,已经预知自己必败无疑,却毅然赴死,绝不示弱。在希腊方面,阿喀琉斯的母亲一开始就告诉他,若是不上战场,他将子孙满堂,拥有幸福美满的人生;若上战场,尽管能留下永世不泯的英名,但难逃一死。阿喀琉斯选择了奔赴战场。希腊联军的统帅阿伽门农也曾面临选择。他们决定出兵特洛伊后,大军集结,但风向不顺,舰队始终无法起航。神谕说,若想顺利出征,阿伽门农必须以自己的女儿作为献祭。虽然骨血相连情有不堪,可是阿伽门农还是将亲生女儿伊菲革涅亚送上了祭坛[1]。在《奥德赛》中，史诗又讲述了奥德修斯的选择。

在这一系列选择背后蕴含着主人公的价值判断，而正是从这些判断和选择中，我们可以看到雅斯贝尔斯所一再强调的、作为“轴心时代”主要标志的“终极关怀的觉醒”。史诗没有去评说战争或事件双方的是非对错，她更为关注的是在这样一个历史过程中，主人公对人生价值和意义的思考和判断，是作为个体的生命所能够迸发出的璀璨乃至辉煌。

《荷马史诗》被后人称为“希腊的圣经”，而柏拉图说“荷马教育了希腊”。应该说，由《荷马史诗》所传承的正是作为人之为人的最重要的教育。

以前历史学界普遍认为，《荷马史诗》中所描绘的特洛伊战争以及英雄们的事迹只不过是虚构的神话和传说。1873 年，自幼喜爱《荷马史诗》的德国富商亨利·谢里曼根据史诗中提到的城市及其描述，先后对小亚细亚西部的特洛伊、希腊半岛南部的迈锡尼等地进行了考古发掘，结果发现了这些城市建筑的遗址，并出土了大量文物，其中包括 16000 多片金箔连缀成的“海伦的王冠”。1900 年，英国考古学家阿瑟·伊文斯在克里特岛的克诺索斯进行了发掘，结果发现了米诺斯王宫。此后，考古学家们在爱琴海区域的其他地方又发掘出了不少遗址和文物。这样，希腊神话和《荷马史诗》中的一些有关记载得到了证实，湮没了数千年的爱琴文化终于得以重现在人间。

四、希腊悲剧与《俄狄浦斯王》

戏剧是古希腊最突出的艺术成就之一。古希腊戏剧大都取材于神话传说和史诗。

古希腊悲剧一般认为起源于酒神祭祀。酒神祭是祭祀酒神狄奥

① 狩猎女神阿耳忒弥斯在最后一刻悄悄用一头公鹿取代了伊菲革涅亚，并把她送到陶里斯做了神庙的祭司。但阿伽门农的妻子克吕泰涅斯特拉怨恨他轻易舍弃了女儿的性命，这为 10 年后的悲剧埋下了伏笔。

尼索斯受难的巫祝仪式。每年 3 月，古希腊人要举行盛大的酒神祭典，以祈祷葡萄丰收。在希腊神话里，狄奥尼索斯（罗马名巴克斯）是葡萄酒与狂欢之神，也是艺术之神。据说狄奥尼索斯本是宙斯与冥后珀耳塞福涅的孩子，赫拉派提坦神将刚出生的狄奥尼索斯杀害并毁尸，宙斯闻讯抢出了他的心脏，并将他的灵魂重新投生于自己的凡间情人塞墨勒。赫拉又诱骗怀了孕的忒拜公主塞墨勒，让她请求宙斯现出本相，以证明自己爱情的真诚。宙斯与凡间女子相会时，都要以化身出现。可是在塞墨勒的一再坚持下，宙斯破例地同意现出本相。可宙斯作为雷电之神的威力太大，塞墨勒这个凡间女子自然无法承受，结果被雷霆击死。宙斯让分娩女神从塞墨勒腹中取出未足月的胎儿，将其缝入自己的大腿。在这段时间里，宙斯成了瘸腿。狄奥尼索斯的意思即"瘸腿宙斯"。狄奥尼索斯在宙斯腿内孕育足月后才再次出生。赫拉在狄奥尼索斯成年后仍不肯放过他，使他疯癫，到处流浪。在流浪的过程中，狄奥尼索斯教会了人们种植葡萄和酿酒。关于酒神重生不死的故事让希腊人激奋和崇拜不已，酒神祭最重要仪式就是模拟酒神死而复活的过程。希腊人极为看重酒神的祭祀，从奥尼索斯的身上人们不仅可以较多感受到人类自身的不幸，更可以意识到一种生命的生生不息。

"悲剧"一词的希腊文原意是"山羊之歌"。在酒神祭典中，能歌善舞的民间歌手组成约 50 人的合唱队，选出一个队长领唱。合唱队员们扮作半羊半人的森林之神，以山羊皮做装束，佩戴山羊角，头上戴着常春藤编制的花冠。合唱队走在巡游队伍的前列，载歌载舞。巡游队伍每停留在一个广场或者宽阔的高地上，就由歌队长指挥演唱，演唱的内容主要是讲述酒神在尘世经受的苦难和考验，这叫作"酒神颂"。"酒神颂"发展到后来，内容逐渐扩大到其他神话和英雄传说，形式也不断发展和完善，一步步产生出了悲剧这一伟大的艺术形式。

喜剧则由歌舞和滑稽戏脱胎而出。"喜剧"一词的原意是"狂欢之歌"。在希腊神话中，狄奥尼索斯曾在半羊半人的森林之神陪同下浪游世界。纪念狄奥尼索斯的庆典仪式，往往也会演变成狂欢和暴饮，参加者忘掉平常的禁忌，完全沉浸在梦与醉的境界，沉浸在一种肉感的陶醉之中①。

如果说宙斯的出轨证明神也会犯错的话，那么，狄奥尼索斯的狂欢说明人类也需要不时地逃避道德束缚，需要沉醉与忘掉痛苦。

公元前569年，雅典把酒神祭典由农村引入城市，使之成为一个全民性的节庆，悲剧由此盛极一时。因为举办的规模越来越大，便出现了相应的剧场。政府在雅典卫城上修建了一个圆形露天剧场，可容纳三万观众。每年三月要举行为期六天的大酒神节，其中三天是悲剧比赛。比赛后由10人组成的评判团进行评奖。竞赛鼓励了人们的创作热情，进一步推动了戏剧的发展。为了鼓励公民看戏，政府还发放观剧津贴，意在借此宣传民主政治思想，进行公民教育。

尼采认为，酒神狄奥尼索斯与太阳神阿波罗是古希腊人精神支柱的两个象征。他说，奥尼索斯暴风骤雨般的洗礼和阿波罗融融目光的渗透，和二者恰到好处的结合，催生了人生的悲剧美，也催生了古希腊悲剧。“酒神艺术和日神艺术都是悲剧的手段。酒神艺术沉浸在不断变动的旋涡之中以逃避存在的痛苦；日神艺术则凝视存在的形象以逃避变动的痛苦”②。希腊悲剧中的主人公往往具有坚强不屈的性格和英雄气概，却总是在与命运的抗争中遭遇失败。亚里士多德在《诗学》中曾专门探讨悲剧的含义。他认为，悲剧的目的就是要引起观众对剧中人物的怜悯和对变幻无常的命运的恐惧，由此使情感得到净化。

古希腊历史上诞生了著名的三大悲剧诗人：埃斯库罗斯、索福克勒斯和欧里庇得斯。他们代表了古希腊悲剧艺术“兴起——繁荣——衰落”各个阶段的最高成就。

埃斯库罗斯(公元前525—公元前456)被称为古希腊的“悲剧之父”。他已知剧名的作品有80部，其中只有7部传世。埃斯库罗斯的作品往往被称为“英雄悲剧”，其中最著名的是《被缚的普罗米修斯》。

---

① 在狄俄尼索斯崇拜仪式中，会有许多女人头戴常春藤编的花环、身披兽皮、手执节杖，成群结队狂欢酗酒，甚至裸体漫游。这或者也是对于已成过去的母系社会的一种追忆与怀恋。

② 朱光潜.朱光潜全集(第2卷)[M].合肥：安徽教育出版社，1987：358.

普罗米修斯的意思是“先知”。他是地母盖亚与乌拉诺斯所生的伊阿佩托斯的儿子，提坦神族的后裔。在希腊神话中，普罗米修斯是与人关系最近的神。普罗米修斯与智慧女神雅典娜共同创造了人类。普罗米修斯知道天神的种子蕴藏在泥土中，于是捧起泥土，用河水把它调和起来，按照天神的模样捏成了人形[①]。普罗米修斯又从动物的灵魂中摄取了善与恶两种秉性，将它们封进人的胸膛；智慧女神雅典娜朝着具有一半灵魂的泥人吹起了神气，使它获得了灵性。

普罗米修斯还是人类的教师和守护神，也是人类苦难的承担者。为了让人类生活得更好，普罗米修斯教人们观察日月星辰，让他们懂得计算和用文字交流思想；教他们驾驭牲口和农耕技艺，又发明了船和帆；教他们调制药剂来防治疾病；教他们勘探和开采地下的矿产。在青铜时代，人类日趋堕落，宙斯与诸神用洪水灭绝人类。普罗米修斯的儿子丢卡利翁再造了新的人类[②]。普罗米修斯同情人类的困苦，在他们向宙斯和诸神献祭时，叫人把献祭的公牛切分为两堆，一堆放肉、内脏和脂肪，上面盖着牛皮；另一堆放的是骨头，却用牛丰腴的板油覆盖起来，让神自己挑选。宙斯选择了板油覆盖的一堆，他发觉上当，决意报复，拒绝向人类提供最后一样必需的东西——火。普罗米修斯找来一根又粗又长的茴香杆，伸到太阳车的火焰里点燃，带着火种回到了地上。通过火的发现，人类终于步入了文明的大门。

普罗米修斯在希腊神话中原本是个并不重要的小神，但是经过埃斯库罗斯的艺术创作，使他成为西方文学史上一个不朽的形象。在剧中，普罗米修斯因为知道关于宙斯命运的秘密，又违反禁令为人类带来了火种，被宙斯用铁链锁在高加索山的悬岩上，下临可怕的深渊。

---

① 在《圣经》中，上帝用泥土照着自己的形象造出了人。在中国神话中，女娲也是在水池边抓起一把黄土，照自己的模样造出了人。几乎所有民族的神话都认为人类是用泥土和水造出来的。所以，人永远也摆脱不了与泥土的联系。

② 希腊神话说，宙斯用大洪水毁灭了人类，幸存者只有丢卡利翁和皮拉夫妇。他们向智慧女神雅典娜祷告，女神谕示他们把“母亲的骸骨”扔到后面去。二人理解谕示指的是“石块”，就照着做了。于是，丢卡利翁所扔的石头变成了男人，皮拉所扔的石头变成了女人，新的人类又诞生了。

宙斯还派恶鹰去啄食普罗米修斯的肝脏，肝脏被吃掉多少，第二天会重新长上，而恶鹰则会每天重蹈恶行。普罗米修斯面对苦难，却坚不可摧。他说，“无论谁，只要他学会承认定数的不可制服的威力，就必须承受命中注定的痛苦”。宙斯再三威逼他，要他说出有关自己命运的不祥预言，但普罗米修斯始终不屈。后来，大英雄赫拉克勒斯为寻找金苹果途经这里，他一箭射落残忍的恶鹰，解救了普罗米修斯。为了避免过分得罪宙斯，赫拉克勒斯把半人半马的喀戎作为替身留在悬崖上，而且，普罗米修斯颈上还须永远戴一只铁环，环上镶着一块高加索山上的石子，以表示他仍然被锁在悬崖。

在《被缚的普罗米修斯》中，宙斯是专制暴君的代表，他残暴、自私、仇视人类、奴役百姓。普罗米修斯则是高大、庄严的悲剧英雄，他坚不可摧，为人类的幸福不惜承受最残酷的刑罚。所以，马克思称普罗米修斯是“哲学的日历中最崇高的圣者和殉道者”。

索福克勒斯（前 496—前 406）是雅典民主制全盛时期的悲剧作家。他早年受过良好的教育，擅长音乐、体育及舞蹈。年轻的索福克勒斯曾因貌美和音乐天赋而被选为合唱队的领队。他后来进入政界，公元前 443 年出任以雅典为盟主的“德利亚联盟”的财政总管，之后又两次担任将军职务，还曾担任过祭司。阿里斯托芬说他是“生前完满，身后无憾”。

公元前 468 年，27 岁索福克勒斯首次参加悲剧竞赛即战胜了埃斯库罗斯，直到 72 岁时败给欧里庇得斯，其间无人能与之匹敌。索福克勒斯对古希腊悲剧的发展做出了杰出贡献，有“戏剧中的荷马”之称。他塑造的悲剧人物丰富多彩，悲剧形式也臻于完善。他的作品常表现个人意志与命运之间的冲突，被称为“命运悲剧”。索福克勒斯一生创作了 120 余部戏剧，只有七部流传至今。最著名的是《俄狄浦斯王》和《安提戈涅》。

《俄狄浦斯王》因为主题与艺术的出色，被认为是古希腊悲剧的典范。亚里士多德在《诗学》中称赞此剧为“古往今来悲剧的最高杰作”，“十全十美的悲剧”。

俄狄浦斯是希腊神话中底比斯国王拉伊奥斯的儿子。德尔斐神庙的祭司曾谕示他长大会弑父娶母。俄狄浦斯一出生，拉伊奥斯就命人刺穿婴儿的脚踝，将他丢弃野外。然而，奉命执行的仆人心生怜悯，偷偷将他送给了一位牧人。后来，科林斯的国王波吕波斯又收养了他，并把他当作亲生儿子抚养成人。俄狄浦斯长大后得知了德尔菲神殿的神谕，但他不知道科林斯国王与王后并非自己的亲生父母。为避免神谕成真，俄狄浦斯离开了科林斯并发誓永远不再回来。他流浪到底比斯附近时，在一个岔路口与陌生人发生冲突，失手杀了人，其中就有他的生身父亲。

当时的底比斯被狮身人面兽斯芬克斯所困。斯芬克斯守在路口，所有行人都须回答它的一个问题：什么动物早上四条腿，中午两条腿，晚上三条腿，腿最多时却最无能？行人答不出来即被吃掉，可是国人无人能解。国王因之弃位出走，出走之前宣布，谁能解开谜语，从斯芬克斯口中拯救城邦，便可继承王位。按照当时的惯例，新王还须娶原来的王后为妻。天资聪颖的俄狄浦斯解开了斯芬克斯的谜题，解救了底比斯。他被拥上王位，并娶了自己的亲生母亲。后来，底比斯不断发生灾祸与瘟疫，俄狄浦斯在先知提瑞西阿斯的提示下，才发现不祥的神谕已经噩梦成真：自己“成了不应当生我的父母的儿子，娶了不应当娶的母亲，杀了不应当杀的父亲”。震惊不已的王后羞愧地上吊自杀了；悲愤的俄狄浦斯则刺瞎了自己的双眼，自我放逐。

聪明过人的俄狄浦斯虽然猜破了司芬克斯关于人的谜底，却无法猜出“人是什么”这个“永恒之谜”。甚至，俄狄浦斯连自己是谁，自己的父母是谁都不知道，更遑论“认识你自己”了！人在难以把握的自我面前，在纷繁复杂的现实面前，无异于瞎眼的盲人。

古希腊人把俄狄浦斯的悲剧归结为“命运”。在当时，“命运”是一种无法解释的神秘力量。其中，有来自人类所无法左右的自然力量和社会力量，也有来自人本身的难以名状的野性和原始冲动。在史前时代，“杀父娶母”本无所谓道德不道德；到了人类文明之初，杀父娶母尽管在伦理上被禁止，但人的自然本性还是有其惯性冲力的，以往的野蛮习性并没有，也不可能马上消失，相反还会在人的潜意识中顽强存在，这就是弗洛伊德心理分析学说所谓的“情结”。原始初民们既向往文明，又为自身铁律般的冲动所左右，由此造成了人与自我、人与人、人与社会、人与自然之间的种种矛盾冲突，造成了人无法理解也无法摆脱的“命运”，演出了人类走向文明过程中的一幕幕悲剧①。

俄狄浦斯的“杀父娶母”是有象征意蕴的。俄狄浦斯的悲剧告诉我们：人类走向文明的历程是艰难而痛苦的。俄狄浦斯为摆脱原始的、自然的动物性本能而致毁灭的悲剧，是人类走向文明所必须付出的艰苦努力和沉重代价的一种艺术写照。他的悲剧体现了文明对于野性，文明对自然的抗争。钱钟书先生说：“悲剧命运实际与宿命论无关，宿命论本质上是失败主义的、消极的、导致懒散和迟钝的、逆来顺受的态度，而悲剧性反讽则存在于人在面对命运的拨弄时所作的种种努力当中”②。对于人类来说，文明拥有高于自然的正义性，俄狄浦斯向文明艰难迈进的悲剧，也就拥有了悲壮与崇高的审美特性。

《安提戈涅》在内容上是俄狄浦斯故事的延续。俄狄浦斯娶了自己的母亲，还生了两儿两女，分别是埃忒奥克洛斯和波吕涅克斯，安提戈涅和伊斯墨涅。俄狄浦斯得知真相自我放逐，其子埃忒奥克洛斯继位。几年后，流亡在外的波吕涅克斯率外邦军队回国，同其兄争夺王位，弟兄俩自相残杀而死。波吕涅克斯被视为叛国者，新王克瑞翁禁止埋葬他的尸体。古希腊人相信，死者如果不得埋葬，他的阴魂便不能进入冥土，因此，亲人有埋葬死者的义务，这是“神律”。作为妹妹的安提戈涅，既不能违反国王的命令和法律，又必须尊重“神律”。面对无法解决的两难矛盾，她必须进行抉择。安提戈涅出于亲情，选择遵守神的律条，埋葬了哥哥波吕涅克斯。她被自己的舅舅克瑞翁国王囚禁。她的未婚夫海蒙苦劝父亲克瑞翁宽大为怀，可是克瑞翁答应释放安提戈涅时，安提戈涅已经自杀身死了，海蒙也绝然殉情。俄狄浦斯

---

① 蒋承勇．走向文明的艰辛——从俄狄浦斯的“弑父娶母”谈起[J]．名作欣赏，2001(4)：121.

② 钱钟书．中国古代戏曲中的悲剧[J]．解放军艺术学院学报，2004(1)：6.

一家三代，都是悲剧结局。

欧里庇得斯（前 485—前 406）是雅典民主制危机时代的作家。他的作品更多关注当时的现实问题，被称为“社会悲剧”。欧里庇得斯一生创作了 80 余部悲剧，有 18 部传世。其中最优秀的如《美狄亚》《特洛伊妇女》等。

《美狄亚》被认为是古希腊最动人的悲剧之一。在希腊神话中，英雄伊阿宋为夺回被叔父篡夺的王位，率领“阿耳戈”英雄们①历尽万苦，到科尔喀斯盗取金羊毛。金羊毛是古希腊的至宝，不仅代表着财富，还象征着未来和幸福。它藏在科尔喀斯的森林里，由一条日夜大睁着双眼的毒龙守候。科尔喀斯的公主美狄亚对伊阿宋一见钟情，她用巫术帮助伊阿宋获取了金羊毛并成功出逃。为了阻滞父亲的追赶，美狄亚甚至不惜杀死自己的两个弟弟并沿途抛尸。回到希腊后，她又帮助伊阿宋报了杀父之仇。

悲剧开始时，他们已经客居科林斯。在科林斯，伊阿宋为了财富和地位，竟然要抛弃患难与共的妻子美狄亚，另娶科林斯国王克瑞翁的女儿。为了女儿的未来，克瑞翁还要把美狄亚和她的两个儿子一起驱逐出境。美狄亚哀告无用，便决心报复。她让两个孩子给公主送去了新婚礼物，那是有毒的锦袍和金冠。婚礼时，公主一穿上漂亮的锦袍，就被烈火吞没，克瑞翁为救女儿也被袍子粘住烧死。为了惩罚忘恩负义的丈夫，美狄亚又杀死了两个亲生儿子，然后乘龙车飞离了伤心之地。

欧里庇得斯笔下的美狄亚是个敢爱敢恨、果敢决断的人物。她为爱复仇的行为有其正义的一面，这种正义性来自文明社会一夫一妻制的婚姻家庭道德。但是，美狄亚为了一己爱恨，不惜背叛国家、背叛父亲，杀死兄弟乃至亲生儿子的行为本身，又是违背文明的。在美狄亚

---

① 智慧女神雅典娜为了帮助伊阿宋获取金羊毛，让希腊最优秀的船匠阿尔戈打造了一艘大船，命名为“阿尔戈”号，意即“轻快的船”，据说这是希腊人驶向大海的第一艘大船。船上的著名的英雄有赫拉克勒斯、阿喀琉斯的父亲珀琉斯、宙斯的儿子卡斯托耳和波吕丢刻斯、天才的歌手俄耳甫斯、后来当了雅典国王的忒修斯、海神波塞冬的儿子奥宇弗莫斯等。

的身上，同样保有原始初民的狂野与暴烈。

在希腊神话的世界里，人性是粗犷而稚拙的，原始的野性充溢着勃勃的生机，他们拥有文明人所没有的那份“自由”，纵情纵意地去爱、去恨，甚至无所顾忌地去抢掠、报复和杀戮。这种野性与文明的冲突，恰恰又是人类童年时期的艺术所展示的人性魅力之所在。

在古希腊的爱情悲剧中，我们看不到梁山伯与祝英台的凄美，也没有宝哥哥和林妹妹的悲切，它们往往是雄健宏大，惊天动地；它们不粉饰光明，也不掩盖黑暗，对人对神都是真实的展现，对人性或者“神性”都是淋漓尽致的挥洒。他们的爱情就像一场华丽且盛大的烟花，尽管终究消失在夜色里，但毕竟开过了，爱过了，灿烂过了。也许，那就是他们对人生的理解吧！

公元前5世纪，雅典还产生过三大喜剧诗人，分别是克拉提诺斯、欧波利斯和阿里斯托芬，其中只有阿里斯托芬有作品传世。

阿里斯托芬（公元前446—公元前358）是欧洲的喜剧之父，他奠定了西方文学中喜剧以滑稽形式表现严肃主题的传统。阿里斯托芬一生写过44个喜剧剧本，但完整流传下来的只有11部，其中的《鸟》是最优秀的作品，也是古希腊现存结构最完整的寓言喜剧。

五、古希腊哲学与多方面的文明成就

恩格斯指出：“没有希腊文化和罗马帝国所奠定的基础，也就没有现代的欧洲”①。古希腊形成了自己独特的思想和文化，并取得了辉煌的成就。从《荷马史诗》到亚历山大里亚的科学，古希腊在哲学、文学、艺术、政治学以及自然科学等方面无不大放异彩。理性主义与人文主义，民主与科学的精神，是希腊古典文化的精髓。

古代罗马承前启后，在继承希腊文化的基础上创造了自己独具一格的文化。古罗马文明最为重要的是把法制精神灌注到古典传统之中，使之得到了发扬光大。它以自己的厚实、伟大和创造性，与古希腊

① 《马克思恩格斯选集》第3卷，第220页。

文明一道,成为西方文明的共同源头。

哲学的故乡。西方哲学最早的发源地是希腊。哲学这个词就源于希腊文,意思是"爱智慧"。

希腊民族是一个哲学的民族。古代希腊产生了一大批伟大的哲学家。最早是自然哲学"三杰":泰勒斯、阿那克西曼德、阿拉克西米尼。之后有南意大利地区的毕达哥拉斯、巴门尼德、芝诺。到公元前5世纪的雅典鼎盛时期,涌现出了一批伟大的哲学家,其中最著名的是"哲学三杰":苏格拉底、柏拉图、亚里士多德。正是在他们推动下,希腊哲学发展到了一个登峰造极的水平。

毕达哥拉斯(约公元前572—公元前497)是古希腊数学家、哲学家。毕达哥拉斯强调"数"是万物的本源,认为万事万物都是由"数"决定的,这个"数"就构成了事物背后的本质。他创立的毕达哥拉斯学派①是形而上学的开端。他们还提出了"美是和谐"的观点,是西方美学史上最早探讨美的本质的学派。

古希腊民主政治生活活跃,这要求人们提高文化素养和能言善辩,由此产生了以传授知识为职业的教师,这些人被称为智者。智者学派把自然当作对象,对世界的起源、构造、组织,以及各种天气现象做出解释。智者学派的代表人物是普罗塔哥拉(约公元前490或480—公元前420或410),他提出了"人是万物的尺度"这一名言。还有辩证法哲学的奠基人赫拉克利特(约公元前540—公元前470),他指出宇宙万物是永远流动变化的,因此,"太阳每天都是新的",而"人不能两次踏进同一条河流之中"。

希腊哲人是希腊文明走向高峰的重要标志。苏格拉底(公元前469—公元前399)是第一位给西方哲学的发展以划时代影响的哲人。他曾经子承父业当过石匠,后来致力于哲学和道德探讨,在广场和街头巷尾同人们讨论哲学、道德、社会、艺术等问题。在伯罗奔尼撒战争

---

① 毕达哥拉斯学派亦称"南意大利学派",是一个集政治、学术、宗教三位于一体的组织,其成员大多是数学家、天文学家、音乐家等。

期间，他三次服役并立过战功。后因反对通过抓阄或抽签来决定国家领导者的传统做法，被以反对民主、败坏青年、不敬神等罪名判处死刑，但苏格拉底宁死不改变自己的信念，最后在狱中服毒身亡。苏格拉底没有留下任何著作，我们主要是通过色诺芬的回忆录和柏拉图的对话集来了解他的思想主张。他常常采用的"诘问式"教育方法对西方的思维方式有重大影响。

苏格拉底把哲学研究的对象从自然本原转向了人自身，从而把哲学的首要任务理解为人类的自我认识。哲学上的这一变化，标志着"希腊理性"时代的真正到来。苏格拉底在批判以往的自然哲学中提出了"神学目的论"。他认为，以往的自然哲学家都没能揭示宇宙万物之所以如此的根本原因。在他看来，世界上的一切事物都服从一种目的，这种目的就是"善"的原则。宇宙万物是神按照"善"的原则创造出来的，神使世界成为一个和谐有序的统一整体。既然世界万物之所以如此的原因不在事物之中而在于事物之外的神，人们就没有必要，也没有能力去研究和把握自然界，而应该致力于"认识你自己"，应该努力提高个人素质和完善个人品德。苏格拉底抱着对理性的信念，激发人们思考人生的意义。他强调"未经审视的生活是不值得过的"。苏格拉底的目标不是建立一个哲学体系，而是引导人们爱真理和德性，帮助人们做正确的思维，过正当的生活。

苏格拉底在批判智者学派的相对主义时，提出了"美德即知识"的命题。他认为，知识是道德的基础，一个人有了知识才能明辨是非、分清善恶，才会有符合道德的行为。苏格拉底的这种伦理观，实际上是以理性作为判断道德行为的标准。

柏拉图(约公元前 427—公元前 347)是继苏格拉底之后的伟大哲学家。他出身于雅典贵族之家，追随苏格拉底求学 10 年。柏拉图曾希望参与政治，实现政治抱负，但终成梦想。约公元前 387 年，他在雅典阿卡德美圣殿附近的园林中建立了一个学园，从事著述和教学。柏拉图死后，该学园一直开办到被东罗马皇帝查士丁尼封闭。

柏拉图留传下来的著述主要是他的对话，如《辩诉篇》《理想国》

《巴门尼德篇》《智者篇》等。他是希腊古典哲学家中留下著作最多的人。柏拉图继承了苏格拉底哲学，同时又吸收了爱利亚学派[①]和毕达哥拉斯学派的一些思想，建立起一个以客观唯心主义的理念论为核心、包括宇宙论、知识论、伦理学、国家学说等等的庞大的唯心主义体系。

理念是柏拉图哲学的最基本的概念。他认为，理念是万物的本原，独立存在于一切事物和人之外，是永恒的、绝对的和真实的存在。理念世界是物质世界的原型，是第一性的；物质世界是由理念世界派生出来的，是第二性的。即先有理念，后有物质。比如一张桌子，是先有了有关桌子的功能、形态、结构等等的理念，然后人们根据这些理念，才制成了现实中的各种桌子。柏拉图认为宇宙是一个有机的精神统一体，它由宇宙的目的——即善的理念所统辖，因而是一个理性的逻辑体系。哲学的任务就是要用逻辑思维来了解它的内在的秩序和关联，追寻它的本质。柏拉图的唯心论哲学体系对后世影响很大，希腊化时代和罗马时期各唯心主义哲学派别，以及中世纪的基督教神学都直接继承了他的学说。柏拉图的哲学也成为近代形形色色唯心论的渊源。

柏拉图还致力于政治学的研究。古代希腊城邦政治制度的多样化为各种政治学说的产生提供了条件。柏拉图关于政治学的著作主要有《理想国》等。他在《理想国》中系统地阐述了理想国家的方案，提出了"正义"的国家观和贤人政治的主张。他把全体自由民分为统治者、保卫者、生产者三个等级。主张统治者应由兼具知识和美德的哲学家担任，保卫者由那些勇敢的武士组成，而农民、手工业者和商人则构成生产者。他认为只要这三个等级各安其分，各尽其职，国家就能和谐一致，实现"正义"。柏拉图认为财产和妻子儿女使人自私，因此

---

① 爱利亚学派是早期希腊哲学中最重要的哲学流派，产生于公元前6世纪意大利南部爱利亚城邦。一般认为，爱利亚学派有四位代表人物：克塞诺芬尼、巴门尼德、芝诺和麦里梭。这一派别的核心思想是：世界的本原是不变的一。克塞诺芬尼提出"神"是不动的"一"，其奠基人和领袖巴门尼德则认为"存在"是不动的"一"，他们认为具体的事物是虚伪的，唯有抽象的"存在"才是真实的。

反对财产私有和一夫一妻制，主张在上等阶级中实行共产共妻。

在《理想国》中，柏拉图强调知识人的启蒙使命。但他“哲学王”的主张在现实中却屡屡碰壁，不断遭到后世的诟病[①]。真正的哲学和哲学家必然要有现实关怀与救世意识，这种意识源于社会现实与完美理念之间必然存在的差异。知识人的基本精神应该是“先天下之忧而忧，后天下之乐而乐”的理想主义，但是，如果理想缺乏慎戒的现实感的话，也会滑向未知的歧途。自柏拉图以来，每个时代都会有一些怀揣知识和理想的智者，走出观念世界，以天下为己任，将其理想作为现实政治的标准和尺度。然而，理念与政治、知识与权力毕竟属于两个截然不同的领域，它们必须遵循各自不同的价值规范和游戏规则。单纯固守理念的哲学家的越界介入，必然会面对“门外汉”的尴尬；如果其一意孤行，妄图将理念世界的规则生搬硬套到现实中来，就更是一种“理性的自负”。

“哲学王”的构想在现实中不仅会导致那些“智者”自身的悲剧，往往也会造成社会的悲剧。从基督教理念与中世纪教会黑暗之间的巨大反差，到法国大革命“雅各宾派”的恐怖专政，以至国际共运中的种种惨痛教训，无不在为“哲学王”们长鸣警钟。一元化的思维方式必然会催生出独断、专制、不宽容的精神；“权威性教化”必然会导致灌输式专制，从知识的专制到道德的专制，从政治的专制到思想文化的专制。

柏拉图的《法律篇》体现了他的法治思想。他提出，在哲学家统治的贤人政体难于实现时，就应谋求一种依靠法律统治的“第二等好的国家”。

柏拉图从理性的角度来分析社会与国家，试图根据一种永恒的正义理念来重塑城邦的政治制度，尽管这在当时是一种乌托邦，但其以主观理念为基础的方法论，在西方政治思想史上产生了深远影响。

亚里士多德（公元前 384—公元前 322）是马其顿国王腓力二世之

---

① 与古希腊哲学几乎同时的印度教同样认为“哲学王”一类的梦想是不切实际的。印度教明确主张作为智者（见者）的婆罗门必须隔绝世俗的权力，其角色不是制裁而是劝告，不是驾驶而是指路。

子亚历山大的家庭教师。亚历山大即位后，他回到雅典创办了吕克昂学园。亚里士多德集希腊古典学术之大成，是一位百科全书式的学者。除哲学外，他在政治学、伦理学、逻辑学、修辞学、物理学、生物学、心理学、美学等方面也有突出成就。他还最早进行科学的分科研究，“物理学”一词就源于他的同名著作。

“吾爱吾师，但吾更爱真理”是亚里士多德的名言。亚里士多德不同意先师柏拉图的理念论。他指出柏拉图理念论的错误在于把理念看作离开个别事物而独立存在的实体，从而把一般概念与个别事物割裂了开来。因此，他提出了自己的实体论。亚里士多德把客观存在的个别事物称为第一实体，把不同事物所属的“种”或“属”，即一般概念称为第二实体。这种观点接近于唯物主义。在他的《形而上学》中，亚里士多德探讨事物存在与变化的原因，提出了“四因说”。他认为，任何事物的形成、变化和发展都有四个原因：质料因、形式因、动力因和目的因。比如盖房子，砖瓦等材料是质料因，图样或模型是形式因，建筑师是动力因，建造房屋的用途是目的因，有此四因才能成就房屋。“四因说”实际上是对以往各种哲学观点的一个综合。

他认为人的特殊本质不是单纯的肉体存在或带有欲望的感觉，而是有理性的生活。因此，人的至善才是人之为人的根本。“如果同人性的其余部分相比，理性是神圣的，那么，同人的一般生活相比，合乎理性的生活就将是神圣的，……以人的固有的倾向而言，他应该追求不朽，尽力遵循人性的最好的部分而生活”，这就是所谓的幸福[①]。

亚里士多德是逻辑学的创始人。他总结了苏格拉底的概念和柏拉图的判断论，对归纳和演绎进行研究，创立了推理论，特别是由所谓“大前提”“小前提”和“一般性结论”构成的三段论。

亚里士多德也是西方政治学的奠基人，反映其政治思想的主要著作是《政治学》和《雅典政制》。亚里士多德认为，“人是天生的政治动物”，人的本性决定人需要过群体性的国家生活，这正是城邦产生的原

---

① [美]梯利.西方哲学史[M].葛力，译.北京：商务印书馆，1995：97.

因。他明确提出了划分政体优劣的两个基本标准：一是政府是只照顾统治者少数人的利益，还是照顾城邦的公共利益；二是掌握城邦统治权的是一个人、少数人还是多数人。

希腊化时代主要有四大哲学派别：伊壁鸠鲁学派、斯多噶学派、怀疑主义学派和犬儒学派。

伊壁鸠鲁（公元前341—公元前270）在雅典创办的伊壁鸠鲁学园是继柏拉图学园和吕克昂学园之后，又一影响巨大的学园。伊壁鸠鲁哲学的中心是快乐主义。他主张人应该自由地去寻求和享受人间的快乐，“我们的最终目的乃是得到快乐”，但他所说的快乐并非纯粹物质和感官的享受，而是指“身体的无痛苦和灵魂的无纷扰”[①]，主要是精神上的愉悦。他提出，为了达到快乐，人们应该“平庸地生活”，不去追求财富、权力和荣誉，因为这些追求只会给人带来烦恼。

斯多噶学派因其哲学家常在雅典市场的画廊聚会和讲学而得名。“斯多噶”意为有绘画的柱廊。该派的创始人是芝诺（约前490—前425）。斯多噶学派继承了赫拉克利特关于逻各斯[②]的学说，认为有一种客观规律在支配着宇宙万物，使世界成为一个有序的整体，这种客观规律就是理性。人是宇宙万物的一部分，必然要受到理性的支配，因而，“顺应理性”便成为人的美德。为了达到“顺应理性”这一“终极幸福”的目标，人们应该苦行和禁欲，根除喜怒哀乐等各种情感，达到“不动心”的理想境界，以获得内心的平静和幸福。这种思想后来为基督教所利用。

怀疑主义学派的创始人是皮浪（公元前365或360—公元前275或270），他认为事物是不可认识的。人只有对任何事物都不作判断，放弃认识，才能取得精神上的安宁。

---

① [古希腊]伊壁鸠鲁.致美诺寇的信[M]//西方伦理学名著选辑（上）.北京：商务印书馆，1964：103-104.

② 逻各斯：一般是指世界的规律或本质，即我们所说的“道”。这个词的希腊文本来有多方面的含义，如语言、比例、尺度等，赫拉克利特最早将这个概念引入哲学，用以说明万物的生灭变化具有一定的规律，虽然变幻无常，但人们能够把握它。

犬儒学派鄙视传统的价值观念和习俗，反对一切社会羁绊。他们把法律、财产、职业、家庭等都视为自由生活的障碍，提倡“返归自然”，过禁欲和行乞的俭朴生活。他们用这种极端的方式来寻求自我满足和心灵的安宁。其代表人物是狄奥根尼(约公元前412—公元前324)。

古希腊艺术的一个精华是雕塑。古希腊早期的雕塑明显受到埃及的影响。趋于成熟的雕塑以竞技中的优胜者为主要对象，逐步走上了完美表现人体的现实主义道路。

公元前5世纪是希腊雕塑的黄金时代，创作臻于完美，名家名作辈出。米隆的《掷铁饼者》被誉为“体育运动之神”，作品逼真地刻画了运动员在掷铁饼前一瞬间生动而紧张的姿态，静中寓动，人体双臂的弓形与身体的曲线完美地结合在一起，把和谐、健美和青春的力量表现得淋漓尽致，可谓“空间中凝固的永恒”。波里克利特非常注意人体各部分的比例关系，他的代表作《持矛者》，人物体态均匀，坚实有力，展现了人体在运动中的舒展与和谐。

希腊化时代的雕塑较之古典时代更趋成熟和完善。这一时期雕塑的主题不再只是积极乐观的公民形象，而多有搏斗和挣扎中的悲剧人物。著名如群雕《拉奥孔》。拉奥孔是特洛伊太阳神庙的祭司，他警告特洛伊人不要将不详的木马拖入城中。他的这一举动公然对抗了神的决定，于是雅典娜派出两条巨蛇，将拉奥孔的两个儿子缠住，拉奥孔为救儿子也被蛇咬死。作品刻画了拉奥孔父子三人与巨蛇搏斗时的紧张挣扎和痛苦无奈，成为文艺复兴和近代西方艺术的典范。

古希腊最负盛名的雕塑自然非《米洛斯的维纳斯》(亦称“断臂维纳斯”)莫属。作品大致创作于公元前130年左右。艺术家把人物神情的高雅、体态的优美和青春的活力完美地结合在一起，造就了永恒而无可超越的艺术巅峰。

古希腊的艺术成就还反映在建筑上。建在山岗之上雅典卫城是古典时代希腊建筑艺术的代表。卫城由山门、胜利女神庙、帕特农神庙等组成，大量采用的柱廊是希腊建筑的一大特点。古希腊人认为人体是最完美的，所以，建筑也往往以人体为设计的基本参照。希腊建筑庄重典雅，无论是结构比例还是外形风格都具有一种生气勃发的崇高美，显示着人作为万物之灵的自豪与高贵。

古代罗马在建筑方面也取得了较大成就。古罗马的大型建筑风格雄浑凝重，形式和谐统一。建于公元 118 至公元 128 年间的哈德良万神殿，前部是长方形的希腊柱式门廊，后部是罗马特色的圆顶，拱与柱式的结合增加了建筑的空间层次，人在大厅内，犹如置身于一个高大空旷的圆球之中。著名的还有建于公元 80 年至公元 100 年的巨人竞技场(斗兽场)。这座规模宏大的椭圆形建筑分为 4 层，相当于 12 层楼高，可容纳 5 万多观众。罗马的纪念性建筑主要有凯旋门和纪功柱。竖立在罗马城中心的图拉真纪念柱是纪念柱建筑的代表。著名的凯旋门有建于公元 81 年的提图斯凯旋门和建于公元 312 年的君士坦丁凯旋门等。在道路建筑方面更是无人能与罗马人相比，西谚“条条大道通罗马”就是罗马规模化和网络化道路建设的写照。

城邦民主政治是希腊奴隶制文化在政治上的一大特色，也是古希腊人在政治方面对人类做出的一大贡献。

城邦即城市国家，是以城市为中心，包括邻近乡村地区而构成的独立国家。古希腊小国寡民这一特征，为城邦公民直接参政和参加公共活动提供了可能。希腊城邦在本质上是公民的自治团体，公民享有广泛的民主。希腊城邦制实行的是以公民权概念为核心的政治制度，“主权在民”和“人人平等”是它的政体原则。公民大会成为最重要的权力机构，一切重大问题必须由公民集体决定。

雅典被视为希腊民主制的典范。在雅典，民主不仅是一种制度，而且成为公民的一种生活方式。无论中心广场还是街头巷尾，都可以听到人们对于城邦事务的讨论。政治和公共事务是公民们经常谈论的话题，参与公民大会和各种公职成为公民日常生活的重要组成部分。雅典所有的官职向全体公民开放，任何人都可以通过抽签或选举的方式担任政府中的各级官职。雅典的政府官员都有任期，通常为一年，而且大多数的官职不得连选连任。为了保证民主不受侵害，雅典还制定了贝壳放逐法。他们用贝壳投票，筛选出有可能对民主构成威胁的强势人物，并将其放逐国外，10 年后才允许返回，从而使政治野心家没有可乘之机。

雅典民主政治在伯里克利时代空前繁荣，民主政体趋于成熟。新的政体形式具有两个鲜明的特征：任期限制和责任制，借以将权力与责任联系起来。公民大会是国家的最高权力机构，决定内政、外交、战争、和平等国家大政。五百人会议是公民大会的常设机构，又是国家的最高行政机关，负责执行公民大会的决议，处理日常事务。其成员从全体公民中抽签产生。陪审法庭是最高司法、监察机关，也由公民抽签产生。十将军委员由公民大会选举产生，任期一年，可连选连任。其中的首席将军是最高首领，握有军政大权。伯里克利还实行了公职津贴制，凡参加公民大会、陪审法庭以及当选为执政官和五百人会议的成员，由国家发给一定的津贴。

罗马人是以政治见长的民族。罗马的共和政体由三部分组成：掌管最高军事和民事权的执政官，具有议会性质的公民大会，掌握国家最高决策权的元老院。三权分立，相互制衡又相互配合，使得有效监督成为可能。共和国的所有官员都由人民大会选举产生。国家最高行政长官是两个权力相等的执政官，由人民大会从贵族中选出，任期一年。两个执政官共理国政，双方互有否决权。国家机构中还增设了保民官、监察官等官职。保民官负责保护平民利益，有权否决执政官和元老院的议案。元老院由贵族和退任的执政官组成，有决定内外政策、审查和批准法案、控制预算并支配国家财产的权力。人民大会的职权是选举高级官员、对外宣战、表决执政官提交的一切议案、复审死刑判决与上诉案件。

罗马共和政体是在罗马平民反对贵族专权的斗争中不断调整而臻于完善的。这种制度向来受到西方人文主义者的推崇，被视为现代议会制度的古典渊源。美国前总统乔治·W·布什在他的就职演说中说：“人类千万年的历史，最为珍贵的不是令人炫目的科技，不是浩瀚的大师们的经典著作，不是政客天花乱坠的演讲，而是实现了对统治者的驯服，实现了把他们关在笼子里的梦想。因为只有驯服了他们,把他们关起来,才不会害人。我现在就是站在笼子里向你们讲话"[①]。而这个笼子的打造,则始于古代的希腊和罗马。

当然,我们不应忽视的是,希腊和罗马的民主都是有条件的。民主权仅限于公民范围之内,而当时的公民实质上是建立在家族身份和财产资格之上的特权阶层。公民之外的绝大部分居民,如奴隶、外邦人、妇女和儿童都是被排除在民主之外的。因此,他们的民主只是一种具有浓厚等级色彩的民主。

法律是古罗马对人类文明的独特贡献。罗马政治一个不可或缺的方面就是它的法律,罗马的法律支撑着罗马的政治体系。罗马的法治传统也构成了西方文明的四大要素[②]之一。威尔·杜兰说:"法律最足以说明罗马精神的特征,在历史上罗马代表秩序,就如同希腊之代表自由。希腊留下的民主与哲学,成为个人自由的依据;罗马留下了法律与政绩,则成为社会秩序的基础"[③]。

罗马早在王政时代就有了习惯法,它是随着罗马政权的形成而产生的。公元前450年左右,罗马制定和颁布了历史上第一部成文法典《十二铜表法》,它的法律条文刻在12块立在罗马广场的铜表上。该法是对以往习惯法的总结,它的出现是人类法学史上的重大事件。

共和国后期最著名的法学家是西塞罗(公元前106—公元前43)。西塞罗把古希腊的自然法哲学注入法律,强调"自然法"的优先地位。他说自然法是"最高的理性,从自然生出来的,指导应做的事,禁止不应做的事",它"无分罗马与雅典,无分现在与未来,对任何国家或时代都有效并永久有效",具有高于一切人类社会立法的权威,具有普遍的和永恒的性质。因此,自然法是判断正义与非正义的标准,是衡量一切社会立法的标准,是"任何民族任何时候都必须遵守的法律"[④]。体

① 张捷.霸权博弈[M].太原:山西人民出版社,2010:102.

② 西方文明的四大要素:希腊人的求真精神、罗马人的法治传统、犹太——基督教的上帝信仰、"高贵的野蛮人"的自由理念。

③ [美]威尔·杜兰.世界文明史[M].台湾幼狮文化公司,译.北京:东方出版社,1999:512.

④ [古罗马]西塞罗.国家篇法律篇[M]//西方政治文化传统.哈尔滨:黑龙江教育出版社,2002:309.

现着“普世价值”的自然法被后人冠以“不言而喻的真理”，在它的面前人人平等。这种人类自然平等的思想，对后来资产阶级革命时期思想家的影响巨大。

罗马法经历了一个不断补充和完善的过程。公元534年，在东罗马皇帝查士丁尼（约公元483—公元565）的主持下编撰完成了《民法大全》，该法典对西方文明的影响被认为仅次于《圣经》。

《民法大全》的许多条文至今不失现实意义。比如，“任何人在缺席时不得被判罪。同样，不得基于怀疑而惩罚任何人……与其判处无罪之人，不如容许罪犯逃脱惩罚”——这就是后来的“无罪推定原则”；比如，“任何人不能仅因为思想而受惩罚”——这也是1997年中国人大正式废止“反革命”罪的法理渊源；比如，“父亲的罪名或所受的惩罚不能玷污儿子的名声，因为每一方的命运均取决于自己的行为，而任何一方都不得被指定为另一方所犯罪行的继承人”等等。罗马法所确立的一些基本原则，如建立在自然法基础之上的人人平等的法律观念，私有权神圣不可侵犯和契约自由等等，都具有划时代意义，并且为近代社会所继承和接受。

古代希腊罗马光耀千古的伟大人物和文明成就数不胜数：曾被柏拉图誉为“第十个缪斯”的希腊女诗人萨福；体现着古希腊人生活智慧的《伊索寓言》；西方的“历史之父”希罗多德；数学家毕达哥拉斯、欧几里得；“给我一个支点，我将撬起整个地球”的阿基米德——他发现了杠杆定律、浮力定律，还被称为“流体静力学之父”；“医学之父”希波克拉底，他制定的医德规范[①]影响至今；维吉尔颂扬罗马伟大历史的史诗《埃涅阿斯纪》，奥维德汇聚和重述神话故事的《变形记》；还有拉丁字

---

① 希波克拉底誓言：“仰赖医神阿波罗·埃斯克雷波斯及天地诸神为证，我要遵守誓约，矢忠不渝。对传授我医术的老师，我要像父母一样敬重，并作为终身的职业。对我的儿子、老师的儿子以及我的门徒，我要悉心传授医学知识。我要竭尽全力，采取我认为有利于病人的医疗措施，不能给病人带来痛苦与危害。我不把毒药给任何人，也决不授意别人使用它。我要清清白白地行医和生活。无论进入谁家，只是为了治病，不为所欲为，不接受贿赂，不勾引异性。对看到或听到不应外传的私生活，我决不泄露。如果我能严格遵守上面誓言时，请求神祇让我的生命与医术得到无上光荣；如果我违背誓言，天地鬼神一起将我雷击致死”。

母的创造,《儒略历》的制定等等。可以说,西方近代文明的一切胚胎无不孕育于古代希腊和罗马。

六、古希腊文明的特点

马克思曾在《政治经济学批判导言》中揭示了古印度、中国和古希腊进入文明时代的不同路径,他说:“有粗野的儿童,有早熟的儿童”,而“希腊人是正常的儿童”[①]。三种不同的文明路径在很大程度上决定了印度、中国和西方这三大人类群体的“文化基因”,形成了不同的文化特征。

特定的生存环境和生存方式,造就了古希腊人自由奔放、乐观自信、张扬欲望、崇尚智慧和力量的民族性格,也培育了古希腊人追求现世生活、注重个人独立和尊严的文化价值观念。理性与人文、民主与科学的精神,是希腊古典文化的精髓,它造就了西方文化中的古典传统,启迪了欧洲的文艺复兴运动,对西方文化有着巨大而深远的影响。

人文精神是希腊文明最基本的特征之一。希腊人是第一个把人置于宇宙中心的民族。早在公元前5世纪,希腊哲学家普罗塔哥拉就喊出了“人是万物的尺度”这一具有划时代意义的庄严口号。

近东文明关注的焦点总是在神和类神的统治者上身,而很少直接关注人类自身的奋斗和人在世界上的作用。希腊人不同,他们不再把人视为神一时心血来潮创造出来,并玩弄于股掌之中的微不足道的对象。瑞典古希腊研究专家安·邦纳说,“全部希腊文明的出发点和对象是人。它从人的需要出发,它注意的是人的利益和进步”[②]。在希腊人看来,人是世界万物中最了不起的,人不仅应该面对自己的命运,而且要对自身的行为承担起道德上的责任。

对人的尊崇首先体现在对人体的欣赏上。丹纳在《艺术哲学》中

---

① 《马克思恩格斯选集》,第2卷,第114页。

② 当代哲学思潮研究[M].北京:中共中央出版社,1992:263.

说，希腊人崇拜美丽的形体，乃至奉若神明。在希腊人的观念里，美的对象，绝顶的美，会被视为神圣，甚至可以超越法律，超越伦理。法国19世纪著名画家热罗姆有一副名画《法庭上的芙丽涅》，古希腊的芙丽涅可以说是历史上最早的人体模特，她配合普拉克西特利斯创作了当时被誉为最美雕像的《尼多斯的阿芙洛狄忒》。普拉克西特利斯是公元前4世纪希腊最著名的雕塑家，他的《尼多斯的阿芙洛狄忒》通过美神脱衣入浴情景的刻画，突显了女性的雍容和妩媚。因为这件作品，后来还有了"美不是可以用金钱衡量的"这一名言①。据说，芙丽涅曾因裸泳被推上法庭，辩护师是当时著名的演说家希佩里德斯。富有戏剧性的一幕是，在开庭的时候，那个平日口若悬河的演说家却卡壳了。他情急之下一把扯掉芙丽涅的衣袍，激愤地对在场的陪审团成员说道：难道我们能让这样美的乳房消失吗？判如此美丽的少女有罪的话，是不是我们不正常！最后，法庭宣判芙丽涅无罪。

还有特洛伊之战。十年的血腥厮杀，固然离不开物质财富等经济、政治方面的动因，但是，当历史积淀为文化，荷马史诗却把战争起因归咎于一个所谓的"帕里斯的裁判"。那个裁判是什么呢？——谁是最美的女人。追求最美的女人竟成了一场惊天动地战争的起因。史诗讲，特洛伊人起初也不愿意为此与希腊打仗，可是当海伦出现在众人面前的时候，人们目瞪口呆，最后爆发出"为了海伦"的一致呼喊。他们认为："为这样一个妇人长期遭受苦难，无可抱怨"！

对人的关注又体现在对生活的挚爱上。对古希腊人来说，享受现实生活是神的恩赐。他们追求自然的美景、追求物质的享受以及文化艺术的赏心悦目，并由衷地感到愉快和幸福。古希腊人对死后的世界不仅冷淡，甚至可以说是厌恶。奥德修斯在阴间见到战死在特洛伊的

① 《尼多斯的阿芙洛狄忒》起初是西亚的科斯城邦向艺术家订制的，可当艺术家把一个裸体的阿芙洛狄忒塑造出来——这是历史上的第一个，科斯人却不敢接受了。可是，科斯人不敢要的作品得到了希腊尼多斯岛人的欢迎。没想到由于这尊裸体的阿芙洛狄忒的雕像，尼多斯岛竟一举成名，参观者络绎不绝，致使尼多斯岛此后数百年间成了一个著名的旅游胜地。科斯人后悔不已想把它再买回来，对尼多斯人说我们可以出大价钱，尼多斯人的回答就是这一名言："美不是可以用金钱衡量的"。

阿喀琉斯的魂灵，告知人世对其的赞誉，可阿喀琉斯的回答却是："与其在地狱中为王，毋宁在人间为奴"。还有那个著名的西叙福斯，他不计代价不择手段地迁延在阳世的生活，到死后居然还不许妻子埋葬自己。

情欲的放纵也是古希腊对人和生活的一种理解。古希腊是一个充溢着生命活力的世界，也是一个爱欲弥漫的世界。代表情欲的酒神狄奥尼索斯和爱神阿芙洛狄忒有着显赫的地位。古希腊男女之间的追逐，大多仅仅出于文明初期人类的原始情欲，还不能算是现代意义上的"爱情"。在古希腊罗马的文化传统中，情欲被认为是人的生命活力的一种基本体现，也是人与生俱来的快乐之源。追求情欲满足与追求荣誉一样，也是个体生命意志与价值的体现。在那个时代，人类童年的天真烂漫与原始生命力，常常是借情欲的追逐乃至放纵表现出来的。希腊神话中的英雄，差不多都是被"享乐女神"牵着鼻子走的。即使是意志坚定的赫拉克勒斯，在征服了俄利卡斯之后，也禁不住情欲的蒸腾，悄悄地带回了自己喜爱的女人。古希腊人把情欲看成是人的一种本性、值得为之生甚至为之死。神和英雄们追逐情欲犹如飞蛾扑火，无所畏惧。其中所蕴含的性爱观其实也透着文化的韵味。

在古希腊，连神也被"人化"了。希腊神话具有人神合一，同形同性的特点。其他民族的神话大都以动物或怪物的外形去塑造各自的神。埃及的太阳神荷拉斯是一只鹰，创造神什奈穆等也都是兽首人身。中国神话中的神同样多呈"半人半兽"状，伏羲女娲是人面蛇身，炎帝是人身牛首，盘古是狗首人身。而希腊的神都是人格化了的形象。神不仅具有与人一样的形体，也具有与人一样的心理、情感和性格特征，其实就是人自己。在古希腊人的心目中，神既不像在罗马那样表现为赤裸裸的法权关系和现实国家，也不像在基督徒那里显得威严可怖、高不可及。古希腊人"不愿使他的神带有令人敬畏的性质，他也根本不去捏造人是恶劣和罪孽造物的概念"[①]。希腊的神之为神，只

① ［美］伯恩斯. 世界文明史(第1卷)［M］. 北京：商务印书馆，1987：216.

是因为他们形体比人更加具有典范性。这些神不仅形体上强壮、健美，具有一种令人陶醉的肉感与风韵，而且像人一样，有情欲，有善恶，有计谋，爱恨情仇均惊天动地。

当然，“认识你自己”这一镌刻在德尔菲神庙的箴言，还有众所周知的以人为谜底的“永恒之谜”，更是充分显示了古希腊人有关自我认识所达到的深度。正是希腊人对人类自身的这种评价和认识，把他们与现代西方联结在了一起。

崇尚独立与自由。古希腊人有一种强烈的独立精神和自由意识，他们骄傲地把自己称作“自由人”。在他们看来，人之为人的最本质的东西就在于人有自由，能够独立自主，不受外物和他人的支配和奴役。重视个体价值的实现，强调人在自己的对立物——自然与社会——面前的主观能动性，崇尚人的智慧和在智慧引导下的自由，是古希腊文化的一个本质特征。

古希腊人重视“天人之别”。“他们认为，人同自然的划分是知识和智慧的起点，是人自觉其为人的起点”。希腊神话中的普罗米修斯就是典型的说明。其实，普罗米修斯在精神实质上就是人类意志与愿望的象征，是人类自身形象的代表。马克思说火是人类步入文明所需的“最后一吻”，火的掌握和使用标志着人类从自然界的分离。如果说《圣经》中的亚当夏娃是经蛇的诱导，在将信将疑中被动地品尝了禁果的话，普罗米修斯的盗火之举则是按照自己的意志去行动，是自觉地与宙斯天律相对抗，是明知不可为而偏要为之的叛逆。它展现了古希腊人面对大千世界时的壮志豪情，也显示出人类从自然中站立起来后的自信与自尊。可以说，抗命盗火乃是在人类文明史上第一次提出了“自由”这一伟大命题。从普罗米修斯关于“自由”的第一声呐喊开始，其内涵不断丰富，并成为西方文化的一大主题。

古希腊人还特别重视个人与整体（社会）的分离。“如果说，普罗米修斯和俄狄浦斯表证的是作为群体的人在自然和社会面前的行动意识和自由意志的话，那么荷马史诗中的阿喀琉斯则集中体现了个人与群体分离状态的个体本位意识和自由观念”①。阿喀琉斯勇敢善战，热爱自己的民族。但是，当主帅阿伽门农抢走他心爱的女人，个人尊严受到侵犯时，他愤而退出战场，不顾一切地去维护个人的荣誉与尊严。其实，在希腊神和英雄们的英勇善战和冒险行为中，固然有维护集体利益的一面，但行为的深层动因却是争得个人荣誉，因为荣誉维系着个人生命之价值与意义。对荣誉的崇尚，也体现着古希腊人对个体生命价值的追求和对现世人生意义的肯定。

西方文化与东方的农耕文明有着明显的不同。农耕文明的一个重要特点是安土重迁，社会的第一要求是稳定，稳定就需要秩序。因此，比如中国就很自然地建立了以血缘关系为主要依据的文化秩序，即血缘秩序。中国传统社会的基本单位是家族，家族中的每个人都不是独立存在的单子，而是像大树或网络中的一个点一样，存在于错综复杂的人际关系之中，是所谓的“没有天哪有地，没有地哪有家，没有家哪有你(指父辈)，没有你哪有我”，个人只存在于“关系”或抽象的“类”之中。儒家所谓的“仁爱”是一种基于血缘关系之上的爱，其逻辑出发点是父母与子女之间的感情，人与人的一切感情都是父母与子女之间爱的扩展和外推。这种爱是一种有差别的爱，而儒家文化所特别强调的“礼”，就是让人意识到自己在这个以家族为基础的差别或等级社会中的地位和角色，从而规范个人和群体的行为方式，以维护社会的秩序与稳定。

可是，在海洋文化和游牧文化的生存方式中，频繁的迁徙甚至“漂泊”乃是一种生活常态。无论《荷马史诗》还是《圣经》，都是在讲“漂泊”的故事。变动不居的生活，漂泊偶遇的陌生人群，促成了一种基于独立自主的个体之上的契约关系，也带来了一种别样的人际关系和人性理想，铸成了古希腊人独立与自由的文化基因。与我们“大河有水小河满”的逻辑走向不同，在他们看来，正是一股股的涓涓细流才汇成

① 蒋承勇.世俗人本意识与宗教人本意识的对立与统一——“两希”文学之文化内核异质互补论[J].文艺研究，2003(4)：31.

了浩荡的江河，正是一个个具体的独立自主的个体才构成了城邦和国家，而国家的第一要务正是保障个体的权利和自由。所以，西方社会的基本单位是个体，每个人都是单子式的。他们坚信，尽管每个人在年龄、辈分、财产、地位上有这样那样的差异，但所有人在人格上都应该是平等的，每个人都有着神和帝王也无权剥夺的独立与自由。

自古希腊以来，关于独立与自由的呼喊一直伴随着人类的成长。从18世纪启蒙思想家为人权自由进行的大张旗鼓的现代理论建构，到匈牙利诗人裴多菲的“生命诚可贵、爱情价更高、若为自由故、二者皆可抛”，到美国革命家帕特里克·亨利的名言“不自由、毋宁死”，独立与自由作为西方文化的核心价值，贯穿在西方社会和历史的每一宏大叙事中。

独特的命运观。对所谓“命运”的认识与态度，也是希腊文明的一个重要方面。

什么是命运？命运就是人生中无法掌控的因素。卢梭讲，人是生而自由的，但又无不在枷锁之中。远古时代的人类处于自在状态，人本身就是自然的一个有机组成部分，人与自然的关系是一种直接的同一。人类一旦进入自为状态，也就是说开始从必然王国向自由王国迈进时，他们就发现自己实际上处于无所不在的罗网和枷锁之中。罗素说：“在荷马诗歌中所能发现与真正宗教情感有关的，并不是奥林匹克的神祇们，而是连宙斯也要服从的‘命运’、‘必然’与‘定数’这些冥冥的存在”①。这些“冥冥的存在”被古希腊人称为“命运女神”。

古希腊早期奥尔弗斯教②的神秘祭里，有一个重要的神明叫亚男克。在西叙福斯的故事中，就是手持皮鞭的亚男克，不断地鞭打西叙福斯，逼着他永无休止地推着石头上山。亚男克实际上就是一个命运的象征。在较为成熟的希腊神话中有三位手拎纺锤的“命运女神”：克

① [英]伯特兰·罗素.西方哲学史(上卷)[M].何兆武，李约瑟，译.北京：商务印书馆，1963：33.

② 奥尔弗斯教是古希腊以奥尔弗斯命名的秘传宗教派别，其教徒信奉奥林匹斯神族，相信灵魂轮回，是个苦行教派。奥尔弗斯原是希腊神话中一位带有传奇色彩的诗人、音乐家和歌手。

罗托纺织生命之线；拉刻西斯决定生命之线的粗细，即赋予每个人以不同的命运；阿特洛波斯负责剪断生命之线。他们都是具有强制性的一个命运必然。

在古希腊，命运是高悬在神和人头顶上的达摩克利斯之剑①。就连乌拉诺斯、克洛诺斯、宙斯这些神族，也同阿伽门农、俄狄浦斯等凡人一样，无法主宰自己的命运。在特洛伊之战中，宙斯得知自己的儿子萨尔佩冬将为帕特罗克洛斯所杀，欲将其带出战场，却遭到赫拉的严厉斥问："你说什么话？一个早就公正注定要死的凡人，你却想要让他免除悲惨的死亡"！最后，宙斯也只能眼睁睁地看着儿子成为剑下亡魂。诸神在命运面前，就像上帝的弃民面对滔天的大洪水，同样是惶恐不安，无能为力。作为一种外在的必然性，命运才是真正和唯一的神。

存在不以人的意志为转移，宿命无可抗拒——这是古希腊人对"命运"底蕴的意识，也是他们内心深处无以言说的痛苦。"世界是荒谬的，人生是痛苦的"，这是20世纪存在主义哲学的一个基本命题。存在主义强调，人是一种悲剧性的存在。其实，这样一种观念的源头，可以一直追溯到古希腊。

在古希腊人看来，人的不幸是宙斯为首的神为惩罚人类而设置的灾难。宙斯为了惩罚违命的人类，令火神赫淮斯托斯造了一个美丽的少女潘多拉，让"每一个天上的神祇都给了她一些对于人类有害的赠礼"。这些"赠礼"放在一个漂亮的魔盒里，由潘多拉带到了人间。好

---

① 达摩克利斯之剑：源自古希腊传说。迪奥尼修斯国王有个朋友名叫达摩克利斯，他常对国王说："你多幸运啊，你拥有人们想要的一切，你一定是世界上最幸福的人"。国王听腻了，对达摩克利斯说："那么我愿意跟你换换位置"。于是他让达摩克利斯穿上了王袍，戴上王冠，大厅的桌上摆满了美味佳肴，鲜花、美酒、稀有的香水、动人的乐曲，应有尽有。可是当他举起酒杯，却突然发现天花板上用马鬃倒悬着一把锋利的宝剑，剑尖快要触到自己的头，达摩克利斯身体僵住了，脸色煞白，双手颤抖。国王说："怎么了朋友？你怕那把随时可能掉下来的剑吗？我可天天看见，它一直悬在我的头上，说不定什么时候那根细线就会被斩断。风险永远是与权力同在的"。达摩克利斯说："是的，我知道了，请您回到您的宝座上去吧，我回我的家"。

奇的潘多拉打开盒盖,所有的灾祸——疾病、瘟疫、痛苦、死亡等等一股脑儿飞了出来,当她急忙合上盖子时,留在盒底的却只剩下唯一美好的东西——"希望"。"现在,数不清的不同形色的悲惨充满了大地、空中和海上"。人们在这个世界上终日劳苦,生老病死,那是因为人始终受潘多拉魔盒飞出的各种"灾祸"的控制;他们在艰难的生存环境中找不到希望,因为希望已被永久地关闭在魔盒里了。

古希腊人把人间的苦难幻化成天上的"飞来横祸"。然而,人的不幸除了来自"天上",也还源自人的本性。"命运"是古希腊人对自身与世界关系的一种反思,对人的有限性与世界无限性的一种形象化表达。人的属类使他无法摆脱个体的限制和死亡的迫胁,人性必然地伴随着种种的缺损和遗憾,在浩瀚的寰宇面前更显出个体生命的渺小;人活着只是一个有限的存在,人是会死的,不管他愿不愿意。然而,人的本性又驱使他投身于永无餍足的追求:人以五尺之躯的有形个体却要追求无限,以不满百年的短暂生命却要追求永恒,以令上帝发笑的认识能力[1]却要穷究真理,以区区的天地过客却要寻求生命的终极意义。一方面是天地悠悠,时间和空间的无限,一方面是个体生命的渺小和短暂,茕茕孑立,孤立无援。面对这生之大孤独、大悲哀、大痛苦,哲人们怎能不"怆然而涕下"。

其实,人生中的某些悲剧性因素,正体现着人的存在的本质。尽管随着科学技术的发展和社会的进步,随着人自我认识的不断深化,人类掌握自身命运的能力在日益提高,但是,人类永远不可能达到完全的自由。"扼住命运的喉咙"仅仅标示着人的一种的勇气和态度。人是一个悲剧性的存在——这是生命的本质,是人生无法回避的现实。

古希腊人的伟大之处,不仅在于对命运的深刻认识,更在于他们面对命运时的坦然。在他们眼里,命运对人具有绝对的控制和不可改

---

① 西人有谚:人类一思考,上帝就发笑。

变性，人必须服从命运的安排。但是，人又可以在命定的范围内，最大限度地发挥潜能与才干，去做自己想做该做的事。早在美索不达米亚文明和古埃及文明诞生之初，人类就已经开始了对命运的思考，但其认识多停留在所谓“听天由命”一类的“宿命”观上。而古希腊人不同，他们对人的必死性的回应，是抗争和挑战。既然人生已经注定了最终的归宿，那么在有限的生命之内，如何最大限度地发挥潜能，追求自我，不做碌碌无为的庸人，甚或建功立业，名垂千古，这成为人们首先关注的。希腊神话中的英雄都是敢于直面命运，敢于和命运抗争，而无一因为已知的必死结局，去选择逃避或者匍匐在命运之下。他们的结局可能是失败甚至毁灭，但昭示的却是人的尊严和价值；带给人们的不是悲切，而是一种振奋之感。

普罗米修斯和俄狄浦斯对“命运”的反抗，固然隐喻了人类抗争的悲剧性，然而，正是这种个体生命的无穷追求与“命运”的不断惩罚，这种困兽之斗的抗争意识，构成了希腊式的悲剧精神。古希腊人坦然地面对强弱的纷争、生死的转换和命运的安排，就是对战争也很少作正义与否的价值判断，他们更多关注的是自己的荣辱和尊严，关注自己是否具有神一样的品性和高贵。其中高扬的，是人的主体意识和自由意志。别林斯基在评价安提戈涅时说：“高贵的自由的希腊人没有屈服，没有跌倒在可怕的幻影（指命运）前，而是通过与命运勇敢地斗争找到了出路，用这种斗争的凄美的壮伟照亮了生命的阴暗的一面，命运可以剥夺他们的幸福和生命，却不能贬低他们的精神，可以把他打倒，但不能把他征服”[①]。人类的躯体是脆弱的，但灵魂可以永不屈服，精神可以亘古长存。如海明威所说：“人可以被毁灭，但不可以被打败”。

理性精神。亚里士多德强调“人是理性的动物”。古希腊文化在肯定自然的人、感性的人和原欲的人的同时，又特别尊崇理性的人。

① 孙鹏．世界文学[M]．合肥：安徽文艺出版社，2009：36.

罗素说："事实上，在希腊有着两种倾向，一种是热情的、宗教的、神秘的、出世的，另一种是欢愉的、经验的、理性的，并且是对获得多种多样事实的知识感到兴趣的"[①]。在确认古希腊的原欲型文化属性时，我们也应该看到古希腊的这种理性精神。

西方论者云："希腊人的文化是第一个以知识第一——自由探究精神至上为基础的文化。没有任何主题，他们不敢去研究；没有任何问题，他们认为超出理性范围"[②]。古希腊人善于运用人的理性思维去追究宇宙的来源，探索万物的真相，去考求社会的正义，诘问人生的目的，从而表现出求知识、尚思辨、爱智慧、究真理、敢冒险的所谓"寻求逻各斯"的理性性格。在自然科学领域，古希腊产生了几何学、算术、逻辑学、天文学、气象学、生物学、物理学、医学等；在社会政治生活中，希腊人也是相信人的理智，而不是依靠所谓神的指引。他们坚持只有人类的理智本身才是管理和统治权力的依据，由此产生了理性国家和法制国家的概念。

尼采在他的《悲剧的诞生》中提出，西方文化实际上无非就是两种精神，一个是日神精神，一个是酒神精神。日神精神就是阿波罗精神，代表着光明、进取、智慧、理性；酒神精神代表的是感性、本能、冲动、狂欢。正是这两个相互对立的东西，构成了希腊文明的两个基本方面，也构成了整个西方文化的主体。在古希腊文明中，理性与原欲并不呈绝然对立之势，而且，理性在"合人之生命原则"的意义上，还被奉为自然欲望实现的向导与工具。

人类的根本需求，一是生存，二是发展。人类的历史无非是人努力使自己成为自然、社会和自身命运的主人，不断地创造更好的生存与发展条件的历史。人的原始欲望是一种自然欲求，人要求得自身的生存和种族的延续，就不能不尽量满足人的原始欲望，这既是个体的

---

① 罗素. 西方哲学史(上卷)[M]. 何兆武，李约瑟，译. 北京：商务印书馆，1963：46.

② [美]菲利普·李·拉尔夫，等. 世界文明史[M]. 北京：商务印书馆，1998：263.

人的生命价值得以实现的需要，也是人类群体生命得以绵延和充分展示的需要。原始欲望本身无所谓善恶。生物性、利己性作为人的生存本能的一种表现形式，本身也不等于伦理上的“恶”。但是，人的原始欲望作为生物性本能，毕竟存在着自我放纵的趋向，因而带有不言而喻的破坏性。因此，就生命个体来说，原始欲望需要有理性的制约；就人类群体而言，需要有社会律令和社会道德的制控。否则，人的生存与发展就将成为一句空话，个性自由和原始欲望的实现同样也无从谈起。

人的理性与原欲之间存在着同生共存的互补关系。理性其实是原始欲望得以实现，也即人的生存与发展得以实现的“保护神”。人类历史的发展始终要求人在执拗的原欲与高贵的理性之间保持和谐与平衡。“如果说，人类的生存与发展是一列永远向前的列车，那么，人的理性与原欲就是引导与约束列车正常运行的两股轨道，失去了其中任何一股，都将带来人类生存的危机与发展的停滞”[①]。

阅读书目：

1. 荷马《伊利亚特》*
2. 斯威布《希腊的神话和传说》
3. 索福克勒斯《俄狄浦斯王》*
4. 柏拉图《理想国》
5. 恩格斯《家庭、私有制和国家的起源》
6. 摩尔根《古代社会》

思考题：

1. 为什么“斯芬克斯之谜”被称为“永恒之谜”？
2. 为什么说神话中蕴涵着一种简单的深刻？

---

① 蒋承勇. 世俗人本意识与宗教人本意识的对立与统一——“两希”文学之文化内核异质互补论[J]. 文艺研究，2003(4)：35.

3. 马克思为什么称普罗米修斯是“哲学的日历中最崇高的圣者和殉道者”?

4. 谈谈你对古希腊“命运观”的认识。

5. 谈谈你对柏拉图《理想国》的理解。

6. 以《荷马史诗》为例,谈谈希腊文明的特点。

第二章

灵魂的渴望——基督教文明

德国科隆大教堂

人们形象地比喻“二希文化”，即古希腊文化和希伯来文化是哺育西方文明成长的两只丰硕的乳房。以两河流域和古埃及为代表的近东文明铸就了人类历史最初的辉煌，并对西方文明的出现产生了实质性的影响；自希伯来民族走进历史以来，他们创造的独特文明逐步发展成为西方的又一个源头文化，其集中体现是《圣经》和基督教文化。

古希伯来的宗教文化是世界两大宗教——基督教和伊斯兰教的源头。希伯来文明藉着犹太民族在世界各地的扩散，以及基督教和伊斯兰教的广泛传播，把犹太民族的一神思想传到了整个西方。到中世纪末期，文艺复兴中的许多思想家和艺术家，本身就是在吸取基督教文化营养的过程中成长为人文主义者的。当近代来临，新教伦理为资本主义的崛起发挥了关键性的作用。19 世纪以降，尼采断言“上帝死了”，西方进入了一个无以名之的时代。然而，尽管西方文明逐渐蜕离了神学的外壳，尽管各种现代思潮前后相继，波涛汹涌，但西方人始终剪不断对“上帝妈妈”的“恋母情结”。作为文化原典的《圣经》和基督教文化，依然在西方社会，乃至世界起着不可小视的作用。

一、风从东方来

长期以来，西方根深蒂固的是欧洲中心主义。然而，西方文化乃至世界文化最初的源头还是在东方。有一个著名的希腊神话——欧罗巴的故事。欧罗巴是位于西亚的腓尼基的公主，她和伙伴郊游，看到一头漂亮的大公牛。牛温顺地示意公主骑到它的背上，欧罗巴刚骑上牛背，牛就腾空而起，飞离了亚洲大陆。落地后，公牛变成了天神宙斯向欧罗巴求爱。爱神阿芙罗狄忒也出现了，她对公主说：你注定要成为宙斯的妻子，而你脚下的土地将用你的名字命名，就叫欧罗巴（意为“日落的地方”）。牛是典型的古埃及和巴比伦的圣物。这一故事就隐含着欧洲文明源自东方的意思。

西方文明的起源可以一直追溯到两河流域和埃及文明。这两个文明早在公元前3500年左右就出现了。人类文明的诞生往往与大河有着密切的关系，世界四大原生文明的两河流域文明、尼罗河流域文明、黄河流域文明和印度河流域文明无不如此。

一般来讲，大河流域才更有利于人类的生存以及文明的诞生和发展，而希腊人最初的活动之地恰恰不具备这些条件。事实上，古希腊和希伯来文明均非原生文明，它们是因为毗邻两河流域和埃及这两个原生文明，利用其技术和文化成果才崛起的后发或次生的文明。没有两河流域和埃及的文明，便没有希腊和希伯来文明。兴起于公元前12世纪的希伯来文明，与古希腊文明之间又存在几个世纪的时间差。古希腊正是在大量引进东方元素，在宗教、哲学、文学、艺术和技术等方面发生了“东方化革命”以后，才发展壮大起来的。美国杰出的科学史家乔治·萨顿写道：“不论希腊的天才多么深刻，没有这些基础（指东方元素）它并不能够创立任何可与其实际成就相比的东西……我们没有权利无视希腊天才的埃及父亲和美索不达米亚母亲”[1]。所以，在人类文明的早期，更多的不是西方影响东方，而是东方影响西方。

古代近东也属于地中海文明圈，包括美索不达米亚各族、埃及、腓尼基和希伯来等。他们创造出了灿烂的古代文化，在人类发展史上占有极为重要的地位。

美索不达米亚文明。美索不达米亚意为河流之间的地带，指的是幼发拉底河和底格里斯河流经的区域。5000多年前，人类文明的曙光就是在这片大地上升起的。

底格里斯河和幼发拉底河造就了美索不达米亚，尼罗河哺育了埃及，使得它们成为人类文明最早的发祥地。在两河流域和尼罗河流域，由于河水泛滥，沃土沉积，为定居农业提供了条件，也为城市的产生提供了可能。美索不达米亚和埃及的早期居民在利用河水从事灌溉和兴修水利的过程中，出现了最初的社会组织，后来发展为众多的奴隶制城邦。

古代美索不达米亚文化是以苏美尔文化为基础，由阿卡德人、巴比伦人、亚述人等加以丰富发展而创造出来的。他们在文字、文学、宗教、神话、建筑、数学、天文历法等方面均取得了较高的成就。正是由于他们的贡献，两河流域文明从萌芽到辉煌，成为人类文明的摇篮。

美索不达米亚为希伯来和古希腊神话提供了原型。两河流域出土的一些泥板文书上记载了人类起源的解释：诸神为了生活得更舒适，就用泥土按照他们自己的形象创造了可供驱使的仆人。也有关于洪水泛滥的神话：在洪水泛滥前智慧之神恩奇警告帕克城的国王齐乌苏德拉说，“一场洪水将横扫神庙、毁灭人类……”。这成为诺亚方舟故事的来源。

苏美尔人用芦苇秆或木棒把文字刻写在泥板上成为泥板文书。因刻写的笔画形如楔子，人们便把这种文字称为楔形文字。楔形文字最初是图画式的，后来逐渐演化成为含有表意与谐音功能的文字

---

① [美]乔治·萨顿.科学史和新人文主义[M].陈恒六，等，译.北京：华夏出版社，1989：64.

体系。

文字的发明导致了书面文学的产生。19 世纪 70 年代发现的《吉尔迦美什》是世界上最古老的史诗，其产生比《荷马史诗》早 1000 多年。吉尔伽美什是乌鲁克的国王（约公元前 2700 年），他因不凡的业绩而成为史诗中的主人公。该史诗也是古代两河流域神话传说的汇集，反映了美索不达米亚人对于死亡的抗争和探求生命奥秘的愿望："吉尔伽美什你将漂向何方？/你所追求的永生永远无法得到/因为上帝造人之际就让死亡与人相伴"。

美索不达米亚平原缺乏自然屏障的保护，经常遭到周边游牧民族的入侵。后来，阿卡德人征服了苏美尔人，在美索不达米亚南部建立起了第一个统一的奴隶制国家。苏美尔人创造的文明在阿卡德人手中得到了继承和弘扬。阿卡德国王乌尔纳木颁布的《乌尔纳木法典》是迄今所知人类历史上第一部成文法典。它是人类第一次以文字形式颁布的法律，并且有意识地显示出法律自身的尊严。

阿摩利人建立的古巴比伦王国在公元前 1830 年至前 1530 年一跃成为该地区的主宰。在该王国的第六个国王汉谟拉比当政期间，古巴比伦王国涵盖了从波斯湾至地中海的广大区域。汉谟拉比制定了《汉谟拉比法典》，并令人把它刻在黑色玄武岩石柱上。这是古巴比伦留给人类的珍贵遗产。

公元前 10 世纪末，在两河流域存在了近千年的亚述王国开始崛起，经过数百年的征战扩张，逐步确立了其霸主地位。亚述帝国将两河流域与周边地区更加紧密地联系在一起，在客观上进一步促进了地区的交流和文明的传播。

迦勒底人击败亚述帝国，建立了新巴比伦王国。新巴比伦王国在尼布甲尼撒二世统治期间进入全盛时期。新巴比伦时代商业繁荣，商队几乎达到了当时已知的世界各地。著名的"空中花园"建于一座高土台上，上面种满了各种奇花异草和树木，被誉为世界七大奇观之一。美索不达米亚的天文学与占星术紧密地联系在一起，高塔式的神庙同时也是观象台。"巴别通天塔"层高七级，外缘有螺旋式通道绕塔而上，一般认为《圣经》中所说的通天塔指的就是该塔。巴比伦人已经掌握了长方形、三角形、梯形等几何面积的计算，并能够运用勾股定理。

新巴比伦在公元前 586 年灭亡了居住在巴勒斯坦地区的犹大王国，制造了著名的“巴比伦之囚”事件。

波斯人的征服是两河流域的历史性转折点，标志着美索不达米亚文明的终结。

古埃及文明。古代埃及与美索不达米亚一样，也是人类文明最早的发祥地之一。古埃及文明作为人类历史上最古老和最伟大的文明，其历史的悠久和连续性是任何其他文明都无法比拟的。

公元前 3100 年前后，埃及开始步入文明的阶段。生活在上埃及——南方的河谷地带为上埃及，北方的三角洲地带为下埃及——的美尼斯首先崛起，建立了埃及的第一个王朝，定都孟斐斯(今开罗西郊)，开创了以法老为君主的专制制度。古埃及在国家形态出现后约 2500 年的漫长时期中，始终保持着国家的大一统，前后共建立过 31 个王朝。到第 20 王朝以后，一系列的奴隶起义导致国力衰竭，最终在公元前 525 年被波斯帝国所灭。公元前 332 年为亚历山大大帝所统治，亚历山大死后，其部将托勒密建立了托勒密王朝，成为新的埃及法老。

公元 639 年，随着伊斯兰教的出现和阿拉伯人的征服，埃及逐渐成为伊斯兰教文化圈的成员。完整维系了 3000 年之久的古埃及文明由此终结，成为人类历史上一个“失落”的文明。

由于自然条件相近，古代埃及与美索不达米亚的文化有诸多相似之处。这两个地区都经历了从城邦走向统一的过程，形成了奴隶制神权政治，国王被视为神的代表。宗教与神话在他们的社会生活中占有极为重要的地位。不过，二者又有着显著的不同。埃及位于非洲东北部的尼罗河下游，周围不是沙漠就是大海，自然屏障使得外族入侵较少，基本上保持了单一的文化发展进程。较之两河流域的动荡，埃及文明更多体现的是恒久和宁静。

埃及人早在公元前 3500 年就有了文字。埃及文字是由图画发展起来的象形文字。他们开始是用简单的图画代表某种实物。后来，这种图画文字发展到具有表意的因素。表意符号是用图形表示词语的意义，图形和词义有密切关系。例如：画三条波形线≈表示水，画五角星★表示“星”的概念，画一圆圈中加一点表示“太阳”。表意符号也可表示具体的动作。如表示“吃”就画一个人把手放在嘴里，表示“走”就画一前一后迈开的双腿。表意符号的出现使文字开始具有了抽象的含义。埃及人在此基础上又进一步创造了表音符号，即赋予一些象形文字一定的声音。这样，埃及的象形文字便发展成为由表形、表意和表音符号三部分构成的复合文字。后来的字母文字就是由腓尼基人在此基础上创造出来的。

宗教在古埃及文化中占有极为重要的地位。在古王国时期太阳神“拉”被奉为最高神，在中王国时期另一位太阳神“阿蒙”被奉为最高神，有时，二者也被合称为“阿蒙一拉”神。埃及法老既被视为太阳神的化身，又被视为太阳神之子，他作为神的代表统治人民。古代埃及人相信“来世说”，认为人死之后还能生活在另一个世界，因而极为关心死后的生活。他们把尸体制成木乃伊保存下来，在安葬仪式上由祭司诵读祈祷文和咒语，以保证死者在冥世的幸福。书写这些祈祷文和咒语的纸草文书被放入墓葬或石棺中，被后人称为“亡灵书”。

古代埃及人在建筑方面取得了举世瞩目的成就。金字塔是法老的陵墓，底座呈四方形，越往上面越窄，形似汉字的“金”字。金字塔在古埃及被称为“庇里穆斯”，是“高”的意思。建于 4500 年前的胡夫金字塔，占地 52906 平方米，塔高 146.5 米，塔身由 230 万块石头叠成，平均每块石头重 2.5 吨，最重的达 160 吨。希腊人在列举古代世界七大奇迹时，毫不犹豫地把它放在了首位。胡夫儿子哈佛拉的金字塔旁，有著名的人面狮身斯芬克斯像。

古埃及的著名建筑还有底比斯(今埃及卢克索)的阿蒙神庙和卡尔纳克神庙。卡尔纳克神庙主殿占地 5000 平方米，由 134 根圆柱所支撑，其中最高的 12 根高达 21 米，直径为 3.6 米，需六七个人才能合抱，柱头呈盛开纸草花状，可供百人站立，柱身则布满象形文字和各种浮雕。

古代埃及雕塑比较呆板，头正脚方，神情端庄。新王国时期开始摆脱传统束缚和凝滞呆板的风格，著名的涅菲尔提王后像是其中最优秀的作品。该雕像把王后塑造成一个美丽而富有人情味的少妇形象。这类作品大多遗存于宗教改革时期的新都遗址阿玛尔纳，故称“阿玛尔纳艺术”。

在埃及人的一系列科学成就中，影响最大的无疑是它的天文学和几何学。埃及人根据尼罗河定期泛滥和天狼星的运行周期，制定出了人类历史上最早的太阳历。出于土地面积测量和计算的需要，他们最早发展出了几何学。埃及人应用十进位法，还掌握了分数、四则运算，并求出了圆周率。

埃及人早在公元前3000年就已经使用纸草作为书写材料。纸草轻便、易造、可折叠。纸草保存的文献多达几十万份，涉及十几种文字，成为人们了解古代文明重要的文献来源。

古埃及的医学取得了很大成就。医生已经能辨别多种不同的疾病。由于木乃伊的制作，古埃及人有丰富的解剖学知识，会做一些外科手术并已初步认识到心脏和血液循环的关系。

美索不达米亚文明和埃及文明对西方的两大精神祖先古希腊人和希伯来人，均产生了极大的影响，西方文化传统的形成离不开他们的贡献。

希伯来人。自希伯来人走进历史以来，其创造的独特文明逐步发展成为西方文明的一个重要的源头，对西方社会和生活的影响是无可比拟的。

希伯来人的故土巴勒斯坦是一块很小、很贫瘠的地方。多山地戈壁，夏季炎热无雨，冬季寒冷潮湿，属典型的地中海型气候。出产有谷物、橄榄油、葡萄酒和羊毛。这里是“肥沃的新月地带”[①]最不肥沃的地方。不过，对希伯来人而言，它依然是“流着奶与蜜之地”。

---

① “肥沃的新月地带”：包括今伊拉克东北大半部、土耳其东南边缘，叙利亚北部与西部，黎巴嫩、巴勒斯坦以及约旦西部，在地理分布上呈一新月形，且水源丰富，有利于农牧业与文化的发展而得名。

巴勒斯坦又是一个是非之地。它地处地中海东岸，除了西边是地中海以外，南边有强大的埃及，东边有两河流域的一些大国，北方和西北方有强大的希腊以及后来崛起的罗马。它处在大国林立的一个交汇点上，是战略要冲。

讲到中东的历史沿革，人们往往以“一个祖先，两个民族，三次流散，四次战争”概而言之。

从民族起源上来说，希伯来人系闪族的一支，和巴比伦人、腓尼基人、阿拉伯人等是亲属。“希伯来”的含义为“自河（指幼发拉底河和底格里斯河）那边过来的人”。闪族人原是阿拉伯半岛南部的游牧民族，逐水草而居。在两河流域和尼罗河流域文明进入高潮时，他们来到了苏美尔文明的中心地带吾珥。吾珥位于幼发拉底河西岸，被希伯来人称为族长的亚伯拉罕就出生在那里。公元前1800年，希伯来人由亚伯拉罕率领，迁到美索不达米亚；而后，由亚伯拉罕的孙子雅各带领，又迁至迦南，就是后来的巴勒斯坦（意为非利士人的土地）。

据记载，亚伯拉罕与其妻撒拉生子以撒，以撒是犹太人的祖先；亚伯拉罕与其侧室埃及人夏甲生子以实玛利，以实玛利母子因不见容于撒拉，被驱至阿拉伯半岛，他们便是阿拉伯人的祖先。伊斯兰教的先知穆罕默德即其后裔。

希伯来人的历史是一部屡遭劫难的历史。他们公元前1600年流入埃及，200年后由摩西带领，历尽千辛万苦返回“希望之乡”迦南，后来逐渐和迦南人融合共处。希伯来人分为两大部落，北方的是以色列，南方的是犹大。公元前12世纪的扫罗，被认为是希伯来人的第一个国王。扫罗通过抽签的办法成为领袖，他在与非利士人作战中死于战场。约公元前10世纪，大卫战胜扫罗的儿子当上国王，并率众赶走了非利士人，把南方的犹大人和北方的以色列人统一起来，建立了希伯来王国。他们定都耶路撒冷，国势空前强大。

大卫的儿子所罗门统治时期是希伯来王国的黄金时代。所罗门在耶路撒冷的锡安山修建了宏伟的雅赫维神庙，尊为圣殿。圣殿的建造是希伯来历史上一个极其重要的事件，由此确立了耶路撒冷“圣城”

的地位。“圣殿”成为希伯来的宗教中心，也成为希伯来民族面临灭绝危险时，鼓舞人心的一个精神象征。从该圣殿的建成到它的毁灭，称为“第一圣殿时期”。

所罗门统治后期社会矛盾突出，希伯来王国又分裂为犹大国和以色列国。两个国家最终都毁于强邻之手。公元前 721 年，亚述灭亡北方的以色列，以色列 10 个支派四散而同化于其他民族；只有原属犹大王国的人经过流亡仍然保持了民族特征。公元前 586 年，在新巴比伦的强大进攻面前，犹大王国遭受灭顶之灾，京城耶路撒冷连同圣殿一起被毁，“第一圣殿时期”就此结束。失国的犹大王连同上万名犹大上层人士和学者，被征服者掳至千里之外的巴比伦，史称“巴比伦之囚”。希伯来人自此也被称为“犹太人”，即犹大国的遗民。

约半个世纪之后，西亚地区崛起的波斯帝国征服了新巴比伦。波斯的居鲁士大帝以少有的宽容，不仅允许屈辱的犹太人重返自己的家园，而且同意他们重建圣殿。犹太人建立起了一个隶属于波斯帝国的政教合一的政权，圣殿也于公元前 516 年重建完工，犹太人的历史便进入了“第二圣殿时期”。

公元前 333 年前后，亚力山大大帝的东征打破了耶路撒冷的平静，犹太人的家园旋即成为马其顿帝国的一部分。其间，犹太人曾多次起义反抗征服者，但均以失败告终。至公元前 63 年，罗马将军庞培占领耶路撒冷，希伯来人又开始了在罗马帝国铁蹄之下的亡国奴生活。

公元 66 年，爆发了犹太历史上规模最大、持续时间最长的起义，史称“犹太战争”。起义战士坚守耶路撒冷 30 个月，公元 70 年 8 月，罗马人破城屠杀，前后有 110 万人死亡，97 万人被俘，以至出现了“没有地方再立十字架，没有十字架再钉人”的恐怖局面。起义领袖以利阿撒尔率起义战士退至死海西岸的马萨达要塞，并一直坚持战斗到公元 73 年。当粮尽援绝之时，960 名犹太壮士宁为玉碎不为瓦全。他们焚毁要塞，壮烈自杀。殉难之前，以利阿撒尔发表演说：“我们是最先起来反抗罗马也是最后停止抗争的人。感谢上帝给了我们这个机会，当我们从容就义时我们是自由人！……我们宁愿为自由而死，不为奴隶而生！”

1963年至1965年，考古学家对马萨达山头进行发掘，结果与史料的叙述完全一致。今天的马萨达城堡成了以色列“爱国主义教育基地”。以色列军人入伍时都要在这里宣誓，庄重宣告：“马萨达再也不会陷落！”

公元179年，罗马统治者为了防止犹太人再进行反抗，索性一把火烧掉了犹太圣殿，把犹太人赶出了耶路撒冷。

古希伯来的历史结束了。犹太民族进入了长达1800年的“大流散时期”。

自此，犹太人失去了国家，作为一个流浪民族散居世界。然而，犹太民族的苦难不仅没有结束，在公元3世纪之后的1600多年间，反而是日益深重。到了近代，一些国家的统治者为了转移国内的社会矛盾，又往往拿犹太人作为“替罪羊”。第二次世界大战期间，希特勒等更是把排犹主义推到了极致。几年间，被残酷屠杀的犹太人竟达600多万。

西方排犹有宗教原因。基督徒和犹太人有着共同的精神遗产，其中最主要的是《圣经》，但基督徒和犹太人对《圣经》有着不同的解释，由此也产生了激烈的对立。当然，排犹也离不开政治、经济等方面的原因。

19世纪初，在流散近1800年后，成千上万的犹太人开始返回故土。基于承认“犹太人与巴勒斯坦有着历史的联系”的考虑，作为联合国前身的国际联盟于1922年委托英国管理这片土地。此时的巴勒斯坦属于奥斯曼帝国的一部分，当初上帝赐予的“应许之地”已经半是荒漠，人烟稀少。返回故土的开拓者们在这里开垦荒地，植树造林，兴办工业，重建家园。

1947年11月，联合国大会表决决定，在约旦河以西地区建立两个国家：一个犹太国和一个阿拉伯国。犹太人接受了这个分治计划，而阿拉伯人则予以拒绝。1948年5月14日，英国托管结束，犹太人随即宣布建立以色列国。他们在立国宣言中表明“向所有邻国及其人民伸出和平及睦邻之手”。然而,以色列宣布建国后不到 24 小时,就遭遇了周边五个国家的联合入侵。战争打了一年多,1949 年 7 月,以色列以停火线为基础,分别与接壤的阿拉伯国家签订了停战协议。此后,1956 年、1967 年和 1973 年,又先后爆发了 3 次大规模的战争。直至 1993 年 9 月 13 日,在美国前总统克林顿的主持下,以色列总理拉宾与巴解组织主席阿拉法特①达成奥斯陆协议,才算开启了和平的大门。

建国以来,以色列人民凭着自己的勤劳和智慧,使一个贫穷落后的小国崛起为世界最发达的国家之一,在农业、教育、科技和军事等诸多方面都取得了令世人瞩目的成就。60 多年里,以色列的国内生产总值从 2 亿美元增长到 2510 亿美元,翻了上千倍,人均生产总值已超过 34000 美元,在世界上名列前茅。

希伯来是一个非常独特的民族。他们尽管历经磨难,却始终自视为上帝的“选民”,而且是敢跟上帝较量的人。《圣经》讲,犹太人始祖亚伯拉罕的孙子雅各,在返回迦南的途中夜宿约旦河畔,梦里有一个老者来和他较力,两人最终不分胜负。后来那人说:“你的名字不要再叫雅各,要叫以色列,因为你与神较力都得了胜”。原来,与雅各较量的就是上帝耶和华。希伯来语“以色列”意即“与神较力”。千百年来,希伯来人一批批离开故土,散居世界各地,开拓事业,传播文明,在一切领域发挥创造才能。他们自负地宣称,犹太人没干成的事多是不想干,想要干的事很少干不成。他们以占世界不到 0.3%的人口,获取了 30%之多的诺贝尔奖项。马克思、爱因斯坦、弗洛伊德、卡夫卡、门德尔松、毕加索以及新闻通讯的鼻祖路透,还有许多国际著名的政治家都是犹太人或有犹太血统。

---

① 伊扎克·拉宾(1922—1995),政治家、军事家。生前曾两度担任以色列总理和工党主席。1995 年 11 月 4 日,在特拉维夫的列王广场参加和平集会遭一名犹太极右翼激进分子枪击,伤重不治。后来,以色列将这一天定为国家纪念日。亚西尔·阿拉法特(1929—2004),政治家,军事爆破专家,1959 年建立巴解组织最大派别法塔赫并担任领导人,1989 年当选为巴勒斯坦总统,期间转变了对以色列的策略而主张和平。由于《奥斯陆协议》的签订,他们二人与时任以色列外长佩雷斯一同获得 1994 年诺贝尔和平奖。

希伯来这个民族的出现或许是历史的一个偶然。在进入历史的最初2000年，希伯来人生活的地区群雄崛起，争斗不断，而他们从来没能称霸一方。不仅如此，除了在一个很短的时期内建立过自己的家园，他们在漫长的历史中一直是强权凌辱的对象。但是，周围那些曾经辉煌的民族，竟一一成为历史的过客，唯有希伯来作为一个“不变”的民族留存了下来。

希伯来人将自己称为“记忆的民族”。他们凭着“记忆”，将亚伯拉罕的信仰、民族的苦难历史、先知的言行和智慧，以及圣城耶路撒冷的辉煌继承下来，传之子孙。希伯来人历来重视教育，今天的以色列人均拥有图书馆、图书量和年读书量均居世界第一。希伯来人特别将教育定义为“痛苦的教育”，他们不但告诉孩子人生的快乐和幸福，还告诉孩子人生必有的失意和黑暗；他们不仅传承民族的伟业和光荣，还传承那些离散和痛苦。犹太人通过“记忆”将这些苦难和教训世代相传，警示后人。

希伯来人凭借着对信仰的固守，对民族理想的执着，对自身文化的不断营造，成为“中东文明的集大成者”，并且以自己文化和思想上的成就，在世界发出了巨大且影响深远的声音。

希伯来文明在宗教、律法、文学、哲学等多方面都取得了巨大的成就，而新思想和文化营造的集中体现，则是犹太教、基督教的创立和《圣经》的产生。

二、从犹太教到基督教

希伯来民族在自己的苦难和挣扎中创造了划时代的犹太教；公元前后，以犹太教为核心的希伯来文化与希腊罗马文化结合，形成了更为成熟的基督教文化；再后来又产生了伊斯兰教。这三大教派都宣称自己是亚伯拉罕和大卫的子孙。

犹太教。希伯来文明的核心是犹太教及其经典《旧约》。犹太教是一个有着明确信仰和教义、共同宗教典籍和组织形态的宗教。其基本思想包括一神论、契约观、末世论等。

犹太民族是最早创立一神教的。当时，它周边的所有民族都是多神崇拜，唯独犹太民族只信仰上帝一个神。犹太人对他的称呼是“雅赫威”，到了基督教的上帝就叫“耶和华”。

公元前13世纪末，犹太人流亡埃及，过着寄人篱下的生活。后来，他们中间出现了一位先知名叫摩西[①]。摩西是一位自觉担起民族重负的希伯来英雄。他曾经身为埃及公主的养子，受过良好教育，过着优越的贵族生活，却不忘自己是一个犹太人。为了拯救同胞，摩西甘愿舍弃王子的尊位，回到犹太人之中，坚持不懈地唤起同胞的觉醒，带领被奴役的犹太人逃离了埃及。他们凭借着上帝的眷顾，渡红海如履平地，遇高山踏出坦途，终于重返那片流着蜜和奶的故土。

与古希腊的个体本位观念不同，摩西身上所体现的是一种群体意识。这种群体本位的观念在消解了狭隘的民族意识后，在《新约》中又发展成为一种拯救人类脱离苦难，关爱整个人类的世界主义和博爱主义。

回归迦南的途中，摩西在西奈山上向上帝承诺：全体犹太人将世世代代只信仰唯一的真神雅赫威，而上帝借由摩西为犹太人定下了十条戒命。这“十诫”构成了《旧约》的核心和基础，也标志着犹太教的起始。

大约在公元前7世纪到公元前5世纪，巴勒斯坦地区已经有了最早的犹太教的雏形。公元前622年，犹太国王约书亚实行改革，尊崇雅赫维为唯一的国家神。

公元前5世纪是希伯来民族内忧外患的时期。国内政治分裂，社会贫富悬殊，道德沦丧，世风日下；国外强邻压境，亚述、新巴比伦和波

① 摩西，希伯来语的意思是“从水里拉上来”，天主教称为梅瑟，伊斯兰教称为穆萨。据《圣经》记载，由于移居埃及犹太人的聪明和勤奋，积攒了大量财富，引起当局的不满和恐惧，传言犹太人将取代法老，法老下令杀死所有新出生的犹太男孩。摩西出生后，他母亲为保其性命，“就取了一个蒲草箱，抹上石漆和石油，将孩子放在里头，把箱子搁在河边的芦荻中”。后来，摩西被来河边沐浴的埃及公主救下，当作自己的儿子，在王宫中抚养成人。

斯先后入侵，圣殿被毁，国家灭亡，人民沦为囚虏。正是在这种严酷的政治和社会背景下，下层祭司中出现了一些所谓的“先知”，随着“先知”运动的发展，犹太一神教逐渐形成。“先知”是希伯来文明发展过程中产生的一个特殊群体，被视为神的代言人。他们实质上是当时的社会批评家、政治改革的倡导者和民族的精神导师。这些先知们，亡国前为国家的危亡而担忧，为民族的警醒而呐喊；亡国后为国家的沦丧而哀泣，为民族的复兴而呼号。他们无情谴责自己民族的堕落，唤起人们为民族的复兴而奋斗。

先知们领导了一个“弥赛亚运动”。“弥赛亚”一词源自希伯来文，希腊文译作“基督”。它直译叫“受膏者”，就是头上涂了羊油的人。古代犹太人在拥立国王的时候，要由祭司在国王的头上涂抹羊油，意为受到了上帝的祝福。在某种意义上看，弥赛亚就是把犹太人解救出苦难的复国救主。当犹太人受到统治者的奴役压迫，痛苦无法忍受时，先知们预言说一个弥赛亚将要到来，他将会使犹太人获得解放，将把人们带向一个千年的自由幸福新天地。在“巴比伦之囚”时期，先知以西结在被囚的犹太人中宣扬弥赛亚将要来临。公元前538年，波斯灭掉新巴比伦，允许犹太人返回耶路撒冷。犹太人得以重建圣殿，迎来了“第二次复兴”。这种历史的巧合使以西结的预言得到部分实现，从而使犹太人更加相信雅赫维。由此，希伯来人的犹太教也得以确立。

犹太教作为人类社会最早出现的一神教，对其他一神信仰的宗教有着直接和决定性的影响。

基督教。基督教最初出现在罗马统治下的犹太人故土——巴勒斯坦。但是，它在希腊、罗马世界传播以后，逐步发展成了一个非犹太人的宗教。基督教是在犹太教的基础上创立的，可两者之间的关系却错综复杂，差别巨大。曾经血脉相连的母子关系，后来一些时候甚至反目成仇。

公元1世纪初，犹太民族处在罗马帝国的强权统治下，反抗屡遭残酷镇压。人们求生不得，求死不能，以至觉得“只要没有痛苦地死去就是幸福”。在这种情况下，期盼一个普爱众生、拯救苦难的救世主成了自然而然的事。当此之时，耶稣应运而起，在犹太教的基础上创立了基督教。

当时，犹太教内部发生分裂，产生了一些不同的支派。主要有法利赛派、撒都该派和艾赛尼派等。在以色列北部的加利利也出现了一个小支派，即拿撒勒派。拿撒勒派注重人们内心的净化，教导人们要热爱上帝和互爱，强调通过与上帝的沟通来实现道德的净化。这个小支派把耶稣当作传言已久的弥赛亚。

耶稣（约公元前 6—公元 30）在小镇拿撒勒长大，故有“拿撒勒的耶稣”之称。他出身平民，受过良好的犹太教教育，是一位善于独立思考的人。耶稣 30 岁时在约旦河由约翰①施洗，并开始传教。他宣称：自己是上帝派来的；上帝之国即将来临；人们通过忏悔便可死后升入天国。耶稣虽然继承了犹太教的基本教义，但他反对犹太教中繁琐的礼仪、教规和戒律，认为这些都有悖先知的教诲，无益于人们心灵的净化。耶稣后来来到耶路撒冷，要在犹太教的中心传扬上帝的福音。然而，等待他的是一场悲剧。

当时控制耶路撒冷的是法利赛和撒都该人中的世袭祭司家族，这些人和罗马统治者有着比较密切的关系，实际上就相当于“犹奸”。法利赛人告发了耶稣，说耶稣是个蛊惑人心的骗子，煽动犹太人造反，要当犹太人的王。耶稣有 13 个门徒，其中一个叫犹大。犹大禁不起诱惑，为了 30 个金币出卖了耶稣。罗马派驻的总督彼拉多以谋反罪逮捕了耶稣。公元 30 年，耶稣被钉死在耶路撒冷各各他（意为“骷髅地”）的十字架上。那天是逾越节的前一日，罗马有一个常例，每逢过节可以随众人要求赦免一个囚犯。彼拉多把耶稣和一个强盗同时交给犹太祭司，让他们决定赦免谁。犹太祭司们认为更大的威胁还在于新的教派，坚持选择钉死耶稣。按耶稣门徒们的说法，耶稣被钉死在十字架上的第三天，大地裂开，耶稣复活了，而且升天后不久会再临

① 约翰是耶稣的表兄，在耶稣之前就开始鼓吹犹太教改革，他在约旦河中为人施洗礼，并预言上帝将要派重要的人物降生。约翰同样也被伊斯兰教奉为先知。

人间。

《圣经》里的耶稣实质上是民族希望的一个化身。他自己被钉死在十字架上，为民族乃至全人类承受了苦难。有关耶稣活动和思想的记载，主要见于后来编撰的《新约·福音书》。

在耶稣死后的10多年，他的门徒们建立了以耶路撒冷为中心的最早的教会。

基督教作为一种超越了民族与历史局限的上帝救赎的启示，鼓舞着早期基督徒走出耶路撒冷，使犹太人的一神思想为更多的人们所了解和接受。《圣经·新约》记载耶稣复活以后，告诉他的门徒说：你们不要再在犹太人中间传教，因为犹太人已经不信我们，你们要把上帝的福音传播到外邦人中间去。耶稣的门徒秉持他的教导，开始离开巴勒斯坦，把上帝的福音传播到了希腊、罗马世界。

基督教最早从巴勒斯坦传到希腊罗马来的时候，主要就是依靠这些耶稣的门徒。这批承担着最早在希腊罗马世界传播福音任务的人，在教会史上被称为“使徒”，那个时代就被称为“使徒时代”。

大约在公元42年，一位叫彼得[①]的耶稣门徒开始在罗马传播基督教的福音。不久以后，其他一些门徒也纷至沓来。以此为起点，基督教开始了在整个希腊罗马世界传播。

保罗(约公元10—公元67)是“使徒”中最重要的人物之一。保罗皈依基督教后，积极投身于基督教的创建和传播，先后到过罗马统治下的许多地区。保罗在坚持犹太教一神信仰的同时，极力主张对传教方式进行改革。他反对繁琐的宗教礼仪和律法，强调“因信称义”，主张废除犹太教的割礼和饮食禁忌。正是在他的努力之下，基督教才以希腊罗马社会能够理解和接受的方式得到了广泛的传播。

公元1世纪末，随着那些使徒的先后去世，“使徒时代”基本上结束，开始了“教父时代”。最早加入教会的希腊人中不乏知识分子，他

---

① 彼得(？—约公元64年)，希伯来语意为“磐石”，早期基督教领袖人物之一。原是捕鱼的，后来追随耶稣。被罗马皇帝尼禄迫害，倒钉在十字架上殉道而死。

们有着虔诚的基督教信仰，同时又具有非常深厚的希腊文化素养，精通希腊哲学。正是他们在基督教会内部完成了把希腊哲学与基督教信仰结合起来，让基督教适应新的文化环境的工作，这一批人也就被称为“教父”。

如果说使徒们的主要使命，是把一个陌生的宗教传播到希腊罗马世界来；那么，教父们的任务则是在承担传教重任的同时，对这样一个异质的宗教进行拉丁化、罗马化的改造。他们用具有深厚理论根基的希腊哲学，来充实基督教的信仰，从而使基督教从一种简单的、民间的低级宗教，提升为一种具有坚深理论根基和神学体系的高级宗教信仰。教父们的这个理论奠基作用，是至关重要的。

柏拉图的“理念”学说实际上为基督教提供了核心的理论支持。柏拉图哲学思想的基础是本质与现象、理念世界与感觉世界相对立的二元论。柏拉图认为可感觉的现象世界是虚假的世界，它只是唯一真实的世界，即理念世界的摹本或影子。基于这种理念世界与感觉世界二元对立的哲学思想，在神学上就必然会导致一种推崇理念、鄙夷物质和肉体的灵魂不朽论。既然感觉世界是不真实、不完美的，肉体和现世的物质生活当然也就不值得留恋；灵魂或精神可以达到理念世界，不过只有在挣脱了肉体的束缚之后才能实现这一目标。

在这一理论奠基的过程中，亚历山大的斐洛(约公元前 20—公元后 40)做了重要的工作。斐洛是一位精通希腊文化的犹太思想家，他深切感受到希腊哲学的深邃和犹太教的民族狭隘性，决心用希腊哲学来改造犹太教，使它成为一种具有形而上学理论的宗教。斐洛用一种隐喻的方式来重新解释犹太教经典，从而使《圣经・旧约》从一部纪实性较强的历史典籍，变成了一部具有象征意义的寓言启示录。

斐洛构建了基督教的基本教义——“道成肉身”的理论雏形。他从希腊哲学的逻各斯概念出发，认为“在物质世界出现之前就有一个无形体的世界存在于神的‘逻各斯’或‘理性’中，就像一个城市的设计早存在于设计者的大脑里”。上帝的逻各斯或理性构成了理念世界，它是作为感觉对象的那个现实世界的原型，而后者不过是前者的摹本。上帝先在自己的理念中设计了世界，然后再根据设计的模型，创造出了现实的世界[①]。斐洛通过把希腊哲学中的“逻各斯”概念和“理念论”引入旧约，使犹太教的上帝、始祖、先知等具有了形而上的性质。上帝成为神秘的“逻各斯”或“道”，而整个世界无非是“逻各斯”或“道”的显现，即“道成肉身”。所以《新约·约翰福音》中说：“太初有道，道与上帝同在，道就是上帝……道成了肉身（耶稣），住在我们中间”。

正是教父的理论奠基，导致了基督教与犹太教的最终分离。基督教和犹太教分别尊崇基督和弥赛亚，这两个词都是指救主，但实际内涵又不一样。弥赛亚是要把上帝的天国带到人间，是社会解放的福音；基督则是把人救到天上去，让灵魂在天上得救，是一种灵魂得救的力量。这种转化，其实是适应了当时罗马社会的现实需要。犹太教强调“因行称义”。他们把律法的来源说成是上帝，这样就赋予了律法以至高无上的地位，成为人们必须遵守的准则。基督教更强调“因信称义”。耶稣固然也强调遵守律法，但是他认为最核心的是信仰。基督教的“三德”即信、望、爱，讲人们要信仰、挚爱和期望着上帝，不仅爱上帝，还要爱所有的人，这成为基督教的“金律”。犹太教具有明显的民族主义倾向，而基督教则具有一种超越性的普世主义情怀。

古希腊罗马宗教以多神和偶像崇拜为特征。希腊神话实际上是一种自然宗教，它是人类对于自然和社会现象的一种解释，但这是一种比较质朴、比较粗俗的解释，其世俗性和神磅的人性化很难为人们提供终极信仰上的需求。在基督教兴起和传播开来以后，这样一种感性宗教自然渐渐失去了吸引力。犹太教本身是一个期盼着社会解放的理性宗教，基督教从犹太教脱颖而出后，又把犹太人所期盼的现世的社会解放，转化为一种具有非常深刻的形而上色彩的、灵魂得救的彼岸福音，成为一种适应了新的时代需要的、成熟的理性宗教。西罗马帝国灭亡后，日耳曼民族接受基督教文化，并与之融合而形成了中

---

① [古犹太]斐洛. 论《创世记》[M]//晏立农. 图说基督教文化. 长春：吉林人民出版社，2009：95.

世纪文化。基督教逐步成为与统治政权紧密结合的主流文化。这样，一个民族性的犹太教异端教派，最终一步步发展成为一个世界性的宗教。

自基督教从巴勒斯坦传到希腊罗马世界，一直到公元 313 年被罗马帝国皇帝君士坦丁承认为一种合法宗教，这 250 年左右的历史，可以说是基督教的一部血泪史。

基督教传入罗马，开始只能在一些弱势群体中传播。最初的那一二十年间，虽然没有遭到罗马统治者公开的迫害或镇压，但罗马的自由民对那些下层民众所信奉的基督教也没什么好感。公元 64 年，罗马帝国皇帝尼禄开始了第一次公开的迫害基督徒的活动①。此后，罗马的统治者对基督徒进行了不下 10 次大规模的迫害，每一次都是赶尽杀绝。当时，条条通往罗马的大道两旁，都有钉着基督徒的十字架，罗马人甚至在他们头顶浇上油，然后点天灯；有时还把基督徒送到斗兽场，放出狮子等猛兽来撕咬他们。但那些基督徒非常虔诚，他们以《圣经》的逻辑来理解残酷的命运和现实，采取非暴力不抵抗的态度，面对各种折磨和迫害，他们唯一做的就是向天祈祷，绝不反抗。

公元 3 世纪，罗马帝国爆发了全面的社会和精神危机。共和国初期那种质朴务实的精神，被穷奢极欲的享乐主义所取代。在基督教受迫害的那段时间，加入教会的人都是凭着一种真诚的信仰，他们加入教会就准备着随时走向十字架，随时殉道。逆境更多的是激发了基督教内部的一种信仰和热情。在罗马末期那种堕落、奢靡的风气之下，基督教会好像是保存人性和道德种子的一个诺亚方舟，基督教以其来世永生的观念，给处于动荡与困惑之中的罗马人，指出了一条通往天国的拯救之路。不少有身份的罗马公民在厌倦了放荡形骸的生活之后，也逐步为基督教所吸引。经过两百多年的镇压，基督教不仅没有

① 尼禄(37—68)是西方历史上有名的暴君，被称为"嗜血的尼禄"。据塔西佗《编年史》记载，尼禄住的宫殿非常奢华，但他仍然说不像人住的地方。为了扩建宫殿，他教唆手下乘着夜深人静时纵火，结果大火失控，一连六天七夜，全城几乎都陷入了火海。罗马人起而追查，尼禄就嫁祸于人，把放火的罪名推到基督徒的身上，由此开始了对基督徒的残酷迫害。

灭绝,反而日益形成了燎原之势。公元 303 年,罗马皇帝戴克里先借一场宫廷纵火案,对基督教徒进行了最后一次大迫害。但是,此时的基督教可以说已经是羽毛丰满,很难再镇压了。

戴克里先去世以后,罗马帝国陷入了分裂。公元 4 世纪初,君士坦丁依靠忠诚的基督徒士兵的支持成为西罗马帝国的统治者。公元 313 年,君士坦丁在米兰与东罗马帝国的皇帝利西尼乌斯共同颁发了著名的《米兰敕令》,又称《宽容敕令》。这标志着基督教在经受了 250 年的迫害之后,终于在罗马获得了合法地位。

基督教合法化以后,面临的首要任务是思想和组织上的统一。这促成了公元 325 年至公元 451 年四次大公会议的召开。有关基督教的一系列基本教义和原则,就是经历次主教会议逐步确立的。著名神学家奥古斯丁(354—430)的预定论和教权高于王权的思想,在中世纪产生了很大的影响。奥古斯丁神学理论体系的建立,也标志着基督教"拉丁化"的完成。

公元 392 年,狄奥多西一世颁布法令,正式宣布基督教为国教,要求全体罗马人民"遵守神圣使徒彼得带给罗马人的信仰",同时禁止其他一切宗教。基督教作为罗马国教的地位从此确立。

公元 476 年,西罗马帝国被日耳曼蛮族摧毁。西欧就此进入长达一千多年的封建社会。而东罗马帝国由于种种机缘,一直到公元 1453 年才被信奉伊斯兰教的土耳其人摧毁。在这种状况下,东、西两派的教会各自发展,其结果就形成为两支:西派教会叫罗马公教,后来叫天主教;而东派教会叫希腊正教,因为它位于东方,就叫东正教。

基督教不仅为西罗马帝国的居民,而且也为所有入侵西罗马的那些日耳曼蛮族所接受。公元 496 年,国王克洛维在高卢建立了法兰克王国,他率领三千随从在兰斯集体受洗,接受了正统的罗马天主教信仰。此后,西欧逐步成为一个基督教的世界。

当西罗马帝国的丧钟敲响之后,充满活力的基督教,则以其普世主义精神而传遍罗马帝国,并在西方建立起了一个庞大的精神帝国。

基督教合法化之后,新的问题又产生了。当那些虔诚纯正的基督徒们一心要为信仰而殉道的时候，他们突然发现，这个世界已经不再需要殉道了。在一个不需要殉道的时代，如何成为名副其实的基督徒？——这就有了所谓的修道运动。

修道运动提倡远离堕落邪恶的罗马，远离凡尘去进行修炼。起初是个人隐修，后来逐渐发展到集体隐修。修道者们宣称：一个与自己的肉体欲望做斗争的人，同样是一个殉道者。本尼狄克(约480—550)是早期修道运动的著名人物，他的名言是“借着肉体的创伤医治灵魂的创伤”。本尼狄克在罗马附近的旷野中隐修多年，后来，又在意大利的迦西诺山建立了一所著名的修道院，该修道院制定的“圣本尼狄克院规”成了中世纪西方修道院制度的标准。修道运动本身，无论个人隐修还是集体修道，都有些矫枉过正的意味。如果说罗马人在纵欲主义方面放荡形骸，声色犬马到了登峰造极的程度；基督徒在修道运动中折磨自己肉体，灭绝自己欲望，同样也是骇人听闻的。

公元610年，穆罕默德在阿拉伯建立了伊斯兰教①。穆罕默德去世以后，在“四大哈里发”的治理下，阿拉伯帝国初现规模，伊斯兰教也进一步扩张。到公元7世纪中叶，帝国不仅控制了整个阿拉伯地区，而且开始向西亚、北非一直扩展到直布罗陀海峡以外。此后，这一大片地区就从基督教世界淡出，归到了伊斯兰教的阵营。

基督教文化的兴起，标志着以理性为特征的古典文化的衰落。此后，以信仰为基础的基督教文化，成为西方社会一个重要的精神支柱。而基督教文化与希腊文化的接轨，使西方文明有了一辆平稳、整一的双轮马车，有了灵与肉、精神与物质完美结合的文化迎战功能，它负载着西方人的希望与失望、欢乐与痛苦，向着遥远的未来奔去。

三、《圣经》的主要内容

《圣经》是犹太教和基督教的经典，也是世界文化宝库中的珍品。

---

① 伊斯兰：阿拉伯语的音译，意为“顺从”“和平”，又译作伊斯俩目，指顺从和信仰创造宇宙的独一无二的主宰安拉。信奉伊斯兰教的人统称为“穆斯林”。穆罕默德(约570—632)，伊斯兰先知，俗称“穆圣”，穆斯林认为他是安拉派遣到人类的最后一位使者。

这部洋洋百万言的巨著，是迄今为止世界上印数最多、发行最广、译文种类最多的书籍。“作为宗教经典，《圣经》是基督教徒的必读之书，信徒们在书中领悟基督教教义，寻觅信仰的真谛，获取灵性生活的依据。作为珍贵的史料，《圣经》记载了犹太民族和古代地中海区其他民族的历史发展和变迁，成为史学家们探迹索隐、洞幽烛微的指南。作为古代文献，《圣经》包含远古社会的神话、传说、历史、体制、律法、民俗和伦理，是一部包罗万象的古代文化百科全书。作为文学杰作，《圣经》汇集了多种风格的诗歌民谣、叙述故事，是世界广为流传的众多文化典故之一，为世界文学、绘画、雕塑、诗歌、音乐等贡献出奇特的构思和大量的素材”①。歌德说“《圣经》乃是我一生最可靠雄厚的资本，是取之不尽用之不竭的宝库”。

《圣经》是由大约 40 名作者经过 1600 年的时间写成的。最早的五卷书即“摩西五经”，产生于摩西或摩西之前的时代；最后的一卷《启示录》，则完成于使徒时代。这些作者身份不同，有君王如大卫，超人如摩西，律法家如保罗，又有农夫如阿摩司，渔夫如彼得，还有众先知如以赛亚、以西结等。写作地点也不同，有的写在西奈旷野，有的写在巴比伦河边，有的写在耶路撒冷圣殿，还有的写在罗马监狱内，其形成过程本身就是一个奇迹。

《圣经》包括《旧约》和《新约》两部分。

《圣经 · 旧约》。《旧约》是犹太教和基督教共同的经典。“约”指神与人之间立的约。“旧约”指上帝与希伯来人立约，希伯来人拜上帝耶和华为唯一真神，上帝将希伯来人列为“特选子民”，将巴勒斯坦作为“应许之地”。希伯来人历经苦难但愈挫愈勇，其精神支柱就是《旧约》。如著名的德国诗人海涅所说，《旧约》就是“犹太人随身携带的祖国”，犹太人的祖国就在他们的口袋里面。

《旧约》分为四部分：律法书、历史书、先知书和圣文集。律法书又称为“摩西五经”，包括《创世纪》《出埃及记》《利未记》《民数记》《申命

① 卓新平. 圣经鉴赏[M]. 北京：宗教文化出版社，2000：“前言”第 1 页.

记》。《旧约》中的许多内容，其实都是希伯来民族的远古神话，诸如上帝创造宇宙万物、亚当与夏娃、伊甸园、诺亚方舟的故事等。

创世纪。创世纪说上帝是一个创造者，是他造了宇宙万物；上帝还是一个立法者，他赋予宇宙万物规则，所以世界才不会乱套。在宇宙尚未形成之前，黑暗笼罩着无边无际的洪荒混沌，上帝说："要有光"！由此开始，上帝在6天里创造了昼夜时光，创造了宇宙空间，创造了大地海洋，创造了日月星辰，创造了动物、植物和各种生灵。

造人是上帝最后也是最神圣的一项工作。起初，天上尚未降下雨水，地上却有雾气蒸腾，滋生植物，润泽大地。上帝看到万物并作，生灭有继，就说："我要照着我的形象按着我的样式造人"，上帝便用泥土造人，在泥坯的鼻中吹入生命的气息，创造出了有灵的活人。上帝意欲让人成为万物之灵，就赐福给他们。上帝说，你们"要生养众多、遍满地面，要治理地上的一切，也要管理海里的鱼、空中的鸟和地上各样活物"。按《圣经》的说法，人类受命于上帝，是这个世界的管理者和支配者。

第七日，天地万物都造齐了，上帝完成了创世之功，他歇息了。所以"礼拜天"也成为人类敬拜上帝和休憩的日子。

伊甸园。上帝照着自己的形象创造了第一个人，给他起名叫亚当。上帝担心亚当太孤独，决定为他造一个配偶，便在亚当沉睡之际取下他一根肋骨，用这根肋骨造了一个女人，取名叫夏娃。亚当的含义是"人"，夏娃的含义是"生命之母"。亚当和夏娃是人类的始祖。

上帝在东方的伊甸为亚当和夏娃造了一个乐园。那里地上撒满金子、珍珠、红玛瑙；各种树木从地里长出来，开满奇花异卉，树上的果子可以作为食物；河水在园中淙淙流淌，滋润大地。上帝让亚当和夏娃住在伊甸园中，让他们修篁并看守这个乐园。上帝吩咐他们说："园中各样树上的果子你们可以随意吃。只是分别善恶树上的果子你们不可吃"。

原罪。伊甸园中的分辨善恶树是上帝为考验人的信心而设置的。据说，上帝有一名天使叫撒旦，他因狂妄自大堕落为魔鬼。撒旦最初是人身长尾，还有一对漂亮的翅膀，能在空中飞翔。有一天，撒旦以蛇形显现在夏娃面前，他立起身来与夏娃说话，形状像个大问号。撒旦以狡诈的口吻试探夏娃说："上帝岂是真说不许你们吃树上的果子么?"夏娃有些动心。撒旦继续展开了攻势："上帝知道你们吃了果子。眼睛就亮了，你们便和上帝一样知道善恶了"。夏娃见那树上的果子鲜嫩光洁，听说吃了它还可以具有与上帝一样的智慧，就心动了。终于，上帝的告诫被抛到九霄云外，她伸手摘了那本来被禁止的果子吃了下去；夏娃又给亚当，亚当也吃了。

智慧果好像强力剂注入两颗混沌蒙昧的心，二人的精神顿时澄明了。他们开始分辨物我，产生了自我的概念。他们惊诧而沮丧地发现自己赤裸着身体，意识到这是羞耻的事情，于是用无花果叶子为自己编织了裙子来掩饰下体。

这是人类始祖第一次违背上帝的命令，因而犯下了必须世代救赎的罪孽，被称为"原罪"，意为原初的、与生俱来的罪。

失乐园。上帝知道人的僭越已经无法挽回，那么，人既然具有了智慧，就应当承担与智慧相称的责任。上帝责罚罪魁祸首撒旦说："你既作了这事，就必受咒诅，比一切的牲畜禽兽更甚，你必用肚子行走，终生吃土"。于是撒旦就失去了翅膀和人身，变成了弯曲的长虫，只能用肚子爬行。上帝接着责罚率先堕落的夏娃："我必多多加增你怀胎的苦楚，你生产儿女必多受痛苦。你必恋慕你丈夫，你丈夫必管辖你"。最后，上帝对亚当说："你既听从了妻子的话，吃了我所吩咐你不可吃的那树上的果子。土地必因为你的缘故受咒诅，你必须终生劳苦才能从地里获得粮食。土地必给你长出荆棘和蒺藜来。你必汗流满面才能糊口，直至你归了土。因为你是从土里创造出来的，你本是尘土，仍要归于尘土"。

从此，上帝失去了人，人也失去了上帝。

诺亚方舟。由于偷吃禁果，亚当和夏娃被逐出了伊甸园。亚当活了 930 岁，他和夏娃的子女无数，遍布整个大地。他们的长子是该隐，该隐是种地的；该隐的兄弟亚伯是牧羊的。祭献时，该隐拿地里出产的庄稼献给耶和华，亚伯则以他羊群中头生的羊和脂油为供物，耶和华看中了亚伯的供物。该隐出于妒忌，就把亚伯杀了。“该隐诛弟”揭开了人类互相残杀的序幕，人们开始勾心斗角、争夺厮杀，暴力和罪恶到了无以复加的地步。在罪孽深重的人群中，只有诺亚是一个义人，他常告诫周围的人们赶快停止作恶。

上帝看到这一切，非常后悔造了人。但是，他又不忍把他的造物全部毁掉。上帝就选中了诺亚一家作为新一代人类的种子保存下来。上帝告诉他们七天之后要实施大毁灭，让他们用歌斐木造一只方舟。上帝看到方舟造好了，就说：“我要使洪水在地上泛滥，毁灭天下，凡地上有血肉、有气息的活物无一不死。我却要与你立约，你同你的妻子、儿子、儿媳都要进入方舟。凡洁净的畜类你要带七公七母；不洁净的畜类你要带一公一母；空中的飞鸟也要带七公七母。这些都可以留种，将来在地上生殖”。诺亚600岁生辰那天，海洋的泉源都裂开了，巨大的水柱从地下喷射而出；天上的窗户都敞开了，大雨日夜不停地下了整整40天。洪水泛滥，地上的动物都死了，只有方舟里的人和动物安然无恙。后来，上帝顾念诺亚和方舟中的飞禽走兽，下令息风止雨。水势渐渐消退，方舟停靠在亚拉腊山边。诺亚打开方舟的窗户，放出一只乌鸦去探听消息，但乌鸦一去不回。七天之后，诺亚又把鸽子放出去，黄昏时分，鸽子飞回来了，嘴里衔着橄榄枝。这意味着地上的水都退了。后世的人们就用鸽子和橄榄枝来象征和平。

美国国家地理学会和IBM电脑公司进行的一项大型遗传学研究证实：大约7万年前，受到极端气候影响，人类的祖先确曾濒临灭绝。地球上人口最少的时候仅有2000多人，而且全部在非洲，目前全球的66亿人口其实都是这2000多人类祖先繁衍出来的。按照基督教的说法，全人类均由一个家系而来，始祖是亚当和夏娃。后来，由亚当后裔诺亚的三个儿子——闪、含、雅弗繁育了整个人类，亚洲人是闪的子孙，欧洲人是雅弗的子孙，非洲人是含的子孙。

《出埃及记》实际是关于希伯来人古代历史的宗教化记载。如果说《创世纪》是一本“起源”之书——宇宙万物的起源、人类的起源、犯罪的起源、国家的起源等，那么《出埃及记》便是一本“救赎”之书。它讲摩西如何通过上帝的救赎，屡显神迹，带领希伯来人历尽艰难险阻，终于脱离苦难，重返迦南。所以，摩西在西奈山上与上帝缔约，并由上帝订立了著名的“十诫”①。“十诫”的确定，意味着上帝对人类的管控由事后的惩罚转为事先的警示，实质上也可以视为法制的肇始。“十诫”的前四条关乎对上帝的信仰，后六条则是人类社会公行的基本道德伦理。这十条戒命构成了《旧约》的核心，也是犹太教和基督教最基本的宗教信条和最基本的法律规章。人们说，“十戒”乃是“道德的世界语”，“创世记”建构了大千世界，而“十戒”则建构了人类的社会。

《历史书》有《约书亚记》和《士师记》等。《约书亚记》讲“出埃及”之后，摩西的继承者约书亚，如何带领希伯来人一步步把上帝的应许变成了现实。“约书亚”意为“耶和华是拯救”，耶稣之名便由此演化而来。希伯来人重返迦南，当地已经有了众多的其他民族，但都被他们一一征服。攻占耶利哥城时，敌军兵强马壮，城墙高耸。约书亚得到耶和华的帮助，列队吹号，抬着“约柜”绕城七圈，城墙自行倒塌。约书亚带兵入城，杀光了城内所有的人。希伯来人通过武力征战，逐步形成了古以色列王国的雏形。后来，他们又以抽签的方式，把国土分给了十二个支派。

如果说《约书亚记》是“得胜的书卷”，《士师记》便是“失败的书卷”了。“士师”一词，希伯来原文是“审判官”的意思，但士师的职责又不仅是裁判案件，更重要的是拯救以色列国民。《士师记》记载希伯来人

---

① “十诫”：“第一条：我是耶和华——你的上帝曾将你从埃及地为奴之家领出来，除了我之外你不可有别的神。第二条：不可为自己雕刻偶像，也不可做什么形象，仿佛上天、下地和地底下、水中的百物。不可跪拜那些像，也不可事奉它，因为我耶和华——你的上帝是忌邪的上帝。恨我的我必追讨他的罪，自父及子直到三四代；爱我、守我戒命，我必向他们发慈爱直到千代。第三条：不可妄称耶和华——你上帝的名；因为妄称耶和华名的，耶和华必不以他为无罪。第四条：当纪念安息日，守为圣日。六日要劳碌做你的工，但第七日是向耶和华——你上帝当守的安息日。这一日你和你的儿女、仆婢、牲畜并你城里寄居的客旅，无论何工都不可做；因为六日之内耶和华造天、地、海和其中的万物，第七日便安息，所以耶和华赐福与安息日定为圣日。第五条：当孝敬父母，使你的日子在耶和华——你上帝所赐你的土地上得以长久。第六条：不可杀人。第七条：不可奸淫。第八条：不可偷盗。第九条：不可做假证陷害人。第十条：不可贪恋人的房屋。也不可贪恋人的妻子、仆婢、牛驴、并他一切所有的”。

定居迦南后，又开始背弃上帝，堕落行恶。上帝发怒，借外邦人的攻击警示他们悔改。同时，上帝又依靠“士师”将悔改的百姓从仇敌手中拯救出来。

《士师记》中的参孙是以色列民族英雄，他可以徒手击杀雄狮，只身与非利士人搏斗。非利士人收买了参孙的女人大利拉，套出他神力的来源是上帝赐予的头发。大利拉趁参孙熟睡剪去了他的头发。参孙被俘，非利士人剜去了他的双眼，逼他每日推磨，极尽羞辱和折磨。最后，重新长出头发的参孙扳倒了神庙大厅的支柱，在轰然倒塌声中与敌人同归于尽，他以生命维护了自己的尊严。

《圣经·新约》。摩西代表全体犹太人在西奈山上与上帝定的约是《旧约》。一千多年后，由于犹太人屡屡背约，不断犯罪，上帝为救赎世人，差遣自己的圣子耶稣降世。耶稣在十字架上代表全人类，代表所有信仰他的人，用自己的生命为纪，订立了一个新的、永久的“盟约”，以使上帝与人类重新和好。相对《旧约》而言，这个约就是《新约》。

《新约》大约产生于公元 3 世纪左右，分为四部分：福音书、历史纪事、使徒书信和启示书。

福音书记述基督教创始人耶稣的生平、思想和形迹，包括《马太福音》《马可福音》《路加福音》和《约翰福音》，属于小说体。福音书里的耶稣是一位全知、全能、博爱的圣者。

耶稣与希伯来传说中的其他英雄一样来自平民。不过，耶稣似乎也有神的血统，因为他是圣灵降临到童贞女玛利亚体内后怀胎而生的。耶稣的父亲约瑟是个木匠。据说他的母亲玛利亚虽然嫁给了约瑟，但是并没有跟他同房，而是受上帝的感应怀了耶稣。在《路加福音》中，天使对玛利亚说：“你要怀孕生子，可以给他起名叫耶稣。他要为大，称为至高者的儿子；主上帝要把他祖先大卫的位给他。他要作雅各家的王，直到永远；他的国也没有穷尽”。因此，尽管耶稣的父亲约瑟和母亲玛利亚都是地位低微的平民，他本人生于小旅馆的马槽，后来也一度做木匠谋生，可由于他是“上帝的儿子”，就和许多神话中的英雄一样有了超凡的神性。

耶稣在犹太教的基础上创立了基督教，并开始传播上帝的福音。耶稣对他的门徒说："你们去把你们亲眼看见、亲耳听见的一切都告诉他，就说我使瞎子睁眼看世界，使瘸子站直了行走，凡是长大麻风的，都经我的手获得从未有过的洁净，聋子能听见我传道，死人从坟墓里爬出来，穷人听到了他们盼望已久的好消息。所有的这一切你们都去告诉他"。

基督教认为耶稣是沟通上帝与人的桥梁，是人类的救星。他被钉上了十字架，可"耶稣的受难成了典范，它告诉人们即使被遗弃也不要失望，要忍受最不公正、最难以名状的苦难，以寻得上帝这个万物之源的最后而又是仅有的立足点；也告诉人们要耐心地背起自己的十字架。一切苦难都因耶稣而被神化"①。所以，耶稣的受难本身成为一种给苦难中人以勇气与力量的精神源泉，"忍受和爱无所不能，心灵的纯洁胜过武力"。作为圣者和殉道者，耶稣所凭借的既不是物质或政治的力量，也不是自己的血气之勇，他所凭借的是真理的力量，爱的力量，柔和谦卑与牺牲的力量。耶稣那博大的胸怀、深沉的爱、高尚的牺牲精神，无论生死都惠及时人、惠及后人。

《历史纪事》属于传记。其中的使徒行传描述了耶稣升天后圣徒约翰、保罗和彼得等人的传教活动和业绩，反映了早期基督教会建立和发展的艰辛历程。散文体的《使徒书信》是使徒保罗、雅各、约翰等人在传教过程中与各地教会组织的通信，其中包括基督教义的探讨、教会的行为规范等等。《启示录》是《新约》的最后一卷，作者是约翰，描写约翰受圣灵感动，见到天上的异象，得到上帝关于世界裁判和末日后新天地的天启。

四、《圣经》的文化意义

斯宾格勒强调"一切文化的本质都是宗教的"。《圣经》可以说是

---

① [德]卡尔·雅斯贝尔斯.苏格拉底、佛陀、孔子和耶稣[M].李瑜青，胡学东，译.合肥：安徽文艺出版社，1991：162.

人类以神学的方式，首次建立起的有关自我认识、自我评价和自我塑造的一个完整的逻辑体系。实际上是人类在文化启蒙阶段关于我是谁，我与世界，我应该是什么样子，我应该如何生活的思考与回答。

文化的肇始。《圣经》说亚当与夏娃不听上帝的告诫，偷食智慧树上的禁果，铸成了人类的原罪。其实，偷食禁果恰恰意味着人类告别童年的蒙昧，从整体上关照自我的“类意识”的产生，意味着人作为“类”的自我确认和自我超越，意味着的文化肇始。

人类始祖的“原罪”在于违背上帝旨意。然而，从象征意义上看，亚当与夏娃偷食禁果，恰恰是人类从自然人走向文化人的一个隐喻。智慧树是文明之树，智慧果即文化之果。人类对智慧之果的欲求意味着对知识的欲求，对文明的欲求。亚当与夏娃吃了智慧果后知羞耻、明善恶，标志着人的自我意识和理性的觉醒，标志着人与自然的分离——自然人走向了文化人，从而标志着“人”的真正诞生。

按照《圣经》的理论，知善恶、有理性是上帝的本质属性。亚当与夏娃偷吃了禁果后知善恶、懂羞耻，应该是人向上帝的提升，也即自然人向文化人、文明人的迈进。人超越了自然，接近了文化与文明，也就是向上帝的靠拢。这是一种善，而不是恶。上帝创造人，一开始并没有赋予他创造文化的能力和向善的属性，而仅仅借智慧树隐含了具有这种能力和趋善的可能性。是人以自己的质疑，以自己质疑之后的行动，确证并实现了这种可能。

文化创造是人类生命活动的必然结果。猿向人的转变，自然人向文化人的转变，人的本质的实现及其发展，都是通过文化的创造和积累而达到的。人之为人是因为人有理性并能创造文化，文化之为文化是因为它属于人的创造并赋予了人的意味。亚当与夏娃偷食禁果的故事，正隐喻了人的觉醒和文化的诞生，隐喻了人向文明的跨进。

按照《圣经》的意思，人在现世的“赎罪”过程和上帝对人的拯救过程，就是人依照上帝的意旨，自我改造，不断向善，最终成为具有上帝一样“神性”的人的过程。其最高典范就是耶稣。因此，可以说人吃了智慧之果走向文明，其实是人追随上帝、向上帝提升的第一步，也即人向文明迈进的第一步。在《圣经》中，当上帝因为亚当与夏娃的“堕落”感到愤怒之后，他又说：“看哪，亚当也成为与我们相似的了，他知道了什么是善和恶”。可见，上帝对亚当与夏娃的愤怒并不是由于偷食智慧果这件事情本身，否则，上帝就也应该对自己的神性予以诅咒了。

最初从动物界分化出来的人，在一切方面都和动物一样不自由，和动物一样受制于自然。而文化上的每一步前进，都意味着人的自由度的增加。人为了更好地生存，不断地去探索与认识自然，开拓与积累知识，创造了丰富的科技文化，科技文化成了人生存与发展不可缺少的条件。同样，为了有效地管理人类社会，人创造了法律制度和宗教规范，人还发展了种种道德伦理观念和信仰准则，这些戒律和准则又成了人自身有序生存与发展的必要前提。人的文化创造愈丰富多样，人就越拉开了与其他动物的距离；对自然和社会的支配能力越强，人获得的自由也就越多。

文化的悖论。《圣经》鼓励人们追求知识和智慧，“宁得知识，胜过黄金”，因为知识和智慧使人摆脱蒙昧，走向上帝，走向文明。所以，人离不开知识、智慧、理性和文化，人必须拥有它们。可是《圣经》又说，“多有智慧就多有愁烦，增加知识就增加忧伤”。这是说人拥有了知识、智慧、理性和文化，未必就能够拥有自由和幸福。这是一个文化的悖论。

西方一直有“智慧的痛苦”之说。人拥有与动物相异的理性与智慧，能创造文化来为自己服务，因而高于自然，比其他动物更高贵。但是，这丝毫不意味着人可以更轻松、更快乐。恰恰相反，人因为有理性与智慧而告别了“原始的和谐”，告别了“无知的幸福”，也就多了一份其他动物所没有，也是自然状态的人所没有的精神痛苦。普罗米修斯以及他创造的人类的苦难，根源于象征知识与智慧的光明之火；《圣经》中人类的“原罪”与此后的苦难，也源于好奇与探求。正是渴望知识、想变得更有智慧，带来了人类的初次“堕落”，人类也正是沿着这条道路，陷入了永久的炼狱。

《圣经》的一个重要主题是人与上帝的关系。在《圣经》中，人躲不开与上帝的关系，上帝也不可避免地要和人发生联系。上帝是永恒的存在，是宇宙万物的根源，上帝不仅是世界的创造者，还是他所创造的世界的主宰。所以，人的善与恶，首先取决于对上帝是顺从还是叛逆。人的“原罪”源于好奇，好奇心引导人们探索真相，追求真知，是人类进步的大动力。“原罪”也源于人的欲望，作为引诱者的撒旦其实也代表着人自己内心深处的欲望——渴望成长，渴望独立，渴望出走，甚至渴望背叛，渴望犯罪……而欲望本是人类繁衍，世界进步的发动机。“原罪”还源于人的智慧，可也正是智慧之光，使人懂得了羞耻，知道了是非善恶，开始走上了文明之路。问题在于：亚当与夏娃偷吃禁果，却是始于人对上帝的不顺从和悖逆，始于人的僭越。如果说上帝代表了宇宙万物的秩序，代表了“天道”，那么，人之“原罪”就在于对这种宇宙秩序的不顺从，在于对自然的悖逆，乃至“人定胜天”的狂妄。“原罪”之所以为“罪”，是在警示人们要知足守度，顺应自然。被造与创造，是不能僭越的。然而，人又只有违抗上帝的旨意，抗拒自然对他的压迫与约束，才能吃到禁果，才能摆脱自然，走向文明。人不是神豢养的宠物，他们只有走出养尊处优的伊甸园，才能找到和证明自身存在的价值。所以，创造文化、寻找文明家园的潜在冲动也就成了“罪”之根，“恶”之源，人类世世代代都要为始祖违抗上帝旨意，寻找文明家园、创造文化的行为，付出无尽的代价。

人类根据自己的需要，为了自己的生存与发展去创造文化。人创造文化是为了使自己生活得更美好、更自由。人在创造了有意味的文化世界的同时，也创造了自己。然而，人与文化并不能始终保持这种谐调的关系，文化未必能始终为人类提供这种正向效用。当人类创造宗教的时候，是为了使人们有一种规范制约，使社会运转得更有序；是为了寻找精神寄托，使人生活得有意义。可是，相随而来的神圣刻板的教义，恐怖压抑的宗教意识，却极大地扼杀了人的天性，摧残了人的精神。人类科学技术的发展，创造了一个又一个奇迹，带来了巨大的物质财富，极大地改善了人们的生活。然而，在科技辉煌的背后，潜在的危险也日渐显露，科技文化在带给人类财富和自由的同时，也带来了许多意想不到的灾祸，甚至会严重危及人类的生存。

人类创造文化，也创造了人自己，同时也使人越来越远离自然，远离人性的本源。人创造文化的行为促进和推动了人类的进步与发展，同时文化又会成为人类发展的重负，制约和扭曲着人类发展的进程。所以，人类创造文化走向文明是善的，但文化的善与恶不是绝对的，而是相对的。

看来，人类的文明追求一开始就面对着一个充满矛盾和困惑的抉择：追求智慧树上的果子，必将在开启心智的同时失去温馨甜蜜的伊甸园，把为人的重负担荷在自己的肩上。但是，文化一旦被创造出来之后，它就是一种客观存在，它不为尧存，不为桀亡。人一旦同自然分离，成为文化人之后，就永远只能呆在文明的家园而无法回归伊甸园。此后，人只能沿着蛇的道路，蜿蜒曲折地一路前行。这就是文明之路，就是人的生命之路。

人类创造了文化，就为自己的生命存在、延续与发展找到了依托，为自己从自然界通向人类社会架起了一座桥梁。这座桥梁不是把人超度到天国，而是一步步把他们从动物群落超度到人的世界，从蒙昧的状态提升到文明的境界。人之为人，恰恰就在于他不安于伊甸园的狭小，不畏于斯芬克斯的迷蒙，在于他敢于冲破自然的束缚，自己对自己承担责任，努力将命运把握在自己的手中。

由此，人类失去了乐园，却获得了世界；犯下了"罪孽"，却开始了人之为人的历史。

神的本质就是人的本质。第一位以分析的态度对待宗教的思想家是费尔巴哈(1804—1872)。19 世纪 40 年代初，费尔巴哈发表了著名的《基督教的本质》一书。他肯定了"宗教是人的第一个自我意识"[①]，宗教的产生标志着人类抽象思维能力的提高，宗教的内容反映了人类在特定历史条件下的认识水平，以及物质与精神上的要求。

---

① 费尔巴哈.基督教的本质[M]//费尔巴哈哲学著作选集(下卷)，荣震华，等，译.北京：三联出版社，1962.

费尔巴哈在《基督教的本质》中明确指出:“神的本质就是人的本质”。他说,宗教是人类的噩梦,但问题的关键不在于单纯地指出宗教的荒谬和虚妄,而是要从人的本性中去揭示宗教之谜。

基督教是一种成熟的、“崇拜抽象人”的理性宗教。费尔巴哈指出:基督教的上帝其实“是许多现实人的精华”,是“完美的人的形象”。《圣经》讲上帝按照自己的样子创造了人。然而,当人类走出中世纪的蒙昧之后,却逐步意识到不是上帝按照自己的样子创造了人,而是人按照自己的样子,按照自己的理想创造了上帝。

其实,早在古希腊时期,有的学者就已经直观地意识到神是人按照自己的形象创造的。古希腊哲学家克塞诺芬尼嘲笑人们以自己的形体、性格、容貌和语言描绘神的形象。他说,如果马和狮子也能塑造神的话,它们就会造出马形和狮形的神了。18 世纪无神论的杰出代表霍尔巴赫明确指出,神是由人创造的,神的特征只不过是人的特征的夸大,神的性格只不过是人的性格的虚构。

费尔巴哈则强调:神的本质就是人的本质;神是人的本质的异化。也就是说,神的背后实际上是人,人对神的描述,实际上或隐或显地反映着人对自我的认识、评价和有关自身的理想。

费尔巴哈指出:“宗教根源于人跟动物的本质区别”,这种区别在于意识。而“只有将自己的类,自己的本质性当作对象的那种生物,才具有最严格意义上的意识”。因此,人的本质,人所共有的、内在的特点,就体现在所谓的“类概念”中,就表现为能思维、有意识这样一种异于动物的“类特性”。这种“类特性”,以其作为人类整体以及整体延绵的属性,而具有了无限的本质和无限发展的可能。

具体来讲,“人自己意识到的人的本质究竟是什么呢?或者,在人里面形成类,即形成本来的人性的东西究竟是什么呢?就是理性、意志、心。一个完善的人,必定具备思维力、意志力和心力。思维力是认识之光,意志力是品性之能量,心力是爱。理性、爱、意志力,这就是完善性,这就是最高的力,这就是作为人的人底绝对本质,就是人生存的目的”。

在《圣经》中，上帝创造了天地万物和人类，并将地上的生物交由人类统管，允诺赐予人以幸福和安宁。然而人类却背负着原罪的烙印，还一次又一次地背叛上帝，越来越堕落。上帝一次次地惩罚和拯救他眼中的“选民”，甚至用自己“独子”耶稣的鲜血和生命来警示人类，来洗刷人类的罪恶。由此，上帝也为人类树立了一个为“人”的榜样和标杆——全知、全能、博爱。

费尔巴哈正是从对人的本质的这一认识出发，进而提出了“神的本质就是人的本质”的命题。他说：“人绝不能越出他自己真正的本质。他虽然可以借幻想而表现出属于所谓另一个更高的种的个体，但他……给予这另一个个体的本质规定，总只是从他自己的本质中汲取出来的规定；……人怎样思维、怎样主张，他的上帝也就怎样思维和主张；人有多大的价值，他的上帝也有这么大的价值，决不会再多一些”。同人的理性、意志和爱这种完善性、这种“绝对本质”相对应的，就是上帝的全知、全能和博爱。

所以，“属神的本质不是别的，正就是属人的本质，或者，说得更好一些，正就是人的本质……属神的本质之一切规定，都是属人的本质之规定”。总之，“上帝的神性，就是人性"。也就是说，透过人对上帝的描述，实际可以看到的正是人关于自身的理想与追求。

费尔巴哈透过云遮雾绕的宗教面纱，在基督教的上帝崇拜中，看到的是人对自身价值的高度肯定，是人对自身完满性的执着追求。他说：“人其实是将属人的活动当作至高的、最现实的活动。谁让上帝像人那样地行动着，谁就等于将属人的活动解释成为属神的活动”。“假如人自己身上没有一个主观上至高的本质，怎么能去崇拜和尊奉一个客观上至高的本质?”所以，“上帝是人自有的本质；因为，道德的上帝要求人像他自己一样：上帝是神圣的，你们应当像上帝一样也是神圣的。上帝是人自己的良心”。上帝的本质就是人的族类本质。“对上帝的信仰，就是人对他自己的本质之无限性及真理性的信仰”，“上帝就是我们自己未来的本质”。这就是说，对上帝的崇拜，实际上体现了人冲破个体性限制的要求，体现了人对自己的本质、对人的完满性的追求。

如此看来,“神的本质就是人的本质"这一命题,是在神与人之间画上了等号,它一方面把神从天上拉到了地上,把神降为人;另一方面也把人提高到了神,它通过人内在的精神上的追求,标示出了人的价值和尊严。费尔巴哈明确宣布:人是人的最高本质,真理就在人自身;人所固有的本质比那些各种各样的虚幻的神的本质要伟大得多,高尚得多。费尔巴哈就是要树立人的权威,高扬人的旗帜,使人成为自己的上帝。这种以人为本,甚至尊人(这里的人是指人的“类”,而不是哪个天才或超人)为“神”的思想,对现代人文哲学和人道主义思潮产生了深远的影响。

但是,由“神”的本质所反映出来的,毕竟是一种颠倒的世界观。

费尔巴哈指出,“宗教的前提,是意志与能力之间、愿望与获得之间、目的与结果之间、想象与实际之间、思想与存在之间的对立或矛盾”。人所意识到的人的本质、人的类是不受限制的,是自由的、无所不能的,而个体的人却是有条件的、有所依赖的、有限制的。现代宗教哲学认为,对神的态度与对人的态度是一枚硬币的两个面,谈神的问题其实就是谈人的问题。对于神的永恒、绝对、无限的意识,从另一面看就是对于人生的短暂、相对、有限的意识。而在费尔巴哈看来,这枚硬币的两个面讲的都是人的问题。一个是个体性的人,是短暂、相对、有限的人生;一个是作为“类”的人,是人的永恒、绝对、无限、历万劫而不朽的本质。人为了克服个体的局限性所造成的对客观世界的依赖感,才把他们在自己的类、自己的本质中意识到的完善性剥离出去,异化出去,变成了神的本性。

在一个相当长的历史时期,特别是在中世纪,宗教异化的直接现实,是人在自身中否定了他在上帝身上加以肯定的东西。“为了使上帝成为一切,人就成了无”。“上帝是无限的存在者,而人是有限的存在者;上帝是完善的,而人是非完善的;上帝是永恒的,而人是暂时的;上帝是全能的,而人是无能的;上帝是神圣的,而人是罪恶的。上帝与人是两个极端:上帝是完全的积极者,是一切实在性之总和,而人是完全的消极者，是一切虚无性之总和”。

神是人创造的，现在成了凌驾于创造者之上的超人的东西；而人作为创造者，却成了自己创造物的奴隶。这是一个颠倒的故事，一个异化的故事。

作为一位人本主义思想家，费尔巴哈进行宗教批判的目的是要“借助人，把一切超自然的东西归结为自然，又借助自然，把一切超人的东西归结为人”，从而使人“从神的朋友转变为人的朋友，从信仰者转变为思想者，从祈祷者转变为工作者，从彼世的候补者转变为今世的研究者，从基督教徒（他们自己供认，他们‘一半是禽兽，一半是天使’）转变为人，转变为完全的人”。费尔巴哈要把人异化给神的本质重新归还给人，要用人对自身的依赖代替对神的依赖，要用对人的爱代替对神的爱，要用对人的信仰代替对神的信仰。

马克思和恩格斯都高度评价费尔巴哈的思想贡献。恩格斯在《路德维希·费尔巴哈和德国古典哲学的终结》中说：费尔巴哈揭示了“在自然界和人以外不存在任何东西，我们的宗教幻想所创造出来的最高存在物只是我们所固有的本质的虚幻的反映”[①]。马克思则进一步指出，宗教是一个颠倒的意识形态，这个颠倒的意识形态是建立在一个颠倒的社会之上的。一个颠倒的现实世界，必然会产生一个颠倒的意识形态。因此，要想彻底揭穿、彻底扭转、彻底改变这个颠倒的意识形态，就必须首先改变这个颠倒的社会。这样一来，马克思就把批判的锋芒从一个颠倒的意识，转向了一个颠倒的社会，从对天国的批判，转向了对人间的批判，转向了对这个社会政治的批判、法的批判。

精神的憩园。自文明产生以来，宗教一直伴随着人类。当然，对宗教的质疑和批判也如影随形，始终未断。

18 世纪的老无神论者把宗教归于“骗子碰到傻子”，认为宗教是骗子们编造的谎言，人民由于愚昧而受了骗。不过，黑格尔在《宗教哲学讲演录》里却说：一个千百年来无数人为之而生、为之而死的宗教，岂

---

① 《马克思恩格斯选集》第 4 卷，第 218 页。

是“欺骗”二字可以概括的?

在康德的“三大批判”中,《纯粹理性批判》说上帝不存在,可是,到了《实践理性批判》,又说上帝的存在不是客观必然的,却是主观必要的。宗教的基本精神是追求至善,基督教对人的价值和幸福的关注,从非信徒的立场上看就是人文精神。所以,许多思想家都强调神性与人性紧密相连,失去神性之后必定失去人性;没有信仰就没有敬畏,就会为所欲为,人也就失去了他的实存价值。

德国哲学家、自由主义神学的开创者施莱尔马赫则提出:上帝真正的栖身之所既不在客观的知识世界,也不在我们的道德世界,而在我们的情感世界之中。他说,每个人都有情感脆弱的时候,都有孤独的时候,人在这个时候就会产生一种依赖需求。在人的各种各样的依赖感里有一种“绝对的依赖感”,用哲学的话说,就是人总会有一种“形而上的焦虑”。施莱尔马赫认为上帝就存在于这种绝对的依赖感、这种形而上的焦虑之中。当人们面对种种的人生困苦、坎坷、挫折、失意,面对种种的“朝来寒雨晚来风”而孤苦无告的时候,在求而不得,理想变色的时候,往往就会感觉到一个上帝的需要和温暖。

人类从远古走向现代,是一个包含着进步与失落的双向过程。文艺复兴以来的人道主义同自然科学相结合,确定了理性的无上地位。人们曾经坚信,就像地球必然围绕太阳旋转一样,人的生活也应当遵循理性的要求。弗雷泽在他的代表作《金枝》中,曾就人类思想方式的一般发生过程提出了一个从巫术到宗教,再由宗教到科学的公式。他认为:科学所获得的丰富、详实、辉煌的成果,使人们深信其方法之健全,因而,彻底取代之前的巫术和宗教是人类思想发展的必然。但是,弗雷泽的这一预言很快就破灭了。两次世界大战以来的无情现实摧垮了理性的堤坝,科技的夺目成果却在人类的头顶悬起了一柄又一柄达摩克利斯之剑,20世纪的西方世界终于发现,人类一旦离开了神话和宗教而完全依赖技术和科学,往往会被现代社会所异化,会一步步失落自身的属性,会心灵无所归依,而价值感的失落将使人陷入“无法承受之轻”。所以,荣格认为,神话和宗教的丧失不仅仅是一个艺术问题，更是人类本身的存在问题；而神话和宗教恰恰是为现代的畸形与片面化提供了一个补偿。

具有现代科学思想的西方人早已经不再关注三位一体、道成肉身一类的传统教义，不再相信种种超自然的神迹启示，但是，他们中的许多人却把基督视为一个道德上的楷模，把上帝看作现实苦难和失落的情感抚慰者，看作战胜苦难的精神力量。他们认为，人类把自然界研究得再透，科学技术再发达，也无法找到生存的意义，无法找到灵魂的归宿。这些问题不是自然科学可以解决的。科学理性帮助人更好地认识客观世界，宗教信仰安抚人的情感和灵魂。一个面对有限世界，一个面对无限世界；一个面对有形世界，一个面对无形世界。正因如此，在科学技术高度发达的今天，基督教仍然是大多数西方人安身立命的根本。

基督教从产生到如今已逾两千多年。这期间，它从最初一个关注犹太民族救赎的狭隘信仰，演绎为普世性宗教，又突破宗教的界线扩散到了整个文化领域，影响遍及西方社会的方方面面。艾略特说："我们的艺术正是形成于和发展于基督教中……我们的一切思想也正是由于有了基督教的背景才具有了意义。一个欧洲人可以不相信基督教信念的真实性，然而他的言谈举止却都逃不出基督教文化的传统，并且必须依赖于那种文化才有意义"①。

五、希伯来文明的特点

自希伯来民族走进历史以来，其创造的独特文明逐步发展成为西方的一个源头文化。其集中体现是以《圣经》为核心的犹太教和基督教文化。

宗教有感性宗教和理性宗教之分。感性宗教指那些朴素的原始宗教，感性宗教崇拜的神往往源于实用的感受或需要，一种是直接的

---

① [英]T. S. 艾略特. 基督教与文化[M]. 杨民生，陈常锦，译. 成都：四川人民出版社，1989：205.

自然崇拜，如天上打雷便有了雷神，下雨就有了龙王；另一种是与人类现实生活的功利需求相关，如中国的财神、灶王爷、门神等。感性宗教形式上的特征主要是多神崇拜和偶像崇拜。理性宗教是一种成熟的宗教。所谓成熟，是指宗教脱离了自然崇拜和人直接的生活欲求，而指向人的超越性精神需求，它是人类抽象思维的结果。以《圣经》为核心的犹太教和基督教，作为一种成熟的理性宗教，表现出鲜明的文化特征。

“一神论”思想是希伯来民族的独特创造。犹太教是人类最早的一神教。《圣经》认为，上帝是宇宙间独一无二的神，除上帝而外没有其他的神。古代希伯来人生活的时代是一个多神教的时代，不同民族，不同部落都有各自的神，世界由众神掌管，社会因缺少统一的伦理标准而各行其是，是一种分散、无序、矛盾、对立的状态。在这样的背景下，希伯来民族却创造性地提出了一神论的观念。在他们的心目中，上帝不仅是唯一的神，而且是一个自有永有、全知全能、创造了宇宙万物，并为之立法和主宰一切的神。在当时，这无疑是一项划时代的思想成就，是人类文明的一个大跃进。

“一神论”赋予世界以目的和意义。在一个自生自灭的世界，人无异于宇宙间的灰尘，毫无生命的意义可言。但倘若承认世界是由一位神祇所创，产生于一个缜密的创世计划，那么，世界就不再是一个无序、对立的世界，而是一个和谐统一的，代表着某种理念、有着某种意义和目的的世界。对人来说，认识和了解这个世界就成为可能；在这个世界里，人类也可以更好、更容易地找到自己的位置和目标，实现自己人生的价值。

希伯来人肯定世界是唯一的神所创造，而且这个神的本质是善的。犹太教问世之际，奥林匹斯的众神在孜孜不倦地追逐着美女和享乐，而西奈的神却在照抚着贫苦无告的孤儿和寡妇；巴比伦的苍天之神安努超然地俯视着苦难中的众生，而雅赫威却使巴比伦之囚回归故土重建圣殿。这样一位全知全能而为善的上帝的存在，就给希伯来人提供了一个建设性的前提：不论命运多么残酷，不论自己如何罪孽深重，都永远不要绝望，因为意义一直在那里，因为世界是上帝所创造，而且上帝主宰着一切，并把他的善赋予了他的创造物。

根据一神论的思想，上帝不仅创造了自然界和全部的自然规律，而且创造了人应当遵守的伦理道德以及相应的社会秩序，由此，社会才具有了统一的评判善恶的标准，才有可能区分是非对错。在古希腊，正是由于众神秉持着不同的原则、代表着不同的利益，才导致了人类的纷争不断和自相残杀。而在一神论的世界中，最高的法律制定者和执法者只有一个，律出一门，标准只有一个，这就使得建立一个公正统一的社会成为可能。

一神论也铲除了原始宗教中无法回避的“巫术”和“魔法”，使之再无存身之处。

顾晓鸣先生对希伯来人的一神信仰作过这样的评述：“无偶像的上帝崇拜事实上是把上帝类同于某种绝对的理念，因此，在一定条件下，这种崇拜有可能导致无神论。而这种形式的上帝，造成了神的唯一性和个人与之直接沟通的可能性，从而降低了神职人员的绝对权威，在特定的历史条件下，可能促使其形成一种自由主义的气氛。……绝对的宿命论者反过来往往具备矢志不渝、充分发挥主观能动性的文化素质”[①]。也许，这正是一个恪守信仰的民族能够产生如此众多的科学家和个性强烈的创造型人物的文化机制。

契约观是希伯来文明的重要特征。希伯来人的契约观与一神论紧密相关，不可分割。

在《圣经》中，对人与上帝立约多有记载。上帝创造亚当夏娃之后，让他们生活在丰饶富足、无忧无虑的伊甸园，但也强调了不得品尝智慧果的禁令。这实际上就是一个关于权利与义务的约定。由于人类的违约和堕落，招致“失乐园”、大洪水等等的劫难，这是违约理应且必须付出的代价。诺亚方舟之后，上帝与代表人类和其他一切生灵的诺亚立约，决定以后“凡有血肉的不再被洪水灭绝”，上帝用天上的七

---

① 顾晓鸣. 犹太——充满“悖论”的文化[M]. 杭州：浙江人民出版社，1990：15.

色彩虹作为盟约的标志。后来，上帝又与经受了种种考验的希伯来人族长亚伯拉罕立约，上帝对亚伯拉罕说："我与你立约，你要做多国的父。……我要与你世世代代的后裔订立我的约，作永远的约，是要作你和你的后裔的神"，立约的标志是割礼。《旧约》中最为重要的一次，是摩西在西奈山上代表全体犹太人与上帝定的约，摩西郑重承诺和重申，全体犹太人将世世代代只信仰唯一的真神雅赫威，而上帝为犹太人定下了"十诫"，还亲自用手指把十条戒命刻写在石版上。"十诫"是犹太人生活的准则，也是最初的法律条文。

人和上帝签约，反映了希伯来人对人神关系的一种基本理解和基本观念。以合同的方式来确定人神之间的关系，这在人类文明的进程中，可以说既是世所罕见，也是空前绝后。

这样一种契约观赋予了人在与神的关系上的选择自由，也显示了希伯来人文明之初的自信与豪迈。"既然关系是通过'立约'来确定的，人作为立约的一方，便可以选择立，也可以选择不立。这种自由选择的关系，打破了长期以来将人放在被动地位的宿命观，赋予了人神关系全新的色彩"①。这表明人神之间不再是一种被动的前定安排，不再是一种无可奈何的宿命，而是在平等基础上的一种互有义务的双向选择关系。在这种新型关系中，不是人对神单方面的、无限的尽忠尽职，而是人神之间以独立自主为前提的平等互利关系。

"通过立约的方式确立人与神的关系，一下子将人神关系纳入了'法制'的轨道。既立了约，就必须践约，就必须用'约'中的条款约束自身"②。人应该如此，神也要如此。相信神对人有义务和责任，就使人就获得了某种精神慰藉和信心：只要虔信，只要向善，必将得救——因为这是上帝的承诺，是上帝具有法律意义的义务与责任。

希伯来人的历史，不断重复着立约、背约、受惩、再立约再背约、再受惩的循环过程。在希伯来人和基督徒的观念中，人生遭受的种种苦

① 徐新：《西方文化史》，第38页。
② 同上。

难，是因为人类背约才遭受的惩罚；但是，人只要改邪归正，就会得到上帝的救赎。这正是他们在种种困境和磨难中坚持的一个精神支柱。从某种意义上讲，这种契约关系也可视为现代民主体制关于权力合法性的一种初始意识。

其实，契约本是用以界定人与人之间关系的，而“契约精神”可以说是植根于西方人的血脉。在一个以“漂泊”为常态、以单子式的个体为基本构成的西方社会，维系人们正常关系和社会秩序的，正是各种有形和无形的“约”。希伯来人则借助上帝，赋予了这种“约”以至高至圣的权威。由此，也奠定了一个文明社会最重要的基础。

线性直进历史观。希伯来文化的独特性，还表现在其历史观的形成上。在古代的近东和北非地区生活着众多民族，其中不少是人类早期文明的创造者，如苏美尔人、巴比伦人、埃及人等。当时，这些民族深为“轮回”的观念影响和束缚。他们看来，人类的生活不过是与四季周而复始，循环不已同样的一种重复。在循环的过程中既没有发展，也没有进步。这样一种历史观不仅使历史和人生变得毫无意义，而且充满深深的忧郁和悲观。

希伯来民族的历史不是在一个相对稳定的地域展开，而是在不断的流动中形成的。这样一种独特的经历使希伯来人能够以前所未有的眼光审视历史，创造性地提出了历史是一种线性直进过程的观点。

人类的各大宗教都会面对所谓的终极问题，如万物的来源，人的地位和最终归宿，世界的结局等等。希伯来人对此的思考主要体现在“末世论”中。在《圣经》中，“末世”其实并不是一个令人颤栗恐惧的字眼，而是对世界终结时刻的一种思考、预测和认识。希伯来人认为，历史有始就有终，有创世就有末世。末世固然包含毁灭，但旧世界的毁灭，也意味着新世界的开端。中世纪著名神学家奥古斯丁[①]在他的《上帝之城》中将世界分为“世俗之城”和“上帝之城”，世界末日仅仅是指

① 奥古斯丁（354—430），欧洲中世纪基督教神学和教父哲学的重要代表，他的理论是宗教改革的救赎和恩典思想的源头。

"世俗之城"的毁灭,如罗马帝国的灭亡;而"世俗之城"的灭亡却意味着"上帝之城"的开始,届时将基督再临,明判善恶,更新天地。

犹太教的末世论说,在上帝的安排下,一个完美的世界将在末日到来之际实现,凡愿意接受上帝和上帝教诲的,都将进入上帝的国度。犹太教先知弥迦预言道:在末世的日子里,"上帝的言语必出于耶路撒冷。/他必在众民中施行审判,/为远方的列强断定是非,/他们要将刀打成犁头,/把枪打成镰刀。/这国不举刀进攻那国,/人们也不再学习战事。/人人都要坐在自己的葡萄树下/和无花果树下,/没有人会使他们感到恐惧。/这是上帝——万军之统帅亲口允诺说"。千百年来,《以赛亚书》所描绘的图景成为人类追求和平幸福的一种象征。

对于末世的期待是希伯来人历史观的一种反映。认为历史是有意义、有目的地朝着一个既定方向发展的过程,这种期望对于整个希伯来民族而言,意味着上帝王国的出现和上帝的统治;到了基督教,末世期待对于信徒来说则意味着最终的拯救、复活和不朽,意味着精神天国的到来和生命的涅槃。

犹太史学家埃班把这种线性直进的历史观看成是"犹太人遗产中的最重要部分"。埃班说:"它把历史解释成一个内容丰富的、不断向前发展的运动。这个运动将随着救世主的降临而告终——与以前的宗教相比,这是一种真正革命思想。从前,没有哪个民族把人类命运想象成完全不同于自然界的循环,想象成不受生老病死这个无情规律制约的过程;人类可以摆脱强制的、即天命的奴仆身份,人类是一种理性的、敢于冒险去进行选择的生物"[①]。依据这一历史观,生活不再是重复而是前进,人类的黄金时代不是在过去而是在未来。这一观点的提出,一下子将人类对自身的认识从无可奈何的过去,置于充满希望的未来。它彻底澄清了古代世界长期笼罩的历史循环论的悲观主义迷雾,使人生有了亮色,使人类有了对自身和世界未来的希望和憧憬。

在后来的发展中,这一理念成为人类大同思想的先声。从莫尔的

① [以]阿巴·埃班.犹太史[M].阎瑞松,译.北京:中国社会科学出版社,1986:106.

乌托邦到马克思的共产主义，无不源于这种“线性直进历史观”的影响。

人权、平等与博爱。 谈到西方的人权与平等，人们往往以为它源于古希腊罗马，其实，从文化渊源上看，这一极富人文意味的理念更多来自希伯来和基督教的传统，它们不仅在源头时间上早于希腊罗马，而且所达到的深度和广度也大大超过了希腊罗马文明。

希腊罗马时代民主程度很高，但这种民主是奴隶制的民主，是有条件的民主，占人口大多数的奴隶是没有民主权利的。希腊罗马从神话世界到现实世界，都是等级社会，缺少的恰恰是真正的平等。而《圣经》强调“天下皆兄弟”，不论民族、种族，不论贫富贵贱，所有人都是上帝的子民、都是平等的，这在理念上是一种无条件的平等。基督教还宣称，任何人，无论达官贵显，还是布衣苍民，上至国王下至囚徒，只要虔信基督，就都可以最终灵魂得救而入天堂。这对那些社会底层的人具有极大的吸引力。

《圣经》主张人人生而平等。这一观念的“神性”依据是：人是上帝创造的，因此，所有人身上都有神性的附着，都是上帝的子民。一个人一旦出生，上帝就赋予了他做人的基本权利，即“天赋人权”。人与人之间是兄弟姐妹，谁也没有人格上的特权；人作为神的创造，没有贵贱高低之分，而是“生来平等”。世界各民族都来自亚当和夏娃这同一个祖先，同样没有优劣之分。“天主教”的拉丁文是 Catholic，Catholic 的意思就是最大的统一性和最大的普遍性，这是说上帝确立的那些基本价值观念，如人权、平等、博爱，具有普世性，不分民族与地域。

《马太福音》借耶稣之口告诉世人：“你们都是兄弟”，甚至“也不要你呼地上的人为父，因为只有一位是你们的父，就是在天上的父”。《圣经》强调，我们不能把子女当作自己的私有的财产，子女是耶和华所给的赏赐，人要把孩子视为神给自己的一个托付、一个礼物。既然生命被看成是神的赐予，自然是神圣的，应该得到珍视，受到保护，生命的权利也就应当得到尊重。

在希伯来思想中，人的生命存在就是目的，是神圣不可侵犯的。

《圣经》固然讲到人的渺小，生命如草，如尘埃，如飞蛾，但《圣经》更强调人又是尘土和神性的结合，是仅仅“比神稍低一点”的、上帝“挚爱的儿女”。在任何情况下，人都不应被贬为工业或政治制度机器上的“齿轮”或“螺丝钉”。由此，圣化生命、圣化生活、追求生命的幸福和圆满，就成了一种敬神的标准和人生的目标。这样的思想实际上已经指向了现代的人生观念。

博爱基于人与人之间的平等。博爱即超越利益关系的、无差别的、面对所有人的爱。基督教的博爱强调爱人如己，耶稣把爱人如己提高到了与爱上帝同等重要的程度，把它作为律法的总纲。

基督教提倡善待穷人。只有对待穷人也能一视同仁，才是真正的博爱。从犹太教到基督教的很多习俗都体现了对于弱者的关爱。犹太人在收割的时候会留下田边地角的庄稼，掉落田地间的麦穗也不去拾，为的是留给流浪者。基督教最初是从被压迫的下层民众中产生的，表达的是受压迫的弱者的愿望。基督教首先是弱者的宗教，救世主也首先是弱者的救世主，而那些特权者和富人们进天堂往往“比骆驼钻针孔还难”。其实，耶稣自己就出身底层，常与农人渔民等下层人为伍，甚至视娼妓为姐妹。他最后被钉死在十字架上，并承诺要解救所有信徒——无论自由民或奴隶、男人或妇女。耶稣这种对弱者的爱，因其博大的人道胸怀，成为西方文化中极其宝贵的财富。

基督教提倡无条件的爱。基督教讲尊重并爱护人，主要不是指抽象的人类整体，而是对每一个具体的人而言的。只有那种对每一个人，甚至对有问题的人都不加以忽视和歧视的尊重和关爱，才是真正的爱。《马太福音》说，“爱你们的敌人并为那些迫害你们的人祷告……天父的光既照好人也照坏人；天父的雨既给义人也给不义的人”。耶稣的一生都在向人们昭示这种无条件、无分别、化恨为爱的爱。这种爱经过两千多年的基督信仰传播，已成为西方文明中最有价值的一部分，并凝结为一种相当普遍的信念和实践态度。2007 年 4 月 16 日，美国弗吉尼亚理工学院的韩国大学生赵承熙，无端开枪打死了 32 人，本人也自尽。在之后的悼念仪式上，人们放飞的气球是 33 个，敲响的丧钟是33声，广场上的悼念碑是33块，其中一块上写着“2007年4月16日赵承熙”。他的碑旁也放着鲜花和蜡烛，还有一些人留下的纸条。其中一位写道：“赵，你大大低估了我们的力量、勇气与关爱。你已伤了我们的心，但你并未伤了我们的灵魂。我们变得比从前更坚强更骄傲。我从未如此因身为弗吉尼亚理工学生而感到骄傲。最后，爱，是永远流传的——艾琳”。

希伯来思想从“民族之爱”“弱者之爱”，上升为“上帝之爱”的过程，是“爱”的神圣化、普泛化的过程，也是其自身走向全人类的过程。“上帝之爱”是以上帝为中心的，上帝为社会公正、平等博爱提供了终极根据。上帝是公正的，他的子民也要行公正的事；上帝无条件地爱他的子民，信仰者也要无条件地爱上帝，并遵行上帝的指令而爱他人。《圣经》中说：“亲爱的弟兄呵，上帝既是这样爱我们，我们也当彼此相爱。……人若说，‘我爱上帝’，却恨他的弟兄，就是说谎话的……爱上帝的，也当爱弟兄，这是我们从上帝所受的命令”。

不过，我们也要看到，基督教的理念与实践之间许多时候是存在着巨大反差的。特别是在漫长的中世纪，基督教会往往是用火和剑来传播“上帝之爱”的。据统计，仅1481年到1808年这327年里，死于宗教裁判所火刑柱上的就有三万两千多人。“当受刑人的惨叫响彻云霄的时候，受到整个基督世界朝贡的罗马则汇集了半个世界的财富”[①]。

罪孽意识与选民意识。一般来说，一个民族有什么样的经历和命运，就会产生什么样的宗教和文化。希腊人自由自在地生活在爱琴海畔，所以他们的神话充满欢快明朗的色彩。罗马人基本沿袭了希腊文化，它不仅自己是个自由的民族，还不断地征服、统治、奴役其他民族。希伯来人不同。希伯来人经历了漫长的苦难，生活带给他们的是一种非常浓郁的不幸意识。这种不幸最初还是归咎于敌人，敌人太残暴。但是，一个敌人走了，另一个又来了，前门去狼，后门进虎。久而久之，他们就感觉问题也可能是出在自己身上——因为自己对上帝不虔诚，

---

① [德]恩斯特，海克尔．宇宙之谜[M]．上海：上海人民出版社，1974：300．

没有履行与上帝所定的“约”，所以才苦难不断，是自己违约在先，上帝惩罚在后。这样一来，这种不幸意识就转化为一种罪孽意识，觉得我们这个民族是有罪的，罪孽深重，只有痛改前非，把罪孽赎清了以后，上帝才会兑现他的承诺，才会把我们带到一个流着奶和蜜的乐园中去。这种罪孽意识成为犹太教，包括后来从犹太教中脱颖而出的基督教的一个明显的特征。

希伯来文化表现了人对自身缺憾，乃至“恶”的一种自觉，“恶”成为人性认识的一种逻辑预设。与中国的“性善说”不同，西方承认人的不完满，承认人的局限，乃至“原罪”，承认人“半是天使，半是恶魔”。《圣经》说，上帝创造了人类的始祖亚当和夏娃，他们却违背上帝的禁令偷吃了禁果，因此罪及子孙。亚当和夏娃所犯的罪即为整个人类的原始罪过。从亚当和夏娃被逐开始，凡肉身者皆生而有罪。与这种“原罪”相伴而生的还有“本罪”。在西方文化中，人的动物本性也一直是人性恶的一种解释依据。尽管在达尔文进化论被认可之前，人们不愿意把自己与动物联系在一起，可是在深层意识中毕竟无法回避人与动物之恶的渊源。亚里士多德在《政治学》中说：“人趋于完美之后，就是动物中最好的，但一旦脱离法律与正义的约束，却是最坏的。……如果人没有美德，人就成了动物中最邪恶、最残暴、色欲与食欲也最大的动物”[①]。其实，这样一种罪感意识，这样一种对动物性本能的自觉与反思，又反证着文明的自觉。只有当人迈入了文明的大门，才会把自己的动物性本能看作是一种“恶”，看作是一种“罪”。

基于这样一种对“罪”的意识，基督徒把人生的苦难归结为自身的罪，受到惩罚是“罪有应得”。他们认为，现实中的人总是处在善与恶、人性与兽性交融的境地，因而需要不断摆脱动物的本能，向神和上帝的境界提升。是人都会有罪，但是，这些罪是可以原谅，可以告解，可以救赎的。人的原罪可以通过“洗礼”来冲刷；人的本罪可以通过忏悔和改过得到赦免。人赎罪的过程就是向善的过程，就是灵魂净化的过

① [美]莫·阿德勒.西方思想宝库[M].周汉林，等，译.北京：中国广播电视出版社，1991：7.

程，就是一步步向“人”靠拢的过程。

希伯来文明中还有一个选民意识。选民意识跟罪孽意识好像矛盾，但又是相反相成的。在《圣经》中，无论是上帝跟摩西所定的“约”，还是上帝对亚伯拉罕的承诺，都包含有一种非常强烈的选民意识。所以，犹太民族尽管非常不幸，但是他们同时又有一种优越感。他们认为在万民之中，唯独我们是为上帝选中的。不过，被选中主要并不意味着就享有什么特权，选民被挑出来首先是为人类服务的，作为上帝的“特选子民”，更多意味着对世界、对人类的责任，意味着为了履行上帝的信任和托付，要承受更多的磨难和考验。

所以，许多西方民族都自认为对人类的命运和发展承担着一种特殊的责任，自认为负有把世界从苦海中拯救出来的“使命”。这种神话根深蒂固于犹太教基督教文化之中，深刻影响着西方对外部世界的看法和态度。

六、中世纪及其文明成就

长期以来，中世纪往往被称为欧洲的“黑暗时代”。然而，中世纪又是西方文明一个承上启下的时代，它为近代欧洲的到来奠定了坚实的基础。

从公元 3 世纪起，欧洲发生了民族大迁徙，即历史学家所说的“蛮族的入侵”。随着公元 476 年西罗马帝国的覆灭，西方社会进入了中世纪。一般认为中世纪到 1640 年英国资产阶级革命结束，大约 1000 多年。

中世纪最初的几百年，日耳曼人在欧洲建立了 10 余个小王国。成千上万的庄园和星罗棋布的城堡，是中世纪欧洲封建割据和各自为政的标志。中世纪是封建制的庄园式自然经济，社会结构除了国王和主教外，主要由贵族和农奴两个阶层构成。成熟的西欧社会分为三个不同的社会阶层：地位最高或者最受人们尊崇的是神职人员，神职人员“穿黑袍”。第二等级是贵族，贵族“穿红袍”。第三等级就是所谓的

“无套裤汉”，也就是平民。

公元800年，神圣罗马帝国的奠基人查理大帝从教皇手中接过了皇冠，这一极具象征性的动作，表明西方在罗马帝国垮台之后，首次统一在同一个政权之下，也表明基督教在西欧社会占据了统治地位。查理大帝建立起囊括西欧大部分地区的庞大帝国，被后世尊为“欧洲之父”。查理大帝死后，欧洲再次分裂。他的三个孙子各霸一方，逐渐形成了后来的法国、德国和意大利。

中世纪是神权至上。任何世俗的统治者，要想名正言顺地登上王位，必须由罗马教皇代表上帝来加冕才具有合法性。著名的卡诺沙事件就是很好的说明。事情的起因是罗马教皇与德国皇帝为争夺神职册封权发生冲突，矛盾激化后，德皇亨利四世宣布不承认教皇，称他为“伪僧”。罗马教皇格列高里七世也不示弱，宣布开除德皇的教籍，对他实行“绝罚”。按照教会的规定，凡受绝罚者，任何人都不得与他往来。亨利四世一下子落入了四面楚歌的境地，属下诸侯纷纷叛乱，皇权岌岌可危。为摆脱困境，亨利四世只得带着全家穿过阿尔卑斯山，前往教皇所在的卡诺沙城堡认错。亨利四世身穿粗毛衣服，赤着脚，在大风雪中站了三天两夜，恳求宽恕；得以觐见后，甚至不惜去亲吻教皇的鞋子。最后，教皇才算接受他的忏悔，撤消了处罚。

中世纪神权思想甚嚣尘上，宗教异化登峰造极。宗教异化导致人性压抑，思想禁锢，社会停滞，文学艺术活动受到限制，最终也导致了教会自身的腐败和黑暗。

公元11世纪前后，欧洲文明的重心由地中海转移到了莱茵河河谷和北大西洋沿岸，欧洲开始了“第一次农业革命”。

公元11世纪末出现的“十字军”运动是西欧历史的一个重要转折点，欧洲由此开始摆脱中世纪早期的社会停滞和封闭状态。

自从公元8世纪以后，新兴的伊斯兰教扩张势头迅猛。他们一方面从正面威逼东罗马帝国，另一方面又通过北非，越过直布罗陀海峡，占领了西班牙，从背后包抄西欧，使得整个基督教世界处于腹背受敌的境地。当时，西欧内部教俗之争不断，在强大的伊斯兰教压力之下，只有招架之功，没有还手之力。到了 11 世纪以后，教会和罗马帝国达成了妥协，他们开始携手对外了。

巴勒斯坦的耶路撒冷是基督教的圣地。在宗教狂热的中世纪，许多基督徒一生最大的愿望就是去耶路撒冷朝圣。然而，11 世纪末，信奉伊斯兰教的塞尔柱土耳其[①]人占领了巴勒斯坦地区，西方朝圣者去圣城的道路被阻。教皇乌尔班二世利用人们的宗教热情，鼓动进行圣战，要把耶路撒冷从异教徒手中解救出来。他宣布，凡参加“十字军”的人，其罪孽可得到赦免，为圣战而死的人，灵魂可升入天堂。教皇的号召不仅赢得了欧洲平民百姓的支持，也赢得了各国王公贵族、封建领主们的支持。这样，欧洲内部就携起手来，从 1095 年一直到 1291 年，先后发动了八次“十字军”东侵战争。由于参加者佩戴象征基督教的红十字，故名“十字军”。首“十字军”军在 1099 年 7 月攻占耶路撒冷，并建立了“耶路撒冷拉丁王国”。

十字军运动本身是一场残酷的血腥战争，但是它在客观上却促进了东西方文化的交流，对西方社会与文化产生了很大影响。十字军运动打破了中世纪以来东西方长期隔绝的状态，向基督教世界展示了一个更为广阔和多彩的世界；它开创了一种拓展和冒险的精神，使得欧洲人重新发现了亚洲。以宗教信仰的名义和影响发动的十字军运动，结果却使得社会开始朝着背离宗教思想的方向发展，对欧洲封建制度的衰落和君权的加强起到了推动作用。如基佐在《欧洲文明史》中所说：“它使欧洲社会脱离了一条非常狭窄的小路而踏上一条康庄大道，它开始了一个把欧洲社会各种因素转变成具有现代文明特征的政府和人民的过程”[②]。

欧洲在 12 世纪进入被称为“美丽的中世纪”的新时代。城市复兴，商业繁荣，一个以经商为主的群体开始形成，并逐渐取得了较高的

---

① 塞尔柱人属突厥人的一支，初居中亚北部的大草原，以其酋长塞尔柱克的名字命名。11 世纪，塞尔柱突厥人在中亚、西亚建立起伊斯兰帝国（1037～1194），亦称塞尔柱王朝。帝国极盛时领有伊朗、伊拉克、高加索、小亚细亚大部及叙利亚（包括巴勒斯坦）等地。

② [法]弗朗索瓦·基佐. 欧洲文明史[M]. 程洪逵，译. 北京：商务印书馆，2010：146.

社会地位。

14世纪，欧洲遭到各种灾难的困扰，几个世纪以来的繁荣和增长开始停滞。1347至1351年间肆虐的黑死病，夺去了欧洲近三分之一人的性命，导致经济崩溃，使欧洲陷入了空前的危机。

不过，病树前头万木春。在危机四起的中世纪的前面，升起的是文艺复兴的曙光。

在长逾千年的中世纪，许多方面都取得了古典时期所未曾有过的成就。大学、银行、议会制度、哥特式艺术、骑士与市民文学等等，无不诞生于中世纪。

基督教对中世纪欧洲的积极贡献可以说与负面危害一样巨大。西方很多思想家都特别强调说，日耳曼等欧洲民族作为一个整体，最初是听着基督教的赞美诗而告别野蛮，步入文明历程的。在古代文明被毁之后，正是基督教实际担负起了在欧洲“从头做起”的文化重建的任务。

中世纪盛行的是“经院哲学”。13世纪是经院哲学的黄金时期，托玛斯·阿奎那(约1225—1274)是中世纪经院哲学的集大成者。神学家们通过自己的努力，把基督教教义变成了一个无所不包的哲学体系。经院哲学以古希腊的哲学概念和逻辑框架来解释和阐明基督教教义，它的论证方法是抽象而烦琐的辩证方法，主要是以亚里士多德的形式逻辑为工具，运用抽象的概念和三段式，即以理性的形式来论证基督教的信仰，使理性服务于信仰，哲学服务于神学。

大学教育主要源于基督教会。在中世纪早期，教育的中心在教会办的修道院。至12世纪中期，在较繁荣的城市里，这类教会学校逐步演变成了规模较大的教学团体，也就是最初的大学。

“大学”一词来自拉丁文的“团”或行会。大学形成之初，教师和学生们为了维护自己的利益，也像城市中的其他行业那样组织起来，制定大学章程，从教会和世俗统治者那里争取自治等方面的权利。法国的巴黎大学和意大利的波隆大学是当时最有代表性的大学。巴黎大学创办于1170年，很快成为欧洲最著名的大学和公认的学术中心。

同样著名的还有英国的牛津大学(1168 年)和剑桥大学(1224 年)、法国的蒙彼利埃大学(1181 年)、西班牙的帕伦西大学(1212 年)和葡萄牙的里斯本大学(1290 年)等。至今为各国广泛采用的学位制度以及由教士服饰演化而来的方帽、黑袍等学位服,就是那时传承下来的。

当时的大学得到教皇和各地主教的支持,因而大多受教会的控制,神学在教育中占有极为重要的地位。不过,大学的兴起毕竟使西欧的学术文化中心由修道院转到了大学。在大学,学生不再单纯以神学为主,而要学习"七艺",即文法、修辞、逻辑、算术、几何、天文和音乐。医学、法学等一些世俗学科也逐步得到发展。大学促进了古典文化的发掘、翻译和研究,培养出了许多优秀人才,为欧洲学术文化的繁荣和思想的活跃创造了条件。到了 13 世纪,学者的地位甚至可以与官吏、教士鼎足而立了。

到中世纪末,欧洲大学已发展成为担负文化使命的重要机构。许多大学后来成了文艺复兴运动的中心。新兴市民阶层的知识分子在其中发挥着重大作用。英国著名思想家怀海特指出:"中世纪大学的兴起,改变了西方教育制度,形成了主宰西方文化的专业知识分子阶层,造就了一批把基督教带进理性之海洋的哲学——神学家,也培养一批管理教会和国家的行政人员和律师以至教皇,特别是它塑造了欧洲人说理论辩的思维习惯,形成了不朽的学术传统……如果西方没有经过几个世纪的理智训练的准备,以便用宇宙理性或人类智力去探索自然的秩序,那么,现代科学的诞生是不可能的"[①]。

中世纪最为辉煌的艺术成就之一是教堂建筑。人们在宗教热情的燃烧下,世代相继,用尽所有的智慧,倾尽所有的财力,使教堂建筑本身成为叹为观止的艺术高峰。雨果说,教堂就像是石头的交响乐,用石头写成的《圣经》。

中世纪早期,西欧的教堂大多沿用罗马时代的长方形会堂式样。东罗马的教堂则是拜占庭式建筑。拜占庭式建筑以圆顶穹隆和拱形

---

① 田薇.信仰与理性——中世纪基督教文化的兴衰[M].石家庄:河北大学出版社,2001:98.

结构为特征，6 世纪初在君士坦丁堡兴建的索菲亚大教堂是其杰出的代表。

11 世纪以后，罗马式建筑和哥特式建筑逐渐成为中世纪教堂的两大建筑艺术形式。

罗马式教堂脱胎于罗马的长方形会堂建筑。其特征是十字架型布局，在窗、门和拱廊上广泛采用罗马式半圆形拱顶，建筑不高，但坚实、庄严、肃穆，表现出一种向下的力量，使人们在沉重的压抑感中进入神秘、超世的意境。

梵蒂冈的圣彼得大教堂是基督教世界最大的教堂。该教堂是罗马天主教信仰的中心，吸引着来自世界各地的朝圣者。教堂最初是由君士坦丁大帝在圣彼得的墓地上修建的。彼得原名西门，耶稣的十二门徒之首，他追随耶稣之前是渔人，耶稣给他取名彼得，意为“磐石”。彼得也是天主教的首任教宗，为传教被罗马当局倒悬钉死在十字架上。1506 年，教皇朱利奥二世决定重建圣彼得大教堂。在长达 120 年的重建过程中，意大利最优秀的建筑艺术家布拉曼特、拉斐尔、米开朗基罗、贝尔尼尼等相继主持过设计和施工，直到 1626 年才正式落成。

圣彼得大教堂整体呈十字架的结构，造型传统而神圣。建筑面积约 2.3 万平方米，可容纳 6 万人。教堂内部的设计和装饰独具匠心。正面围绕着镀金的圣彼得青铜宝座，金色的上部和暗淡的下部分别象征着“神圣的空间”和“世俗的空间”。主祭坛的巨型青铜华盖是雕刻艺术与建筑艺术结合的杰作，4 根 5 层楼高的铜柱盘旋而起，让人感觉到似乎整个建筑都在向上升腾。17 世纪的巴洛克艺术不仅给教堂带来繁复的装饰，还为大教堂构筑了华丽而宽阔的舞台——圣彼得广场。广场气势宏大，富于动感，与米开朗基罗的大教堂圆顶浑然呼应。广场两边的回廊被誉为“上帝之手”，它像两条热情洋溢的手臂环抱伸出，象征着教会对信徒的迎接和拥抱；广场回廊的 284 根托斯卡拉式立柱和柱顶那美妙绝伦的 162 座圣像，由贝尔尼尼天才的手笔赋予了永恒的生命。

12 世纪下半叶，随着西欧经济与文化的普遍复兴，教堂建筑也出现了风格上的变化。哥特式教堂是对罗马式的革新和发展。所谓“哥特式”最初源于对入侵西罗马的哥特人[①]的称谓，带有贬义，但哥特式建筑实际上跟哥特人并无关系。

哥特式教堂也是按照十字架的格局构建的，纵长横短。它最大的特点是向空中发展。哥特式教堂给人的感觉不是向下，不是强调肃穆与凝重，而是表现出一种纤细与轻巧。尖顶的设计摆脱了厚重感而取得了向上的动势，给人以崇高和飘逸的印象，会使人产生一种升华与超脱尘世的意向。

哥特式建筑体现了宗教热诚与浪漫情感的结合。教堂内部呈现出崇高、庄严、神圣的气氛。教堂上部空间极高，阳光透过彩色的玻璃花窗渗透到教堂里边，仿佛来自天国的幻彩。教堂正面被钉在十字架上的基督，满脸的悲苦和屈辱，整个身体在十字架上痛苦的痉挛。当圣乐和赞美诗响起，基督徒们往往会产生一种非常奇妙的转换：一方面，面对着基督受难，会让人感到罪孽深重，是人类把耶稣钉死在十字架上，而耶稣却独自承担起全人类的罪过，把他的义和爱给予了人类；另一方面，会让人感到一种希望之光正从天国射下来，使人体会到一种升华和超越，一种神圣的安静和自信。海涅说，当我们走进教堂的时候，整个教堂就好像是一个镂空了的十字架，这个十字架到处都好像是圣徒的墓碑。一种悲伤的音乐响起，我们再仰头看到窗户里面透出来五彩缤纷的阳光，就好像是基督耶稣的鲜血和容姿，以及天国的一种启示，天国好像是向我们敞开了。他说教堂就像是一个巨大的灵肉分离器，当那种充满天国情调的神圣音乐响起来后，人们会感到肉体就像一袭长袍，悄然落地，而灵魂就顺着那个璀璨碧透的窗户，上升到了天国。

典型的哥特式建筑有法国的沙特大教堂、巴黎圣母院、圣马可山大教堂，德国的科隆大教堂、意大利的米兰大教堂等。

---

① 哥特人是欧洲日耳曼民族的一支。西哥特首领阿拉里克率领的蛮族军队曾对罗马进行了三次声势浩大的围攻。公元410年，西哥特人攻陷罗马城，震动了整个帝国。

著名的巴黎圣母院是欧洲建筑史上一个划时代的标志。它位于巴黎塞纳河中城岛的东端，始建于1163年，整座教堂在1345年才全部建成，历时180多年。该教堂以其哥特式的建筑风格，祭坛、回廊、门窗等处的雕刻和绘画，以及所收藏的13至17世纪的大量艺术珍品而闻名于世。圣母院的正外立面风格独特，结构严谨。它被壁柱纵向分隔为三大块，三条装饰带又将它横向划分为三部分。门洞上方是所谓的“国王廊”，上面有分别代表以色列和犹太国历代国王的二十八尊雕塑，看上去雄伟庄严。教堂内部极为朴素，大厅可容纳9000人。

德国的科隆大教堂是世界第4大教堂，与巴黎圣母院大教堂和圣彼得大教堂并称为欧洲三大宗教建筑。它以轻盈、雅致著称于世，是中世纪欧洲哥特式建筑艺术的代表作。科隆大教堂始建于1248年，一直到1880才建成，历经七个世纪。科隆大教堂是世界上最高的教堂。主体部分高135米，大门两边的两座尖塔高达161米，像两把锋利的宝剑直插云霄。高塔将人的视线引向上天，体现着人与上帝沟通的渴望。一连串的尖拱窗驮着陡峭的屋顶，整座教堂显得清奇冷峻，充满力量和绮丽的神秘色彩。大教堂全部用磨光的石块建成，整个工程用去40万吨石材。教堂内分为5个礼拜堂，内部装饰十分讲究。窗户上是彩色玻璃镶嵌的图画，在阳光反射下，这些玻璃金光闪烁，绚丽多彩，被称为“法兰西火焰”。教堂的钟楼上装有5座吊钟，最重的圣彼得钟有24吨。每逢祈祷时，钟声回荡于莱茵河畔，动人心魄。传说舒曼即震慑于其气势，而萌发了创作“莱茵交响曲”的灵感。夜色中的科隆大教堂最为壮观，装在四周建筑物上的聚光灯向教堂射出一道道青蓝色的冷光，仿佛嵌上了蓝色的宝石，璀璨晶亮，美不胜收。难怪西方人要说：当我们面对这样高耸入云的教堂时候，我们就不敢轻视我们中世纪的那些祖先了。他们固然愚昧，他们生活固然充满了苦闷和苦难，但是在他们的心灵深处有一种澎湃汹涌的理想，有一种执着不移的期盼。

中世纪的雕刻和绘画多附着于教堂建筑，内容往往以《圣经》故事和圣像为题材。

享誉世界的欧洲古典音乐也得益于中世纪的音乐成就，复调音乐和记谱法都发明于中世纪的欧洲。复调音乐是一种以多声部合唱为主的音乐，用于基督教重要节日的颂唱。在11世纪，意大利修士圭多创造了西方音乐记谱的方法——五线记谱法，他因此被人们称为“五线谱之父”。

中世纪是欧洲各国民族语言形成的时期。中世纪文学最主要的是教会文学、英雄史诗、骑士文学和市民文学。教会文学包括圣经故事、圣徒传、宗教剧等，它们直接演义《圣经》内容，宣扬基督教义。英雄史诗也受到基督教的影响。法国的《罗兰之歌》描述了信奉基督教的法兰克国王查理大帝征服伊斯兰教徒，最终使其皈依基督教的故事。著名的史诗还有西班牙的《熙德之歌》，德国的《尼伯龙根之歌》，俄罗斯的《伊戈尔远征记》等。市民文学中成就最高的有法国的《列那狐传奇》等。

骑士文学中的骑士都是虔诚的基督教徒，为维护基督教的信仰而冒险犯难。骑士制度是中世纪欧洲的一个特殊产物。骑士制度造就的所谓“骑士精神”以效忠主人、注重荣誉、保护弱者、尊崇女性等为特征。十字军东征提高了骑士的地位，也开阔了他们的眼界。为爱情而冒险和博得贵妇人的欢心是骑士的追求。骑士爱情往往是一种柏拉图式的爱情，与此相应产生了骑士抒情诗，其中最著名的是法国普罗旺斯的《破晓歌》。

骑士传奇大多也以爱情和冒险为主题，最著名的是关于亚瑟王及圆桌骑士的故事。圆桌骑士的故事是围绕着圣杯的传说展开的。这些骑士平日聚会都围着一个大圆桌而坐，座位不分主次。但有一个座位例外，这个座位被称为荣誉座，只有得到圣杯的人才有资格坐。圣杯是基督教的圣物，只有最圣洁的童贞骑士，才能在历尽艰险之后得到圣杯。在传说中，得此殊荣的有著名的兰斯洛特和帕西法尔等骑士英雄。

丹纳在《艺术哲学》中曾经说，十七、十八世纪的法兰西教会了欧洲一切开化和半开化民族一套说话、行礼和微笑的方式，当那些德国的蛮子、俄国的粗野军人、英国的乡间绅士，当他们放下猎枪，脱下皮袄，拿起烟斗坐在客厅里面的时候，正是从法兰西这个地方学会了一套文雅的行为方式。而这种文雅的行为方式，来自于法兰西的上流社会，来自于法兰西的贵族，其最初的渊源则孕育于中世纪的骑士精神之中。

中世纪的基督教文化作为一种信仰体系，引导人放弃现实人生而追求彼岸世界，要求人们虔信上帝，鄙弃自我。这固然有重神轻人，导致人的主体性萎缩的消极一面，宗教异化把上帝完全推向了人的对立面，更是对人性的扼杀。但是，基督教作为一种成熟的宗教文化，是植根于人的理性本质的，它在抑制人的自然原欲的同时，强调要把人提升到精神层面，使人成其为人。所以，中世纪文化与文艺复兴文化并不是一个断裂，相反，它还为人文主义提供了养料；文艺复兴也并不拒斥基督教文化，相反，正是基督教的宗教人本精神使文艺复兴的人文主义显得博大而深沉。这就是所谓的“人文指引”和“人文承传”。

阅读书目：

1. 米歇尔《圣经故事(旧约篇)》*
2. 弗雷泽《金枝》
3. 费尔巴哈《基督教的本质》*

思考题：

1. 谈谈亚当夏娃偷食“智慧果”的文化意义。
2. 为什么说“上帝”的形象体现了人对自身完满性的追求？
3. 为什么说犹太教的“末世论”在当时是一种巨大进步？
4. 希伯来文明的“契约观”有着怎样的意义？
5. 谈谈你对基督教文化中“罪孽意识”的理解。
6. 基督教的人权平等观是基于怎样的理念？

第三章

青春的觉醒——文艺复兴与宗教改革

大卫——米开朗基罗

14至17世纪的欧洲发生了三件大事，即文艺复兴，宗教改革和近代科学的兴起。它们极大地改变和加速了人类社会的进程，产生了极其深远的影响。

文艺复兴高举人文主义旗帜，把人们从封建神学的桎梏中解放了出来，在文学、艺术、政治、历史、哲学和自然科学等领域初步确立了资产阶级的新文化。宗教改革打破了天主教会在西方的一统天下，动摇了封建统治的精神支柱，建立了适应资本主义发展的新教和新教伦理。科学的兴起不仅促进了生产的发展，也大大改变了人们对世界的看法，增强了人类的自信心。由此，具有理性与科学精神的近代资产阶级世俗文化，逐步取代了中世纪基督教文化，成为西方社会的主流文化。

一、文艺复兴及其文化成就

文艺复兴是中世纪和近代的分水岭。它揭开了近代欧洲历史的序幕，后来的科学发展、地理大发现、启蒙运动、民族国家的诞生，无不源于文艺复兴。

文艺复兴兴起于14世纪的意大利，逐步扩展到西欧各国，在莎士比亚的戏剧中达到顶峰。1642年英国清教革命通过议会封闭了伦敦剧场，标志着文艺复兴运动的结束。

14世纪，随着手工业和商品经济的发展，资本主义的生产关系已经逐渐在欧洲封建制度内部萌芽；封建割据引起普遍不满，民族意识开始觉醒。新兴的资产阶级认为中世纪文化是一种倒退，而希腊、罗马文化则是文明的典范：它的哲学和科学代表了人的理智，它的文学艺术表现了人的创造力，它的法律肯定了财产的私有性质，它的生活观反映了人追求幸福和快乐的正当性。对古典文化的复兴和张扬，其实是在新的历史条件下一次空前的思想与精神大解放。如马克思所说，文艺复兴是穿上古希腊"久受尊重的服装，用这种借来的语言，演出世界历史的新场面"①。

拜占庭文化可以说是希腊罗马文化与文艺复兴的一个桥梁。西罗马帝国灭亡后的东罗马帝国也被称作"拜占庭帝国"。当西欧在蛮族大迁徙和西罗马帝国的崩溃中陷入一片动荡与混乱之时，东部的拜占庭却保持了社会的稳定与繁荣。马其顿王朝时期是拜占庭的黄金时代，帝国的强大和繁荣使首都君士坦丁堡(之前叫拜占庭城)成为当时地中海世界最为繁华的国际性大都市。与此同时，它的文化也走向了成熟。崇尚教育和学问的风气盛行，大量古典文献和艺术品得以保存，包括法学、哲学、文学、数学等在内的丰富的希腊罗马古典文化被继承下来，并得到了发展。

拜占庭文化又是东西方文化汇合的产物。位于东方伊斯兰世界和西方基督教世界之间的拜占庭，充分吸收了这两种文化的优秀成果。在很长一段时间，拜占庭的文化艺术成为中世纪欧洲文化艺术的最高形式。

① 《马克思恩格斯选集》第1卷，第603页。

拜占庭的存在使得基督教主要教派之一的东正教得以发展。东正教文化的广泛传播使得斯拉夫民族开始步入文明。东斯拉夫人与南斯拉夫人从拜占庭接受东正教，学习拜占庭的法律、语言和艺术，俄罗斯文化也是在拜占庭文化的哺育下成长起来的。

十字军东征发生之后，西欧学者就开始了与拜占庭和阿拉伯世界的直接接触。1453年，土耳其建立的奥斯曼帝国攻陷了君士坦丁堡。大量当初移居拜占庭的希腊和罗马人的后裔，因为不堪忍受土耳其人的统治又流归西欧，他们同时也带回了西欧人已经阔别千年的希腊罗马文化，使得生活在闭塞、蒙昧状况中的西欧人一下子眼界大开。这成为文艺复兴兴起的一个重要因素。

文艺复兴的出现还与欧洲科学的发展和地理大发现紧密相关。中世纪末，欧洲近代科学开始起步，天文学、解剖学等都取得了不凡成就。哥白尼、伽利略、培根等一批科学家的出现，预示着现代实验科学时代的到来。地理大发现使欧洲的经济和社会开始发生本质上的变化，经济活动从以地中海为中心转到了以大西洋为中心。从此，欧洲人不再用地中海——大陆的观念看待欧洲，而是更多地把欧洲与世界联系在了一起。而寻找思想领域的“新世界”，也成为人们的一个探索目标。地理大发现的负面结果是殖民地的大量出现，欧洲以外地区的人民和传统文化遭到了严重的掠夺和破坏。

当然，文艺复兴的根本原因还在于自身社会历史的发展。当时的意大利在西方可以说是独领风骚。它经济上最繁荣，政治上是罗马教庭的所在地，文化上也是欧洲的制高点。布克哈特在《意大利文艺复兴时期的文化》中说，意大利人有一个最大的特点，就是敢为天下先，什么都敢干；再加上他们的艺术天才，这让当时欧洲别的民族都自愧不如。意大利率先兴起了文艺复兴运动，这使得他们成为“欧洲的长子”，成为欧洲最早崛起的民族。所以，布克哈特强调，文艺复兴主要还不是君士坦丁堡逃亡者带来的一份礼物，而是意大利人的个人主义和艺术天才相结合的一个产物。

文艺复兴的指导思想是人文主义。布克哈特称文艺复兴是“人的发现”的时代。他说：“文艺复兴于发现外部世界之外，由于它首先认识和揭示了丰满和完整的人性而取得了一项尤为伟大的成就”①。

人文主义是一种以人为本的理性思想。它关注人和人性，强调人的尊严、人的价值和人的才能的展示。中世纪神学家安瑟伦说：“轻视自己的人，在上帝那里就受到尊重。不顺从自己的人，便顺从了上帝”②。文艺复兴杰出代表但丁的回答却是：“人的高贵就其许许多多的成果而言，超过了天使的高贵”。人的伟大在莎士比亚的笔下得到了最充分的颂扬：“人是多么了不起的一件作品！理智是多么高贵！力量是多么无穷！行动多么像天使！洞察多么像天神！宇宙的精华！万物的灵长！”

人文主义标榜理性以取代神启，歌颂世俗而蔑视天堂。人文主义者提倡个性自由，肯定人是现世生活的创造者和享受者。他们要求把人从神学的束缚中解放出来，要求文学艺术表现人的思想感情，要求科学为人谋福利，要求教育发展人的个性。他们就是要用鲜活的人性来对抗中世纪的神性，要用快乐的人间生活来对抗虚无缥缈的天国，要用热情拥抱生活的乐观态度来对抗中世纪的那种罪感意识和厌世、弃世主义。

人文主义也推崇个人主义。作为一种政治和社会哲学的个人主义，它主张的并不是一般意义上的自私自利。这种个人主义以确保个性的发展和个人的权利为核心，高度重视个人自由和个人意志，强调个人的自我支配和不受外来约束，推崇“自我独立的美德”；还强调社会要为个人提供能够充分展示其才干和实现其抱负的环境。它实际上创立了一种能够和资本主义经济制度相适应的道德观念。文艺复兴以后，这种个人主义逐渐发展成为西方文明价值体系中的一个重要内容。亨廷顿将其视为西方社会“最重要的价值”，认为它是西方文明的精髓，在本质上决定了西方社会的特征。

① [瑞士]雅各布·布克哈特.意大利文艺复兴时期的文化[M].何新，译.北京：商务印书馆，2010：335.

② 见费尔巴哈：《基督教的本质》，第60页。

人文主义的另一个显著特点是世俗主义。在对待人生,对待生活的态度上,人文主义强调注重现世生活,而不是向往死后的天国。它赋予人世间的生活以一种健康积极的意义。世俗主义反对把人生看成痛苦的历程,认为人应该充分享受现世生活,并把追求人间的幸福视为人之天性,主张理直气壮地去满足人生的快乐。在世俗主义思想的影响下,中世纪流行的禁欲主义遭到抨击和遗弃。人文主义作家把古罗马戏剧家泰伦斯的一句台词作为一个口号大加宣扬,不无挑战地声称:“我自己是凡人,我要求凡人的幸福”。

资本主义的萌芽、财富的积累和充满活力的城市生活,刺激了人们对现世享乐的追求,人的价值观、财富观也开始产生变化。人们从实际生活中认识到:只有拥有丰厚的物质财富,才能给人带来优越的生活和社会尊严。为了能够过上幸福的生活,人们不再把发财与信仰割裂、对立起来。致富光荣,祈祷自己快快发财,成了文艺复兴时期许多人的共同愿望。

当然,个人主义和世俗主义的负面影响也是明显的。布克哈特在《意大利文艺复兴时期的文化》里描写了很多意大利人道德堕落的状况:投毒、仇杀,父子反目,兄弟成仇,夫妻暗害,……“为了自己的个性、声誉和情欲,佛罗伦萨人简直不择手段,完全将中世纪的宗教戒律,道德规范抛在一边”。也可以说,文艺复兴这朵奇葩是生长在恶臭的道德土壤之中,就好像是鲜花盛开在牛粪上一样。

文艺复兴的文化成就。

文艺复兴是一场百花齐放、光彩夺目的思想文化运动。它涉及思想、文学、艺术、自然科学等众多学科,并取得了丰硕与辉煌的成就。文艺复兴展示了初登舞台的资产阶级的热情和首创精神,也体现出“二希”融汇的文化特征。

彼得拉克(1304—1374)是人文主义的鼻祖,被誉为“第一个近代人”。他和但丁、薄伽丘一起,被称为意大利文艺复兴的“文坛三杰”。彼得拉克最早发出了复兴古典文化的号召,提出要以“人学”反对“神学”。他的名言“我同时爱她的灵魂和肉体”,在当时来说是石破天惊之语。这标示着人文主义者对新的文化价值观念的选择，标示着他们对“人”的现代性理解。彼得拉克在现实生活中也不拘泥于基督教的禁欲、谦和等准则，而确实倾心于“凡人的幸福”。他渴望荣誉，出入于贵族、国王的宫廷，后又成为教皇宠信，过着快乐的凡人生活；并为之奔波；他曾在罗马元老院贵族议员的簇拥下接受“桂冠诗人”的称号，因家乡保护了他的旧居而激动不已。这位文化上“但丁的后继者”，在个人的情感经历上也有与但丁相似之处。他 23 岁时邂逅劳拉便一见钟情，并终身保留着对她的倾慕。这种发自灵魂深处的爱，成了他诗歌创作的动力和源泉，最终凝聚成了他的代表作——十四行抒情诗集《歌集》。

薄伽丘(1313—1375)是欧洲现实主义小说的先驱。1348 年，一场瘟疫夺去了佛罗伦萨 10 多万人的生命，整个欧洲死亡人数竟高达 1000 多万。薄伽丘以这场瘟疫为背景，写下了著名的《十日谈》。小说讲述 7 女 3 男 10 位年轻人，到佛罗伦斯郊外的别墅躲避瘟疫，为消磨时间，他们决定每人每天讲一个故事，最后总共讲了 100 个故事。这 100 个故事，构成了一幅反映当时市民阶层和社会生活的画卷。

《十日谈》旗帜鲜明地张扬爱情。在薄伽丘看来，男女之爱是天然合理的，它是上帝的造化，而不是什么“罪恶”的东西。《十日谈》中说：“谁要是想阻挡人类天性，那可得好好儿拿点本领出来呢，如果你非要跟它作对不可，那只怕不但枉费心机，到头来还要弄得头破血流”。“绿鹅”的故事就是有力的说明：一个青年男子，自出生到 18 岁都被关在家里，从未见过女人。他第一次上街遇见一群漂亮的姑娘，就被吸引住了。他问父亲，“这些是个什么东西”。父亲生怕儿子为女性迷惑而走向邪恶，急忙说，“快低下头，眼睛盯着地面，别去看她们，它们是祸水，它们的名字叫‘绿鹅’”。没想到转了一大圈，到最后儿子却说，“亲爱的爸爸，让我带一只绿鹅回去吧！”父亲这才恍然大悟，原来自然的力量要比宗教戒律有力得多，没有任何力量可以抗拒。两性之间的吸引、相爱纯属本能，是“天律”，硬要视其为邪恶，人为地去严加限制，就是悖逆天律，自然是行不通的。

《十日谈》中有许多关于教会藏污纳垢、荒淫堕落的故事。在这些描写中，作者着力抨击的是教士、修女们言行不一的伪善，以及导致这种伪善的宗教教义。例如“第九天故事第二”中，写女修道院长抓住一个犯了奸情的修女，正要严办她，不料那修女指出院长头上戴的不是头巾，而是一条男人的内裤。女院长这才发现自己匆忙中把情夫的内裤当作头巾戴上了。从此，院长也只好为修女们大开了方便之门。作者强调，禁欲主义本身才是导致教会腐败的根由，僧侣的“堕落”不是由于他们的本性，而是由于悖逆人性的教规。薄伽丘宣称，男欢女爱发于自然天性，是人间生活的幸福之源；这不是什么必须抑制的邪恶，而是互施快乐之途。我国清代著名诗人袁枚的《说好色》讲：“惜玉怜香而不动心者，圣也；惜玉怜香而心动者，人也；不知玉不知香者，禽兽也。人非圣人，安有见色而不动心者？其所以知惜玉而怜香者，人之异于禽兽也。世之讲理学者，动以好色为戒，则讲理学者岂即能为圣人耶？伪饰而作欺人语，殆自媲于禽兽耳”[①]。看来，古今中外，同为一理。

《十日谈》阐述了舒展的人性与人的幸福快乐之间的关系，让人们看到了幸福在人间，幸福在自身，而不在天国，不在上帝身上。它找回了失落于基督教文化世界中的“人”，这是有重大文化价值和历史意义的。

法国文艺复兴时期最重要的文学家和人文主义者是拉伯雷（约1494—1553）。他用20年时间创作的《巨人传》是一部现实与幻想交织的现实主义作品，在欧洲文学史和教育史上占有重要地位。

西班牙文艺复兴时期最伟大的文学家是塞万提斯（1547—1616），他创作了大量的诗歌、戏剧和小说，其中以长篇小说《唐·吉诃德》最著名。《唐·吉诃德》无情批判了十六十七世纪的西班牙社会现实，塑造了一位明知不可为而为之，为理想而奋不顾身的斗士形象，对欧洲文学的发展产生了重大影响。

---

① 陈建群.袁枚散文选[M].昆明:晨光出版社,2006:179.

西班牙的戏剧在这一时期也得到较大的发展。维加(1562—1634)的《羊泉村》被视为西班牙民族戏剧的代表,对后来欧洲的戏剧,特别是文艺复兴时期英国的戏剧产生了重要影响。

乔叟(约 1340—1400)的出现标志着英国文学传统的开端。他的代表作《坎特伯雷故事集》是英国的文学经典。莎士比亚的创作则代表了欧洲文艺复兴文学的最高成就。

文艺复兴运动在思想和文学方面取得了伟大的成就,但其最直观、最形象、最持久的成就,无疑是在艺术领域。意大利的达·芬奇、米开朗基罗和拉斐尔,被称为文艺复兴的"艺术三杰"。

文艺复兴时期的绘画和雕塑虽然仍多以宗教内容为主题,但已经灌注了人的情感。艺术家用从现实生活中汲取的生动素材,来取代中世纪宗教绘画中的概念化形象,表现的往往是世俗生活的场景,是对现实生活的认识、理解和评价,其实是将神拉到了地上。

早在公元 1300 年,欧洲绘画由于乔托的出现已经发生了实质性的变化。乔托(约 1267—1337)被誉为"欧洲绘画之父"。他在艺术上开创的人文主义思想内容和写实主义表现手法,为宗教故事和宗教人物注入了现实感和人情味。

文艺复兴最伟大的"巨人"是达·芬奇(1452—1519),这位天才的艺术家不仅是画家,也是雕塑家、科学家、发明家、建筑师和工程师。

达·芬奇认为,人在大千世界中是最完美的创造物。他对人和人性的研究与理解,在《最后的晚餐》等作品中得到了充分的表现。《最后的晚餐》直接画在米兰一座修道院餐厅的墙上。沿着餐桌坐着耶稣的 12 个门徒,形成四组。耶稣坐在餐桌的中央,他以一种悲悯的姿态摊开双手,示意门徒中有人出卖了他。门徒们的惊恐、愤怒、怀疑、表白等神态,以及人物的手势、眼神和行为都被刻画得惟妙惟肖。

达·芬奇最为人们称道的作品是《蒙娜丽莎》。这是一幅以真人为对象的肖像画,艺术家用了三年的时间才基本完成,直到临终前仍在修改。作品直接描绘了一位世俗商人的妻子。达·芬奇把刻画人物性格和表现人物的内心世界放在突出位置,成功地展示了一位少妇神秘的内心世界，令人产生无穷的遐想。弗洛伊德在论及著名的“蒙娜丽莎的微笑”时指出：“蒙娜丽莎的微笑”是人间的微笑，世俗的微笑，作品的“冲突在于节制与诱惑之间，在于最诚挚的温情与最无情的贪婪的情欲之间”[①]，其艺术魅力可以说万世而不衰。

米开朗基罗(1475—1564)同样既是绘画大师，又是雕刻家、建筑师和诗人。他的天顶画《创世记》场面宏大，人物震撼人心。这幅组画分布在西斯廷教堂长方形大厅的整个屋顶，长 36.54 米，宽 13.14 米，人物多达 300 多个。《创造亚当》是整个组画中最动人心弦的一幕：上帝将手指伸向亚当，准备将灵魂传递给亚当。在这一戏剧性的瞬间，艺术家将人与上帝并列起来，表现了“人的觉醒”以及对获得智慧和力量的渴望。上帝在天使的簇拥下从天而降，饱含力量的手伸向前方，在手指即将与亚当相接的瞬间，仿佛电火就要迸发，人将因此获得解放；亚当身体壮硕却目光纯真一如婴儿，他不仅殷切地期盼着创造者的力量，还将期盼的眼神投向夏娃；夏娃依傍在上帝身后，那妩媚的双眼也正在偷偷地注视着地上的亚当。体魄丰满、背景简约的形式处理，动静相对、神人相顾的两组造型，一与多、灵与肉的视觉照应，艺术家在一个静止的画面上，同时描绘出两个不同层面的情节，完整地再现了上帝造人的全部意义。

米开朗基罗的另一杰作是西斯廷教堂的祭坛大壁画《最后的审判》。西斯廷天顶画完工 24 年之后，年逾花甲的老艺术家又用了近 6 年的时间，在将近 200 平方米的大墙上，完成了这幅同样恢弘壮观的惊世之作。

《最后的审判》是圣经的传统题材。基督教说，耶稣将在世界末日审判凡人灵魂，此时，世间大小幽灵都聚集到耶稣面前，听从他宣示生命之册。这幅壁画的中心主题是：人注定要不断背离上帝，罪孽深重，但终将得到拯救。画面采用了水平与垂直交叉的复杂结构。画中人

---

① [奥地利]西格蒙德·弗洛伊德.弗洛伊德论美文选[M].张唤民，陈伟奇，译.北京：知识出版社，1987：79.

物在水平面上组成群体，随着位置的升高，人群愈加密集。与横向形成对比的是左侧升入天堂和右侧堕入地狱的竖向运动，一种周而复始的运动将上升与堕落联结在一起，而左右着整体运动的中心人物是审判者基督，好像他的一个手势就能使无数裸体变成末日的旋风，画面似乎让人们真的听到了天庭的宣判声。《最后的审判》被誉为“人体百科全书”。艺术家以超人的勇气，把四百多个人物全部采用裸体形象来表现，让他们赤条条来，赤条条去，赤条条地面对上帝。作品于1541年圣诞节前“开光”，整个罗马城为之沸腾。

米开朗基罗是文艺复兴时期最伟大的雕塑家。他的雕塑题材均来自《圣经》，但突出体现了人文主义和理想主义的精神。

他早期的作品《大卫》被认为是西方美术史上最典范的男性人体雕像之一。雕像用整块的石料雕刻而成，艺术家有意放大了大卫的头部和两个胳膊，使之在人们的视角中显得更加挺拔伟岸。在米开朗基罗之前，已经有多那太罗（约1386—1466）的同名的青铜雕塑。多那太罗的《大卫》是一尊极具个性特征的作品，身材纤细的大卫给人的印象与其说是英雄气概，不如说是美和愉悦。与多那太罗的作品不同，米开朗基罗的雕塑表现的是人物激情迸发之前的瞬间，“静中有动”而更具感染力。米开朗基罗没有沿用大卫取胜后将敌人头颅踩在脚下的场景，而是选择了大卫迎接战斗时的状态。在战斗之前，一切都还是未知。大卫英姿飒爽、充满自信地站立着，左手抓住投石带，右手下垂，头转向左侧，炯炯有神的双眼凝视远方，仿佛正在向地平线的尽头搜索着敌人；在那一刻，生命汹涌激荡，又是如此静定，身体中积蓄的力量似乎随时可以爆发出来。米开朗基罗似乎以他的《大卫》改写了整个生命的意义：结果转向了过程，肤浅张扬的凯旋转向了开始之前的青春活力和尊严自信。

米开朗基罗早期的另一著名雕塑《哀悼基督》是为圣彼得大教堂所作。雕像中，死去的基督脸上没有任何痛苦，他横躺在圣母玛丽亚的两膝之间，右手下垂，头向后仰，身体如体操运动员一般细长，腰部弯曲，表现出死亡的虚弱和无力。圣母被刻画成一个端庄美丽的少女，身着宽大的斗篷和长袍，右手托住基督的身体，左手略向后伸开，体现出对苦难的承担；她头向下俯视着儿子的身体，神态静默而复杂，不仅倾泻着无声的哀痛与祈祷，也洋溢着人类最深沉的母爱情感。米开朗基罗曾经说过，圣母玛丽亚是纯洁、崇高和神圣的象征，所以必能永葆青春。作品所体现出的青春、爱和不朽，正是人类对美的追求的最高理想。雕塑采用了稳重的金字塔式的构图，圣母宽大的衣袍既是坐姿的表现，也放大了坚韧宽厚的母爱；基督受难而裸露的身体与圣母衣褶的厚重感以及清秀的面孔形成了鲜明的对比。

《摩西》是米开朗基罗晚年的作品，被认为是“近代雕塑的最高成就”。雕像高 235 厘米，也存于罗马圣彼得大教堂。摩西是希伯来人的立法者，是介乎神人之间的超人。米开朗基罗用壮年来表现摩西，如傅雷先生所描述的：摩西的头威严地竖立着，奕奕有神的目光，曲着的右腿，宛如要举足站起的模样。牙齿咬紧着，像要吞噬什么东西。头上的角也是“力”的象征。眼睛又大又美，固定的直望着，射出火焰似的光。头发很短，如西斯廷天顶上的人物一样；胡须如浪花般直垂下来，长得要把手去支拂。臂与手像是老人的；血管突得很明显；但他的手，长长的，美丽的，和多那太罗的绝然异样。巨大的双膝似乎与身体其他各部不相调和，那是从埃及到巴勒斯坦奔波跋涉的膝与腿，它传达的是沉稳和坚毅。

拉斐尔(1483—1520)被称为“圣母画家”。他画的圣母充满了人性的光辉。《椅中圣母》是拉斐尔圣母形象的顶峰，这幅画比他以往的圣母子画像更富有生活气息。从圣母的头巾、绣织着民间图案的带穗披肩以及红色上衣、蓝色斗篷等装束来看，作品是画家深入观察现实的意大利民间妇女后的创作成果。为了展示玛丽亚的亲子之情，拉斐尔把圣母、圣婴与约翰三个人物处理在一个狭小的圆形框内，布局极其精心。玛利亚亲昵地抱紧儿子，低眉斜视画外，洋溢着一种女性的妩媚。形象的自然美与结构的造型美，把母子情爱传达得淋漓尽致。

《西斯廷圣母》以悠然、圣洁的抒情风格而闻名遐迩。拉斐尔在此之前创造的圣母中，更多地具有母亲和情人的气质，甚至会有一种肉感的意味。而《西斯廷圣母》是在更高的起点上，塑造了一位人类救主的形象：她决心牺牲自己的孩子，来拯救苦难深重的世界。画面像一个舞台，当帷幕拉开时，圣母脚踩祥云，从容而来。她面庞庄重、平和。下方两个小天使睁着大眼仰望圣母的降临，稚气童心跃然画上。

壁画《雅典学派》是拉斐尔的一幅鸿篇巨制。画家通过丰富的想象，把不同时代的学者放在同一幅画中：从苏格拉底、柏拉图、亚里士多德，到亚力山大、托勒密，甚至拉斐尔的同代人以及他本人，众多人物和谐地组合在一起，反映了文艺复兴人文主义者对古典文化大师的仰慕之情。透视的运用造成分明的空间感和层次感，让观者如临其境。

表现人体美是文艺复兴艺术的重要追求，裸体作品的盛行成了文艺复兴时代的一个突出现象。在中世纪，灵魂之爱乃上帝之爱，具有无可争议的崇高性；而肉体之爱则有悖于教义。文艺复兴时期的艺术体现了一种完全不同的文化观："显然我们不能说波提切利、拉斐尔等人对女人人体的描绘完全出于感官的愉悦，出于肉体感性的需要，但对人体之美的赞颂则是十分明显的。在他们看来，赞美肉体就是赞美生命，赞美上帝创世之奇功。在这里没有任何邪秽的不健康的东西，因为人体之美（哪怕是女性裸体）给人的不是邪念的满足，而是生命的充实"[①]。这种肉体之爱、这种"生命的充实"的观念，似乎与基督教教义相左，但是，当人们把人的肉体乃至性本身看成上帝的造化，看成上帝赐予人的美与快乐时，一种重新解说教义，因而似乎并不背叛上帝和宗教的、新的"人"的观念就产生了。正是因为有了对人体、对性、对爱情这样一种神性理论的依托，艺术家们才能够那么大胆而真诚地表露对人体与性的爱慕与渴望。这种新观念在有关维纳斯等神话人物的作品中表现得最为突出。

波提切利（1444—1510）是最早描写裸体人像的画家之一，柔美秀

① 启良．西方文化概论[M]．广州：花城出版社，2000：368.

逸的风格使他成为早期佛罗伦萨画派①的代表人物。他的《春》创作于1482年。画中一系列优美的女性仿佛为文艺复兴送来了一阵春风。他的《维纳斯的诞生》是欧洲艺术史上第一幅真正意义上的女性裸体画。作品描绘了美神诞生时的情景。维纳斯亭亭玉立在贝壳之上,从爱琴海飘然而来,左边有吹送的风神,右边是迎候的时辰女神。尽管波提切利的作品往往以希腊的神话为题材,但这些半裸,甚至全裸的女神形象,显示的是一种人间女性的魅力,弘扬的是人性的光彩。

如果说人文主义在佛罗伦萨和罗马画派中体现为争取人的尊严和解放,在威尼斯画派②中则更多体现为追求现世的幸福和欢乐。提香(1477—1576)是威尼斯画派最出色的代表。他的画绚丽多彩,因擅长金色色调而被称为"金色提香"。他的《乌尔比诺的维纳斯》创作于1538年。该画大胆地描绘了爱神维纳斯赤裸沉睡的情景。

享誉世界的欧洲古典音乐得益于中世纪的音乐成就,歌剧则是文艺复兴的产物。歌剧诞生于意大利的佛罗伦萨。雅高伯·佩里(1561——1633)第一个实现了将音乐与戏剧相结合的愿望,他的歌剧《达芙妮》于1597年在佛罗伦萨上演,并获得了极大成功。现存最早的一部歌剧也是佩里创作的,名为《奥菲欧》。作品取材于希腊神话。奥菲斯是文艺女神缪斯的儿子,他从阿波罗那里得到一张美妙的竖琴,每当他弹起琴来,不但能够打动飞禽走兽,就是山上的石头树木也会随之起舞。因为他和妻子欧律狄克的结合未得到婚姻女神的首肯,婚后不久,欧律狄克便被毒蛇咬死了。哀痛的奥菲斯来到冥间,他用

---

① 佛罗伦萨位于意大利中部的托斯卡纳地区,是一座具有悠久历史的文化名城,它既是意大利文艺复兴运动的发源地,也是欧洲文化的发源地。15世纪时,佛罗伦萨为巨商美第奇家族所统治,在其保护和资助下,佛罗伦萨聚集了众多文艺人才,创造了大量的建筑、雕塑和绘画作品。佛罗伦萨画派以人文主义思想为主导,用科学方法探索人体的造型规律,吸取古代希腊、罗马的雕刻手法应用在绘画上。早期代表有:乔托、马萨乔、安杰利科、波提切利等。盛期代表有:达·芬奇、米开朗基罗、拉斐尔等。15世纪中叶以后该画派呈衰退之势,取而代之的是以罗马为中心的罗马画派。

② 威尼斯画派是意大利文艺复兴晚期出现的画派,以乔尔乔内和提香为代表。他们的作品多异教题材和女性裸体,注重色彩的绚丽和造型的生动,人物有着丰润的肌肤和温暖的情味,更倾向于表现人的欢乐、激情和对美的追求。该画派对其后的巴洛克画家有很大的影响。

歌声和琴声感动了冥河的艄公卡戎，感动了三只头的地狱恶犬刻耳柏洛斯，甚至连复仇女神厄里涅厄斯也感动得流下了眼泪。冥后珀耳塞福涅更是被奥菲斯的音乐深深打动，她说服冥王破例同意奥菲斯将他的妻子带回阳世。但是，冥王提出了一个要求：欧律狄克必须跟在奥菲斯的身后，而奥菲斯在走出冥界之前不能回头顾看。奥菲斯喜出望外，在即将走出冥王地界的最后一刻，他忍不住回过头去，想看看妻子是否跟在身后。奥菲斯没能控制住自己，违背了约言，结果永远地失去了爱人。

声情并茂的歌剧及其音乐很快风靡整个欧洲，不仅吸引了王宫贵族，也为广大市民所痴迷。歌剧发展到后来，先后形成了威尼斯和那不勒斯两大乐派。威尼斯派突出体现了巴洛克风格，具有强烈的动感和华丽的色彩。器乐流行也要归功于威尼斯乐派，是他们率先尝试器乐合奏，“奏鸣曲”“交响曲”等音乐术语便是由他们开始使用的。那不勒斯派特别注重声乐技巧，他们使独唱艺术得到了充分的发展。

二、但丁与莎士比亚

但丁与莎士比亚是文艺复兴的两座高峰。恩格斯称但丁是“中世纪的最后一位诗人，同时又是新时代的最初一位诗人”；而马克思称莎士比亚为“人类最伟大的天才之一”。

但丁·阿里盖利(1265—1321)被视为西方文学史上与莎士比亚、歌德齐名的三大巨匠之一，他代表着中世纪文学的最高成就。

但丁出身于家道中落的贵族家庭，曾受到良好的教育。他的出生地佛罗伦萨是文艺复兴重要的大本营，个性主义、自由主义发展得较为充分。早熟的但丁 9 岁时就爱上了同龄女子贝阿特丽采。后来，贝阿特丽采嫁为人妇，早早就去世了。但丁把献给她的 30 首抒情诗联缀起来，成为他的处女作《新生》。《新生》质朴清丽，优美动人，是欧洲第一部真实剖露作者思想情感的自传性作品。1295 年起，但丁全力投入政治活动，并一度担任执政官。后来党争失败，但丁被判流放，终至客死他乡。

爱情的挫折，家庭生活的不幸，政治斗争的屡遭失败，特别是20年的流放生涯，使但丁对意大利的社会现实有了深切的了解，并逐步将自己的命运融合于对民族前途的深沉思考之中。这促使他重新审视人文主义和基督教文化，也重构着自己的文化人格，由此产生了不朽的巨著《神曲》。但丁自1307年开始写作《神曲》，历经14年之久，直到生命的最后一年方脱稿。

《神曲》的意大利文原意是《神圣的喜剧》。作品描述了诗人梦游地狱、炼狱和天堂的经历。作者基于基督教"三位一体"的观念，把全书结构为《地狱》《炼狱》和《天国》三部，每部又分为九个部分，即地狱九层、净界九级、天堂九重，每部33篇，加上序诗共100篇。作品通过中世纪幻游文学的形式，探索诗人自己和意大利民族，乃至整个人类的前途与命运，表达了人类精神救赎的深邃主题。

《神曲》写诗人在"人生的中途"，迷失于一座黑暗的森林，又受到三只恶兽的阻拦。三只恶兽分别是代表淫欲的豹、代表野心的狮子和代表贪婪的狼。诗人的人生迷误，也象征着意大利和人类的迷误。诗人以隐喻的方式告诉人们，野心、淫邪、贪欲与嫉妒四种丑恶的情欲，是人类走向光明的障碍，也是造成意大利和佛罗伦萨人欲横流、恶行遍地的原因。

就在诗人惊恐之际，古罗马大诗人维吉尔出现了，他受贝阿特丽采之托，前来引导但丁走出困境。他们先进入地狱，地狱是漏斗形的，上宽下窄一共九层，罪人根据生前罪孽的轻重，受到不同的刑罚。那些迫害人民的暴君、杀人劫财的歹徒、重利盘剥的高利贷者、买卖圣职的教士、贪污受贿的官吏、阿谀奉承的伪君子、诱人作恶的教唆犯、叛国卖主的无耻之徒等，都分别在各层遭受酷刑折磨。基督教所谓的末日审判以往只存在于教义之中，现实中从未有过具体的显现，而《神曲》则似乎让这种审判落到了实处。据说，"地狱篇"尚未完稿，就有部分章节流传于民间，并引起人们的争相传阅，其中也不乏某些心怀恐惧的恶徒在对号入座。随后，他们又来到炼狱。炼狱是四面环海的孤山，生前犯有骄、妒、怒、惰、贪、食、色等七宗罪过，但程度较轻，且已经悔悟的灵魂，分别在这里修炼洗过，他们改造自新之后就可以一层层升向光明和天堂。游历完炼狱后，维吉尔与但丁告别。已为天使的贝阿特丽采亲自带领但丁进入天堂。天堂分为九重，是行善者、立功德者、殉教者、基督和众天使等幸福灵魂的归宿。

作者以维吉尔代表理性，以贝阿特丽采象征理想和信仰。《神曲》通过但丁先后在维吉尔和贝阿特丽采带领下游历三界的经历，表明人类只能依信得救，同时，又强调了理性对人类进步的作用。

《神曲》从构架到基本精神，显然都体现着基督教的观念；但是，作品在置入了但丁自己的文化价值观之后，就成为一个与现实紧密相关的、蕴含着新的时代精神的新体系。

在《神曲》中，但丁痛斥教皇、主教、教士们沉湎于金钱的淫秽污臭，把罗马教廷变为“污血的沟，垃圾的堆”，“到处断绝上帝赐给人民的面包”，“使世界陷入悲惨的境地”。所以，但丁毫不含糊地把这些贪腐分子置于地狱第 4 层受惩。当时的教皇朋尼法斯八世明明还活着，就被但丁提前打入了地狱第 8 层，头朝下倒栽在深穴里接受火刑。

但丁对本属于“异教”的古典文化推崇备至。他奉荷马为“诗人之王”，称亚里士多德是“哲学家的大师”，维吉尔是“智慧的海洋”。但丁推崇理性和自由意志，强调自由意志是上帝给予人类“最伟大的赠品”。他赞颂历史上具有伟大理想和坚强意志的英雄豪杰，希望世人以他们为榜样，振奋精神，战胜艰险，去创造自己的未来。他通过奥德修斯强调：“你们生来不是为了走兽一样生活，而是为着追求美德和知识”。他热情讴歌奥德修斯在求知欲的推动之下，离开家庭，抛弃个人幸福，历尽千难万险，扬帆天涯海角的冒险事迹。他热情歌颂现世生活的意义，肯定爱情。在地狱中，但丁听到保罗和佛兰切丝卡这对恋人的悲情哭诉，极度痛苦，竟致晕倒在地。

如果说“天国审判”的审判者是上帝，那么，《神曲》中的“上帝”就是但丁自己，这个“上帝”在代表了基督教的爱与信仰的同时，又代表了人间的爱与正义，代表了文艺复兴人文主义的思想观念和理想追求。

威廉·莎士比亚(1564—1616)是文艺复兴人文主义文学的集大成者,被称为“时代的灵魂”。恩格斯说,文艺复兴是一个需要巨人而且产生了巨人的时代。在文艺复兴的文化巨人之中,莎士比亚是最伟大的一位。

莎士比亚生于英格兰斯特拉福镇。他只读过六年书,年轻时当过肉店学徒,也曾在乡村学校教过书。后来前往伦敦,由剧院的杂役,一步步成为演员、剧作家和剧院的股东。莎士比亚一生写有 37 部戏剧,154 首 14 行诗,两首长诗和其他作品。

作为文艺复兴最伟大的代表,莎士比亚认为人是上帝创造的“一件了不起的杰作”,有“高贵的理性”“伟大的力量”“优美的仪表”“高雅的举动”,像“一个天使”“一个天神”,是“宇宙的精华,万物的灵长”,他歌颂生活和爱情的美好,抨击社会的黑暗和不公,相信人类有美好的未来。同时,他和但丁一样,思想上也深深留有《圣经》的烙印,突出体现出了“二希”融汇的文化特征。

莎士比亚早期的创作被称为历史剧、喜剧时期。当时的英国正处于伊丽莎白女王统治的鼎盛时期,王权稳固,经济繁荣。莎士比亚对人文主义理想充满信心,作品洋溢着乐观明朗的色彩。他这一时期的历史剧有《亨利四世》等 9 部,基本主题是拥护王权,谴责封建暴君和歌颂开明君主。喜剧包括诗意盎然的《仲夏夜之梦》,扬善惩恶的《威尼斯商人》,反映市民风情的《温莎的风流娘儿们》,歌颂爱情、探讨人性的《无事生非》和《第十二夜》等 10 部,基本主题是爱情、婚姻和友谊,带有浓郁的抒情色彩。

与此同时,莎士比亚还写了《罗密欧与朱丽叶》等 3 部悲剧。《罗密欧与朱丽叶》是一出爱情悲剧,全剧却回响着浪漫的旋律。艺术家以诗化的笔触,使悲怆的死亡闪耀出了人性的灵光,罗密欧与朱丽叶的悲剧化解了两个家族的世仇,他们年轻生命的终结却预示了充满希望的明天。作品虽然有哀伤的一面,但基本精神是与喜剧一致的。

莎士比亚创作的第二阶段又称悲剧时期,是他思想和艺术走向成熟的时期。17 世纪初，伊丽莎白女王一世与詹姆士一世政权交替，英国社会矛盾激化，丑恶日增。在这一时期，莎士比亚的人文主义理想同社会现实发生激烈碰撞，他痛感理想难以实现，创作由早期对理想的歌颂，转向对社会黑暗的揭露和批判，写出了《哈姆雷特》《奥瑟罗》《李尔王》《麦克白》等“四大悲剧”以及《雅典的泰门》等著名的作品。

《奥瑟罗》中出身贵族的苔丝狄蒙娜不顾父亲和社会的反对，私自与摩尔人[①]奥瑟罗结婚，表现了反对种族偏见的勇气。导致他们悲剧的原因不仅是奥瑟罗的嫉妒，更在于以伊阿古为代表的邪恶势力的强大。奥瑟罗临死前的觉醒意味着人类理性的最终胜利。《李尔王》展现的是一个分崩离析的社会。李尔王因自负从一个封建君主变成了一无所有、无家可归的老人，他为自己的刚愎自用付出了生命的代价，也给国家和人民带来了巨大的灾难。《麦克白》写麦克白由于内在的野心和夫人的怂恿，弑王篡位。但恐惧和猜疑使他越来越冷酷，最后众叛亲离，身败名裂。在莎士比亚对人性中嫉妒、野心、自负等顽疾入骨三分的揭示背后，又无一不深刻反映着当时的社会现实。

1608 年以后，莎士比亚的创作进入了传奇剧时期。莎士比亚看到人文主义理想在现实的社会中无法实现，从写悲剧转为写传奇剧，从揭露批判现实转向写梦幻世界。他这一时期的作品往往通过神话式的幻想，借助超自然的力量来解决理想与现实之间的矛盾。作品没有前期的欢乐，也没有中期的阴郁，而是在浪漫情调中贯串了宽恕与和解的精神。

《暴风雨》最能代表这一时期的风格，被称为莎士比亚“用诗歌写的遗嘱”。作品写米兰公爵普罗斯彼罗被弟弟安东尼奥陷害，失去爵位后流落到海岛。后来，他用魔法教育了恶人，终使他们弃恶从善。全剧在公爵女儿米兰达与王子腓迪南的喜庆婚礼中结束。莎士比亚讴歌纯洁的爱情，谴责邪恶的个人野心，通过公爵兄弟最终和好的情

① 摩尔人：指中世纪时居住在伊比利亚半岛（今西班牙和葡萄牙）、西西里岛和西非等地的穆斯林或阿拉伯人。

节，表现了人性向善和道德改良的意愿。

说不尽的“哈姆雷特”。《哈姆雷特》是莎士比亚最负盛名的悲剧作品。别林斯基称莎士比亚为“戏剧诗人之王”，《哈姆雷特》则是他“灿烂王冠上面一颗最光辉的金刚钻”①。

《哈姆雷特》讲述了丹麦王子哈姆雷特为父报仇的故事。丹麦王驾崩，其弟克劳迪斯丧期未满即娶其兄嫂，继承王位；哈姆雷特通过与父王幽魂对话，获知叔父弑兄篡位的经过；他为证实真相装疯卖傻，还导演了一出老王被毒杀短剧，邀克劳迪斯与母亲观赏；克劳迪斯当场色变；哈姆雷特在母亲房间误杀了大臣波罗涅斯，波罗涅斯系哈姆雷特的爱人奥菲莉亚之父，受到刺激的奥菲莉亚后来投水自尽；克劳迪斯想方设法剪除哈姆雷特，但终未得逞；奥菲莉亚哥哥雷奥提斯受克劳迪斯挑唆与哈姆雷特决斗；克劳迪斯精心准备了涂有剧毒的剑和毒酒，不料，毒酒被王后误饮，雷奥提斯自己亦为毒剑所伤；雷奥提斯临死前悔悟，告知了王子真相；哈姆雷特挥剑杀死克劳迪斯，自己亦牺牲。

在莎士比亚的作品中，引发争论最多的是《哈姆雷特》，而在《哈姆雷特》这部作品中，争论最多的则是哈姆雷特这个人物形象。对哈姆雷特的评论远远超出文学的范畴，延伸到了社会学、心理学、人格学等诸多层面。

对哈姆雷特形象争论的焦点，是他的“忧郁”和“延宕”。有学者指出，如果哈姆雷特在第一幕就干掉了克劳迪斯的话——这对他本非难事，《哈姆雷特》一剧也就该闭幕了。

传统的观点把悲剧归结为哈姆雷特的性格原因，认为他是思想的巨人，行动的矮子。歌德在他的小说《维廉·麦斯特的学习时代》里，通过主人公维廉之口评价哈姆雷特：“一个美丽、纯洁、高贵而道德高尚的人，他没有坚强的经历使他成为一个英雄，却在一个重担下毁灭……他是怎样的徘徊、辗转、进退维谷，总是触景生情，总是回忆过去，

---

① 别林斯基(1811—1848)：俄国革命民主主义者、思想家、俄国文学批评与文学理论的奠基人。

最后几乎失去他面前的目标”[1]。不过，近代以来，人们普遍不再认为哈姆雷特是一个性格软弱的人。别林斯基说：“从天性上说，哈姆雷特是个强有力的人，他精力充沛，灵魂伟大，在软弱时也是强大而有力的，因为一个精神强大的人跌倒也比一个软弱的人奋起的时候高明”[2]。

哈姆雷特是一个在德国威登堡大学接受了人文主义理想的青年。如莎士比亚自己盛赞的，他是“朝臣的眼睛、学者的辩舌、军人的利剑、国家的骄子、时尚的明镜、人伦的雅范、举世瞩目的中心”。哈姆雷特勤于思考、具有深刻的洞察力。他原本深信“人类是一件多么了不起的杰作”，可是在现实之中，面对的却是“一个颠倒混乱的时代”：父死母嫁、叔叔弑君篡位，周围的老臣新贵趋炎附势，社会动荡不安。哈姆雷特在独白中慨叹：世界“只是一大堆污浊的瘴气的集合”，满眼都是“人世的鞭挞和讥讽，压迫着的凌辱，傲慢者的冷眼，被轻视的爱情的惨痛，法律的迁延，官吏的强暴，和微贱者费劲辛勤所换来的鄙视”。哈姆雷特正是对此痛心疾首，才陷于忧郁和深思中。理想和现实的冲突构成了哈姆雷特忧郁的内容，而忧郁的原因则在于理想的失落。

哈姆雷特急于复仇，完成父亲的幽灵交给自己的任务。但是，他没有简单地将此视为杀人偿命的个人复仇，而是从理性上赋予了“重整乾坤”、改造社会的内涵，将其视为历史的使命。而且，作为人文主义代表的哈姆雷特，他不仅追求的目标崇高伟大，追求的手段也同样要正义纯正。他不肯轻易以暴力、血腥、谋杀来达到自己的目的，他要选择更光明正大、更有社会意义的方式来解决问题。犹豫的另一个原因，是他也意识到自己个人的力量难以承当和完成这一时代的重任，但除了个人奋斗之外他又找不到更好的出路。对各种问题的深入思考使哈姆雷特顾虑重重，犹豫难决，也让他时时自醒和自警。其实，他也清醒地看到了“思想多于行动的危害”，始终在警惕“疑虑使我们全

① 中国社会科学院外国文学研究所外国文学研究资料丛刊编辑委员会．莎士比亚评论汇编（上）[M]．北京：中国社会科学出版社，1979：296.

② 同上，第436页。

变成懦夫”。

哈姆雷特具有“知其不可为而为之”的勇气和胆略。尽管他一再犹豫、延宕，贻误了战机，但确实又在一步步采取行动。他不仅有行动的决心，也有谨慎周密的计划：他以发疯来掩饰自己，借“戏中戏”来印证鬼魂的叙述，坐实了克劳迪斯的罪行。最终，哈姆雷特在身负重伤的情况下，毫不犹豫地举起了正义之剑，惩恶扬善，完成了复仇大任。

《哈姆雷特》具有古典悲剧的显著特点，表现了一个英雄人物在无法抗衡的强大环境中陷于失败。其实，与其说是哈姆雷特主动地承担了“重整乾坤”这一责任，不如说是这一任务别无选择地落在了哈姆雷特的身上。哈姆雷特所展示的，是一出高于社会一般道德水平的理想破灭的悲剧。哈姆雷特除去得不到理解的痛苦之外，还不断地用自我的剖析和内心的矛盾折磨自己；他由此体味了人性的全部弱点，仍然坚持不懈地寻找着功利人世所不屑思考的终极真理。因此，“生存还是毁灭”，对于他确实是个问题。

在那个新旧势力对比悬殊的时代，哈姆雷特坚持人文主义的理想和原则，就只能是悲剧的结局。或者，那本是一个思考的时代。面对中世纪以来人们已经麻木不仁的一切，先驱者开始质疑，开始拷问。哈姆雷特不可能扭转那个颠倒的乾坤，但他以自己生命的巨响，向时代发出了质询，他以自己的伟大灵魂直面人世无涯的苦难，用生命之火照亮黑暗的现实，巨人式地扛起了历史的重任。哈姆雷特的悲剧是崇高的悲剧，展现了一个时代新人玉石俱焚的壮举。

弗洛伊德心理分析学派运用“俄狄浦斯情结”解释文艺作品和其中人物的动机。他们认为，哈姆雷特在复仇行为中的迟疑、拖延的原因在于：每个男子的潜意识中都有恋母弑父的欲念，哈姆雷特一方面要报杀父之仇，另一方面又感到克劳迪斯的所作所为也存在于他的潜意识中，所以才内心矛盾痛苦，迟迟不能下手。就是被情势逼到最后，哈姆雷特也是在母亲死后才动手的。弗洛伊德认为，这些都可以从主人公严重压抑的“俄狄浦斯情结”中找到根源和解释。

弗洛伊德心理分析学之后，荣格又提出了集体无意识和神话原型的理论。由此而来的原型批评学派强调,《圣经》是“文学象征的渊源之一”,《圣经》中最核心的人物原型是作为人类替罪羊的基督[①]。弗雷泽在他的《金枝》中指出:文学中替罪羊这一原型的实际内涵,是将人类的一切罪恶都负载在一个人或神的身上,通过对他的毁灭而达到带走一切罪恶,净化世界的目的,由此迎来的是众生的获释和安泰。

英国当代莎士比亚学者威尔逊·奈特说:《圣经》中的许多原型都在莎士比亚的作品中得以体现。莎士比亚的作品几乎都像宗教仪式一样,“至于他的悲剧,则总是或隐或现地透露着耶稣基督受难神话的反光”,“在莎士比亚的悲剧世界里,基督的这一独一无二的牺牲行动占有中心地位。莎士比亚的作品自始至终贯穿着基督精神,他表达的是牺牲的积极意义。他笔下的英雄每个都是小型基督。莎士比亚的作品就是对这种牺牲仪式的诠释”[②]。莎士比亚的许多悲剧英雄都是作为牺牲者死在舞台上的。死者通常占据着舞台的中心位置,就像安放在祭坛上的牺牲一样。奈特说,哈姆雷特扮演的是王子——英雄的角色,为了把国家从灭顶之灾中解救出来,他不但要替父亲报仇,还要把自己当作高贵的替罪羊奉献出去。黑暗和鲜血的意象主宰全剧,男主角穿着黑色服装,这正是象征忧郁的原型色彩;而拖延乃是宗教程式的需要。他迟迟未杀克劳迪斯,是因为他知道一旦动手,自己也可能随之毁灭。但是,哈姆雷特最终还是以自己的牺牲,使社会获得了净化和新生。

哈姆雷特的形象表明,文艺复兴高扬人的旗帜,倡导个性解放,执着现实生活,同时,它也彰显着人的责任。上帝面对人的原罪明确表示,既然具有了智慧,就要承担与智慧相称的责任。所以,希腊英雄阿喀琉斯和特洛伊英雄赫克托耳,都是明知一死,却义无反顾;在《圣经》

① 替罪羊:《圣经》说,上帝为了考验亚伯拉罕的忠诚,叫他把独生子以撒杀了作燔祭。正当亚伯拉罕要杀他的儿子时,天使出现了,说:“现在我知道你是敬畏上帝的了,前面林子里有一只羊,你可用来‘祭献’上帝。”于是,亚伯拉罕便用羊代替了他的儿子。在《新约》中,上帝的“独子”耶稣用自己的鲜血来警示和洗刷人类的罪恶,他为救赎世人,最后被钉死在十字架上,教会称耶稣为赎罪羔羊。

② [英]威尔逊·奈特《莎士比亚与宗教仪式》,见《莎士比亚评论汇编》下册,第422、424页。

中，基督耶稣走上了十字架，他说“流我的血，赎众人的罪”；而东方佛陀释迦牟尼的态度，同样是“我不下地狱谁下地狱”。作为文艺复兴的巨人形象，哈姆雷特的选择也昭示着：责任承担，甚至牺牲乃是人生的题中应有之义。

三、宗教改革

16 世纪的宗教改革是在宗教外衣的掩护下，矛头指向天主教会思想独裁和封建专制的改革运动。宗教改革和由此产生的新教三大主流教派，对整个西方社会的转型和资本主义的发展起到了直接的、至关的重要作用。

新教三大主流教派分别是马丁·路德的路德宗，或者叫信义宗；加尔文的加尔文宗，或者叫归正宗；英国的安立甘宗，又叫圣公会。

宗教改革是在西欧经济与政治结构发生变化的背景下发生的。15 世纪后期，中世纪封建制度在城市化的冲击下趋于分崩离析，新兴的资产阶级开始登上历史舞台，民族意识觉醒，不少国家逐步确立了具有中央集权性质的王权统治。同时，长期在欧洲社会占据统治地位的教会自身也暴露出了许多问题，基督教所倡导的价值理念和教会人士的实践行为之间发生了严重的分裂。在文艺复兴中，一批人文主义者就对包括教皇、主教在内的教会腐败和虚伪，进行了尖锐的揭露和批判。

在马丁·路德之前，已经有人尝试着进行宗教改革了，比如德国的爱克哈特、英国的威克里夫、捷克的胡斯[①]等。他们主张：教会的核心是全体基督教信徒，而不是教皇，也不是罗马教廷；教会只是一个管

---

① 爱克哈特（约 1260—1327），德国神秘主义哲学家，神学家。主张人为万物之灵，人性是神性的闪光，人不仅能与万物合一，还能与上帝合一。被指为异端。约翰·威克里夫（1330—1384），主张以圣经为信仰生活的准则，建立摆脱教廷控制的民族教会，要求简化教会礼仪。被指为异端。扬·胡斯（1369—1415），宗教思想家、哲学家、改革家，曾任布拉格查理大学校长。1414 年康斯坦茨宗教会议判罚其有罪，于次年处以火刑。他的死直接导致了胡斯战争的爆发。

理者，不应该掌握权力；基督教最重要的是信仰，而不是那些外在的仪文、善功；最高的权威是《圣经》，而不是教会，所以每个人都可以通过自己的方式来领悟上帝的教导，来接受上帝的恩典，而不需要通过中介，不需要通过教会这样一个教阶制的复杂机构。但是这些改革最后都失败了。

路德宗。宗教改革兴起于16世纪的德国。马丁·路德(1483—1546)是欧洲宗教改革的倡导者，新教的创始人。路德的父亲是位矿工，也是非常虔诚的天主教徒。路德年轻时受过比较好的教育，大学毕业后进了奥古斯丁的修道会，后来又去威腾堡攻读了神学博士。

宗教改革所涉及的实际上是基督教的一个根本问题：有罪的人类怎样才能获得救赎？中世纪社会动荡不已，人们生活在水深火热之中，盼望着此生结束以后灵魂能够上天堂。教会长期以来强调的是：除了信仰之外，教会在人的救赎问题上起着决定性作用，唯有通过教会才能获得救赎。由此，导致了不以信仰，而仅以人的外在善功为救赎之本。中世纪大大小小的教会自称掌握着人们灵魂上天堂的钥匙，要求信徒用财产等等来赎罪，这就不可避免地造成了普遍的道德崩溃。

路德宗教改革的直接导火索是罗马教廷推行的赎罪券。教会发行赎罪券的依据，是说早年的那些圣徒和殉道者们，他们的善功除了拯救自己以外还有多余的，这多余的部分就保存在教会，教会就是一个善功圣库，教会就以这个所谓的善功圣库做“资产抵押”，大量发行赎罪券。1476年，教皇西克斯图斯宣布，为了使已故有罪的信徒在炼狱少受痛苦，生者可以通过购买赎罪券的方式为其赎罪。赎罪券明码实价，数额越高，赎罪功能越强。不仅可以赎掉自己的罪，还可以赎掉家里已经去世、正在地狱里遭受苦难的那些祖先们的罪。这实际上就把基督教的崇高信仰变成了一种金钱交易。人无需行善和遵守道德规范，只要有钱，便可以得到赦免。

1517年，教皇和美因兹的大主教狼狈为奸，以修缮圣彼得大教堂的名义在德国境内发行赎罪券。实际上是美因兹大主教借此圈钱，以偿还其为了获得大主教职位行贿所欠下的债务。在欧洲南部的拉丁民族眼里，当时的日耳曼民族贫穷、愚昧、闭塞、落后，始终还是蛮族。意大利罗马教廷只把德国作为他们的粮仓和钱库，需要了就想办法到德国来搜刮民脂民膏。当时，有一个巧舌如簧的修道士叫台彻尔，他在德国推销赎罪券时宣称：只要购买赎罪券的钱币落到钱箱里“叮当”一响，就意味着购买者的已故家人灵魂升到了天堂。

作为一位严肃的理性主义神学家，马丁·路德对赎罪券深恶痛绝。他认为这不仅是对人民的搜刮盘剥，更是对道德和信仰的玷污，从根本上败坏了基督教。路德把自己的思考和想法写了下来，题为《关于赎罪券效能的辩论》，即著名的九十五条论纲，论纲于1517年10月31日作为“小字报”贴在维滕贝格大学的教堂门上。论纲明确宣称：赎罪券对于赎清我们的罪没有任何意义，一个人不用买赎罪券，只要他有信心，照样可以罪得赦免。一石激起千层浪，“小字报”贴出后的短短两个礼拜里，马丁·路德这个名不见经传的小修道士，一下子就成为全德国家喻户晓的英雄。他的这一举动也被视为宗教改革运动的开端。

路德的主张关系到是否承认教皇在教会事务中具有至高无上的权力。在罗马教廷看来，攻击赎罪券就是挑战教皇的权力，而反对教皇就是反对整个教会。教廷召路德去受审，路德与教皇的代表在奥格斯堡进行了公开辩论。路德在德国有许多支持者和同情者，包括众多有地位的诸侯；他长期在维腾堡的大学里执教，对基督教的经典了如指掌，无论是理论还是道义上，他都占绝对上风，再加上出色的雄辩才能，辩论的结果自然是大获全胜。路德还进一步否认了教皇和宗教会议的权威，指出教皇并非上帝的代表，宗教会议的决议也有可能是错误的。这更触怒了该赎罪券的始作俑者教皇利奥十世，教皇颁布了一道题为《斥马丁·路德谕》的敕令，下令焚毁路德的著作，并令其到罗马作公开忏悔。路德没有因为教皇的恫吓而退缩。他当众焚烧了教皇定其有罪的敕令，并连续发表了《致德意志民族的基督教贵族书》《教会的巴比伦之囚》和《基督徒的自由》三个小册子，进一步阐明他的宗教改革思想和政治主张。这在德国思想界和民众中引起了强烈共鸣。

对路德恼羞成怒的利奥十世拿出当年对付罗马皇帝的那个杀手锏,悍然宣布开除路德的教籍。但是,时代不同了。由于路德改革思想已造成的影响和他在德国民众中的高支持率,被开除教籍的路德受到了德国诸侯的保护。黔驴技穷的教皇只好通过罗马帝国皇帝查理五世,命令马丁·路德到当时的帝国所在地沃尔姆斯为自己作证——此前一百年,宗教改革的先驱胡斯就是因为反对罗马教会,最后在沃尔姆斯被送上火刑架烧死了。但是,路德毅然前往。他上路以后,沿途的人民纷纷拿起刀叉农具与他同行,自发地形成了一支庞大的队伍,浩浩荡荡直奔沃尔姆斯。沃尔姆斯的人民也打开城门,走出几十里地欢迎路德。

1551 年 4 月 16 日,马丁·路德在沃尔姆斯帝国会议厅为自己作证,当地的居民以及随他前来的农民,把整个帝国会议厅团团围住,人们扒到窗户上、房顶上,不断高喊:路德要坚强,绝不妥协!马丁·路德引经据典,侃侃而谈。他表示:除非你们能够用《圣经》或者理性的证据来反驳我,否则我绝不收回我的观点。“我不能在教皇或教会之下委曲我的信仰……这就是我的立场,我只能站在这里!”——这是他抗辩结束时掷地有声的一句名言。

面对路德滔滔不绝的雄辩,罗马帝国皇帝以及教皇的代表都无可奈何,只好放他走。路德离开沃尔姆斯后,查理五世还是对他发出了终身通缉令。德国萨克森公国的选帝侯支持路德,他派私人卫队扮作蒙面大盗,在路上把路德“劫持”到了易北河畔的瓦特堡。路德后半生就一直在这里继续指导宗教改革运动,并成为德国宗教改革的精神领袖。

1525 年,路德倡导的改革教会首先在萨克森公国内建立起来。新教会取消了主教制度,简化了宗教仪式,强调信仰的唯一依据是《圣经》,主张俗权高于教权,还改变了不允许教士结婚的传统规定。

1529 年,在斯拜耶的一次宗教会议上,查理五世支持罗马教廷,压制德意志的宗教改革，支持路德观点的代表和罗马天主教的代表发生了冲突。最后，支持路德的代表们愤然退出了会议，这批人就被称为“抗议者”。后来，路德的新教也被称为“抗议宗”。

到1530年前后，德意志的许多诸侯领地都皈依了新教。1555年，无法压服反对派的查理五世终于选择与路德宗诸侯和解，签订了《奥格斯堡和约》。和约确定了“教随国定”的原则，诸侯有权决定其臣民的宗教信仰，新教的合法地位终于在德国得到了确认。同时，路德的宗教改革思想迅速波及西欧各国，改革运动全面展开。

路德宗教改革的中心思想是“因信称义”。路德受保罗和奥古斯丁预定论的影响，认为人的救赎完全依赖于上帝的恩典。《圣经》讲“义人必因信得生”，就是说一个“义人”、一个好人的核心标志是信仰的虔诚。路德强调，灵魂获救完全是信徒个人的事，只要心存信仰，只要坚信和热爱上帝，便可以获得救赎。其间无需教士的中介，也不必求助教皇和教会，不必求助圣礼仪式，更不必求助于以金钱换取的所谓“善功”。经此以后，德国人就可以仅凭着自己信仰，凭着已经由马丁·路德翻译为德文的《圣经》(之前只有拉丁文的《圣经》)，直接同上帝进行沟通，而不需要什么赎罪券，不需要罗马天主教庭，也不需要那些大大小小的神职人员，不需要任何一个中介来引渡他们灵魂。

马克思在评价路德宗教改革的意义的时候说：“他打破了对权威的信仰，是因为他树立了信仰的权威”，“他把僧侣变成了俗人，是因为他把俗人变成了僧侣”①。路德的“因信称义”强调，上帝并非不可企及，上帝就在每个人的心中。所以，路德庄严宣称，“我是一个人，这个头衔比一个君主还要高些”②；所以，信仰也使人人平等，每个人都可以与上帝直接对话。由此，灵魂的拯救完全成为个人的事情，这也开创了一种内在的精神解放和自由。

路德对罗马教廷的挑战，揭开了德国近代思想革命的序幕。无论

① 《马克思恩格斯选集》第1卷，第9页。

② 《费尔巴哈哲学著作选集》(下卷)，第773页。

是德国的启蒙主义者莱辛、席勒、歌德，还是近代的德国思想家康德、费希特、黑格尔、费尔巴哈等，他们都继承了新教的批判精神。

德国人的祖先是古代居住在中欧的日耳曼人。公元10世纪时日耳曼人建立了神圣罗马帝国。后又发生分裂，13世纪中期形成了封建割据。到1871年，普鲁士王国才统一德国各邦，建立了德意志帝国。德国文明起步虽然晚，但是，近代德国人在精神方面，尤其是在抽象思维方面所达到的水平是登峰造极的。这对于德国的后来居上起到了一个至关重要的作用。到了19世纪下半叶，他们一旦把关注的重点从精神领域转向实践领域而猛然发力的时候，就让整个世界感到了震惊。从19世纪70年代的普法战争，到20世纪的两次世界大战，都是德国人挑起的。他们曾给欧洲人民和世界人民造成了浩劫，但是，他们也很快就开始了一种真诚而彻底的反省，决心与自己的错误和罪孽一刀两断，在现代化的过程中表现出了一种卓越的文化秉性。今天的德国，无论在精神领域还是在物质领域都代表着欧洲大陆的最高水平。在一定意义上说，正是路德的宗教改革奠定或者塑造了德意志民族的性格。

加尔文宗。加尔文宗是宗教改革中涌现出的又一重要教派。约翰·加尔文(1509—1564)早年曾在巴黎大学、奥尔良大学等名校学习拉丁文、法律和文学，是巴黎人文主义团体中的核心人物。在1532年至1534年之间，年轻的加尔文思想上发生了“忽然的归正”，他放弃了对人文科学的兴趣，成为一名宗教改革家。加尔文宗因此也被称为“归正宗”。加尔文深受基督教人文主义影响，在研究神学的过程中为路德的新教思想所吸引，参加了巴黎的新教教会。在天主教势力占主导地位的法国，改信新教的加尔文因宣扬路德思想，被指为异端而受到迫害，不得不流亡瑞士。

加尔文在瑞士开始了他的宗教改革生涯。1536年，他发表了《基督教原理》一书，系统阐述了自己的宗教改革思想。该书以其系统性、严谨性和逻辑性而被誉为“新教的百科全书”，成为有关新教基本信条最具权威的神学著作。加尔文本人也被视为宗教改革运动的又一位旗手。

1541 年，加尔文受日内瓦宗教改革人士的邀请，直接领导了该地区的宗教改革，从而确立了以其名字命名的新教教派——加尔文宗。此后，加尔文除短期被迫离开外，一直在日内瓦领导宗教改革。

有“欧洲屋脊”之称的瑞士曾是凯尔特人的活动区域，15 世纪末由神圣罗马帝国治下获得独立。16 世纪的瑞士是一个以自治市为单位的地区，既不受国王的统治，也不受诸侯的主宰，城市公民可以自行选择自己的宗教。这使得宗教改革得以以一种独特的方式开展。在加尔文的领导下，日内瓦成了一个神权共和国。国家由选举出来的长老治理，人们的生活受到宗教道德伦理的严格规范。日内瓦也被视为“彻底的新教的灯塔”。

1555 年后，加尔文把主要精力放在向其他国家传播新教教义上，为新教的传播做出了巨大贡献。

加尔文神学思想的核心是“预定论”。根据加尔文的“预定论”，一个人能否得救是上帝预先决定的；但是，尽管上帝预先决定了要被救赎的人，可每一个基督徒都应该通过自己在现世的表现，通过现世的奋斗和成功，来证明自己是被上帝选中给予救赎的人。加尔文并不认为由于人的行为无法改变上帝的决定，就可以对生活采取消极态度。相反，他认为好的基督徒应该把自己设想为上帝的选民（即上帝确定将予救赎的人），凭着对上帝的永恒信心，按《圣经》要求行事，在生活中有所成就，以彰显上帝的荣耀。这实际上是站在新兴资产阶级的立场，给予了“预定论”以符合资产阶级观念的解说。

加尔文不像路德那样把信仰与善功截然对立起来。他认为信仰是灵魂获救的内在确证，善功则是灵魂获救的外在确证。一个被上帝拣选的人，他的内心深处必定充满了对上帝的信仰，他在道德行为、宗教社会活动、家庭生活和日常工作等方面也必定表现出淳朴、友爱、勤奋、节俭等等的美德，必定会成就“善功”。

很显然，加尔文宗的教义与组织形式比路德教派更能适应资本主义发展的要求，因此也传播得更为广泛。法国、英国、荷兰等国都出现了大量的加尔文宗信徒。

安立甘宗与“清教”。英格兰在中世纪也从属于罗马天主教会，英国的首相一直就由罗马教廷任命的坎特伯雷大主教兼任。马丁·路德宗教改革之初，英格兰和罗马天主教会的矛盾本不是太大。后来，由于教皇坚决反对亨利八世离婚另娶，双方关系破裂。1534 年，亨利八世授意英国国会通过《至尊法案》，宣布建立安立甘宗（圣公会），确立英格兰的国王以及他的继承者为英国教会的最高领袖。这就意味着英格兰的国王既是最高的世俗领袖，也是最高的宗教领袖。

亨利八世死后，继承王位的爱德华六世不到十岁就死了。再继位的长女玛丽从小在西班牙宫廷里长大，她一上台就开始在英国复辟天主教，因而得名“血腥的玛丽”。但是，此时的英国要想完全恢复天主教已经不可能了，她的倒行逆施遭到贵族、新兴的资产阶级和国会的一致反对。玛丽执政了五、六年又死了，王位落到伊丽莎白一世的头上。伊丽莎白极其精明能干，她对宗教问题采取了一种灵活和宽松的策略，为天主教和新教在英格兰的和平共处创造了条件。1571 年，英国国会通过的《三十九条信纲》被宣布为英国圣公会的官方教义，英国的国教——安立甘宗最终确立。至此，教会的民族化在英国彻底完成。

伊丽莎白一世执政了 40 多年。这 40 多年是英国的一个黄金时代。政治平稳发展，经济空前繁荣，当时的英国成为欧洲最强大的国家之一，还涌现出了一批伟大的思想家，如莎士比亚、培根等。

安立甘宗作为一种自上而下的改革，没有涉及基本教义或教仪，只是改变了教会的组织和权力结构，改革后的教会仍保留了大量天主教传统，包括教阶制度、重要教义和教仪等。到 16 世纪 60 年代，欧洲的加尔文宗已经如火如荼，英国也有越来越多的信徒为加尔文宗所吸引，他们要求清除安立甘宗中的天主教成分，以纯洁教会，从而兴起了英国历史上著名的“清教运动”。

“清教运动”接受加尔文教教义，要求摆脱王权对教会的控制，废除主教制和偶像崇拜，提倡勤俭节忍，反对奢华纵欲。因其要求在圣公会内未能实现，就脱离圣公会建立了独立的教会。清教徒(Puritan)意为清洁，所谓"清洁"是指道德和灵魂的清洁。他们主张勤奋工作，过勤俭纯洁的生活，保持一种带有禁欲主义色彩的、崇高的道德境界。16 世纪末 17 世纪初，曾有一些清教徒移居荷兰，后又有更多的人迁往了北美。

宗教改革还导致了一个意想不到的结果，它迫使罗马教廷也开展了一场自身的改革运动。天主教改革是为了反击新教而开展的，其目的是捍卫和确立天主教教义，清除教会内部的弊端和腐化堕落，重振教纲和天主教的影响。

宗教改革以后，北半个西欧纷纷易帜，大部分加入到新教的阵营。面对这个像"多米诺骨牌"一样从北向南的宗教改革浪潮，罗马天主教会不得不进行反省进而改革。天主教会 1562 年通过的《特兰托会议信纲》成为改革的指导思想。他们通过一系列措施，明确了教义，纯洁了教会，教士的行为得到约束和规范。天主教还组织了一些修会，比如 16 世纪的耶稣会。耶稣会是一个具有很强的信念，道德崇高，纪律严明的半军事化的组织。天主教在改革中大力拓展海外的传教活动，耶稣会就承担了"海外宣教"的重任。最早来到东方、来到中国的利玛窦[①]等人，都是耶稣的会士。

宗教改革和由此而来的新教伦理，对于西方的文化转型和政治、经济、文化格局的发展具有深远的影响。西方现代化过程中所发生的一系列重大变革，如民族国家的形成和发展，资本主义经济的萌芽和生长，宽容精神的出现与传播，以及最初发生的几场资产阶级政治革命等，都与宗教改革有着内在的联系。

宗教改革结束了罗马教廷对西欧各国至高无上的统治，确立了民主、平等的现代精神，导致了文化信仰、价值观念的大变换。与文艺复兴不同，宗教改革的主要成就并不表现在优美典雅的文学艺术中，而

---

① 利玛窦(1552—1610)，天主教耶稣会传教士、学者。明朝万历年间从意大利来到中国，是天主教在中国传教的最早开拓者之一，也是第一位阅读中国文学并对中国典籍进行钻研的西方学者。他的著述不仅对中西交流做出了重要贡献，对日本和朝鲜半岛也产生了重要影响。

是体现在实实在在的经济活动和现实生活中。它在思想上开创了一种自由精神，在政治上促进了民族国家的崛起，在经济上推动了资本主义的发展。由于宗教改革所导致的宗教分裂的现实格局，在客观上也为其后宽容精神的出现创造了条件。

宗教改革和新教伦理克服了罗马天主教在灵魂与肉体、天国与人间、理想与现实之间的二元对立，以及由这种对立所导致的信仰虚假和道德堕落。它把基督教的宗教理想与平凡的现实生活统一了起来，其实也是在新的层次上对基督教的复兴。路德教将神性与人性融为一体，使人类精神获得了自由；加尔文教将宗教理想与世俗生活融为一体，使日常工作具有了神圣性；安立甘教将“上帝”与“凯撒”融为一体，使国家利益成为至高无上；教产还俗还为欧洲资产阶级的形成和崛起奠定了物质基础。

当然，宗教改革尽管在客观上开启了西方现代化的潮流，但也有很多弊端。它用信仰压制一切，凡是与基督教信仰，与《圣经》的文字相违背的，就会被斥为异端。宗教改革的领袖们带有浓重的精英主义色彩。加尔文把人分为上帝选中的和注定要抛弃的，这本身就带有明显的等级观念。宗教改革产生了很多新兴的教派，每一派都认为只有我正确，只有我才握有真理。这也带来了教派之间的矛盾和隔阂，甚至导致教派之间的仇恨。事实上，由德国内战演变为席卷大半个欧洲的 30 年战争，就是由此而起的。

四、新教伦理

宗教改革运动产生了适应资本主义发展需要的三大新教。新教从教义和教仪等方面都进行了简化与革新，其影响不仅涉及政治、经济，而且涉及了文化、教育、语言、艺术、哲学和科学等方面，特别是其中所蕴含的伦理思想，更是在近代资本主义的发展中发挥了巨大的精神作用。

宗教改革导致了人们文化信仰、价值观念的大转换，使人们重新发现和认识了现实人生的价值，从中世纪的苦修禁欲和对虚幻来世的追求，转向了对现世生活的热情投入和勤奋劳作。人们看到，人生的意义不仅仅在于被动的责任，更在于主动的追求，每一个人都应该通过自己在现世的奋斗和成功来证明自己。价值观的变化为人生提供了信心和动力，有力地促进了资本原始积累和资本主义的长期发展，对此，韦伯在他的《新教伦理与资本主义精神》中做了深入的分析和论述。

马克斯·韦伯(1864—1920)是德国著名的社会学家、政治学家、经济学家、哲学家，是现代一位最具生命力和影响力的思想家。他在自己的《新教伦理与资本主义精神》《古典西方文明衰落的社会原因》《中国的宗教：儒教与道教》《印度的宗教：印度教与佛教的社会学》《古犹太教》等著作中，对人类历史上有代表性的文明形态一一进行了剖析和比较，对新教伦理与资本主义发展的关系做了深入的分析。

韦伯在《新教伦理与资本主义精神》中指出："在任何一个宗教成分混杂的国家，只要稍稍看一下其职业情况的统计数字，几乎没有什么例外地可以发现这样一种状况：工商界领导人、资本占有者、近代企业中的高级技术工人，尤其受过高等技术培训和商业培训的管理人员，绝大多数都是新教徒。资本主义愈加放手，这一状况亦愈加明显"[①]。韦伯把这一现象的原因，归结为新教伦理。这种状况不仅反映在个人的职业和财富分化上，也反映在国家的整体发展上。近年来，联合国发布的《全球幸福感报告》显示，排名较前的大多也是新教国家[②]。

伦理观关照的是人生的一些基本命题：人活着是为了什么？人应该怎么做人、怎么生活、怎么与人相处？应该怎么对待工作，怎么对待

① [德]马克斯·韦伯.新教伦理与资本主义精神[M].于晓，等，译.西安：陕西师范大学出版社，2006：3.

② 2015年4月，联合国专家团队根据国民调查结果对全球158个国家给出了评分，全球最幸福国家排行榜的前10名依次为：瑞士、冰岛、丹麦、挪威、加拿大、芬兰、荷兰、瑞典、新西兰、澳大利亚。

财富与享受，怎么对待社会责任等等。基督教伦理的表现形式，或者说切入点是拯救和救赎，这也构成了基督教的核心理念。宗教一词的拉丁文原意为“再结合”，意为人类始祖违背上帝告诫，铸成了原罪，上帝将其逐出伊甸园，但是仍然没有舍弃人，他派人子耶稣“道成肉身”，来拯救人类，使人回归，“再结合”于上帝。按照基督教的理念，所有人都生而有罪，人只有将罪孽赎清之后才能得到“救赎”。他们实际是以“赎罪”“得救”这样的宗教形式来宣示伦理主张，引导人们向善。

在整个基督教的发展过程中，所谓的“救赎之道”也经历了不断的变化。教徒们获得救赎的方式，起初往往表现为“殉道”，从耶稣到他的许多门徒，都是为了信仰，为了传播上帝的福音，自觉自愿地走上了十字架。随着基督教地位的变化，从非法的被压迫的组织，到合法化，再到被罗马确立为国教，“殉道”的时代过去了。在新的形势下，许多基督徒选择了“修道”的方式，他们远离舒适的生活，到穷乡僻壤、到修道院里苦修苦行，压制自己肉体的欲望，以期得到灵魂的升华。到了中世纪后期，随着教会的腐败，生发出了所谓的“赎买”，用现世的财富来换取灵魂的永生，这显然是与基督教的初衷南辕北辙。宗教改革开始以后，马丁路德强调“因信称义”，只要有坚定的信仰就能得救；加尔文则在讲“因信称义”的同时，还强调善功，即“因行称义”。新教对于“救赎之道”的最终确认包括了两个方面：一是“信”，要有虔诚的信仰；另一个是“行”，要求人们知行合一，做到守道敬业、自强不息、进取成功、克己奉献。

新教伦理主要体现为以下内容：

新的职业伦理。宗教改革带来了个人精神的解放和自由，随之而来的，是一种新的责任与义务观，即每个人必须自己对自己负责，必须靠自己的行动来体现人生的价值和意义，来证明自己，取得上帝的救赎。

以往的宗教把人生看成苦海无边，人与“原罪”相伴而生，人活着就只能是苦修和赎罪。与这种出世、厌世的观念相反，清教徒明确地肯定现实生活。他们认为“世界就是我们的修道院”，而尘世中的工作就是最好的修道方式。每个人做好自己的本职工作,就是在修行和敬拜,就是在尽一个信徒的本分。职业这个概念是清教时代才真正出现的,当时的职业一词是 calling。Calling 含有"召唤、神召"的意思,即上帝在召唤你、命令你。也就是说,职业是上帝给你安排的任务,是神圣的"天职"。完成这个任务,尽这个"天职",既是每个人天赋的职责和义务,也是感谢上帝恩召的行为。

加尔文认为,一个理性化的社会组织本身,和大自然一样也是上帝设置的,同样含有神意。韦伯说,"根据《圣经》的启示及人的自然直觉,我们所处的这个极有意义的组织结构以及整个宇宙的安排,无疑是上帝为了人类的便利而造的,这样,就使得为非人格化的社会利益服务的劳动显得也是为了增添上帝的荣耀,从而这种劳动也成为上帝的意愿了"①。不仅各种分工和职业的设置源于上帝,而且每个人职业岗位的安排也都是神意的体现。所以,身处这个社会组织不同岗位上的人,为完成份内的任务而努力工作,为这个组织的利益服务,既是在通过自己的辛劳付出彰显兄弟之爱,也是在"荣耀上帝"。

与路德仅仅把上帝局限于人的信仰不同,加尔文让上帝直接呈现于最平凡的实践活动——职业劳动和世俗生活中,从而使现实的经济活动获得了某种神圣性。在加尔文看来,人们做工务农,经商办企业,同担任教会职务一样神圣,均可视为受命于上帝。所以,无论富人还是穷人,无论上层还是下层,都必须履行上帝赋予的"天职"。

根据加尔文的"预定论",每个人都可以通过自己在现世的勤奋劳作与成功,来证明自己是上帝的"选民"。他们认为,人生的价值和意义,就在于遵循上帝旨意,通过现实生活中的奋斗与成功,来证明自己,来表达对上帝的爱。我国明代著名思想家王阳明(1472—1529)同样强调:劳动和做事本身就是修行,通过这种修行,每个人都可以成为圣人。在现实生活中那些清教徒们往往爱岗敬业,努力工作;崇尚工商业活动,诚实守信,勇于创新和创造;他们具有排除万难、获得成功

---

① 《新教伦理与资本主义精神》,第 55 页。

的勇气和信心；他们注重效率，视时间为无价之宝，认为浪费时间就是损失为上帝增光的机会，是一种最大的罪孽。

韦伯强调："一个人对天职负有责任乃是资产阶级文化的社会伦理中最具代表性的东西，而且在某种意义上说，它是资产阶级文化的根本基础"①。这种具有宗教情感的个人主义与文艺复兴中具有理性精神的人文主义结合在一起，成为早期资本主义发展最重要和最强大的精神动力。

新的财富观。物质财富作为一种文化存在物，与其他的文化现象一样，有其双向悖谬的特性。为满足自身生存与发展的需要，人应该，也必须不断创造并占有财富，这是合人的生命原则的一种善，因之，财富本身就成为人的存在价值的一种衡量标准。但是，由此激发起人的物欲并致其恶性膨胀之后，又会成一种破坏力或"恶"，于是，人们又会对物欲产生恐惧并转而采取贬抑态度，走向禁戒物欲乃至苦行主义。

《圣经》对于财富的态度也是有变化的。在《旧约》里，物质方面的成功曾被认为是上帝的赐福，物质财富也被认为是对德行的必然报偿。曾经富甲天下的亚伯拉罕就是典型的例子。但是，到了《新约》态度却有明显的变化。早期的基督教更多是一种面向穷人和弱者的宗教，它对物欲偏向一种贬抑的态度。耶稣在《山上宝训》中说："你们贫穷的人有福了，因为上帝的国是你们的；你们饥饿的人有福了，因为你们将得饱食"。耶稣还通过财主与乞丐拉撒路②一类的故事告诫信徒："没有人能一仆二主，不可能同时既作上帝的仆人，又作金钱的仆人"。耶稣在向上帝的祷告中只要求："给予我们今天属于我们的面包"。就是说，人拥有维持基本生存的物质财富就应该满足。耶稣看到，有强烈感性欲望的人是很难抵御来自物质财富的诱惑的，无论何种人，在获取财富和聚积财富的过程中，灵魂中的真理之光都有可能熄灭，善

① 《新教伦理与资本主义精神》，第16页。

② 《新约》记载，有一个财主，穿着紫袍和细麻布衣服，天天奢华宴乐；而讨饭的拉撒路浑身生疮，靠财主桌子上掉下来的零碎充饥，狗还来添他的疮。他们死后，财主在阴间的火焰里受苦，而拉撒路却在亚伯拉罕的怀抱里得到了安逸。

也都有可能被邪恶所取代；物欲还会导致整个社会的堕落和邪恶。所以，他特别强调，金钱和财富不应该以其自身为目的，而要把多余的财富用于帮助需要它的人，让财富变成体现上帝之爱的传播物。

新教认为，财富本身没有善恶之分，关键在于财富是如何获得和如何使用的。如果用不正当手段牟利，如果牟利只是为了个人的享受，财富便代表了一种罪恶；如果通过正当手段合理牟利，并用理性约束本能，节制消费，造福社会，财富就能够荣耀上帝，并作为灵魂获救的确征。所以，贫穷者未必像耶稣讲的那样都能得救，富人进天堂也未必就难于骆驼穿针眼。在他们看来，那些在现实生活中通过正当手段发财致富的人，恰恰都是上帝的“选民”。按上帝意旨努力去创造和使用财富，才是真正的大善，才是对上帝最大的荣耀和赞美。而“期待自己一贫如洗不啻是希望自己病入膏肓；它名为弘扬善行，实为贬损上帝的荣耀”[1]。

随着资本主义的萌芽和发展，世俗的资产者在需要上帝惩戒的同时，更需要上帝理解和接近他们，给他们那无尽的财富创造欲以更合乎人性的解释。这是宗教改革和新教伦理的人性依据和心理背景。路德和加尔文这两位伟大的宗教改革家，他们打破了神圣与世俗、天国理想与人间生活之间的对立，把虚幻遥远的彼岸理想建立在了世俗的此岸世界。尤其是加尔文，他对《圣经》的禁欲主义和财富观念作了重大修正，改变了耶稣对财富那种贬抑、漠视的态度，旗帜鲜明地倡导“为上帝而辛劳致富”。

在加尔文看来，不仅每个人职业岗位的安排有神意体现，而且，人的经营才能也是上帝的恩赐，一个人最终是否能够拥有财富更是上帝的安排。如果上帝赐予某个人以获得财富的机会，那么，上帝肯定有自己的道理。因此，虔信的基督徒应当服膺上帝对他的召唤，尽可能地抓住发财的机会。获取财富“倘若意味着人履行其职业责任，则它

---

① 《新教伦理与资本主义精神》，第93页。

不仅在道德上是正当的，而且也是应该的、必须的”①。致富光荣，成功光荣。事业的成功恰恰是一个人能够获得上帝救赎的可靠确证。财富的积累也并不是罪恶，而是蒙受神恩的标志。如一位名叫普勒斯顿的清教徒领袖在他的著作中所说：“若有人问如何能晓得神在他身上的旨意，我的答案很简单：只要看看神赐给他的产业便成”。

加尔文宗肯定人们的营利活动还有一个重要的理论依据。他认为，上帝才是世间所有财物的真正主人，而资产者不过是上帝财富的临时托管者。作为托管人的资产者，将财富保值增值是理所当然的天职。所以，人人须为上帝而辛劳致富，不可因肉体和罪孽而疏于职守。“要是上帝为你指明了一条路，沿循他，你可以合法地谋取更多的利益，而你却拒绝它并选择不那么容易获利的途径，那么你会背离从事职业的目的之一，也就是拒绝成为上帝的仆人”。这样一来，加尔文就把人皆有之的获取财富的心理欲求，从传统的禁欲主义中解放了出来，使获得财富的欲望冲动和实践行为不仅合法化，而且神圣化了。

新的生活观。新教伦理主张勤俭节约，限制一切纵欲奢靡行为，力求将财富尽可能地用在生产性投资和扩大再生产上。他们认为不是纵欲和贪婪积累了财富，而是克制和禁欲增长了社会财富。加尔文强调，作为上帝财富临时托管人的资产者，是无权挥霍属于上帝的财产的。他认为，劳动是一种最好的禁欲途经，它可以使人抵御各种肮脏卑污的恶行的诱惑；而节俭和克制则是保持人的崇高道德境界的最有效的手段。更为重要的是，勤奋劳动与躬行节俭都是获得上帝恩典和具备纯正信仰的象征和确证。

韦伯说，“现代资本主义精神，以及全部现代文化的一个根本要素，即以天职思想为基础的合理行为，产生于基督教禁欲主义”，这种禁欲主义既反对“豪门的放纵挥霍”和“暴发户的奢华炫耀”，也反对游手好闲和行乞懒惰；它鼓励勤劳节俭和发财致富，“对中产阶级有节制的白手起家者怀有最崇高的道德敬意”。他说，“宗教认为不停歇地、

① 同上。

有条理地从事一项世俗职业是获得禁欲精神的最高手段,同时也是再生和信仰纯真的最可靠、最明确的证据。这种宗教思想,必定是推动我们称之为资本主义精神的生活态度普遍发展的、可以想象的、最有力的杠杆"[①]。

新教伦理强调,企业家不仅要追求利润最大化,而且要有对社会的回馈意识,要匡扶社会公正,担当社会责任。一个人善与恶的关键,不在于是否拥有财富,而在于是否理智地使用财富。耶稣要求财富拥有者把它们给予他人,以免心灵被引上邪恶之路;加尔文则要求合理使用财富,用得其所。两者虽有差异,但不得放纵个人物欲、追求肉体享乐,用财富传播爱心、造福社会的基本原则是一致的。著名的美国清教徒布道家约翰·卫斯理有一句名言:"拼命地挣钱,拼命地省钱,拼命地捐钱"。这样一种"拼命精神"可以说正是清教徒精神一个生动而精辟的概括。

"新教伦理是现代经济人摇篮旁的守护者"。资本主义价值取向的软肋在于其终极观念的模糊——无休止地追逐利润在尘世的生活范围内似乎不具有合理性和崇高性。而新教伦理是立足此岸、面向彼岸的价值观,它对来世和灵魂归宿的关注,恰恰为资本主义精神提供了一个终极的价值意义,弥补了资本主义精神的先天缺陷。它在有关尘世活动的最关键问题上给资本主义精神以强大的伦理支持,把那些具有强烈功利主义动机的理性经济人,从传统伦理的"贪婪""冷酷"等道德指责中解脱了出来,使资本主义精神和经济活动获得了正当与正义性。正因如此,新教伦理才成为资本主义精神的强大盟友,并为资本主义的崛起提供了决定性的精神支持。

美国著名的洛克菲勒家族可以说是新教伦理的一个杰出代表。白手起家的老约翰·洛克菲勒把赚钱能力视为上帝赐给自己家族的一份礼物,他曾说:"如果把我剥得一文不名丢在沙漠的中央,只要一

---

① 《新教伦理与资本主义精神》,第174页、152页、164－165页。

行驼队经过——我就可以重建整个王朝”[1]。可在事业辉煌，富甲天下的同时，他又严守清教教规，不吸烟，不喝酒，甚至不看戏，不跳舞；他专注于慈善事业，创立的洛克菲勒基金会秉持“在全世界造福人类”的宗旨，向教育文化、医疗卫生等捐款总额高达5亿美元。已经绵延6代的洛克菲勒家族成为美国国家精神的象征，至今仍在续写着辉煌。

美国著名的思想家丹尼尔·贝尔（1919——2011）在他的《资本主义文化矛盾》一书中指出，资本主义精神包含着两个相互制约的方面，即“禁欲苦行”和“贪婪攫取”。前者作为“宗教冲动力”造就着资产者精打细算，克己创业的品格；后者作为“经济冲动力”铸造着资产者开疆拓土，征服自然的冒险精神，正是二者的结合，共同完成了资本主义的开发和创立。其实，丹尼尔讲的“禁欲苦行”与“贪婪攫取”乃西方文化的两个基本精神层面，前者植根于希伯来——基督教文化传统，后者植根于古希腊罗马文化传统；前者是理性型的，后者是原欲型的。而这两种文化精神，恰似两股内在的钢骨，撑起了西方文化和西方社会的摩天大厦[2]。

五、科学与理性主义的发展

文艺复兴的洗礼和宗教改革的冲击，为欧洲的社会变化和文明进步奠定了基础。17世纪的欧洲已经进入近现代的历史范畴，社会的变化和文明的进步主要表现在三个方面：科学领域的革命、思想上的自由探索和社会制度方面的实验。

宽容精神。在中世纪欧洲，随着教会专制地位的确立，信仰排他主义甚嚣尘上。11世纪的十字军东征，开创了历史上对不同信仰的人进行公开、大规模杀戮的恶劣先例。第一次十字军东征攻下耶路撒冷时，城内居民惨遭屠杀，城市被劫掠一空。第四次十字军东征攻下君士坦丁堡之后，整整烧杀劫掠了七天，使这座古城的文化宝藏和艺术

---

① ［美］洛克菲勒.洛克菲勒写给儿子的38封信［M］.徐杰，译.北京：金城出版社，2011：5.

② ［美］丹尼尔·贝尔.资本主义文化矛盾［M］.北京：三联书店，1989：29.

珍品遭到浩劫。历时 174 年的八次十字军东征，使 900 多万人倒在了血泊之中，更加深了基督教与伊斯兰教世界之间的仇恨。除了十字军的铁血征伐，还有异端审判庭的冲天烈焰。13 世纪，罗马天主教皇颁布谕令《论连根拔除》，就是说除了要有革除教籍、“绝罚”这类的精神之剑，还要把不信上帝者从肉体上消灭。据统计，仅西班牙一地的宗教裁判所，就有近 10 万人被指控为巫士或者女巫，活活烧死在十字架上。

宗教改革以后，新旧教派之间的矛盾日益加剧，冲突与战争持续不断。规模最大的是 1618 年至 1648 年的 30 年战争。这场肇始于德国新教和天主教冲突的战争，后来演变为一场全欧洲的战争。30 年中，战死的士兵达 100 多万，拥有 1800 万人口的德国，战后锐减到 400 万。30 年战争的积极结果，则是 1648 年《威斯特伐利亚和约》的签订。

《威斯特伐利亚和约》是近代第一个国际法和约。它划定了一条南北分界的宗教信仰线，确立了国际关系中的国家领土、主权与独立等原则，被认为是近代国际关系的开端。自此此后，在欧洲为宗教而战的情况就基本结束了。

《威斯特伐利亚和约》开创了一种新的精神——宽容精神，它意味着一个宗教专制时代，一个信仰排他主义时代的结束。

几十年甚至一百多年的宗教战争，大家打来打去总算打明白了：为了宗教信仰而打仗，是一件很不值得的事情。其实，大家可能都是好人，只不过对宗教的理解、对教义的理解不一样，没有必要非把对方当成恶魔、异端，没有必要非得坚持谁就一定对，谁就一定错，尤其是没有必要为此去流血牺牲，争个你死我活。你信你的天主教，我信我的新教，条条大路通罗马。著名的古罗马“帝王哲学家”奥勒留（121—180）早就说过：“我们抬头看到的同是这样的星空，我们同是这个行星的乘客，头顶同一片天空，人们选择不同的道路追寻终极真理，这又何妨？生命之谜如此难解，通向答案的道路不应该只有一条”①。

在这样的一种意识下，整个 17 世纪就逐渐产生了一种宽容的精

---

① [美]房龙．房龙文集・人的解放[M]．郭兵，等，译．北京：北京出版社，1999：68．

神。宗教因素在西方政治生活中的影响第一次被降到了次要地位。此后，不同信仰的人可以享受同等的宗教和政治权利，以异端为由的宗教迫害逐渐减少，宽容和宗教自由逐步成为西方信仰生活的主旋律。如伏尔泰所言："作为自由人，可以沿着他所喜欢的道路进入天堂"了。

正是由于宗教宽容的氛围，17 世纪的科学和民主才得以迅猛发展。我们的"五四运动"推崇西方的"德先生"和"赛先生"，大家认识到民主和科学是西方近几百年来能够超越我们的一个最重要原因。但是，科学和民主本身的生长也要有赖于一个温床，这个温床就是宽容。从宗教宽容到政治宽容，从政治宽容到思想宽容。没有宽容，既不可能有科学，也不可能有民主。科学发展的前提是质疑精神、探究精神，是对试错的容忍，是众说纷纭、百家争鸣；政治民主化更有赖于一种宽容的氛围，不同的政治态度、不同的政治派别，可以众声喧哗，可以公平竞争，可以轮流做庄，也可以同舟共济，这就是一种宽容。

其实，宽容精神乃是现代文明的基本前提。17 世纪的西方之所以能够成为一个云蒸霞蔚的时代，之所以能够成为一个人才辈出的时代，正是因为宽容成为这个时代最基本的旋律。所以，有人认为 17 世纪才是西方现代社会和中世纪的真正分水岭，是西方现代化的真正开端。

近代哲学的诞生。17 世纪在精神上主要的标志，一个是怀疑精神，一个是经验主义。创建于 1662 年的英国皇家学会在其宗旨中明确宣布：要"检验一切制度、学说、原理、假设、要素、历史和实验。对所有见解抱怀疑态度，小心地去判断它。除非经过详细的辩论与明确的见证，否则决不接受任何意见，更不去附和它。这些详细的辩论与明确的见证都是经过真正的实验归纳而来，这类实验所得出来的真理是颠扑不破的"①。

近代哲学的创始人是英国的培根（1561—1626）和法国哲学家笛

① [美]布林顿·克里斯多夫·吴尔夫. 西洋文化史(第 5 卷)[M]. 刘景辉，译. 台湾：台湾学生书局，1983：307 - 308.

卡尔(1596—1650)。培根开创了经验论哲学，笛卡尔开创了唯理论哲学，而这两个哲学潮流的开创者都是从怀疑开始的。他们从怀疑开始，通过怀疑，找到了不可怀疑东西。培根找到的是感觉经验；被黑格尔称为“现代哲学之父”的笛卡尔找到的是内在经验，即“我思故我在”。

马克思说培根是“英国唯物主义和整个现代实验科学的真正始祖”。培根的主要著作有《学术的进展》《新工具》《论科学的价值与增长》等。作为英国资产阶级和新贵族的代言人，培根积极提倡发展自然科学，提出了“知识就是力量”的口号，这是对神学权威的否定和对教会的沉重打击。他在继承古代唯物主义的基础上，总结当时自然科学的新成果，建立了自己的唯物主义世界观。他强调认识的来源是经验，主张把感性认识与理性认识结合起来，认为只有感觉经验与理性思维并重的人，才是“真正的哲学工作者”。培根认识到认识与实践之间的密切关系，提出认识是为着实践，认识来源于实践。他是第一个把人生理想由观照转到行动的人。

自然神论。17 世纪出现在英国的自然神论主要的不是一个宗教派别，而是一种思想氛围。自然神论者推崇理性原则，反对蒙昧主义和神秘主义，否定迷信和各种违反自然规律的“神迹”。他们认为上帝不过是“世界理性”或“有智慧的意志”；上帝作为世界的“始因”，它在创世之后就不再干预世界事务，而让世界按照它本身的规律存在和发展下去；他们主张用“理性宗教”或“自然宗教”代替“天启宗教”。

人们通常以为科学与宗教两者水火不容，其实，在一定意义上讲，基督教的自然观也是有助于科学的产生与发展的。根据基督教教义，上帝是万事万物的创造者，他创造了大自然，又照着自己的样子创造了人类，然后把这个世界交给人类去管理。所以，“自然不是令人畏惧和让人顶礼膜拜的神，而是让人类去珍惜、去研究、去管理的上帝的一件作品”①。自然神论强调：理性是上帝的本质，上帝根据理性的原则

---

① [荷兰]R. 霍伊卡. 宗教与现代科学的兴起[M]. 丘仲辉，等，译. 成都：四川人民出版社，1999：16.

创造了世界，整个世界充满了理性的精神；渗透于自然界中的理性精神具体地表现为自然界的规律；因此，了解和认识自然，就是了解和认识上帝的作品，就是了解和认识上帝。在这样一种理念之下，自然就助长了人探索自然的信心和勇气，由此，科学与信仰顺理成章地走到了一起。

“在基督教的支配下，人为了运用知识理解上帝创造的事物，为了接近上帝，产生了‘科学’，并以科学为背景创造了现代西方的科学文明。在以基督教为源头的现代西方科学文明中，人‘知道得越多，就越想知道’，由此促进了科学的发达”[①]。在当时，科学家和哲学家们都认为自己的活动是在证明造物主的伟大，在证明《圣经》的真理，在荣耀上帝。新兴的资产阶级更是毫不含糊地把科学、上帝和发财连在了一起。清教徒神学家科顿写道：“研究上帝所创造的一切的性质、进程和应用，这是上帝赋予所有人的责任；……理由一：在上帝创造的万物中见到上帝的庄严华贵……理由二：为了我们本身的利益……为了在我们知道每个事物的价值和应用后可以获得财产”[②]。著名的华人物理学家杨振宁先生也曾谈过自己的感受，他说研究物理学的人从牛顿的运动方程、麦克斯韦方程、爱因斯坦狭义与广义相对论方程、狄拉克方程、海森堡方程等等这些“造物者的诗篇”中，可以获得一种美感，一种庄严感，一种神圣感，一种初窥宇宙奥秘的畏惧感，他们可以从中感受到哥特式教堂想要体现的那种崇高美、灵魂美、宗教美、最终极的美。

按照自然神论的观点，我们只需要通过上帝的作品就可以了解上帝，自然就无须一定要去直接跟上帝打交道。自然界充满了和谐有序的规律性，就像一块钟表，这个钟表环环相扣，分秒不爽地运行着；钟表越精美，当然就越证明创造它的钟表匠的伟大——上帝就是这个最好的钟表匠。同样，当我们面对比这个钟表要和谐有序千百倍的大自然的时候，我们越了解大自然本身的那种精巧、有序、充满了目的性，

① 岸根，卓郎. 文明论 文明兴衰的法则[M]. 北京：北京大学出版社，1992：154.

② [荷兰]R. J. 弗伯斯. 科学技术史[M]. 刘珺珺，等，译. 北京：求实出版社，1985：204.

就越崇拜它的创造者上帝。牛顿说，科学与上帝伟大的创造相比，不过如一个孩子在大海边偶然捡到一片美丽贝壳而已，可是大海里又有多少美丽贝壳啊！正因如此，他才一再强调："我愿以自然哲学的研究来证明上帝，以便更好的事奉上帝"①。

但是另一方面，正因为世界充满了规律与必然性，上帝也就用不着再干预这个世界了。这个自然界越是能够按照上帝的设计，有条不紊地运行，越证明上帝就是最高明的"钟表匠"；反之，如果这个自然界老是出问题，老是需要神来插手干预，老是需要神迹显灵，那就说明上帝的创造本身有问题。自然神论通过这样的方式，表面上把上帝抬得很高，可实际上是把上帝给架空了，甚至是请出了自然之外。

从某种意义上说，在17世纪经典力学为基础的机械论世界观之下，牛顿实际上已经取代了上帝。根据牛顿的万有引力定律，人们可以预测并发现新的天体；根据运动三定律，从物体在某一给定时刻的运动状态，可以推知它们此前或此后任何时刻的运动状态。当时在英国流传这样一种说法：上帝是世界这个大家庭的主人，但是这位主人离开了，把这个家交给了他的管家，这个管家就是牛顿。牛顿是一个谦卑的管家，但他实际上成为这个家的主人。1727年3月31日牛顿逝世，被埋葬在著名的威斯敏斯特大教堂②，英国诗人波普（1688—1744）为他写了墓志铭。《创世纪》开头是"上帝说要有光，万物俱成光明"；波普改了一个字，声称"上帝说要有牛顿，万物俱成光明"。

荷兰著名的科学史家霍伊卡强调，经过16世纪宗教改革运动以后，把世界看作是上帝创造、以机械模式存在的《圣经》世界观，更加有

---

① 王福山.牛顿自然哲学著作选[M].上海：上海译文出版社，2001：5－6.

② 威斯敏斯特大教堂坐落在伦敦泰晤士河北岸，始建于公元960年。英国人称其为"荣誉的宝塔尖"。目睹了牛顿葬礼的伏尔泰曾感慨道："走进威斯敏斯特教堂，人们所瞻仰的不是君王们的陵寝，而是国家为感谢那些为国增光的最伟大人物的纪念碑"。达尔文、牛顿、霍金等众多伟人都葬在这里；教堂的"诗人之角"有莎士比亚、狄更斯等人的纪念碑。教堂里还葬有一位牺牲于一战的无名战士的遗骸，其碑文是："石头下安息的/是英国的战士/不知姓名，不知军阶/从法国迎回，与一国之菁英为伍……."。教堂西门廊檐上立着20世纪十大基督教殉道者的雕像，其中有中国苗族的基督教牧师王志明，他在文革中（1973年12月29日）因信仰被处死刑。

利于现代科学的兴起。反过来讲，近代机械论的科学和哲学也更符合《圣经》的观念，因为一个有机的世界由生育而来，包含着自我原因；而一个机械的世界则由制造而来，它是上帝理性设计的结果。

自然神论还强调，基督教归根结底是一种道德主义。耶稣最核心的意义在于道德导师，而不是死而复活、道成肉身等奇迹象征。做一个基督徒最主要的，就是要以基督为榜样，充满爱心，有宽容和博爱精神。

自然神论一是强调理性，二是强调道德。他们表面上仍然在信仰的旗帜之下，但实际上理性已经成为真正的主人了。一旦羽翼丰满，他们就会把外衣彻底抛弃，其结果就是18世纪法国启蒙运动理性对宗教的彻底否定。

在基督教的整个思想发展过程中，理性和信仰这对矛盾是一种动态的关系。最初是超理性、反理性的信仰；继而是信仰寻求依据，要用理性来论证信仰；再往后，理性就开始打着信仰的外衣，实际上已经一步步挖空了信仰的"墙角"；最后，理性彻底抛弃了信仰，成为信仰的对立面。当然，这个最后可能也不是最后，还会有更后的，理性和信仰也许会达成一种妥协。非理性的信仰，固然是愚昧；但是反信仰的理性，看来同样也是有问题的。

科学革命。17世纪是近代科学兴起的时代，自然科学成为知识界关注的焦点，并以其独特的方式为西方文明的进程注入了巨大的活力。

英国著名的哲学家怀特海(1861—1947)把17世纪称为"天才的世纪"。培根、笛卡尔、伽利略、牛顿等是真正具有新的时代精神的巨人。17世纪科学领域中所取得的成就琳琅满目，人类的视野在宏观和微观两个方面都得到了极大的拓展。伽利略利用透镜原理制造了望远镜观察天体，列文胡克则制造了显微镜去观察微生物；德国天文学家开普勒发现了行星运动的三大定律，荷兰物理学家惠更斯建立了光的波动说；英国人吉尔伯特证明了地球本身是一个大磁场，哈维则在被加尔文烧死的西班牙医生塞尔维特的启发下发现了人体的血液循环。在数学方面,苏格兰的耐普尔制定了对数,大大简化了乘、除法和求平方根的复杂过程,笛卡尔发明了解析几何,用坐标曲线图来表示代数方程式。不久以后,牛顿和莱布尼兹又各自独立地发明了微积分。这些数学上的重大发现为物理学和天文学的突破建立了基本前提。

科学革命先是从天文学开始的,这涉及人们对自然和宇宙的根本认识。波兰天文学家哥白尼(1473—1543)是第一个向神学挑战的近代科学家。哥白尼受古希腊天文学著作中关于太阳中心说的启示,又通过大量的天文观测积累了丰富的天文数据和材料,最终否定了长期以来占统治地位的托勒密地心说,提出了日心说,并把自己的研究成果写成了《天体运行论》一书。哥白尼日心说的提出及其著作的出版引起了天文学革命,也动摇了神学的统治基础。意大利天文学家布鲁诺(1548—1600)继承和发展了日心说,他的《论无限性、宇宙和诸世界》一书弥补了哥白尼学说中的某些不足,纠正了哥白尼关于太阳是宇宙固定不变中心的观点,提出宇宙是无限的,太阳系只是无限宇宙中的一个天体系统。布鲁诺的科学观点动摇了基督教神学体系赖以存在的基础,被宗教裁判所烧死在罗马鲜花广场。52岁的布鲁诺成为近代为科学殉身第一人,他听完宣判后轻蔑地说:“你们宣读判决时的恐惧心理,比我走向火堆还要大得多”。德国天文学家开普勒(1571—1630)发现的三大行星运动定律,则从数学理论的角度证明和完善了哥白尼的日心说理论。意大利物理学和天文学家伽利略(1564—1642)通过大量的天文观测证明了哥白尼学说的正确性,使多数科学家相信哥白尼的主要结论是正确的。伽利略还创立了实验与数学相结合的科学研究方法,为近代科学研究奠定了基础。伽利略认为,数学是自然世界的语言,自然界的发展背后存在着普遍规律,这些规律能够用数学方式来说明。他还是近代实验物理学的奠基者,在经典力学的创立方面做出了杰出贡献。

17世纪科学革命的顶峰人物自然是英国的艾萨克·牛顿(1643—1727)。他的《自然哲学的数学原理》被认为是欧洲近代科学史上最伟大的著作。书中提出了著名的万有引力定律和力学三大定律，对一切宏观物体的运动给出了精确的定量描述，从而奠定了经典物理学的基础。牛顿认为："绝对的，真正的数学时间自身在流逝着，它的本性是均匀。它的流逝同任何外界事物无关"。他还认为："绝对空间由于它的本性以及它同外界事物无关，它永远是同一的和不动的"[①]。在此基础上，牛顿又认为存在"绝对运动"。牛顿所提出的宇宙模型彻底推翻了托勒密的地心说理论，一劳永逸地完成了由哥白尼开创的天文学革命。他在光学方面的重大发现则奠定了现代光谱分析的基础。

17 世纪的科学发现推动了社会发展和人民生活的改善，其最大的贡献是使人类获得了一种全新的认识自然和世界的观念。牛顿不仅发现了众多的自然科学规律，还创立了以经典力学为基础的机械论世界观。人类由此认识到，自然界是由物质组成的，有其自身的规律；这些规律通过观察、实验、归纳、思考，可以为人类所认识和掌握。由此，一批学者以科学为武器，重新界定人在宇宙中的位置、人生的目的，以及对周围世界的认识，其结果直接导致了近代哲学的诞生。

社会制度的实验。意大利的马基雅维利（1469—1527）是近代政治科学的先驱人物。他的《君主论》主要论述为君之道，讲君主需要具备哪些条件和本领，应该如何夺取和巩固政权等，在西方政治思想史上具有划时代的意义。马基雅维利主张国家至上，将国家权力作为法的基础，宣扬"只要目的正确，可以不择手段"。他鼓吹的君主专制制度在路易十四当政期间的法国达到了登峰造极。不过，在法国走向专制主义的同时，欧洲其他国家却开始了不同政体的实验。其中以英国的"光荣革命"最为突出并最具代表性。

英国全称为大不列颠及北爱尔兰联合王国。自公元前 13 世纪开始，不列颠群岛就已经有了来自欧洲大陆的移民。公元 43 年后，不列颠成为罗马帝国的行省；公元 409 年罗马撤离后，盎格鲁—撒克逊人以及来自莱茵河下游的日耳曼部落大肆入侵；到 7 世纪初，入侵者先

---

① ［英］牛顿. 原理［M］//杜汇. 爱因斯坦. 北京：中国画报出版社，2009：44.

后建立起七个强国，史称“七国时代”。从公元 8 世纪末开始，英国的封建化过程加速；1066 年，法国诺曼底公爵威廉率军进入伦敦，加冕为英王威廉一世，史称“征服者威廉”。威廉建立起的强大王权对巩固封建秩序起了积极作用。

13 世纪，英格兰封建贵族为对抗国王的权力兴起了大宪章运动。此后，英国就形成了一个“王在法下”的传统。《大宪章》的签署可以说是议会制在英国确立的基础，它所确定的有限政府的原则和国王要接受法律约束的思想，为 17 世纪西方社会出现的议会制奠定了思想和法律基础。

1685 年，残酷迫害清教徒的詹姆斯二世，不顾国内外的普遍反对，公然违背以前制定的关于禁止天主教徒担任公职的“宣誓条例”，委任天主教徒到军队和政府部门担任重要职务，这引起英国国教会主教们的普遍反对。资产阶级和新贵族为防止天主教徒承袭王位，决定推翻詹姆斯二世的统治。他们邀请荷兰执政威廉来英国。信奉新教的威廉是詹姆斯二世的女婿、他接受邀请并发表宣言，正式要求恢复他的妻子，即詹姆斯二世前妻所生的长女玛丽的继承权。1688 年 11 月，威廉率领 1.5 万人在托尔湾登陆，詹姆斯二世逃亡法国，威廉兵不血刃进入伦敦。1689 年 1 月，在伦敦召开的议会全体会议宣布詹姆斯二世退位，由威廉和玛丽共同统治英国，史称威廉三世和玛丽二世。同时，议会向威廉提出了一个《权利宣言》。宣言谴责詹姆斯二世破坏法律的行为，强调以后国王未经议会同意不能停止任何法律效力；不经议会同意不能征收赋税；重申天主教徒不能担任国王；国王不能与天主教徒结婚等。威廉接受宣言中提出的要求。宣言经议会正式批准定为法律，即《权利法案》。《权利法案》的核心是“法律的权力高于国王的权力”。

英国这一未经流血的政体变更被称为“光荣革命”。英国由此开创了被后人视为楷模的新型的国家政权模式——议会制，在政治体制上一劳永逸地彻底废除了政治领域的个人绝对权力。“‘光荣革命’让‘多数统治’和‘人民赞同’的原则得到了确认和确立，从此，自由不再是一个抽象的字眼，它有了实实在在的内容——民主”[①]。

英国的社会变革有一种温和与渐进的特征，新型的社会制度与个人权益得以平稳诞生和成长。自1215年大宪章运动起，英国就逐步形成了按照契约展开政治活动的规则，以此建立起了文明社会中最重要的社会互信的基础。1688年光荣革命之后，这种规则更固化为一套政治制度，使得在宪政平台上展开经济和政治活动成为一种国家政治常态。其主要特点就是不诉诸革命手段，经过渐进的积累，经过协商乃至各方的妥协，寻找出大家都可接受甚或共赢的方案。工业革命以后，英国更进一步确立了由市场经济、宪政体制和节制文化相互支撑的现代体制，奠定了稳定、持续、长期发展的基础。

六、从巴洛克到古典主义

从17世纪一直延续到18世纪，文艺方面风靡欧洲的是巴洛克风格、古典主义及洛可可风格。巴洛克首先在文艺复兴的发源地意大利兴起，在法国得到了最充分的发展，并且又一枝两叶，衍生出了古典主义及洛可可风格，故有古典主义是“古典的巴洛克”，以及洛可可是“带有法国口音的巴洛克”之说。

巴洛克艺术。随着资产阶级的强盛，自然要求一种新的艺术风格来反映他们的生活和文化。所谓“开明专制”的统治和经济社会的繁荣，又使君主们竭力显示自己的伟大、权势和财富，并追求生活的享受。在这两方面因素的作用之下，一种新的风格——巴洛克开始风靡欧洲。

巴洛克一词源于葡萄牙文和西班牙文，意为“不圆的珍珠”“不合常规”。巴洛克艺术打破了内容与形式的平衡，摒弃尺度和规范，关注那些可以带来人们惊奇、赞叹的东西。它代表了一种对绚丽、豪华、运动和激情的热爱，反映了艺术由严肃到轻松的一种转换。巴洛克风格起初主要应用于建筑、雕塑和绘画等视觉艺术，后来影响到文学、音

① 徐新．西方文化史(第2版)[M]．北京：北京大学出版社，2007：247.

乐，甚至这一时期思想的发展。

巴洛克风格在法国得到了最充分的发展。法国在17世纪建立起了强大的中央集权君主专制国家，至路易十四时期更趋鼎盛。在文化艺术方面，法国也引领着那个时代的风尚。当年曾经风靡一时的巴洛克宫廷生活早已成为过去，其建筑却为人类留下了一批宝贵的文化遗产：一度成为巴洛克艺术中心的法国凡尔赛宫、英国的圣保罗大教堂，俄罗斯的普希金村，以及梵蒂冈的圣彼得大教堂等等。

被誉为"巴洛克艺术之父"的贝尔尼尼（1598—1680）无疑是17世纪最伟大的艺术家，他在建筑、雕塑等方面均有卓越的建树，是巴洛克艺术风格的开拓者和集大成者。他的大理石雕刻《大卫》表现的是正将石块投向敌人的瞬间动作。人物紧咬双唇，身体强烈扭曲，四肢肌肉紧张，极富动感。群雕《阿波罗和达芙妮》更是巴洛克艺术的经典。人物的奔跑追逐打破了古典雕刻静止稳定的传统，阿波罗和达芙妮之间的微妙关系和澎湃激情得到了准确地表达。人物稍纵即逝的面部表情，肌肤的质感，线条的优美，都已超越了米开朗基罗的传统。《圣泰瑞莎的恍惚》也是他最重要的雕塑之一。作品中心是半倚半坐在云端的西班牙修女圣泰瑞莎，她穿着宽大、遮挡住整个身躯的法衣，赤着脚。一个顽皮的小天使正向她射出爱情的魔箭，小天使的举动在修女的心中带来了世俗情感与宗教信念之间的大冲撞，由此造成了这位著名修女的一时"恍惚"。圣女的脑袋后仰，双目紧闭，微启的双唇仿佛流露出她日记中所说的"痛苦的甜蜜"。

贝尔尼尼的建筑作品与其雕塑作品一样不朽。巴洛克艺术因贝尔尼尼建造的许多喷水池、宫殿和教堂而变得丰富多彩。罗马那沃纳广场的《四河喷泉》是他最出色的作品之一：一块大空心岩石上竖立着一个古代埃及的方尖碑，岩石的四边是四个大理石雕像，奔涌而出的四股泉水象征着世界的四大江河，即欧洲的多瑙河、非洲的尼罗河、亚洲的恒河和美洲的拉布拉他河，代表着胜利的方尖碑和意味着激情的喷泉浑然一体，让人去体味生命的丰富与豪迈。圣彼得大教堂内的圣彼得宝座、青铜华盖，还有圣彼得广场那恢弘的美感，更是无不源于贝尔尼尼的天才创作。

卡拉瓦乔(1573—1610)是意大利早期巴洛克风格著名的画家。被视为巴洛克时代“写实主义”的杰出代表。卡拉瓦乔所表现的多是日常生活中的人和事物,最能反映和代表他创作思想和艺术风格的作品是《圣母升天》。画中是一间简朴的农舍,人们在哀悼一位死去的中年妇女,死者躺在破旧的板床上,连鞋袜也没有。圣母之死这个神圣的宗教题材,被画家处理成了百姓人家的一幕悲剧,找不到一丁点儿宗教气息。卡拉瓦乔还开创了欧洲艺术史上静物画的先河,他的《水果筐》是欧洲最早的静物画。

鲁本斯(1577—1640)也是巴洛克画派早期的代表人物。他被誉为欧洲画坛的“无冕之王”。鲁本斯出生于荷兰弗兰德尔。他精力充沛,才华出众。如果说贝尔尼尼以造型上的夸张见长的话,鲁本斯则以色彩的鲜艳大胆而著称。大型祭坛画《基督下十字架》确立了他作为当时欧洲最重要画家的地位。画面上没有夸张的动作,没有痛苦的哀号,具有强烈动感的对角线构图却使人感受到巨大的悲伤和哀痛。最能够代表鲁本斯艺术风格的是他根据战争和神话题材创作的绘画。在这些作品中,流动的线条,透明的色彩,以及宏大热烈的场面,使画作充满勃勃生机,洋溢着欢乐的气氛。《强劫留西帕斯的女儿》塑造了所谓“鲁本斯式”的丰腴而强健的裸女形象。作品的故事来自希腊神话。迈锡尼留西帕斯王有两个美丽动人的孪生女儿,被宙斯与勒达所生的双胞胎兄弟①相中,两兄弟策马前去抢亲。作品中奔腾的骏马、交织的人体,构成一幅激动人心的画面。丰腴的妇女和强壮的抢掠者都在剧烈的运动之中,昂首奋蹄的奔马更使整个画面神采飞扬。尽管表现的内容是劫持,但整个画面没有一点恐怖与残暴之感,两姐妹具有迷人的肉感,在惊诧中仿佛还透出某种意外的欣喜。那个躲在马后面的小爱神,暗示着“抢亲”本来就是神所成就的姻缘。

---

① 希腊神话讲宙斯对斯巴达王后勒达一见钟情,变成一只漂亮的天鹅亲近她,勒达怀孕后生的两只蛋孵出了两对龙凤胎:“宙斯蛋”孵出了海伦和波吕丢刻斯,“廷达瑞俄斯蛋”孵出了克吕泰涅斯特拉和卡斯托耳兄弟。

17世纪艺术特色鲜明的还有荷兰画派。荷兰是著名的低地之国，曾先后为罗马帝国和西班牙所统治。1609年，争取独立的尼德兰革命终获胜利，建立起了欧洲第一个资产阶级共和国。独立后的荷兰很快发展成被誉为“海上马车夫”的航海和贸易强国。荷兰画派感兴趣的是普通市民的日常生活和大自然的风光：自信的资产者、街头乞丐、江湖艺人、破旧茅舍、村中小道、珍禽野味、山花水果……这些过去不登大雅之堂的对象都被他们搬上了画布。荷兰画派中最能体现巴洛克风格的是伦勃朗(1606—1669)，《夜巡》是他最负盛名的绘画，表现了荷兰自卫队执行任务前整装待发、摩拳擦掌的自信与激情。

巴洛克音乐大师具有欧洲音乐原创者的尊崇。无论是巴赫，还是亨德尔，都可以视为音乐领域的达·芬奇或米开朗基罗。亨德尔(1685—1759)是巴洛克后期伟大的作曲家，创作了大量歌剧、清唱剧和器乐曲。他创作的清唱剧常取材于圣经故事，充满了英雄气概。代表作《哈利路亚》更是以其震撼的气势，洗练而悠长的旋律，以及教堂圣歌的庄重典雅，成为不朽的传世之作。

古典主义。自文艺复兴以后，欧洲对古希腊罗马文明的热情经久不衰，他们认为，古典文化对形式和理性的强调代表着人类最美好的理想。在整个17世纪，欧洲文学方面最主要的成就是古典主义。其间作家辈出，创作繁荣，尤其是戏剧取得了极高的成就。

法国古典主义戏剧家制订了严格的“三一律”，即一个剧本只能有一个情节线索、剧情只能发生在一个地点、时间不能超过二十四小时。按布瓦洛的说法：一部剧本“要用一地、一天内完成的一个故事，从开头直到末尾维持着舞台的充实”①。在古典主义悲剧作家中，最杰出的是高乃依和拉辛。

高乃依(1606—1684)是法国古典主义悲剧的创始人。他一生创作了30余部作品。他的《熙德》被认为是法国古典主义的奠基之作。故事发生在西班牙卡斯第王国的塞维尔城，主人公是贵族老臣杰葛之

① [法]布瓦洛.诗的艺术[M].任典，译.北京：人民文学出版社，1959：33.

子罗狄克，他爱上了高迈斯伯爵的女儿施曼娜。国王选杰葛做了王子的老师，高迈斯心生嫉妒，冲动中打了杰葛一个耳光。蒙受侮辱的杰葛要求儿子为自己雪耻。在两难选择中，罗狄克为了维护家庭荣誉不得不在决斗中杀死了爱人的父亲。同样的矛盾随之也摆在施曼娜面前：她出于亲情和义务不得不向国王控告自己的恋人，另一方面又越来越深地陷入对罗狄克的爱情之中。正当此时，摩尔人偷袭塞维尔城。罗狄克危急时刻挺身而出，带领军队英勇抗击大获全胜。他被誉为“熙德”，成了民族英雄。最后，是国王设法成全了施曼娜和罗狄克的姻缘。此剧冲突的核心是情与理、即爱情与责任的矛盾。主人公的选择是：责任至上，国家利益高于一切。

让古典主义戏剧最终走向成熟的是拉辛(1639—1699)。他的《安德洛玛克》被认为是标准的古典主义悲剧。《安德洛玛克》取材于古希腊的故事。主人公安德洛玛克是特洛伊英雄赫克托尔之妻。赫克托尔战死，她和儿子成了阿喀琉斯之子庇吕斯国王的奴隶。庇吕斯爱上了安德洛玛克，一再推迟和未婚妻爱尔米奥娜的婚期。爱尔米奥娜是斯巴达公主、海伦之女。她曾和自己的堂兄、阿伽门农之子奥莱斯特有过恋情。此时，作为希腊特使的奥莱斯特为斩草除根，要庇吕斯交出安德洛玛克和她的儿子。庇吕斯以此要挟安德洛玛克委身于己；安德洛玛克为了保护儿子，假意答应与庇吕斯结婚；爱尔米奥娜妒恨交集，唆使奥莱斯特杀死了庇吕斯，自己也自杀；最后，安德洛玛克带着儿子安全脱身。沉溺于情欲导致了庇吕斯等人的悲剧，而忠贞和理智使安德洛玛克终于摆脱了困境。

莫里哀(1622—1673)是法国古典主义的喜剧大师，他的创作代表了这一时期欧洲文学的最高水平。莫里哀的代表作《伪君子》是一出五幕诗体喜剧，故事发生在巴黎富商奥尔恭家中，剧情浓缩在一天之内。全剧围绕宗教骗子答尔丢夫与奥尔恭一家的矛盾冲突展开，通过对答尔丢夫伪善的揭露与鞭挞，突出批判了教会的欺骗性与危害性。

答尔丢夫本是外省一个没落贵族，他“把侍奉上帝当作了一种职业、一种货物，利用上帝的圣名”来行骗牟利。在奥尔恭家中，答尔丢夫出场的第一个动作，就是丢给女仆桃丽娜一块手帕，他煞有其事地说："把你的胸脯遮起来，我不便看见，因为这种东西，看了灵魂就会受伤，能够引起不洁的念头"。奥尔恭被他苦修节欲的"虔诚"所打动，不仅把他接回家中，尊为圣徒和良心导师，还把全部家产赠送给他，甚至还要把女儿也嫁给答尔丢夫。最后，靠着奥尔恭妻子等人的机智，以及国王的明察秋毫，才揭穿了答尔丢夫的伪善面目，使奥尔恭免受劫难。答尔丢夫这个典型形象，在法语中已经成了"伪君子"的同义语。

普桑(1594—1665)是17世纪古典主义绘画的奠基人，代表作《阿尔卡迪亚的牧人》。阿尔卡迪亚是传说中的世外桃源，古希腊罗马的田园诗中多有对其牧歌生活的描绘。普桑的画作中，三个穿着古典服装的牧人正在辨认一座墓碑上的铭文，铭文是死神的一句话：Et in Arcadia Ego(我也在阿卡迪亚)！一位女神神态超然地站在一旁，她代表着永恒的自然和理智。作品构图平稳，寓生死哲理于温暖的色彩中，不仅代表了普桑的最高艺术成就，也是法国古典主义绘画典范。

18世纪出现的新古典主义因为与法国大革命紧密相关，故也被称为"革命的古典主义"。最能表现革命艺术的新古典主义画家是路易·大卫(1748—1825)。大卫的作品威严、正义，充满英雄主义气概。他的代表作《贺拉斯兄弟之誓》描绘贺拉斯三兄弟为保卫罗马甘愿牺牲的宣誓场面。老贺拉斯是公元前七世纪罗马城邦的一位国王。当时，阿尔巴兵临罗马城下，他们两城本是邻邦且有联姻关系，双方后来达成协议，各出三人对阵，输了的城邦就臣服胜利的一方。罗马派出的是贺拉斯兄弟；而阿尔巴城派出的库里阿斯兄弟正是老国王贺拉斯的三个女婿。在作品中，三分之二画面为贺拉斯三兄弟出战前在老父亲面前宣誓，誓死保卫罗马；三分之一画面为三个垂泪哭泣的女子，她们是老贺拉斯的女儿。这场决斗无论输赢都是悲剧，但艺术家在表现对战争思考的同时，仍然突出了国家利益至上的爱国主义倾向。作品展示了一种与时代同步的革命精神，具有鲜明的古典主义特点。

古典主义音乐是在巴赫和亨德尔之后出现的新的音乐形式。巴洛克音乐以华丽、热情和具有宫廷贵族气息著称；而古典主义音乐要求“均匀而有节制，淳朴而又纯真”，主要是一种世俗音乐。古典主义音乐最伟大的创新是交响乐，这一音乐形式被称为音乐小说。古典主义音乐最重要的代表有海顿、莫扎特和贝多芬等。

海顿（1732—1809）是维也纳古典乐派[①]代表人物之一，被尊为“交响乐之父”和“弦乐四重奏之父”。他先后创作了100余部交响乐，其中以《伦敦交响乐》《告别》《惊愕》等最为著名。

莫扎特（1756—1791）是西方音乐史上一位罕见的“神童”。在他短短36年的人生里创作了数量惊人的音乐瑰宝。其中包括歌剧22部，以《费加罗的婚礼》《唐璜》《魔笛》最为著名，根据法国剧作家博马舍同名戏剧而创作的《费加罗婚礼》，激动人心又诙谐迷人；还有交响曲41部，以第三十九、四十、四十一交响曲最为著名；钢琴协奏曲27部；小提琴协奏曲6部。

贝多芬（1770—1827）是一位承上启下的音乐大师。他在把古典交响乐推向巅峰的同时，又开创了浪漫主义音乐的先河。他像一座高耸在世纪之交的灯塔，标志着19世纪西方音乐史上“黄金时代”的出现。

贝多芬一生创作音乐作品近200部，交响乐是其中最辉煌的部分。《第三交响曲》也称《英雄交响曲》，是突出反映法国大革命思想的作品。从第一乐章的激烈战斗开始，至终章的凯旋，各个主题环环相扣，构成动力性的不断增长，激昂的旋律表现了深刻的情感和丰富的戏剧化对比，展示了从黑暗走向光明的壮阔历程。《第五交响曲》也称《命运交响曲》，被视为交响曲的典范。作品出色地诠释了他“扼住命运的喉咙”的名言，表达了与命运苦斗，直至最后胜利的英雄性主题。《第九交响曲》是贝多芬音乐创作的高峰和总结，作品表达了人类寻求

① 维也纳古典乐派是指1730年——1820年间以海顿、莫扎特和贝多芬为代表的欧洲主流音乐。三位大师都是在维也纳度过了自己的创作成熟时期：莫扎特在这里开始了独立的“自由艺术家”的生涯；海顿在这里享受到“自由的甜蜜”；贝多芬也是在这里度过了他坚忍不拔的一生。这一乐派的共同特征是反映人类普遍的思想要求，强调风格的高雅和乐观向上的进取精神。

自由幸福的斗争意志，和必将获得最后胜利的坚定信念。《第九交响曲》是音乐史上最早在交响乐中加入合唱的作品。前三乐章壮丽堂皇，第四乐章的主要部分《欢乐颂》是为德国诗人席勒的诗歌所谱的曲，这是一种超越生命本体，超越此岸世界的圣洁而辉煌的精神礼赞（《欢乐颂》被欧洲联盟确定为盟歌）。《第九交响曲》在维也纳首演获得巨大的成功，观众们雷鸣般的掌声近乎疯狂，人们顾不得礼仪欢呼着朝着舞台拥去，作曲家本人因为耳聋已经听不到任何欢呼和掌声，但也被这超乎寻常的热烈场面激动得晕了过去。

贝多芬以自己的坚毅生命和不朽音乐启示我们：人生不仅要直面现实，还要昂首向天，仰望星空；不仅要有勇气"扼住命运的喉咙"，还要有胸襟放下心灵的负重，放声歌颂光明。

洛可可艺术。18 世纪的法国还出现了一种被人们称为"洛可可"的艺术风格。它是对古典主义过分强调崇高、伟大、理性风格的不满和厌倦的表现，反映了法国贵族在艺术上的新追求。洛可可一词源于法语，原指"螺贝"，亦指用贝壳、石子等做成的花园装饰。作为一种艺术风格，洛可可最初体现在建筑装饰上，后来广泛运用在雕刻、绘画、工艺、服饰等领域。就艺术风格而言，洛可可也可以看成巴洛克时代的最后阶段。

洛可可艺术很少有严肃的主题。作品轻松欢快，奢丽纤秀，女性化倾向比较浓。洛可可建筑主要体现在私人公馆、沙龙的建造上，往往不注重建筑物外部，而追求内部的美。它大量运用贝壳作底料，辅之以涡卷型和丝带型装饰，太太小姐的居室往往是洛可可风格最典型的体现者，因此有"闺房艺术"之称。洛可可风格虽然思想性较浅，但它走出了传统宗教题材的沉重与苦痛，充溢着轻松、浪漫的世俗情绪，反映出对美与自由生活的向往，具有值得肯定的人文主义色彩。

法国洛可可绘画的奠基人是华托（1684—1721）。华托的作品突破了古典主义的束缚，画风富于抒情性。他最著名的作品是《惜别西苔岛》。西苔岛是希腊神话中爱神维纳斯的诞生地，有"爱情岛"之称。作品描绘了一对对贵族年轻男女在西苔岛郊游之后，即将登舟返回时的情景。画中人物依依不舍地注视着维纳斯的雕像,表现了对爱情和牧歌式生活的留恋和向往。

阅读书目:

1. 莎士比亚《哈姆雷特》*
2. 马克思·韦伯《新教伦理与资本主义精神》*
3. 洛克《论宽容》*

思考题:

1. 亨廷顿为什么把"个人主义"视为西方文明的精髓?
2. 以莎士比亚为例,谈谈"二希"对西方文化的影响。
3. 试论哈姆雷特悲剧的原因与意义。
4. 为什么说"新教伦理是现代经济人摇篮旁的守护者"?
5. 请联系实际谈谈你对"宽容精神"的理解。
6. 贝多芬的《命运交响曲》为什么会被视为交响乐的典范?

第四章

巨人的成长——启蒙运动

近代西方资产阶级文化从其发端至确立，大致经历了文艺复兴、宗教改革与启蒙运动三个阶段。文艺复兴确立了西方人文主义传统；宗教改革确立了具有资本主义精神的新教伦理；而启蒙运动是继文艺复兴以来的又一次思想大革命。这场以理性为主要特征的运动，进一步弘扬与升华了由文艺复兴所奠定的人文主义传统，在100年左右的时间内，把西方文明所崇尚的人权、平等、民主、自由等思想提高到了一个前所未有的高度。它不仅为1789年的法国大革命创造了条件，也为整个19世纪西方民主化进程奠定了坚实的思想和社会基础。

纽约“照耀世界的自由女神像”——巴托尔迪

启蒙运动标志着近代西方资产阶级思想体系的成熟。随着时间的推移，启蒙运动所高举的人权、平等、民主、自由的旗帜，已经超越了时空局限，成为全人类宝贵的精神财富。

18世纪后期，浪漫主义思潮风行欧美，故而也称“浪漫主义的世纪”。19世纪以后，在法国大革命和工业革命的影响下，人们对世界和社会进行了多种形式的探索和思考，现实主义对社会和人自身的反映更加客观和深入。

一、启蒙运动

启蒙运动是17世纪末至18世纪发生在欧洲的一场反封建、反教会的思想文化革命运动。经过启蒙运动之后，18世纪的西方开始进入全面确立和发展资本主义的阶段。当时，有两个重要因素支配了西方社会的历史进程：一是从英国开始的工业化的扩展；二是法国大革命“自由、平等、博爱”观念的传播。前者使人前所未有地认识到了自身的力量，后者要求尊重人的价值；这两者不仅极大地促进了西方资本主义物质文明的进步和民主化的进程，也大大丰富了西方工业化时期的精神文明。

启蒙运动始于17世纪末，在18世纪达到高潮，其范围波及整个西方社会，为资产阶级革命作了思想和舆论准备。“启蒙”在法语中的基本含义是“照亮”“启迪”等，这里是指用近代科学文化“照亮”愚昧、落后、黑暗的封建社会，用科学和理性的思想“启迪”人们的理智和智慧。在启蒙思想家看来，宗教迷信和专制统治是封建罪恶的集中体现，是“拴在人类脖子上的两大绳索”，所以，他们把批判的矛头对准这两个互为因果的社会毒瘤。

启蒙运动形成和确立了完整的资产阶级思想体系，它的核心是理性。启蒙运动所崇尚的理性主义是一种完全不同于古典的全新思想。启蒙理性是和科学紧密结合在一起的，启蒙思想家相信人的理性能够借助于“科学方法”，去探究把握自然和社会的法则。17世纪的牛顿和笛卡尔等先驱，通过科学实验和哲学批判已经初步树立起了理性的权威；18世纪的伏尔泰、狄德罗等启蒙者，更是要求把一切都拽到理性的法庭面前来接受审判，从而使理性取代上帝成了人与自然的主宰，为人类带来了前所未有的自信。当时的启蒙思想家从自然法理论出发，强调人的自然权利。他们高举理性主义旗帜，用理性的眼光去考察国家、政治与社会，在政治学说、经济思想、哲学、文学、史学、艺术等领域都做出了创造性的贡献，使文艺复兴以来的新兴资产阶级文化体系最终取代封建文化体系，在西方世界占据了统治地位。

启蒙运动的中心在法国，18 世纪的法国仍然是欧洲文明的灯塔。伏尔泰、卢梭、狄德罗、孟德斯鸠等启蒙思想家所发表的启蒙檄文具有强烈的政治意义和鲜明的战斗性，不仅影响了法国，而且对欧洲所有国家都造成了影响。随着启蒙运动在法国的开展，自由和平等逐渐成为启蒙运动中最鲜明的两面大旗。

西方称“18 世纪是伏尔泰的世纪”。伏尔泰本名弗朗索瓦・马利・阿鲁埃(1694—1778)，伏尔泰是他的笔名。伏尔泰是法国启蒙运动的首倡者和领袖，被誉为“法兰西思想之王”和“欧洲的良心”。他博学多识，才华横溢，著述宏富，在哲学、政治、历史和文学等诸多领域均有卓越贡献。代表作有《哲学通信》《形而上学论》《路易十四时代》《老实人》等。

伏尔泰承认外在世界的客观性，认为这是不言自明的道理。他在《哲学通信》中以此为前提，进而论证人的一切观念都来自感官对外界事物的感觉；强调感觉是观念的唯一来源，人脑的唯一功能只是对感觉得来的观念进行组合和整理。

伏尔泰是古罗马西塞罗“自然法”学说的拥护者，他从自然法理论的立场出发揭露和批判封建专制和教会的统治。伏尔泰明确把法律分为两类，即自然法和制定法。自然法就是符合人性或人的本能的、天下人都认为公正的法律。比如不偷盗，不杀人，不淫乱，不撒谎等，这些都是自然而来、不言而喻的法律，适用于所有人。制定法包括国家制定的法律和教会法。他强调自然法是制定法的基础，这就在人性和公正的观念上奠定了法律的基础。

伏尔泰认为理性是历史前进的动力，人凭借其理性以认识自然，也凭借其理性来认识和改造社会。发扬理性，就是推动历史；蒙蔽理性，就是阻碍进步。推崇理性，必然批判和否定压抑人理性的封建专制和基督教神学。伏尔泰在《路易十四时代》中深刻剖析了君主专制的种种弊端，主张以法治国。他断言，人只有在自己的人格与自由得到尊重与保障的前提下，才能发挥自己的理性，推动社会的繁荣。伏尔泰否定了上帝在人类历史中的主宰地位，揭露和批判了宗教的虚伪以及信徒的宗教狂热。他把教皇比作“两足禽兽”，把教士称作“文明恶棍”，说天主教是“一些狡猾的人布置的一个最可耻的骗人罗网”。他号召“每个人都按照自己的方式同骇人听闻的宗教狂热作斗争，一些人咬住他的耳朵；另一些人踩住他的肚子，还有一些人从远处痛骂他”①。

伏尔泰强调“自由是天赐的东西”。“思想自由”是启蒙思想家高举的一面旗帜，也是启蒙运动留下的最宝贵遗产之一。思想自由的精神主要表现在：信仰的自由和宽容；言论自由与出版自由；以及对思想自由权利的捍卫。启蒙思想家坚持认为，人有信仰的自由，可以自由选择信仰。伏尔泰幽默地说：作为自由人，可以沿着他所喜欢的道路进入天堂。坚持信仰自由就必须具有宽容的精神，容忍不同的观点和思想，特别是容忍他人有不同于自己的信仰和思想。宽容不仅是对他人信仰自由的维护，实际上也是自我保护的手段。只有坚持思想宽容，才能保证自己的自由思想不遭受可能的压制。在启蒙思想家看来，言论自由之意义不在于所说的是否正确，而在于是否能够无所顾忌地、自由地表达自己的思想，这是人的最基本权利之一。出版自由实际上是言论自由的延伸，是传播方式的转换和扩展，赞同言论自由就应该赞同出版自由，在此前提下才可能有文化的繁荣和社会的发展。

启蒙思想家不仅强调思想自由的意义，而且坚持对思想自由权利的捍卫。他们认为人人都应该有自由思想的权利，一个生而自由的人

① 郝士钊. 西方先哲思想全书[M]. 北京：中国城市出版社，2011：172.

是没有权利强迫另一个同样的人也像他一样思维的。伏尔泰说:"我不同意你说的每一个字,但是我愿意誓死保卫你说话的权利"。这不仅是言论自由主张的最好表述,也是对思想自由权利的最好捍卫。伏尔泰与卢梭是18世纪的两位启蒙伟人,他们俩一生中又争论甚至攻击不断;但是,当卢梭由于发表《爱弥儿》受到法国宗教当局迫害的时候,伏尔泰毅然挺身而出,为这位学术宿敌做辩护,并讲了这句名言。也就是说,我在思想观点上可以跟你针锋相对,但是我决不能剥夺你说话的权利,同样也不能容忍别人剥夺你说话的权利;面对专制迫害,我必须拍案而起,不能作壁上观,这不仅是我的一份道义,也因为当不能保证你的基本权利的时候,我也无法保证自己的基本权利。

法国的启蒙思想家往往同时是文学家。伏尔泰毕生从事戏剧创作,先后写了50多部剧本,其中大部分是悲剧。1718年秋,他的悲剧《俄狄浦斯王》在巴黎上演引起轰动,为他赢得了"法兰西最优秀诗人"的桂冠。他文学创作中最有价值的是哲理小说,《老实人》是其中的代表。

卢梭(1712—1778)是启蒙运动最卓越的代表人物之一,18世纪法国大革命的思想先驱。

与伏尔泰对科技进步的极力推崇不同,卢梭认为科学和艺术的进步必将导致人性的普遍退化。他在自己的《论科学与艺术》中明确提出,是文明进步造成了人类的不平等和社会苦难。他认为文化的繁荣是建立在大多数人贫困之上的,文化不仅没有给人类带来幸福,反而带来了灾难。他在《论人类不平等的起源》中又进一步阐述了这一思想。当其他启蒙思想家一面批判旧制度,一面极力推崇他们心目中的理性王国时,卢梭成了所有启蒙思想家中最为激进者,他不仅尖锐批判封建制度,也同样否定资本主义的社会现实。当然,否定之后,他也要面对"怎么办?"的诘问。被称为"自然之子"的卢梭声称,人类幸福只存在于"自然状态"的人类童年。

卢梭的《新爱洛绮丝》《爱弥儿》《忏悔录》等代表了他在文学上的出色成就。《爱弥儿》是卢梭自认为"我的所有作品中最好、最重要的一部”，小说在很大程度上是一篇关于人类天性的哲学论文。作品的主题是人如何在日趋堕落的社会中保持天性的善良。卢梭认为，“大自然希望儿童在成人以前就要像儿童的样子”，他强调，顺应自然的教育必然也是自由的教育。卢梭声称，“人们只想到怎样保护他们的孩子，这是不够的。应该教他成人后怎样保护他自己，教他经受得住命运的打击，教他不要把豪华和贫困看在眼里，教他在必要的时候，在冰岛的冰天雪地里或者马耳他岛的灼热的岩石上也能够生活”[①]。

他的自传体小说《忏悔录》描写了作者50余年的生活经历，极其坦率地进行自我解剖，“按本来的面目把自己表现出来”，在作者的“忏悔”中又饱含着强烈的社会控诉。

启蒙运动时期最具革命性的思想家是狄德罗(1713—1784)，他因主编《百科全书》而名垂青史。《百科全书》编撰从1751年开始，历经30年。32卷的《百科全书》差不多囊括了当时已知的全部知识，除科技外，还包括哲学、宗教、政治、经济、文学、艺术、习俗等。当时大部分有影响的启蒙思想家都参加了它的条目编写工作。《百科全书》代表了18世纪最高的学术和思想水平，不仅汇集了当时的先进科学思想和唯物主义观点，并且以通俗的语言将其传播给人民，狄德罗因此被誉为“给现代人盗火的普罗米修斯”。

狄德罗的小说有《修女》《拉摩的侄儿》以及《定命论者雅克和他的主人》等。《拉摩的侄儿》被认为是一部无与伦比和具有辩证思想的作品。

孟德斯鸠(1689—1755)和伏尔泰一样，属于法国最初一代启蒙思想家。他虽为贵族，却是法国首位公开批评封建统治的思想家。

孟德斯鸠的《论法的精神》是18世纪最完善的一部政治学论著。他继承和发展了洛克提出的分权学说，提出了具有划时代意义的三权分立的理论。孟德斯鸠把国家权力明确划分为立法、司法和行政三种权力，特别指出三权必须分别授予不同的人或团体，独立行使，以有效

① [法]卢梭.爱弥儿：论教育(上卷)[M].李平沤，译.北京：人民教育出版社，2001：11.

保证权力的制衡作用。他强调暴政和自由是不相容的，要实现自由就必须推翻暴政。他的思想为美国独立战争和法国大革命时期的革命家所接受，并直接反映在美国的《独立宣言》和法国1789年的《人权宣言》中。孟德斯鸠的三权分立理论至今仍是西方社会国家政治制度的基石。

孟德斯鸠提倡自由和平等，但同时也强调自由的实现要受法律的制约。孟德斯鸠说："所谓自由指的是做法律所允许的任何事情的权利；如果法律所禁止的事，一个公民也能够去做，那么他的自由便丧失了，这是因为这个权利也会为其他人所拥有"①。当时的法国作家多将遥远的中国描绘成东方乐土，可孟德斯鸠在《论法的精神》中深入批判中华帝国的专制制度，并明确将中国划入了"专制政体"。

孟德斯鸠的书信体小说《波斯人信札》，以两个旅法的波斯青年与家人通信的形式评述当时的法国社会，是一部揭露和讽刺性极强的作品。

博马舍(1732—1799)是法国启蒙文学的著名剧作家。姐妹篇《塞维尔的理发师》和《费加罗的婚礼》是博马舍的代表作。博马舍的戏剧在揭露专制罪恶的同时，展现了人民的智慧和反抗精神，也是在为即将到来的法国大革命摇旗呐喊。

法国启蒙文学作为启蒙运动最重要的一个组成部分，继承和发展了文艺复兴人文主义的文学传统，对传播启蒙思想，促进启蒙运动的深入开展起到了重大作用。

英国启蒙运动的代表人物是约翰·洛克(1632—1704)。从17世纪一直到19世纪，牛顿和洛克基本上成为科学和民主的两个代名词。牛顿是科学的代表，是17世纪灵魂；而一讲民主，无论是美国的独立战争、法国的大革命，还是欧洲各国的资产阶级革命，无不以洛克作为自己的精神代表。

① [法]孟德斯鸠. 论法的精神[M]. 彭盛，译. 北京：当代世界出版社，2008：76.

洛克发展了天赋人权的思想，他把生命权、自由权、财产权[1]等视为天赋人权的主要内容。洛克强调，具体的个人才是社会的目的，才是社会的终极价值，在任何情况下都不能把人当作工具和手段。他主张个人的独立和自由，特别是思考的自由、选择的自由以及追求自身利益的自由，他反对任何形式的对个人选择的限制，无论这些限制来自国家、社会、宗教还是传统。

洛克启蒙思想中最重要的是对“主权在民”思想的明确界定和阐述。洛克在《论政府》中指出：人享有自然权利，包括自由、平等、财产等权利。人的这些天赋权利，加上正义、理性等，构成了自然法的基础。对于国家和政府而言，它们并不当然地享有任何权力，人才是一切权力的来源。国家和政府所具有的权力，是人以契约的形式授予的，是有条件的。国家是由公民组成的，政府权力只是一种公民的信托，其目的是保护公民人身和财产的安全。国家的主权属于人民，人民在订立社会契约，把国家治理权交给政府时，只是出让了自己的一部分权利，并没有将自己所有的权利交给政府，相反，一些极为重要的权利，如财产权、对政府的监督权、反对权等，仍然保留在自己的手中。因此，政府只有在取得被统治者的同意，并且无条件地保障人民拥有生命、自由和财产的自然权利时，其统治才具有正当性；如果缺乏了这种同意，那么人民便有权推翻政府。所以，现代社会的构建必须围绕着对个人权利的尊重与保护展开，其目的是为全体公民提供实现个人价值的平等机会。因此，与具体的个人自由相对，抽象的国家自由不复存在；与具体的个人权利相对，抽象的集体利益和国家利益同样不复存在。

---

① 私有财产神圣不可侵犯在西方被视为“天律”。财产是人类独有的标志，是文明的工具。对财产的保障是一个文明共同体首要的、最基本的职责。没有私有财产就没有自由，甚至“对文明人来说，财产权比生命权更为重要”。这一基本原则在英国前首相老威廉·皮特的著名演讲中曾有过生动的表述：“即使是最穷的人，在他的寒舍里也敢于对抗国王的权威。风可以吹进这所房子，雨可以打进这所房子，房子甚至会在风雨中飘摇，但是英王不能踏进这所房子，他的千军万马不敢踏进这间门槛已经破损的破房子”。由此演化出了西方“风能进、雨能进、国王不能进”的个人权利格言。

国家和政府权力来源的合法性问题是政治学的一个基本命题。权力合法性的核心是被统治者对统治者的认可与接受。韦伯根据人们政治认同的依据提出了魅力型权威(克里斯马型,charismatic authority)、传统型权威(traditional au-thority)和法理型权威(legal-rational authority)的区分。政治现实中的权威多是以一种形式为主的多种形式混合。在阶级社会之前,是以基于领袖人格气质的魅力型为主。专制体制的传统型权威,权力的取得和维护往往都离不开暴力,主导性的政治传统多是以基于暴力角逐的"胜者为王""马上天下"始,再借助"君权神授"一类的神话,最后落实到专制统治,乃至独裁和血缘世袭。这种政治传统中盛行的是对"枪杆子""刀把子"的暴力崇拜[①],充斥着人类道德所不齿的阴谋与权变——期间自然也避免不了会有同样基于暴力的所谓"替天行道"和"革命"。而社会的进步就是不断矫正人性中遗留的野蛮部分,从丛林走向文明,就是不断消减在丛林中所建立的"弱肉强食"的法则,一步步建立起文明的规则。

洛克确立了现代政治"主权在民"的基本原则,他要求的是以"法理型权威"为基础的法制国家。自法国大革命以来,"人民主权"的观念在现代国家和文明世界已经深入人心,政府权力的获得必须经过人民的同意,已经成为民主政治毋庸置疑的基本前提。

洛克还提出了宗教宽容的思想。他在《论宽容的信札》一书中指出:没有人能具有完全的智慧和全部的知识,因而没有人具有可以支配他人宗教信仰的能力。他认为每一个人都是一个道德的存在,应该独自对上帝负责。由于个人的信仰以自由为先决条件,与个人意志对立的强制只能取得表面的顺从,不可能解决思想问题。

弥尔顿(1608—1674)是英国17世纪的杰出诗人。他的代表作《失乐园》《复乐园》和《力士参孙》均取自《圣经》题材,作品以人的奋争

---

① 中国元代以后最为典型,成吉思汗及其后代马上得天下,也以暴力治天下。日本历史学家宫崎市定说:蒙古人"政治上仍是狩猎者的理论,即征服的土地与人民不过是狩猎而得的战利品"。明清两朝更将读书人视为奴才和家畜,统治者要灭的不是他们的肉身,而是孔夫子留给他们的人格与尊严。这也是历次以知识分子为对象的政治运动的主旨所在。

和救赎为主题，折射出弥尔顿对人和人性的反思，以及对人如何才能得到拯救的思考和探求。《失乐园》写撒旦企图毁灭上帝创造的人类。上帝知道撒旦的阴谋，但为考验人类的信仰，便未予阻挠。但亚当和夏娃意志不坚，受撒旦的引诱吃了禁果，被上帝逐出了乐园。作者以此说明人类不幸的根源在于意志薄弱。撒旦的堕落是由于野心勃勃，骄傲自满；夏娃的堕落是由于盲目求知，任性越位；亚当的堕落是由于溺爱妻子，感情用事。《复乐园》则通过耶稣抵制种种诱惑，胜利地经受了考验，说明人类只要能够自我坚守与完善，就可以战胜种种磨难，得到拯救。《斗士参孙》借悲剧人物参孙中计、被囚、失明、饱受凌辱、不惜以生命雪耻的经历，表达了弥尔顿自己的政治遭遇和理想信念，颂扬了为正义而斗争的坚韧品格和自我牺牲的救赎精神。

笛福(1661—1731)是英国启蒙文学的第一人。他的名著《鲁滨逊漂流记》通过一位只身漂流荒岛，却以百折不挠的精神创造出美好生活的鲁滨逊的形象，表现了新兴资产阶级开拓奋斗的精神面貌。

文艺复兴、宗教改革和启蒙运动极大地改变了人的价值观念和生活方式，人生由消极遁世转为积极投入，人权平等、自由民主、财富幸福，成为社会的共同追求。从文艺复兴到启蒙运动，从但丁的《神曲》到歌德的《浮士德》，对人生的意义有了一种全新的理性主义的回答：乐观、积极、奋斗、进取。

二、歌德与《浮士德》

德国近代以来的崛起始于启蒙运动。德国启蒙运动在莱辛[①]出现后达到了高潮。伟大思想家康德的名言“敢于思考”成为那个时代的响亮口号。

德国18世纪后期的“狂飙突进”运动是启蒙运动的延伸，也是德国启蒙运动不可分割的组成部分。这场大规模的民族文学运动得名

① 戈特霍尔德·埃夫莱姆·莱辛(1729—1781)，作家和文艺理论家，代表作《汉堡剧评》是针对德国社会现实和戏剧界状况的一系列评论，影响巨大。

于克林格尔的剧本《狂飙与突进》。该剧主人公维尔德因不满德国的沉闷落后到北美参加革命，表现出年轻一代追求精神解放，不畏风雨的时代精神。“狂飙突进运动”的代表人物是赫尔德、歌德和席勒等。席勒是享誉世界的诗人和剧作家，《强盗》和《阴谋与爱情》是其代表作。“狂飙突进”运动乃至启蒙运动最伟大的代表是歌德。

约翰·沃尔夫冈·歌德(1749—1832)是18世纪中叶到19世纪初期德国乃至欧洲最重要的作家。恩格斯称“歌德是站在奥林帕斯山上的宙斯”。歌德说过，“德意志民族的任务是在精神领域里征服世界”，他和康德、黑格尔、费尔巴哈、马克思、恩格斯、贝多芬等人，在各自的领域实现了这种“征服”。

歌德出生在德国莱茵河畔的法兰克福，外祖父曾是这个城市的终身市长。他父亲是法学博士，曾做过皇家顾问、市参议员。歌德自幼受到很好的教育，学习和掌握了拉丁文、法文、希伯来文、意大利文和英文等多种语言。1771年8月，获得博士学位的歌德回到法兰克福，成为“狂飙突进”运动的旗手。从1794年起的10年间，歌德与席勒两人携手并进，使德国文学达到了前所未有的高峰。此间，歌德完成了长篇教育小说《威廉·麦斯特的学习时代》、田园诗《赫尔曼与窦绿苔》以及《浮士德》的第一部等。

让歌德一夜成名的是1774年发表的书信体小说《少年维特的烦恼》。作品是作家的一段失恋经历带来的收获。歌德说，他在四周内写出了这部小说，以抵消爱情的痛苦并使自己从自杀的念头中摆脱出来。小说主人公维特是当时德国的觉醒青年，他向往和追求人性的解放和自由，同情人们苦难，抨击和揭露封建专制的丑恶与黑暗，最终以自杀的方式与腐朽的社会做了彻底的决裂。维特是那个时代痛苦和憧憬的缩影。他的死不仅仅是因为爱情，也不仅仅是个人的悲剧，而是时代的悲剧、社会的悲剧。此书一经问世，很快风靡了德国乃至欧洲。年仅24岁的歌德一举成为最享盛誉的作家之一。千千万万青年人不仅争先恐后阅读这部书，还纷纷模仿主人公的穿着与风度——长靴、青色燕尾服、黄色背心，甚至学着维特举枪自杀。恩格斯高度评价

《少年维特之烦恼》，说它“揭露了社会的全部腐败现象，指出了社会弊病中最深刻的根源”，从而“建立了一个最伟大的批判的功绩”①。

1775年底，已经名满欧洲的歌德接受奥古斯特公爵的邀请，来到魏玛公国任枢密顾问，以后又担任了首相职务。歌德力图在实际工作中实现自己改良社会的理想。他大刀阔斧地改善行政管理、精简军队、修筑公路、开发矿山、减免农民的赋税，想把魏玛治理成一个模范的国家。但随着岁月流逝，他终于发现自己根本改变不了现实的沉疴痼疾。在失望之余，歌德用一张假护照悄悄离开魏玛，来到了意大利。近两年的意大利之行使他获得新生，在创作方面也再次振作。1788年，歌德应邀回到魏玛，公爵允许他辞去一切职务，只担任剧院、魏玛美术学院和耶拿大学的总监，兼管矿业。置身于艺术的氛围中，他又成了艺术家。

歌德晚年神游东方，他钻研阿拉伯、波斯的诗歌，钻研中国、印度的文艺和哲学。他大为赞赏《好逑传》《玉娇梨》《花笺记》等中国的小说和诗歌，甚至还模仿中国诗歌的风格写了14首抒情诗。

1832年3月，歌德因患重感冒病逝，留下的最后一句话是：“多一些光！”

拿破仑称歌德是“一个真正的人”。歌德在诗人的世界是个异数，他从大学开始就不安心于书斋，学法律、学植物、写诗，后来旅游、做官，甚至研究炼金术；他一生恋爱无数，光见诸文字的就有八次，到70岁还给女人写火热的情诗。“他的气质、他的精力、他的全部的精神意向都把他推向实际生活”，让他全身心地生活在一个纷繁扰攘的世俗世界里；同时，又是同一个歌德提出：要“让灵魂站在高处”。

歌德的代表作《浮士德》与荷马史诗、但丁的《神曲》、莎士比亚的戏剧并称为西方文学史上的四座里程碑。《浮士德》1768年开始创作，直到歌德逝世前一年才最后完成。其构思和写作前后64年，可以说贯穿了歌德的一生。

---

① 《马克思恩格斯全集》(第4卷)[M].北京：人民出版社，1958：259.

《浮士德》是一部长达 12111 行的诗剧，分为上下两部，共五幕，每一幕本身也相对独立。歌德用象征的手法，以浮士德的思想和人生发展为脉络，通过浮士德几个人生阶段的追求，对中世纪末至 19 世纪初 300 年来欧洲新兴资产阶级的精神发展历程作了深刻的回顾，表现了他所理解的人类社会的矛盾运动及其发展演进过程。作品既是诗人自身思想历程的概括，也是对欧洲知识分子集体思想探索的总结，是文艺复兴以来整个资产阶级精神发展历史的艺术写照。

浮士德本是德国民间传说中的人物，他为了充分领略人生，不惜与魔鬼订约，承诺死后交出自己的灵魂。正是这种对现实生活的执着和无所畏惧的反叛精神，使他赢得德国人民的喜爱，也引起了文艺复兴以来马洛、莱辛以至歌德等人的关注。

歌德笔下的浮士德，坚信“只有人生的金树长青”。他在同魔鬼订约时就明确表示：“我丝毫也不顾虑到什么来生……从这个大地迸射出我的欢欣，这个世界的太阳照着我的烦闷；什么来世的爱憎，来世也有君臣，这些话我一点也不愿意再听”。

浮士德不仅热爱生活，而且以自己的不懈奋斗去发现生活、创造生活。他一上场就把《圣经》中的“泰初有道”改成“泰初有为”，并毅然宣称：“你听呀，快乐不是我所贪图。/我要献身于酩酊，于最苦的欢情，/于失恋的憎恨，于爽心的沉沦。/我的胸心，已经解除了智的烦闷，/无论有怎样的苦痛它都欢迎”。浮士德不满足阴暗的书斋生活，渴望实际行动，他在靡菲斯特的激励下，冲破了“学枷智梏”，开始投身于生活的漩涡。他爱上玛甘泪，品尝了爱情的甘露。但是，浮士德并没有把两情相悦视为人生的全部，他不愿沉溺于平庸的市俗生活，不愿停止追求的脚步。在作品的第二部，浮士德从个人生活的小天地投身于为事业奋斗的大舞台，感受到“人生就在于体现出虹彩缤纷”。他在罗马宫廷搞政治改良，可没能带来真正的国家振兴。他又把目光转向古代，想借助古典美来实现人的启蒙。随着他与海伦之子——象征现代人与古典美结合的欧福良的夭折，他的追求再次以失败而告終。然而，已是百岁老人的浮士德并没有气馁，他又满怀信心地投身于改造自然、造福人类的宏伟工程。最后，“忧愁”女神吹瞎了他的双眼，“死灵”开始给他挖掘墓穴，但是，在浮士德的心里，仍然在憧憬着事业的发展，思索着人生的意义。

浮士德是一个象征性的艺术形象，歌德是将他作为全人类命运的一个化身来塑造的。浮士德走出阴暗的书斋，走向大自然和广阔的现实人生，体现了从文艺复兴、宗教改革、直到“狂飙突进”运动，资产阶级思想觉醒、否定宗教神学、批判黑暗现实的反封建精神。浮士德与玛甘泪的爱情悲剧，包含着对追求狭隘的个人幸福和享乐主义的反思；从政的失败，表明了启蒙主义者开明君主政治理想的虚幻性；与海伦结合的不幸结局，则宣告了单纯以古典文化对现代人进行人文教化的人道主义理想的幻灭；最后，浮士德是在发动大众改造自然，创建人间乐园的宏伟事业中找到了人生的真谛。

浮士德的前进也离不开作为对立面存在的靡菲斯特。魔鬼靡菲斯特作为“恶”的化身，千方百计诱导浮士德步入歧途；但是，他又代表着“否定的精神”。靡菲斯特的每一个破坏行动，实际上都从反面促成了浮士德的发展。“作恶造善的力之一体”——这正是辩证法的逻辑。歌德以深刻的辩证意识揭示了“善”与“恶”“肯定”与“否定”之间的复杂关系及其发展历程。

恩格斯说：“恶是历史发展的动力借以表现出来的形式。这里有双重的意思，一方面，每一种新的进步都必然表现出对某一神圣事物的亵渎，表现为对陈旧的、日渐衰亡的、但为习惯所崇奉的秩序的叛逆。另一方面，自从阶级对立产生以来，正是人的恶劣的情欲——贪欲和权势欲成了历史发展的杠杆，关于这方面，例如封建制度和资产阶级的历史就是一个独一无二的持续不断的证明”[①]。恩格斯在《反杜林论》中谴责了奴隶制的残酷，但同时也指出这种“恶”符合历史发展的客观规律，是历史发展中的一种进步。他说，正是这些“最卑下的利益”以及“最卑鄙的手段——偷窃、暴力、欺诈、背信——毁坏了古老的

① 《马克思恩格斯选集》第4卷，第233页。

没有阶级的氏族制度，把它引向崩溃”，从而“揭开了新的、文明的阶级社会”[①]。对于资本主义，马克思和恩格斯一方面强调它自来到世间，就从头到脚都流着血和肮脏的东西，但同时也明确无误地肯定了它空前巨大的历史进步作用。

浮士德形象的意义主要表现在著名的“浮士德难题”，以及面对这种困境所凸显出来的“浮士德精神”上。

诗剧中的浮士德宣称：“在我的心中啊，/盘踞着两种精神，/这一个想和那一个离分！/一个沉溺在强烈的爱欲当中，/以固执的官能紧贴凡尘；/一个则强要脱离尘世，/飞向崇高的先人的灵境”。在《浮士德》中，这一矛盾伴随了主人公的一生。此谓“浮士德难题”。

“浮士德难题”是浮士德的难题，是歌德的难题，也是全人类共同的难题。它揭示了我们在追寻人生价值和意义的过程中，每个人都无法回避的“灵”与“肉”，自然欲求和道德灵境，个人幸福与社会责任之间的一种两难选择。二者均为人生的题中必有之义，难在关系的处理和“度”的把握，特别是在某些关节点上的人生抉择。

浮士德这一形象的核心价值，更在于他面对命运所表现出来的自强不息、不断进取的“浮士德精神”。

诗剧一开始，浮士德同魔鬼就是以是否对生活满足为赌的。浮士德豪迈宣称：“我要跳身进时代的奔波，/我要跳身进事变的车轮，/苦痛、欢乐、失败、成功，我都不问，/男儿的事业原本要昼夜不停。/……我要在内在的自我中深深领略，/领略尽全人类所赋有的精神，/至崇高的、至深远的，/我都要了解，/要把全人类的苦乐堆积在我寸心。/我的小我便扩大成全人类的大我，/我便和全人类一起最终消磨”！浮士德从中世纪的精神束缚中解放出来，超越了迷离的情欲和低级的官能享受，否定了为封建王朝服务的改良道路，也摆脱了向古典艺术去寻求出路的幻想，他最终的追求是以自由劳动开拓人人幸福的乐园，他找到的“智慧的最后的断案”，是“要每天每日去开拓生活和自由，然

① 同上，第 94 页。

后才能够作自由与生活的享受”。

浮士德一生“上穷碧落下黄泉”，穿古越今，却永无止歇、永不满足。连魔鬼靡菲斯特也不得不承认，“没有快乐使他称心，没有幸福令他满足，他不断追求变换不停的东西，连这晦气而又空虚的最后瞬间，这个可怜的人也想紧握在手里”。浮士德历尽坎坷，备尝艰辛，“一直在艰苦的迷途中挣扎”，却屡败屡战，迎难而进。他一次次无可奈何地退了回来，却又一次次重新冲上前去，就像大海的潮水，“时刻一到，运动又重新开始”。“忧愁”可以吹瞎他的双眼，却熄灭不了他心中的火焰；魔鬼可以攫走他的生命，却无法否认他人生的价值。最后，“恶魔赌输了，而一个一直在迷途中挣扎，向较完善的境界前进的人终于得到了解救”①。

在诗剧开头，歌德借天帝的口指出：“人的精神总是易入驰靡，动辄贪爱着绝对的安静”，强调人只有“在摸索之中”才“不会迷正途”。在诗剧的结尾，天帝又说，“凡是自强不息者，到头我辈均能救”。歌德强调，“浮士德得救的秘诀就在这几行诗里”，人的价值、人生的意义，也就在这几行诗里。

莱辛说，人的可贵不在于拥有真理，而在于追求真理。浮士德屡败屡战，但每一次的失败和迷途，都使他向真理靠近了一步。在每一个局部世界中浮士德都是失败者，但在整体过程中他却是个胜利者。

屠格涅夫把堂吉诃德和哈姆雷特称为“人的觉醒时代两个追求者的先驱”，说他们成熟中的思想和不成熟的行动互相交织，“体现着人类天性中的赖以旋转的轴的两极”②。而雄心勃勃不懈追求的浮士德，则兼有着哈姆雷特的思想深度和堂吉诃德的行动能力。作为人类进步的体现，他是一个长壮了的哈姆雷特，一个成熟了的堂吉诃德。

《浮士德》被誉为“时代精神的伟大代表”，“近代人的圣经”。在西方千余年的历史中，《圣经》一直是人们的人生指南和座右铭。《圣经

---

① [德]艾克曼.歌德谈话录[M].朱光潜，译.北京：人民文学出版社，1978：144.

② 《莎士比亚评论汇编》(上)，第466页。

·旧约》强调信仰，从诺亚、摩西到亚伯拉罕，无不宣示着信仰乃为人之根本;《圣经·新约》在坚持信仰的同时突出弘扬博爱，耶稣为了赎众人的罪，为了拯救那并不完美的人类，不惜流自己的血，自觉自愿地走上了十字架。而《浮士德》这部"近代人的圣经"，她诠释的则是这样一种自强不息、不断进取的"浮士德精神"。

斯宾格勒认为，歌德的《浮士德》实际上是对西方文化个性的高度概括，浮士德精神即西方人的现代精神。这种"浮士德型"文化的特点就是不懈地追求人生的超越，追求完善，追求无限，而永不满足。这与中华文明所崇尚的"天行健，君子以自强不息"一致，都显示了一种崇高的人生境界①，

从古希腊"日神精神"和"酒神精神"的双轮并驰，到启蒙时代"浮士德文化"的百川汇流，反映了"二希"文明的融合和西方文化的成熟与基本定型。200多年来，正是这样一种浮士德精神，激励了无数的志士仁人，为人类的进步事业而奋斗前行。

三、革命年代

从1763年英法《巴黎条约》签订，到1815年"滑铁卢战役"的50多年中，先后发生了生产领域的英国工业革命、政治领域的美国革命和法国大革命。这三场革命对西方社会造成的震撼是前所未有的：政治体制发生了重大变化，君主专制和极权统治纷纷倒台，共和体制开始得到确立；旧的社会形态被扫除，人们的社会生活发生了根本性的变化，政治和经济上的自由在某种程度上说(起码对于资产阶级而言)已经得到了实现。正是革命把西方直接送入了一个现代社会。

① 当然，中西文化也是同中有异。中国传统文化一般来说并不提倡与命运的直接对抗，传统知识分子中也少有西叙福斯式的挑战命运和浮士德式的永不言败。尽管如鲁迅先生所说，"我们自古以来就有埋头苦干的人，有拼命硬干的人，有为民请命的人，有舍身求法的人，他们是中国的脊梁"，但是，我们的人生实践中更多还是一种儒道合一、世事通达，追求"达则兼济天下，穷则独善其身"；这其中既有"修身、齐家、治国、平天下"的济世情怀，又有一种进退从容、知足长乐的平和心态。

在整个中世纪，教会和地方贵族一直是令各国国王头痛的事情。文艺复兴和宗教改革在一定程度上削弱了教会的力量；17 世纪以来，各国君主又与经济力量越来越强大的新兴资产阶级达成某种默契，资产阶级以其经济实力支持王权，王权则以其政治权威保护工商业，他们结成联盟共同与割据的封建贵族进行斗争。在此过程中，欧洲各国也出现了一些所谓“开明”的专制君主，如英国都铎王朝的君主、法国的路易十四、德国的腓特烈二世、俄国的彼得大帝、叶卡捷琳娜女皇和奥地利的约瑟夫二世等。然而，资产阶级和王权的联姻毕竟只是暂时的。当资本主义进一步发展，新兴的资产阶级羽翼日益丰满，经济地位进一步提高之后，自然要求相应的政治权利。

因此，18 世纪的西方革命浪潮迭起。而资产阶级在革命中的胜利，“意味着新社会制度的胜利，资产阶级所有制对封建所有制的胜利，民族对地方主义的胜利，竞争对行会制度的胜利”[①]。在这百余年的社会转型过程中，资本主义逐渐取代了封建主义，一个具有极大进取精神和不断发展的西方社会，出现在人类舞台上。西方开始以一种前所未有的方式和速度发展，终于成就了今天的西方社会。

英国工业革命。一般认为，人类历史上先后出现过三次科技高潮。这三次高潮随即又引发了三次工业革命：第一次以蒸汽机为标志，第二次以电为标志，第三次以原子能和电子计算机为标志。前两次工业革命都是在 19 世纪完成的。这两次工业革命的源头虽然分别在英国和美国，但其影响都是全球性的。工业革命推动了人类物质文明的进步，尤其是推动了西方资本主义经济的迅速发展，使西方各主要资本主义国家先后从农业文明走向工业文明，并最终进入了工业化社会。

英国工业革命源于英格兰中部地区，从 18 世纪 60 年代开始，19 世纪中期基本结束。这是一场跨世纪的世界性技术革命。

17 世纪的“光荣革命”推翻了英国的封建专制，建立了资产阶级和

① 《马克思恩格斯选集》第 1 卷，第 321 页。

土地贵族联盟为基础的君主立宪制度，从而成为世界上第一个确立了资产阶级政治统治的国家。资产阶级利用国家政权推行发展资本主义的政策和措施，促进了工业革命各种前提条件的迅速形成。

工业革命使工业从手工劳动过渡到了大机器生产，从手工工场过渡到了近代工厂制，生产力水平有了空前的提高。在工业革命中，各种改变整个生产制度的新发明、新技术相继问世。18 世纪 60 年代，珍妮纺纱机的发明提高了纺纱的效率。由于机械化和产业化，英国棉纺业在不长的时间内增长了 50 倍。价廉物美的棉纺织品成为最具竞争力的出口商品，为英国带来了巨大的财源。蒸汽机的诞生和普及是工业革命得以蓬勃发展最为重要的因素，它也标志着人类第一次科技革命的到来。由于蒸汽机的应用，1830 年以后铁路运输得到迅猛发展，在不到 20 年的时间，铁路网已经覆盖了整个欧洲。火车运输、运河建设、改善的公路系统有力支持了贸易的扩张。

工业革命创造出的巨大生产力是无与伦比的。1851 年在英国伦敦举办的万国博览会首次集中展示了工业革命的成就，上万件来自世界各地的展品在这里展出，其中“新技术与新工业”馆更是直接地展示了工业革命的巨大进步。马克思和恩格斯说，资产阶级“在它的不到一百年的阶级统治中所创造的生产力，比过去一切世代创造的全部生产力还要多，还要大。自然力的征服，机器的采用，化学在工业和农业中的应用，轮船的行驶，铁路的通行，电报的使用，整个大陆的开垦，河川通航，仿佛用法术从地下呼唤出的大量人口——过去哪一个世纪能够料想到有这样的生产力潜伏在社会劳动里呢？”①

工业革命为英国提供了历史机遇。它不仅促使生产力飞跃发展，而且极大地改变了社会结构和人们的生活方式，有力地促进了社会的变革。英国利用工业化的先发优势，确立了“世界工厂”的地位，并由此成为整个西方经济的“发动机”，为人类社会步入现代化作出了巨大贡献。

---

① 《马克思恩格斯选集》第 1 卷，第 256 页。

发源于英国而后波及欧美主要国家的第一次工业革命，对人类社会的演进产生了空前深刻和巨大的影响。它为新生的资本主义制度奠定了坚实的物质基础，促使欧美诸国先后实现了工业化。经过工业革命以后，资本主义对封建主义的巨大优越性才得以显现出来，从而为资本主义彻底战胜封建制度，进一步巩固资本主义制度奠定了基础。

工业革命给人类带来了进步和幸福，可同时也使人类面临着许多新的矛盾和挑战。

美国革命和独立。发生在18世纪后期的美国革命，使北美13个殖民地一举摆脱英国的殖民统治而获得独立，并且以民选的方式建立起了西方第一个民主共和体制的国家。

北美原为印第安人的聚居地。15世纪末，西班牙、荷兰、英国等国开始向这里移民。欧洲移民通过大规模屠杀印第安人，把北美变成了英国的殖民地。

在一定意义上讲，美国文明可以说是基督教的产物，她与宗教改革更是有着直接的联系。托克维尔说："在世界上任何国家都没有像在美国那样，基督教对人的心灵保持如此巨大的影响"[①]。在美国，每一张美元上都印有In god we trust，即"我们信赖上帝"——这表示它基础的价值观念。

来自英国的第一批开拓北美大陆的"上帝选民"，是移民船只"五月花号"的102名乘客。1620年9月，由于受英国国教的迫害，一部分清教中的分离派教徒在牧师布莱斯特率领下，乘五月花号前往北美。在登陆前，由牧师主持制定了一个《五月花号公约》，船上的41名成年男子在公约上签字。《五月花号公约》宣称："为了上帝的荣耀，为了增加基督教的信仰，为了提高我们国王和国家的荣耀，我们漂洋过海，在弗吉尼亚北部开发第一个殖民地。我们这些签署人在上帝面前共同庄严立誓签约，自愿结为民众自治团体"。从表面看，这些清教徒移居北美大陆似乎是迫于英国国内不宽容的宗教氛围，但就深层而言，他

① [法]托克维尔.论美国的民主[M].董国良，译.北京：商务印书馆，1988：56.

们中的许多人确实是为了信仰，甘愿放弃国内优越的生活条件，来到这块对他们来说还命运未卜的大陆，寻找实现他们理想的“净土”，完成上帝“使命”的。迄今为止，在许多美国人的意识中，仍然认为美国是上帝选择的一个国度，负有把世界从“苦海”中拯救出来的“使命”，这也深深影响着他们的外交决策。

随着大西洋彼岸那些清教徒的到来，新教思想也被带到了新大陆，并在这里生根、发芽，最终孕育出了带有浓厚清教意识的“美利坚”思想。清教徒的“勤俭清洁”精神，始终是美国文化的主体精神。

大批来自英国和欧洲其他国家的移民，以及从非洲贩运过来的黑奴，为北美的开发做出了重要贡献。到 18 世纪 30 年代，英国人已在北美大西洋沿岸建立了 13 个殖民地。

1765 年，英国为了保证北美驻军的经费，通过了《印花税法》。该法要求殖民地所有的印刷品如法律文件、许可证、商业契约、报章等，都要缴纳印花税。为此，抗议行动在殖民地蔓延开来，人们成立了“自由之子”“自由之女”等秘密结社，他们通过宣传，甚至暴力来阻止《印花税法》的实施。

1773 年，英国政府为倾销东印度公司的积存茶叶，通过《救济东印度公司条例》，明令禁止殖民地贩卖“私茶”。该条例引起北美人民的极大愤怒。波士顿“茶党”为了反对英国在茶叶贸易上的垄断，派人强行登上东印度公司的商船，将成吨的茶叶抛入海中。为加强控制，英国政府于 1774 年通过一系列“强制法案”，这些法案被北美居民称为“不可容忍的法案”。当年 9 月，12 个殖民地的 55 名代表在费城聚会，成立并召开北美第一届大陆会议，他们通过决议，反对英国强行征税和向殖民地派驻军队等。

1775 年 4 月 19 日，英国驻马萨诸塞的总督盖奇将军得悉当地民兵在康科德设有武器库，出动 800 名英军奔袭，遭到了列克星敦民兵的阻拦抵抗，美国独立战争第一枪打响。英国当局调兵镇压，企图扑灭殖民地的革命烈火，殖民地人民的反抗也一步步走向了公开化。

1775 年 6 月大陆会议举行，决定把殖民地居民组建成正规的大陆军，推举乔治·华盛顿为大陆军总司令，接管英国对殖民地行使的国家行政管理主权。1776年7月4日，北美十三个原英属殖民地一致通过了《独立宣言》。《独立宣言》通过之日——7月4日便成为美国的国庆纪念日。

1777年夏，英国将领约翰·伯戈率7000英军从加拿大南下，行至萨拉托加地区，遭到1.2万美军和游击队的围攻。美军向被包围的英军散发传单说："自独立战争开始两年以来，尽管我们遭受了巨大的困难和挫折，但今天，你们必须投降，因为上帝正全力支持我们的事业"！英军最后被迫投降。萨拉托加战役成了这场战争的转折点，促使法国、西班牙、荷兰先后对英宣战。北美独立战争扩大为波及欧、亚、美三大洲的国际性反英战争，英国陷入了空前孤立的境地。

1781年8月，华盛顿亲率法美联军南下弗吉尼亚，与此同时，法国舰队也抵达英国军队占领的约克敦城外海面，法美联军从陆海两面完成了对约克敦的包围。在联军炮火的猛烈轰击之下，遭受重创的英军走投无路，不得不向华盛顿投降。10月19日，8000名英军放下武器走出约克敦。这时，军乐队奏响了著名的乐曲《这个世界颠倒了过来》(有趣的是英军也鼓乐助阵，他们演奏的是欢快的《扬基小调》)。1783年9月3日，英王代表与殖民地代表在凡尔赛宫签订了巴黎条约，英国正式承认美利坚合众国成立。历经6年多的北美战争宣告结束，美国革命取得了完全的胜利。

在独立战争中，本杰明·富兰克林(1706—1790)、托马斯·杰斐逊(1743—1826日)和托马斯·潘恩(1737—1809)等思想家，对宣传和推动革命发挥了重要作用。富兰克林参与起草了《独立宣言》和美国宪法，他的名言是"自助者，天助之"；杰斐逊是《独立宣言》的主要执笔者；而潘恩广为流传的小册子《常识》，直接号召民众拿起武器、通过革命战争争取独立，极大地鼓舞了人民的斗志。

独立战争胜利之后，建立一个什么样的国家成为美国开国元勋们思考的重点。

在西方，"有限政府"的观念深深植根于基督教文化的人性观。对基督教而言，国家并非最高的善，而是必须忍受的恶。他们认为人有原罪，人性本恶，所以才会有国家的需要；如果人性本善，人人都是天使，则不需要国家。所以，一定要对这种“必须忍受的恶”加以限制。西方的二元政治观最早也出于《圣经》。耶稣说“让凯撒的物归恺撒，上帝的物归上帝”，就是要分开世俗权力和精神权力。国家对基督徒而言只不过是暂时的容身之所，他们最终的追求是在彼岸。这种埋藏在内心深处的记忆强化了基督徒对国家的基本看法。国家权力有界，这种界限植根于基督徒内心的双重境界。只要基督徒的信仰不改变，国家就无法理所当然，无法为所欲为。对于基督教来说，国家主要是工具层面的意义，在道德层面并不高尚，更不都是什么“父母官”“青天大老爷”。相反，因为人性本恶，当一个人或者一个政府拥有了权力以后，如果不用一系列完善的制度与法律规范其行为，他们就会侵犯人民的权力，就会走向“异化”。

正是基于这样一个考虑，国家必须建立在法律之上就成为美国开国者们的共识。他们千方百计要制定一套相对完善的政治、法律体系，以时刻引导和监督政府的一切行为。这套体系要确保把政府的权力限定在一定的范围之内，一旦政府侵犯了人民的权力，就一定要付出严重的代价。其理念保障在于：人民在组建政府时，只是有条件地让渡了自己一部分的权利，而大部分的权力还始终掌握在民众手中，比如最为直接、有效的选举权，乃至革命权等。为此，开国者们专门成立了宪法委员会，他们以启蒙思想为武器，确立了为建立一个有限、受制衡政府所必须遵循的基本原则。洛克所主张的“主权在民”思想和孟德斯鸠完善了的“三权分立”的权力制衡原则，得到了完全的确认和切实的贯彻。

根据分权制衡的原则，联邦政府由三个独立的部门共同组成：作为立法机构的国会，作为执法机构的行政部门，以及以最高法院为首的司法部门。这三个相互独立的部门形成了对政府权力的分有和相互制衡。

根据宪法，美利坚合众国第一届政府于 1789 年成立，被称为“合众国之父"的华盛顿因其在独立战争中的突出贡献和人格魅力当选为第一任美国总统——他两届任期之后主动不再谋求续任。美国革命结出了丰硕的成果,一个建立在民主制基础上的国家政权终于出现在西方世界。

美国在独立过程中制定的《独立宣言》和《人权法案》,是合众国基本的思想原则。《独立宣言》强调:造物主赐给人们绝对的权利与自由,是因为人类在被造万物中被高举的地位。如美国前总统布什所说,"从我们建国之日起,我们就宣布地上的每个男人和女人都拥有权利、尊严和无比的价值,因为他们带有天地的创造者的形象"①。所以,《独立宣言》庄严指出:"我们认为下述真理是不言而喻的:人人生而平等,造物主赋予了他们若干不可让渡的权利,其中包括生命权、自由权和追求幸福的权利。为了保障这些权利,人们才在他们中间建立了政府,而政府的正当权利,则来自被统治者的同意。任何形式的政府一旦对这些目标的实现起破坏作用时,人民便有权予以更换或废除,以建立一个新的政府。新政府所依据的原则和组织其权利的方式,务使人民认为唯有这样才最有可能使他们获得安全和幸福"。

《独立宣言》的民主思想主要体现在平等和天赋人权、主权在民和人民革命的权利等方面。"天赋人权"强调人与生俱来所具有的权利,包括"生命、自由和追求幸福的权利"。这些权利绝不允许被剥夺。"主权在民"是"天赋人权"在理论上的延伸。人民是主权者,政府的一切权力来自人民,政府必须服从人民意志,为人民幸福和保障人民权利而存在。《独立宣言》以天赋人权和主权在民的理论为基础,强调既然政府的权力来自人民,目的是保障人民的自然权利,一旦政府不履行职责,侵犯人民的权利,人民就有权改变或推翻它。

美国革命另一项极其重要的政治遗产是1789年所制订的《人权法案》。《人权法案》最初是以美国宪法修正案的形式提出的。1787年

① [美]艾克敏.布什总统的信仰历程[M].姚敏,王青山,译.北京:社会科学文献出版社,2006:264.

美国在费城召开制宪会议制定了《美利坚合众国宪法》，它取代1781年的《邦联条例》成为美国，也是世界近代历史上第一部成文宪法。美国1789年7月又通过了10条宪法修正案，宪法修正案成为宪法的一个有机组成部分，即著名的《人权法案》。《人权法案》以明确和毫不含糊的语言界定了美国人民的基本人权，从各个方面具体保障个人应该享有的自由权利。它的内容主要包括：言论和出版自由，宗教信仰自由，抗议政府的和平集会权利，享受正当的法律程序及公正的陪审团的审判权利，不受残忍和不寻常的刑罚的权利，生命和私有财产神圣不可侵犯、人身和财产不受无理搜查和扣押的权利，以及政府的权力来自人民的基本原则。

正因为有了这样的法律基础和民主传统，在20世纪50年代的反对种族歧视运动中，黑人领袖马丁·路德·金才能够在他的著名演说中理直气壮地宣称："如果我们是错的，那么，美国的法律就是错的，/如果我们是错的，那么，美国的宪法就是错的，/如果我们是错的，那么，上帝就是错的，/如果我们是错的，那么，上帝之子耶稣就从来不曾来到过人间！"

1861年，美国南方种植园主以林肯就任美国总统为由挑起了南北战争。这是美国历史上唯一的一次内战。1862年，林肯政府颁布《宅地法》和《解放奴隶宣言》，极大地赢得了民众和奴隶的支持。南北战争的最终胜利，在全国彻底废除了奴隶制度，进一步解放了生产力，使美国的经济与社会步入了快速发展的轨道。随着之后的西进运动[①]和大规模的移民等，美国领土也不断扩张，得克萨斯、阿拉斯加，夏威夷等州先后并入，最初的13个州逐步扩展到后来的50个州。经过200多年的飞速发展，美国成为世界第一强国。

今天的美国，几乎成了西方政治和文化的一个代名词。它对世界的影响和重要性是不言而喻的。

---

① 西进运动是美国独立后兴起的长达一个世纪的移民运动，运动极大地促进了美国经济的发展。但是，在西进运动中大批印第安人遭到屠杀，幸存者被强行赶到更为荒凉的"保留地"，印第安人被迫迁徙之路也被称为"血泪之路"。

法国大革命。1789 年的法国大革命是震撼世界的重大事件，是一场最激烈，也是最彻底的资产阶级革命。

法国是西欧面积最大的国家。这里远古时期就有人类居住。公元前 10 世纪，凯尔特人自中欧山区迁入，后来，罗马人把该地称为高卢，把当地居民称为高卢人。日耳曼民族大迁徙影响了高卢的发展；公元 5 世纪后期，定居在默兹河与埃斯科河之间的法兰克人，在国王克洛维率领下大举西侵，建立了法兰克王国。公元 8 世纪初，东法兰克宫相查理重新统一法兰克王国，他的儿子丕平后来在教皇支持下即位，建立加洛林王朝；丕平之子查理曼继承王位之后，把过去罗马帝国统治下的西欧广大地区置于自己控制之下，并由教皇为他加冕，成为皇帝。1337 年英法“百年战争”①爆发。战争后期涌现出的民族英雄圣女贞德②虽然被出卖遇害，但民族统一的趋势已不可阻挡。

法国的资本主义生产关系从 16 世纪开始萌芽和发展。17 世纪起，法国向北美、中美、非洲、印度扩张殖民地。专制王权在路易十四时进入了极盛时期。其后，则是启蒙运动的蓬勃兴起和专制王权的衰落。

1789 年，路易十六召集三级会议，企图向第三等级征收新税以解决财政困难，但第三等级要求限制王权，实行改革。6 月 20 日，与会的第三等级代表发现他们被拒于凡尔赛会场之外。于是，他们聚集在凡尔赛宫的室内网球场，宣布自己为国民议会，所有代表举手宣誓：作为“国民议会”的议员，在完成国家宪法的起草以前决不离去。网球场誓言显然是对国王，也是对专制主义的宣战，这被视为法国大革命的开端。

随后，国王和贵族密谋调动军队包围巴黎，试图以武力制服由第三等级主持的国民议会。巴黎民众得知阴谋举行了起义，7 月 14 日，

---

① 百年战争（1337—1453）进行了 116 年，是世界持续时间最长的战争。战争胜利使法国完成了民族统一，为日后在欧洲大陆的扩张打下基础；英格兰几乎丧失所有的法国领地，但也导致英格兰民族主义的兴起。

② 圣女贞德（1412—1431）：军事家，天主教圣人，法国人民心中的自由女神。百年战争中，17 岁的贞德带领法国军队对抗英军的入侵，为法国的胜利做出了巨大贡献。后被英格兰当局控制下的宗教裁判所诬陷为异端和女巫，并处火刑，年仅十九岁。500 年后，梵蒂冈为她平反并封圣。

参加起义的民众攻占了象征专制的巴士底狱，这成了全国革命的信号。各地纷纷仿效巴黎人民武装夺权，建立国民自卫军。不久，由人民组织起来的制宪会议掌权，颁布“八月法令”，宣布“废除一切封建义务”；3 周以后，制宪会议颁布了具有历史意义的《人权宣言》，向全世界庄严宣告：国家主权属于人民。法国的专制制度就此终结。

《人权宣言》正式名称为《人权与公民权宣言》，其基本思想是：人人生而自由，权利平等；人享有自由、私有财产、人身不可侵犯和反抗压迫的权利；在法律面前人人平等，人人有权直接或间接参加立法；没有司法机关的命令，任何人不受逮捕；宗教自由；言论自由；国家只有在给予赔偿后才可以取得财产权等。法国《人权宣言》与 1689 年英国的《权力法案》、1776 年美国的《独立宣言》一道，构成了“人权之鼎”的三足。《人权宣言》所强调的人权原则成为“新时代的信条”，标志着人类自我认识发展的一个新高度。

法国大革命使长期以来的专制君主制与封建制度瞬间土崩瓦解，整个欧洲的王室都为之心生恐惧。随着奥普联军的入侵和向巴黎逼近，巴黎民众和其他激进人士夺取了国家的控制权，开创了所谓“雅各宾派”掌权的时代。1792 年 9 月 22 日，法兰西被宣布为共和国。这是西方继美国之后在革命中诞生的又一个共和国。

面对国内外的反动势力，具有极端主义思想的罗伯斯庇尔以铁血手段推行激进恐怖统治。1793 年 1 月 21 日，路易十六被送上了断头台。三年内，被斩首的“反革命分子”达 7 万人之多，与罗伯斯庇尔政见不和的丹东、埃贝尔等人也被处死。国民公会中反罗伯斯庇尔独裁的力量组成热月党，于 1794 年 7 月发动热月政变，罗伯斯庇尔本人及其支持者最终也被送上了他们自己发明出来的断头台[①]，法国大革命

---

① 法国大革命“雅各宾传统”开启的近代专政改变了古典专政作为临时中断共和的应急措施的本意，将专政打造成某一党派依靠暴力独占政权的体制。它具有一个“暴力专政加速循环”的制度陷阱：先以专政镇压革命的敌人即“反动派”；革命取得初步成功后，再利用暴力镇压其他与自己政见不同的革命派系，即镇压反对派；最后，它将专政对象扩展到整个社会，每个人都是潜在的被镇压者，直至以专政的方法进行集团内部的自我清洗，即“自我镇压”。但是，这种基于暴力的专政必然也是短命的，“时间不愿意与它站在一起”。

的激进阶段就此结束。

1799 年，受命远征埃及的拿破仑被召秘密回国，并于 11 月 9 日（即法国新历上的雾月 18 日）被宣布为“临时执政”。至此，法国历史进入了一个新阶段。面对一次又一次的反法同盟，年轻的拿破仑担负起了扫荡欧洲封建势力，巩固大革命成果的重任。伴随着拿破仑进军的隆隆战鼓声，“自由、平等、博爱”的旗帜也传遍了整个欧洲。

拿破仑战争延续了 15 年之久，尽管其最后结果是反法联盟取胜，封建王朝得以暂时复辟，但它从根本上动摇了封建制度的基础，唤起了欧洲民族的觉醒，促进了资本主义发展，加速了整个欧洲的历史进程。期间，拿破仑主持编撰并公布了《法国民法典》（亦称《拿破仑法典》）。拿破仑说：“我真正的光荣并非打了 40 次胜仗；滑铁卢之战抹去了关于这一切的记忆。但是有一样东西是不会被人忘却的，它将永垂不朽——那就是我的民法典”①。

著名的历史学家托克维尔指出：法国大革命“决不是一次偶然事件。的确，它使世界措手不及，然而它仅仅是一件长期工作的完成，是 10 代人劳作的突然和猛烈的终结。即使它没有发生，古老的社会建筑也同样会坍塌……只是它将一块一块地塌落，不会在一瞬间崩溃。大革命通过一番痉挛式的痛苦努力，直截了当、大刀阔斧、毫无顾忌地突然间便完成了需要自身一点一滴地、长时间才能成就的事业。这就是大革命的业绩”②。

法国大革命代表着一个“青春、热情、自豪、慷慨、真诚的年代”。从攻占巴士底狱到热月政变的五年中，人民群众一再把革命从危机中挽救过来，并推动着它向前发展。革命者一波又一波，前后相继，一批人完成了特定阶段的使命，被历史无情淘汰，新的一批人又登上舞台，后浪涌前浪，直到革命的成功。正是“天若有情天亦老，人间正道是沧桑”。

---

① 白乐天.世界通史（第 2 卷）[M].北京：光明日报出版社，2002：924.

② [法]托克维尔.旧制度与大革命[M].冯棠，译.北京：商务印书馆，1992：60.

法国大革命是现代西方形成过程中一个极为关键的历史阶段。它摧毁了旧的等级制度，强化了资产阶级的利益，促进了现代国家的成长，第一次把启蒙思想家的理想变成了社会现实。它不仅“宣告了欧洲新社会的政治制度”，“而且在更大得多的程度上反映了当时整个世界的要求”[①]。

当西方进入 19 世纪时，由法国大革命掀起的民族主义成了社会生活中起主导作用的精神力量。革命风潮在 1848 年席卷欧洲大陆，奥匈帝国废除了农奴制残余，巴尔干国家从奥斯曼帝国重获独立，俄国的农奴制度也于 1861 年被废除。到 1871 年巴黎公社爆发时，大多数欧洲国家都成为共和国或立宪（而不是专制）君主制国家。

法国革命和英国、美国革命一道构成了那个时代的主旋律，但它们又有着显著的不同。英国社会变革始终遵循的是一种“保守主义”[②]的政治传统；美国革命也没有试图将社会与传统彻底打碎和改造，其基本精神与光荣革命是一致的。法国革命则是一种激进的、以民粹主义为特征的、人类政治史上空前而有后的大革命。英国著名思想家和政治家埃德蒙·柏克在他的《法国大革命反思录》等著作中对此作了深刻分析。

柏克认为社会是一种精神性的现实存在，人们无法像拆卸重装机器那样对待它；社会变革必须通过有序的渐进，而非突然爆发的革命。雅各宾党人一类的乌托邦革命家企图以理性名义设计一个新的社会；在他们的眼中，人类社会罪恶的根源在于社会结构与社会制度，要消灭恶就必须消灭作为恶的化身的旧制度以及代表这些制度的人，就必须大破大立，甚至不问手段，才能实现正义与和平。这种革命看似伸张人权和自由，实则空洞、危险，是对人权、自由、宪政以及传统的践踏。柏克认为：用暴力来制造凝聚力，必然要造成暴力的滥用，实际上

---

① 《马克思恩格斯选集》第 1 卷，第 321 页。

② 保守主义在不同语境或不同的历史阶段有着不同的含义。一般而言，保守主义是一种强调既有价值或现状的政治哲学。“保守”是相对“激进”而不是相对进步而言，它并不反对进步，只是反对激进和暴力，宁愿采取比较稳妥温和的方式进行变革。

只会是平等名义的平均，自由名义的放纵，人民名义的极权和专政，是以极乐天堂把人们诱入灾变的陷阱。这种革命可以为英雄们带来快感，却不能真正除掉恶的根源，如伏尔泰在《哲学辞典》中所说，是“人人手持心中的圣旗，满面红光走向罪恶”。所以，罗伯斯庇尔等雅各宾党人的悲剧也是必然的。

伯克不仅深入剖析了法国大革命的根本症结，还准确预言了随后的一系列灾难性后果，并在革命初期就预言法国大革命必定会以某种军事独裁作为终结。也如他所预言，法国革命所具有的狂热性还会使这种乌托邦式激进革命不断蔓延、传染到亚洲和非洲。

四、从浪漫到现实

席卷欧洲的启蒙运动，在政治上导致了民主思潮和法国大革命的出现，在文化领域也导致了新的倾向——浪漫主义和继之出现的现实主义。

浪漫主义是文艺复兴以来个性解放的产物，也是对启蒙时代理性思潮的一种反拨。

文艺复兴到启蒙运动，张扬理性，高倡平等、自由、博爱，是一个如日方升的时代。人们就像刚走出一个封闭已久的黑屋子，一下子置身于阳光之中，兴奋、激动，却也不免有些眩晕。18 世纪中叶到 19 世纪初，英国工业革命巨轮滚滚，法国大革命浪涛汹涌，许多进步知识分子一度欢欣雀跃，以为上一代启蒙思想家所梦想的理性王国即将成真。可是，随着“理性的胜利”，人们看到的社会现实却与那些启蒙主义者当初的华美诺言差之千里。由“理性”建立起来的社会和政治制度，所带来的社会现实，竟是一幅令人极度失望的讽刺画。在物质生活越来越丰富的同时，贫富分化，世风日下，贿赂代替暴力压迫、金钱代替刀剑成了社会权力的第一杠杆，各类社会矛盾日趋尖锐。更有一些敏感的思想家已经预感到：理性的无限膨胀本身，同样会导致对人类正常情感和自由心灵的扼杀，同样会带来新的专制暴君。这种不满与失望情绪，最终发展成为一股汹涌澎湃的文化巨澜，这就是作为当时文化主流的浪漫主义思潮。

浪漫主义的出现也是资产阶级上升时期个性解放的一种表现。它要求在理性的基础上更多地关注人的个性，以实现人的真正解放和自由。浪漫主义崇尚真挚炽烈的情感，它用自由和美感来代替义务和功利，用情感的权威来代替理性的权威，用个人的立场来代替国家的立场。浪漫主义作品或眷恋往昔，或憧憬未来，或寻求原始的世外桃源，或钟情于理想的“超人”世界，它为人们提供了一个心灵的慰藉，也激发了人们对美和理想的向往。浪漫主义的价值不在于为人们提供了什么具体的认知内容，而是用奔放的激情、炽热的理想和不羁的艺术表现形式，宣示了对社会现实的愤懑和否定。

浪漫主义虽然对现实持批判的态度，但是除了雨果等少数作家之外，往往缺乏对社会和历史的深刻洞察。而 19 世纪上半期自然科学领域的重大发现，不仅增强了人类征服自然的信心，也形成了一种追求客观、真实和准确性的风气。所以，到 19 世纪 30 年代以后，人们开始意识到启蒙主义的理性王国固然并非灵丹妙药，浪漫主义的绚丽华彩也不过是画饼充饥，最终，“不得不用冷静的眼光来看待他们的生活，他们的相互关系”①。由此，强调真实表现现实生活、深刻揭露社会矛盾、敏锐反映社会问题的现实主义，很快发展成为“19 世纪一个主要的，而且是最壮阔、最有益的潮流”。

现实主义继承了 18 世纪的启蒙传统，力图以理性的分析而不是浪漫的情感作为批判的武器。他们从狂想转入冷静，从积极呐喊转为深沉思索，立足于对客观现实的真实描写，关注社会人生，进而对社会的丑恶进行了深刻的不遗余力的批判。

文学艺术往往会成为一个时代的镜子，这面镜子理所当然要反映和揭示现实的缺陷和问题。尼采说，“没有一个艺术家是容忍现实的”。对现实说“不!”正是文艺的生命力之所在。“作为人的一种精神

① 《马克思恩格斯选集》第 1 卷，第 254 页

存在方式，文学几乎从来就是站在生活的反面，监管与纠正生活的。这个过程始终需要否定，需要批判。只有通过否定与批判，它才能使社会保持高蹈的理想，同时也因其与生活的反差，成就自己不可湮灭的价值”[①]。从某种意义上讲，文艺也正是因这种否定而伟大。文艺就是要通过否定给人以理想，要通过对存在的揭露与不容忍，去维护社会的公平和正义，张扬人性的良善与纯美，歌颂理想的崇高与神圣。

浪漫主义文学的肇始可以追溯到法国卢梭的《新爱洛伊丝》。这部书信体小说写一对青年的恋爱悲剧。卢梭在这本书中，第一次把真纯炽烈的个人情感凌驾于崇高典雅的荣誉和义务之上，不仅发出了崇尚真实情感、贬抑矫饰理性的呼声，也表现了厌恶虚伪的文明社会、赞美纯洁的大自然的倾向。作品的出版曾轰动巴黎。由卢梭的《新爱洛伊丝》，不仅育化出歌德殉情而死的少年维特，夏多布里昂忧郁多情的勒内，也蕴涵了华兹华斯等湖畔诗人恬静幽美的自然风光，和拜伦桀骜不驯的地中海海盗。

浪漫主义的理论策源地在德国。德国是一个理性的国家，却诞生了许多情感充沛的浪漫主义作家。他们的创作充满对田园风光和往昔岁月的依恋，往往带有浓厚的宗教色彩。德国的海涅(1797—1856)也是以浪漫派作家的身份登上文坛的，他的代表作有长篇政治讽刺诗《德国——一个冬天的神话》。

浪漫主义文艺成就最高的是英国和法国。英国的浪漫主义偏重于主观表现，其早期代表是“湖畔派”诗人。“湖畔派”中最有影响的是华兹华斯(1770—1850)，他的《抒情歌谣集》成为英国浪漫主义新时期的标志；柯尔律治(1772—1834)的长诗《古舟子咏》和短篇《忽必烈汗》被认为是浪漫主义的佳作。

“湖畔派”诗人迷恋于“中世纪月光朦胧的魔夜”，而另一些浪漫主义者则试图用光明的未来取代黑暗的现实。其中，以拜伦、雪莱和济

① 汪涌豪. 什么是真文学[J]. 光明日报，2014(12).

慈为代表。

拜伦(1788—1824)是三位诗人中最享有盛名的一位。拜伦出身于没落贵族家庭,学生时代即深受启蒙思想影响,后游历西班牙、希腊、土耳其等国,深受各国人民反侵略、反压迫斗争的鼓舞。他在《恰尔德·哈罗德游记》《唐璜》等作品中塑造了一批"拜伦式英雄"。这些"拜伦式英雄"孤傲、狂热、浪漫,充满了对现实的反抗精神。长诗《唐璜》通过西班牙贵族子弟唐璜游历、恋爱和冒险的浪漫故事,揭露了社会的丑恶与虚伪。拜伦不仅是伟大的诗人,还是为理想战斗一生的勇士。他奋不顾身地投身于希腊民族解放运动,成为其领导人之一,并最终为之献出了自己的生命。

雪莱(1792—1822)是与拜伦齐名的诗人。他的《解放了的普罗米修斯》是具有典型浪漫主义特色的作品。他《西风颂》中的著名诗句"如果冬天来了,春天还会远吗",曾鼓舞了众多为理想而坚持战斗的革命者。济慈(1795—1821)是一位英年早逝的诗人。他的《夜莺》《希腊古瓮》等,抒发了对青春和永恒美的歌颂。

法国的维克多·雨果(1802—1885)是浪漫主义最杰出的代表,被人们誉为"法兰西的莎士比亚"。雨果的创作历程超过 60 年。其代表作有《巴黎圣母院》《悲惨世界》《海上劳工》《笑面人》和《九三年》等。雨果又是一名坚定的自由斗士,他热情赞扬革命,歌颂革命者,曾被迫流亡国外 19 年之久,但始终没有停止对拿破仑独裁政权的斗争。在普法战争期间,雨果参加了国民自卫军,以激昂的爱国主义热情投入战斗;巴黎公社失败后,他挺身而出,愤怒谴责反动政府的兽行。1885 年 5 月 20 日,雨果与世长辞。法国为他举行了国葬,雨果被安葬在先贤祠内[①],"一个国家把以往只保留给君王将帅的荣誉给予一位诗人,这在人类历史上还是第一次"[②]。按照雨果的遗嘱,人们用穷人的马车

① 正是自雨果的葬礼开始,法国政府才正式将之前的圣日内维吾教堂改为共和国英雄们停灵的"先贤祠"。先贤祠安眠着 72 位法兰西高贵的灵魂,她正门的上方雕刻着:"献给伟人们,祖国感谢你们(Aux grands hommes la Patrie reconnaissante)"。

② [法]安德烈·莫洛亚.雨果传(下)[M].北京:人民文学出版社,1989:714.

运载他的遗体，整个巴黎倾城而出为他送葬。

雨果的《巴黎圣母院》是浪漫主义小说的经典。作品中的爱斯美拉达和卡西莫多是美与善的化身，而副主教克洛德和菲比斯则代表着残酷、空虚的心灵和罪恶的情欲。巴黎最下层的乞丐王国，尽管一个个衣衫褴褛举止粗野，却互助友爱，正直勇敢，舍己为人。这与道貌岸然的上层社会形成了鲜明的对比。雨果通过美与丑、善与恶、人性与兽性的冲突，揭露了社会的不公，张扬了真善美的人性。

雨果的长篇巨制《悲惨世界》瑰丽奇特，气势磅礴。作品的主人公冉·阿让是一个浪漫主义色彩浓厚的传奇性人物。他因为偷一个面包给饥饿的外甥而坐牢 19 年。冉·阿让获释后前往指定城市，途中在主教卞福汝家借宿。好心的主教收留他过夜，他却偷了主教家的银器潜逃。然而，主教仍以德报怨，用善意的谎言使冉·阿让幸免再次被捕。受到主教感化的冉·阿让化名马德兰，来到小城蒙特勒，洗心革面，重新做人。十年后，他凭借一手办起的玻璃首饰工厂，成为一名成功的商人，并当上了蒙特勒市长。尽管冉·阿让无法摆脱权力社会那无休止的追踪与迫害，但他坚持广行善事，造福民众。他帮助孤苦女工芳汀抚养女儿珂赛特，在芳汀去世后又收养了珂赛特，后来还救了养女的情人——革命青年马吕斯。最后，冉·阿让带着一颗仁爱之心，平静地走向了天国。

冉·阿让本是一个善良的劳动者。现实的冷酷、法律的不公、监狱的黑暗、社会的残害，使他“逐渐成了猛兽”，以致犯下了真正使他悔恨的错误。而后来的悔恨和觉悟又成为他精神发展的一个起点，促使他精神人格上升到了崇高的境界。冉·阿让是被压迫、被损害、被侮辱的劳苦人民的代表，他一生的经历与命运，就是一部劳苦大众在黑暗社会挣扎与奋斗的悲怆史诗。

雨果的《九三年》以 1793 年法兰西共和国军队镇压旺岱地区叛乱这一重大历史事件为题材，表现了资产阶级革命惊心动魄的历史内容。封建贵族的凶狠残暴、雅各宾专政的恐怖气氛、共和军的英勇牺牲等在书中都有生动的描绘。雨果在作品中最终强调的是：“在绝对正确的革命之上，还有一个绝对正确的人道主义”。

法国浪漫主义女作家乔治·桑(1804—1876)被誉为“法国小说家中最伟大的女性”。乔治·桑是一位全面发展的女才子，吟诗、作文、弹琴、唱歌、画画、跳舞、骑马、打猎，无不精通。祖母去世后，年仅17岁的乔治·桑继承了大笔财产。她18岁结婚，三年后离家去巴黎独立生活。次年，她以乔治·桑的笔名发表《印第安娜》一举成名。乔治·桑的小说多以自己的感情生活为基础，表达作者对爱情的感受和观点。她认为：爱情就是生命，是人们至高无上的权利，爱情应该克服一切偏见与习俗，摆脱一切羁绊和束缚。她在生活中也身体力行这种爱情至上的浪漫主义主张，先后和于勒、缪塞、肖邦①等人相爱。她借自己的作品公开宣称：“婚姻迟早会被废除。一种更人道的关系将代替婚姻关系来繁衍后代。一个男人和一个女人既可生儿育女，又不互相束缚对方的自由”②。我国著名文化人李银河说，优秀的女性应当是一个非常非常独立的人，能够把自己的才能发挥到极致，而不受这个社会上性别规范的限制。乔治·桑正是因为她的独立和优秀，才被雨果称为“是我们这个世纪的骄傲，是我们民族的骄傲”。

乔治·桑的代表作《康素爱罗》，女主人公是位吉卜赛歌唱家，丈夫死后，她拒绝了应属于自己的遗产，回到舞台去过自食其力的生活。《小法岱特》写一贫如洗的小法岱特，追求同村的富家青年，她凭着善良真诚和乐于助人的品质赢得了对方爱慕，爱情也使她自己去除了粗俗的习气，由丑陋村姑变成了花样少女。乔治·桑的重要作品还有《安蒂亚娜》《木工小史》《安吉堡的磨工》等。

浪漫主义美术兴起于法国。其先驱是法国画家席里柯(1791—1824)。席里柯1818年完成的《梅杜萨之筏》可以说是浪漫主义绘画的先声。作品是以震惊法国的“梅杜萨号”事件为题材创作的。1816

---

① 于勒·拉福格，法国象征主义诗人；缪塞，法国最具浪漫特质的诗人，他的小说《一个世纪儿的忏悔》生动记述了他和乔治·桑的罗曼史，成功地勾勒出欧洲社会的整整一个时代；肖邦，波兰作曲家、钢琴家，19世纪浪漫主义音乐的代表人物之一。

② [德]斯特凡·博尔曼.写作的女人危险[M].宁宵宵，译.北京：中央编译出版社，2010:63.

年7月,“梅杜萨号”巡洋舰载着400多名官兵前往非洲圣·路易斯港。由于贵族船长的无能,“梅杜萨号”搁浅沉没,150名水手逃生到临时扎起的木筏上。在15天的漂泊中,狂风恶浪、饥渴煎熬、大量死亡,精神失常,相互残杀,直至啃吃死人尸体……最后,仅有10人得以生还。《梅杜萨之筏》以金字塔形的构图,表现木筏上的仅存者发现天边船影时的情景。画面以一个高举衣衫呼救的遇难者为顶点,动荡飘摇中有一种紧张和惊心动魄的力量,充满了令人窒息的悲剧气氛。在这里,人们看不到古典的文雅、平静、秀美和“均衡”,它突出的是骚动、激情、挣扎和生命的渴望。

德拉克洛瓦(1798—1863)在法国美术史上具有承上启下的作用。《自由引导人民》是他最具浪漫色彩的作品。作品以法国七月革命为背景,在写实的基础上融进了历史与想象。身着古希腊长裙的自由女神,高举三色旗,引导革命者投入战斗;一位重伤的斗士挣扎起来,伫望那高扬的代表着自由、平等、博爱的旗帜。整个画面只有七八个人物,但虚实掩映,色彩浓烈,犹如一首高昂有力的战斗进行曲,响亮而激荡人心。

在音乐方面,19世纪的法国涌现出了一位现代管弦乐之父,他就是与雨果、德拉克洛瓦一道,被称为“法国浪漫主义三杰”之一的音乐天才柏辽兹(1803—1869)。柏辽兹著名的交响乐《幻想交响曲》《马赛曲》《哈罗德在意大利》《罗密欧与朱丽叶》《浮士德的惩罚》等,无不涌动着情感的狂澜。

浪漫主义音乐的杰出代表还有德国的瓦格纳(1813—1883),和波兰被誉为“浪漫主义钢琴诗人”的肖邦(1810—1849)。瓦格纳是天才的作曲家、剧作家和诗人,他的《尼伯龙根的指环》和《特里斯坦与伊索尔德》等划时代的经典,使浪漫主义歌剧发展到了顶峰。《尼伯龙根之歌》出于德国的中世纪民间叙事诗,讲尼伯龙根指环的拥有者可以统治世界,但是,拥有宝藏的前提是必须弃绝爱情。由此,代表财富和权势的黄金指环,在天界、人间、水下演绎了一幕幕惊天动地的大悲剧。最后,受到诅咒的财富和权势化成了永恒的虚无,世界又恢复了平静。

法国是浪漫主义成就最高的国家，也是现实主义的发源地。我国当代著名作家莫言说，“法国小说家确实是全世界对于小说艺术研究得最为深刻、实践得最为充分的一个伟大主体”①。

法国的许多现实主义作家，也曾经历过浪漫主义的创作阶段。他们的现实主义作品或揭露资本主义的罪恶，或挞伐残存封建社会的遗毒，在真实反映时代的同时，“批判性”得到了前所未有的加强。

亨利·贝尔(1783—1842)笔名司汤达，是法国现实主义文学的奠基者。司汤达出身律师家庭，大革命期间以雅各宾党自居，雾月政变后投身军界，参加了对意大利、俄国的远征。1812 年拿破仑滑铁卢惨败后，司汤达转向写作，并取得了辉煌成功。

司汤达的《红与黑》是欧洲现实主义的开山之作。小说塑造了一位个人奋斗者的典型于连。于连生于法国王政复辟时期，他出身平民，英俊能干，聪慧孤傲。于连一心跻身于上层社会，为达目的用尽心机，甚至不择手段，但最终还是丧失一切，沦为死囚。作品不仅有对人性的深刻剖析，更深刻揭示了“统治阶级惩罚他，目的是要惩戒那些敢于混迹高等社会的平民少年”。小说透过于连那扭曲的人生，也显示了法国大革命后平等意识的深入人心，传达出了下层青年对平等的激越呼喊和对现实的强烈反抗。

法国最伟大的现实主义作家无疑是奥诺雷·德·巴尔扎克(1799—1850)。巴尔扎克生于一个中产者家庭，法律学校毕业后不顾父母反对，走上了文学创作的道路。他一生以惊人的毅力创作了大量作品，雨果说他的“作品比岁月还多”。巴尔扎克将自己卷帙浩繁的作品命名为《人间喜剧》。《人间喜剧》分风俗研究、哲理研究、分析研究三大部分，包括完成了的 91 部小说，其中塑造了 2472 个栩栩如生的人物形象。因劳累过度，巴尔扎克于 1850 年 8 月 18 日与世长辞。雨果在悼词中说：“在最伟大的人物中间，巴尔扎克是第一等的一个；在

---

① 见《文学与人生——诺贝尔文学奖获得者莫言与勒克莱齐奥谈文学共鸣》，载于《光明日报》，2014 年 12 月 17 日。

最优秀的人物中间，巴尔扎克是最高的一个”。

巴尔扎克的《人间喜剧》被誉为“资本主义社会的百科全书”。在这部“喜剧”中，既包含着封建贵族的没落衰亡史，也包含了资产阶级的罪恶发迹史。其中最著名的有《欧也妮·葛朗台》和《高老头》等。

《高老头》在《人间喜剧》中占有特殊的位置，它相当于一个序幕，其中的重要人物贯穿在之后的作品中。小说写一个退休的面粉商人高里奥，他两个女儿，一个嫁给了世袭贵族，一个成了银行家的太太，两个女儿像吸血鬼似地榨取父亲的钱财，当老人一贫如洗时就弃之如敝屣。高老头一气之下得了重病，直到临死的时候女儿都没有来看他一眼。高老头这才认识到：“钱能买到一切，买到女儿。倘若我有钱，倘若我留着家私，没有把财产给她们，她们就会来了，会把她们的亲吻来舐我的脸！”

小说还塑造了一位迅速资产阶级化的没落贵族子弟拉斯蒂涅。拉斯蒂涅起初还不失善良。高老头死后，他的两个女儿连棺材钱也不出，就是这个穷大学生设法安葬了他。但是，在社会这个大染缸里，通过子爵夫人鲍赛昂、苦役犯伏脱冷从不同角度的开释，经历了鲍赛昂夫人隐退、伏特冷被捕、高老头之死等“人生三课”，拉斯蒂涅最终明白了：金钱就是一切，为达目的就要不择手段。在埋葬高老头的同时，他也埋葬了“年轻人的最后一滴眼泪”，要和社会拼一把。后来，拉斯蒂涅在巴尔扎克的其他作品中一再以不同身份出现，最终成了一个寡廉鲜耻的资产阶级政客。

《欧也妮·葛朗台》被巴尔扎克视为自己笔下“最出色的画幅之一”。小说成功塑造了老葛朗台这个吝啬鬼形象。老葛朗台是靠商业投机和高利盘剥起家的暴发户。在他那巨蟒般的血盆大口面前，仇敌、朋友、亲戚，甚至家人，都同样是榨取和吞食的对象。在家里，不到他规定的日子，无论春寒秋凉，都不准生火；他亲自分发家人的面包以至蜡烛；他的妻女也像女工一样整天劳作。女儿欧也妮想替母亲绣一方桃花领，也只能腾出睡眠的时间来做，还得想出借口骗取父亲的蜡烛。他甚至把女儿当作鱼饵，诱惑那些求婚的人以渔利。欧也妮爱上了落难的堂兄弟查理。老葛朗台却毫不容情地把欧也妮关在阁楼上，赶走了孤身投靠的亲侄儿查理。老葛朗台留下1800万法郎的遗产，给女儿的临终交代是：管好这些财产，以后“到那边来给我交账”！

《法国大百科全书》说这部小说的“基本剧情就是在野心，成功和金钱的地狱中青春、爱情和生命的遭遇”。作为与老葛朗台相对立的欧也妮珍视人的感情和纯真的爱情，而“根本不把黄金放在心上”；追求高尚的心灵，而蔑视贵族门第和财富。但是，在那样一个铜臭弥漫的社会，以人性、爱情同社会、金钱相对抗，毕竟太过于实力悬殊了。当年侈谈感情高于一切的查理，发财回国后，为攀上一门贵族，毫无羞耻地抛弃了曾舍命相助并等他八年的恋人。欧也妮不承认金钱的权威，就只能落个“既无丈夫，又无儿女，又无家庭”的下场。在这触目惊心的罪恶“真理”的揭示中，包含了作者的多少愤慨，多少诅咒。

莫泊桑(1850—1893)被誉为“短篇小说之王”。1880年，他的成名作《羊脂球》在著名的《梅塘夜话》[①]小说集中发表，引起了强烈的反响。小说以1870年普法战争为背景，写被敌军占领的卢昂10名居民逃亡途中的故事。出逃驿车上的乘客有民主党人、贵族、商人、修女、政客等，主人公是一位绰号“羊脂球”的妓女。驿车在中途被一普军军官扣留，放行的条件是要羊脂球陪他睡觉，被羊脂球严词拒绝和斥骂。但出乎羊脂球预料的是，车上的那些上层人士竟然处心积虑地劝诱、逼迫她做出牺牲。出于善良和无奈，羊脂球被迫屈从。可当马车放行后，那些人又对羊脂球横加鄙视和唾弃。小说最后，是马车在《马赛曲》的口哨和羊脂球的哭泣声中启程。

法国的现实主义创作以客观、冷峻的描写著称。而英国的现实主义文学更为关注“小人物”的悲惨命运和苦难生活，人道主义和改良主

---

① “梅塘”是指法国著名作家左拉在巴黎塞纳河左岸的梅塘村买的一座房子，当时一些志趣相投的作家常在这里聚会。一次，6位法国作家在聚会中相约同时创作以普法战争为背景的小说，《梅塘夜话》遂应运而生。小说集由6部中篇组成，其中最著名的是左拉的《磨坊之战》和莫泊桑的《羊脂球》。

义色彩较浓。

狄更斯(1812—1870)是英国现实主义文学最杰出的代表。著名作品有《雾都孤儿》《大卫·科波菲尔》《老古玩店》《艰难时世》《双城记》等。

《雾都孤儿》以伦敦为背景,主人公奥利弗在孤儿院长大,逃难中误入贼窝,被迫与狠毒的凶徒为伍,遍尝人间辛酸。小说中的奥立弗、南希、罗斯小姐等,他们都身处黑暗和充满罪恶的世界,但现实的丑恶和人生的磨难并没能使他们堕落,反而凸显了他们出污泥而不染的晶莹品质。

《双城记》的"双城"是指巴黎与伦敦。狄更斯在法国大革命的真实背景下,以马内特医生的经历为主线,把冤狱、爱情与复仇三个互相独立而又关联的故事交织在一起,深刻揭示了法国大革命前激化的社会矛盾,强烈地抨击贵族阶级的荒淫残暴。狄更斯站在人道主义的立场,反对残酷压迫人民的暴政,也反对极端的革命暴力和恐怖。

19世纪的英国文坛还产生了一批现实主义女作家。勃朗特三姐妹是其中的杰出代表。她们的《呼啸山庄》《简·爱》等都曾引起极大轰动。

《简·爱》是夏洛蒂·勃朗特(1816—1855)的代表作,凝缩着作者生活,也反映了作者的理想。小说讲述一位孤儿出身、相貌平平的家庭女教师,在生活的磨难中坚持自我,追求自由与尊严,并最终获得幸福的故事。主人公简·爱可以说是女性解放的出色先驱者之一。面对既富且贵的罗切斯特,简·爱傲然宣称:"你以为,因为我贫穷、微贱、不美、矮小,我就没有灵魂,没有心吗?你想错了!——我有和你一样多的灵魂,一样充实的心!我不是藉着习俗、惯例,甚至不是藉着不朽的肉身来和你谈话——是我的精神向你的精神谈话,就如同我们都要从坟墓里复现,我们站在上帝的脚旁,两人平等——因为我们是平等的"!俄国作家契诃夫说:人"在什么场合承认自己的渺小?在上帝面前,在智慧面前,在美面前,在大自然面前",但是,面对社会,面对历史，人“应该意识到自己的尊严”①。勃朗特通过自己“诗意的生平写照”，不仅朗声宣告着女性的独立和平等，也张扬着人性本身的伟大与尊严。

劳伦斯(1885—1930)是英国文学史上最独特、最有争议的一位作家。他的代表作《查泰莱夫人的情人》，写主人公康妮的丈夫在战争中负伤瘫痪，庄园的守猎人重新燃起了康妮的爱情和生命之火。《查泰莱夫人的情人》被禁有年，原因在于性。其实，在这部小说中，读者所能感受到的恰恰是一种健康诗意的美，一种充满激情的人性精神。英国著名文化学家霍嘉特在为《查泰来夫人的情人》辩护时说：“如果这样的书我们都试图当成淫秽书来读，那就说明我们才叫肮脏。我们不是在玷污劳伦斯，而是在玷污我们自己”。

现实主义的绘画揭露生活本相，肯定普通人的价值，具有较高的真实性和深刻性。被誉为乡村风俗画家的米勒(1814—1875)是法国19世纪最杰出的现实主义画家。他的作品以描绘农民劳动和生活为主，具有浓郁的农村生活气息。《拾穗者》表现农妇在收割后的田地弯腰拾拣遗落麦穗的情景，质朴简约的农妇造型给人以深刻印象。库尔贝(1819—1877)被称为“现实主义绘画之父”，他的作品善于描绘平民的日常生活，表现被压迫者的苦难，造型结实，质感强烈。《石工》是库尔贝的代表作：在炙热阳光下劳作的石工形体，寄寓了坚韧、承受和希望。

19世纪雕塑艺术的集大成者是奥古斯特·罗丹(1840—1917)。罗丹是法国最伟大的雕塑家，是继米开朗基罗之后西方雕塑史上的又一座高峰。他出生法国巴黎一个平民家庭，从小便从事首饰、珠宝和木匠等工艺劳动，这成了他日后雕塑创作的艺术预备期。

罗丹的艺术以写实为基础，但富于幻想和激情，在作品中寄予了深邃的理性思考。他恢复了西方雕塑对人的理解和对精神世界的表

① [俄]契诃夫.可爱的契诃夫：契诃夫书信赏读[M].童道明，译.北京：商务印书馆，2015：3.

现，强调对人类生活中最深刻的爱与美的展示。罗丹早期最被人称颂的是《加莱义民》《吻》等作品。《加莱义民》取材于1347年英法百年战争中的一个故事。加莱市在英军围困中坚守近两年，弹尽粮绝后被迫求和。英王提出，要他们派出六名最受尊敬的市民，身着麻衣，颈套绳索，到英军营地交献城市的钥匙并受死，以厄斯塔什为首的六位市民挺身而出，以自己的牺牲换取了屈辱的和平。罗丹的群雕表现的便是他们在走向敌营、面对死亡时的真实人性。

罗丹是米开朗基罗之后第一个力图赋予雕塑以思想性的人。他作品表现的重点不是对象的躯壳，而是精神实质。尽管罗丹的雕塑仍旧忠实于对象的形体，但形体在他手中已经开始扭曲、变形。他的代表作之一《行走的人》就是一具没有头，也没有手臂，但壮实有力的断躯。他的《青铜时代》以一个律动而舒展的青年人体，象征着人类刚从自然的束缚中解放出来，从蒙昧走向文明的时代特征。他为雨果、巴尔扎克等所做的雕像，与其说表现了对伟大者的崇敬，不如说是表达了对他们的理解。

罗丹的巨作《地狱之门》的创作历时37年之久，直到他去世前一年还在修改。但丁在《神曲.地狱篇》中说："从我这里走进苦恼之城，从我这里走进罪恶之渊，你们走进来的，把一切的希望抛在后面"。《地狱之门》把近代文明的罪恶都集中表现在这个"门"上，雕塑了186个分别为情欲、恐惧、理想而不断挣扎、自我折磨的形象，贯穿着希望、幻灭、死亡和痛苦等种种感情。门楣上三个造型相同头颅低垂的裸体男子，被认为是亚当和亚当的影子。罗丹借这组雕塑表达了对复杂人性的思考。门楣中央是一位思考着的人，后来被独立出来，成为罗丹艺术里程碑式的作品——《思想者》。

"思想者"被认为是但丁的象征，他以强健的赤子形象，默默俯视着下面被洪水吞噬的各色人物；他深爱人类，面对人们的无尽痛苦与挣扎，他难以对那些生命做出最后判决，而陷入极大痛苦和沉思之中。罗丹倾心于基督教文明的深刻内省精神，倾心于悲剧所显示出来的力量，“思想者”弯腰屈膝，肌肉紧绷，眼睛深陷，眉头紧锁，右手手肘支在左腿膝盖上，以手托腮，似乎难以承受思想的重负；从整体上看，雕塑的造型恰似一个大大的问号，表达着对现实社会的忧虑，对人民苦难的同情，和对人类命运的永恒思考。

五、群星灿烂的俄苏文艺

俄罗斯地跨欧亚两大洲，是世界上面积最大的国家，也是与中国距离最近的西方国家。“最近”不仅是指空间，也是指文化上的牵连。十月革命一声炮响，为我们送来了马克思列宁主义。无论之前和之后曾有过怎样的纠葛，在 20 世纪的近百年间，苏俄同中国的联系和影响都是毋庸置疑的。

俄罗斯民族源于东欧草原上的东斯拉夫人。基辅罗斯是东斯拉夫人建立的第一个国家。公元 988 年，东正教从拜占庭帝国传入基辅罗斯，开始了拜占庭文化和斯拉夫文化的融合。东正教不仅以独特的建筑风格改变了罗斯的城乡风貌，而且以丰富的精神内涵充实了罗斯的文明成果。1547 年，伊凡四世加冕称沙皇[①]，莫斯科大公国逐渐发展成为东北罗斯的政治、经济、文化和宗教的中心。17 世纪时，俄国还盛行农奴制度。彼得大帝在 1697 年派遣使团赴西欧考察，自己也化名随团出访，回国后实行了一系列改革。欧化运动在促进经济发展的同时，也丰富了俄罗斯多元文明的内涵。

18 世纪以后，随着实力的不断增强，俄罗斯东正教会宣传的“弥赛亚”意识成了统治阶级追求大国地位和推行领土扩张的一个思想依据。他们标榜俄罗斯民族肩负着拯救世界的特殊使命，这种使命感在为国家走向强大提供内在动力的同时，也助长了俄罗斯觊觎别国领土，欺负弱小民族的沙文主义习气。叶卡捷琳娜二世时期，俄罗斯领

---

① 沙皇（царь）意为“大皇帝”，最早是俄罗斯人用来称呼拜占庭帝国皇帝。俄国采用沙皇作为君主头衔始于伊凡四世。

土空前膨胀，被称为“帝国的黄金时期”。1812 年的卫国战争，俄罗斯击败了入侵的拿破仑军队，胜利也教育和唤醒了人民。1825 年，经历了战争洗礼的十二月党人在彼得堡举行起义，这些贵族革命者终被镇压。1861 年，沙皇亚历山大二世推行改革，废除了农奴制度，使俄国走上了资本主义发展道路。

1917 年的十月革命建立了苏维埃政权。1922 年 12 月，苏维埃社会主义共和国联盟正式成立。斯大林时期以计划经济作保障，大规模地推行工业化和农业集体化。第二次世界大战中，苏联先是与纳粹德国结盟，共同瓜分了波兰，但后来仍被德国及其轴心盟国入侵。为赢得卫国战争的胜利，苏联军民付出了 2700 多万人的牺牲。二战胜利后，前苏联与卫星国组成华沙公约组织，与以美国为首的北大西洋公约组织对峙，并在冷战期间成为与美国并驾齐驱的“超级大国”。1991 年“8・19 事件”①后，爱沙尼亚、拉脱维亚、立陶宛等加盟共和国先后独立，苏联解体。之后，俄罗斯联邦成为完全独立的国家。在当今“一超多强”的国际体系中，俄罗斯仍是有着巨大影响力的世界强国。

俄罗斯文明是一种具有欧亚混合色彩的文明。村社文明是构成俄罗斯文明的基础性元素，它在和平年代为多民族的俄罗斯社会增添了几分和谐与宁静；在战争年代，对信仰的执着追求又转化为高涨的

---

① “8・19”事件：20 世纪 80 年代末，苏联社会发生急剧变化，政局动荡，经济濒临崩溃，民族矛盾激化。1991 年 8 月 19 日，副总统亚纳耶夫突然宣布：苏联总统戈尔巴乔夫因健康原因已不能履行总统职责，由自己代行总统职务；对苏联部分地区实施为期 6 个月的紧急状态，并于当天在莫斯科市实施。这些做法遭到俄罗斯联邦总统叶利钦等人的坚决反对。随即，莫斯科发动总罢工，群众走上街头举行抗议，事件在国际上也引起强烈反响。8 月 21 日，苏联国防部决定撤回部署在实施紧急状态地区的部队。当晚，之前在克里米亚休假的戈尔巴乔夫宣布已完全控制了局势，下令撤销由所谓“紧急状态委员会”颁布的各项决定，解除了该委员会所有成员的职务。23 日，叶利钦命令停止俄罗斯共产党活动。24 日，戈尔巴乔夫发表声明，说苏共在事件中“未能站在谴责和抵制的坚定立场上”，应“自动解散”，并宣布辞去苏共中央总书记职务。之后，苏联政局进一步动荡；12 月 25 日，苏联宣布解体。当晚 7 点 32 分，飘扬了将近 70 年的镰刀斧头旗从克里姆林宫降下，士兵把那面红旗随意一叠，“就像餐馆的服务员收拾桌布一样”（奥克莱里：《苏联的最后一天》）。

爱国激情。在俄罗斯精英阶层中，东正教的弥赛亚意识还往往表现为一种带有民粹倾向的“使徒”情结，他们受强烈的使命感驱使，力图通过自己的“受难”来为人民谋福祉。十二月党人起义失败后，许多革命者的妻子自愿与丈夫一道踏上流放之路，她们的选择中显示着一种对历史正义的理解和高贵的牺牲精神。从俄国专制制度的第一位抨击者亚·拉吉舍夫(1749—1802)到苏联的持不同政见者，如亚·索尔仁尼琴和安·萨哈罗夫(1921—1989)等，一代又一代的俄罗斯知识分子，都把争取平等、自由、人权和民主，视为自己的人生使命，这促使他们义无反顾地对抗强权，不惜将生命置之度外。在苏联解体的大潮中，俄罗斯民族又显示出一种勇于直面历史、沉稳默契的坚韧精神和把握时代脉搏的悲壮气魄。

19世纪的俄罗斯文坛群星荟萃。其现实主义的独特主题是对农奴制的批判和鲜明的人民性。对于底层人民的苦难，许多作家不是那种居高临下的怜悯，而是努力与底层人民甘苦与共，呼吸相通，甚至以一种赎罪的心态，来揭露上层和社会的罪恶。在他们的作品中往往蕴含着道德反思带来的沉重，有一种挥之不去的哀愁，但又不乏气势宏大的历史感，具有一种基于深刻人道情怀的高贵气质。

普希金(1799—1837)是俄罗斯民族文学的奠基者，被誉为“俄罗斯诗歌的太阳”。他的代表作有诗歌《自由颂》《致大海》《致恰达耶夫》，诗体小说《叶甫盖尼·奥涅金》，中篇小说《上尉的女儿》等。《叶甫盖尼·奥涅金》是俄罗斯现实主义文学的奠基之作，小说再现了19世纪20年代俄罗斯广阔的社会生活，被别林斯基称为“俄罗斯生活的百科全书”。他的《自由颂》《致恰达耶夫》等曾成为十二月党人的精神旗帜。他的抒情名篇《假如生活欺骗了你》:“一切都会将过去;而那过去了的，就会成为亲切的怀念”，带给了无数青年以人生的暖意和亮色。

果戈里(1809—1852)是俄国批判现实主义文学的奠基人。他的喜剧《钦差大臣》、长篇小说《死魂灵》等，对整个俄国农奴制的黑暗和腐朽作了深刻的揭露，对沙皇专制制度进行了无情的讽刺和控诉。

屠格涅夫(1818—1883)的创作几乎构成了19世纪40至70年代整个俄国社会生活的编年史。他的《猎人笔记》被赫尔岑称为“用诗写成的对农奴制的控诉书”[①]。他的《贵族之家》等长篇小说，表达了作家对生活和美好事物极其珍贵的敏感，具有经久不衰的魅力。屠格涅夫在作品中塑造了一系列出色的俄罗斯女性，被人们亲切地称为“屠格涅夫家的姑娘”。这些纯洁的少女，往往是未来的形象代表，是年轻的俄罗斯的化身，从她们身上，读者可以感受到历史的脉搏，听到时代的呼声。所以，托尔斯泰说“屠格涅夫以描画妇女们的绝妙肖像完成了伟大的事业”。

高尔基说：“托尔斯泰和陀思妥耶夫斯基是两个最伟大的天才，他们以他们的天才的力量震撼了全世界，使整个欧洲惊异地注视着俄罗斯，他们两人都足以与莎士比亚、但丁、塞万提斯、卢梭和歌德这些伟大的人物并列”[②]。托尔斯泰代表了俄罗斯文学的广度，陀思妥耶夫斯基则代表了俄罗斯文学的深度 。

陀思妥耶夫斯基(1921—1881)是俄国文学史上最复杂、最矛盾的作家之一，他被誉为“人类灵魂的伟大的拷问者”。对生活近乎绝望的批判态度，对社会罪恶直捣根底的探究、对人性犀利无情的解剖，以及对宗教解脱的无奈寻求，构成了作家独特的创作风格。鲁迅说：“对于这位先生，我是尊敬，佩服的，但我又恨他残酷到了冷静的文章。他布置了精神上的苦刑，一个个拉了不幸的人来拷问给我们看”，“他把小说中的男男女女，放在万难忍受的境遇里，来试炼它们，不但剥去了表面的洁白，拷问出藏在底下的罪恶，而且还要拷问出藏在那罪恶之下

① 赫尔岑(1812—1870)，俄国哲学家、作家、革命家，和别林斯基齐名的思想领袖。他的作品影响了几代俄罗斯人的思想和生活，主要有《谁之罪》和《往事与随想》等。

② [俄]高尔基. 谈谈小市民习气[M]//论文学(续集). 北京：人民文学出版社，1979：50.

的真正洁白来”[①]。

陀思妥耶夫斯基著有20多部长篇小说，主要有《穷人》《被侮辱与被损害的》《死屋手记》《罪与罚》《白痴》《群魔》《卡拉马佐夫兄弟》等。

《卡拉马佐夫兄弟》是陀思妥耶夫斯基最后一部长篇小说，通常被认为是他的巅峰之作，弗洛伊德称之为“历史上最伟大的小说”。作品描写老卡拉马佐夫同三个儿子即两代人之间的尖锐冲突。老卡拉马佐夫贪婪好色，独占妻子留给儿子们的遗产，并与长子德米特里为一个风流女子争风吃醋。一天黑夜，德米特里疑心自己的情人去跟老头幽会，便闯入家园，一怒之下，差点把老卡拉马佐夫砸死。德米特里仓皇逃离后，老卡拉马佐夫的私生子斯乜尔加科夫却杀死了这个暴虐的父亲，并引发了一连串惊心动魄的事件。小说表面上是写一桩弑父案，但在深层次上，是表现了一个错综复杂的社会、家庭、道德和人性的悲剧主题。陀思妥耶夫斯基以出色的艺术技巧，把人物内心世界中最隐秘的潜意识活动赤裸裸地暴露了出来，他说：“隐匿在人类之中的恶远比包治百病的社会主义者所想象的要深刻得多，任何一种社会制度都无法避免恶”[②]。他对人内在本性和精神状态的真实刻画，对许多文学和哲学巨匠都有着深刻的影响。

列夫·托尔斯泰(1828—1910)的创作代表了19世纪俄罗斯文学的顶峰。高尔基曾言：“不认识托尔斯泰者，不可能认识俄罗斯”。托尔斯泰出身名门望族，但他厌弃自己的贵族出身，真诚致力于“平民化”。他努力改变自己的生活方式，从事体力劳动，过底层农民的普通生活，最终从贵族转到了千百万宗法制农民的立场。托尔斯泰在82岁高龄离家出走，他在生命的最后时刻，以此表达对农奴的歉疚和摆脱物欲生活的决心。

托尔斯泰的作品一方面深刻地反映了从农奴制崩溃到第一次俄

---

① 鲁迅.忆韦素园君[M]//崔钟雷.鲁迅散文珍藏.长春：吉林人民出版社，2009：343，361.

② 陀思妥耶夫斯基.作家日记[M]//外国文学教学参考资料(第5册)(下).福州：福建人民出版社，1982：240.

国革命期间的社会生活，另一方面宣传道德自我完善，反对革命暴力，企图从宗教道德中寻找解决社会问题的出路。托尔斯泰著名的长篇三部曲中，有关注历史和民族觉醒的《战争与和平》，有反映个性追求和现实残酷的《安娜·卡列尼娜》，还有期望人性和道德复归的《复活》。

《战争与和平》是一部兼有史诗、历史小说及风习描写的辉煌巨著。作品以1812年卫国战争为中心，通过对保尔康斯基、罗斯托夫、别竺豪夫和库拉金四个贵族家庭的描写，反映了从1805年奥斯特里齐战役到1825年十二月党人起义前夕的俄国现实，描写了俄罗斯人在反击拿破仑侵略中的英勇牺牲精神，展示了俄国各阶级的生活及心理状态，具有史诗般广阔与雄浑的气势。作品倡导贵族接近人民，走平民化的道路，表达了作者对政治、历史、哲学、宗教、道德等问题的思考。

《安娜·卡列尼娜》深刻反映了19世纪下半期农奴制崩溃，资本主义确立所引起的俄国社会的巨大变动。主人公安娜是具有个性解放思想的贵族妇女。对于这样一位19世纪的贵族妇女来说，爱情是她追求自由和个性解放的唯一方式和途径。然而，赋予她希望的是爱情，导引她于死地的也是爱情。来自上流社会、家庭，和渥伦斯基的压力，安娜都承受住了。但是，她无法完全超越时代，无法战胜自己，爱情的幻灭最终把安娜推向了死地。在挪威易卜生的《玩偶之家》以前，没有任何一个女性形象能够有安娜那样决绝的反叛。勃朗特的简·爱最终回到了罗切斯特的身边，巴尔扎克给欧也妮安排了世俗的归宿，普希金笔下的达吉亚娜恪守着没有爱情的婚姻，屠格涅夫则以传统道德塑造着理想的女性。只有安娜是义无反顾的，她最后也不肯回到沉闷的生活中去，而是以“死”来抗议这个非人的社会，以“死”来昭示生命的尊严和价值。托尔斯泰并没有简单展示安娜出轨的情感历程，而是通过安娜细腻的内心感受，真挚的情感波动，强烈的生命激情及悲剧性的命运，揭示了个人感情与世俗道德之间的冲突，揭示了俄国社会中妇女的真实境况,并以此鞭挞了那个社会的残酷和非人性。

《复活》是托尔斯泰由贵族转向宗法制农民立场之后的作品。在《复活》中,托尔斯泰通过男女主人公的遭遇,描绘出一幅幅沙俄社会的真实图景:草菅人命的法庭和监禁无辜的牢狱,金碧辉煌的教堂和褴褛憔悴的犯人,豪华奢侈的京都和破产荒芜的农村,茫茫的西伯利亚和承受苦难的流放者。作者以极大的愤怒揭露了法律的不公,法官的昏庸,教会的伪善,上流社会的腐朽与寄生。男主人公聂赫留朵夫是"忏悔的贵族"形象。他原本是个正直善良的青年,腐朽的贵族社会导致了他的堕落。聂赫留朵夫经历了堕落、认罪、忏悔、赎罪的过程,在为民伸冤的经历中终于认清了本阶级罪恶,决心与贵族决裂,向人民靠拢。聂赫留朵夫的"复活"也体现了作者自己精神探索的轨迹。女主人公玛丝洛娃是一个被侮辱被损害的妇女形象。她的凄苦身世与被迫沦落是对罪恶社会的有力控诉,她人生的"复活"也伴随着自身精神的成长与升华。《复活》体现了"勿以暴力抗恶"的主张和期望道德的自我完善的思想,可以视为托尔斯泰现实主义艺术的最后总结。

契诃夫(1860—1904)与莫泊桑和欧·亨利并称为"世界三大短篇小说家"。其代表作有《变色龙》《套中人》等。《套中人》写一个小城的中学教员别里科夫,他与世隔绝,习惯于把一切日常用具装在套子里面,还喜欢告密,到处危害人们的精神自由。作品通过对别里科夫思想性格的刻画及其婚事的描写,塑造出一个胆小怕事,因循守旧、害怕新事物和扼杀新思想的"套中人"。

别林斯基(1811—1848)是俄国文学批评与文学理论的奠基人,他和车尔尼雪夫斯基(1828—1889)的文学评论与美学思想推动了俄国现实主义文学的发展。车尔尼雪夫斯基是平民知识分子革命家中最杰出的代表,普列汉诺夫把他比作俄国的普罗米修斯。车尔尼雪夫斯基在监狱中创作的长篇小说《怎么办?》被誉为"生活的教科书",曾对青年一代产生过重大影响。

19 世纪下半期的俄罗斯巡回展览画派的作品多视角、多层次、多色彩地描绘了 1861 年改革后的俄罗斯生活。

列宾(1844—1930)是现实主义绘画的代表之一,《伏尔加河纤夫》是他最具有批判精神的代表作:11 位身着破烂衣服的纤夫,头顶烈日,肩拖货船,迈着沉重的步伐,艰难地行进在沙滩上。这是当时底层劳动人民生活和命运的真实写照,人物悲哀而倔强的表情寄寓着一个古老民族的苦难和抗争。被称为"俄罗斯大自然的诗人"的列维坦(1860—1900)的《伏尔加河上的黄昏》《白桦林》等,则表现了俄罗斯大自然的蓬勃生机和壮丽风貌。

俄国 19 世纪下半叶最伟大的作曲家是柴可夫斯基(1840—1893)。他的作品反映了专制统治下俄国广大知识阶层的苦闷和对幸福的渴望,充满强烈的戏剧冲突和炽热的感情色彩。其震撼人心的《第六交响乐》(悲怆)反映了俄国知识分子的悲剧命运及他们对现实的不满。代表作品还有人们耳熟能详的第四、第五交响曲;歌剧《叶甫盖尼・奥涅金》《黑桃皇后》;舞剧《天鹅湖》《睡美人》《胡桃夹子》;交响序曲《1812 年》等。

现实主义文艺在十月革命以后的前苏联,仍显示了顽强的生命力,并取得了独具特色的杰出成就。

高尔基(1868—1936)是前苏联文学的奠基者。"高尔基"意为"悲惨的、不幸的"。高尔基童年主要在外祖父家度过,后来家道中落,十岁就开始独立谋生,先后做过信使、学徒、守夜人,卖过鸟、画过圣像。但是,他在困境中坚持刻苦自学文化,并积极投身革命活动,探求改造现实的道路。十月革命后那样一个复杂时代,也决定了高尔基恢弘绚丽而又不无悲剧性的人生。

高尔基 1892 年发表了处女作《马卡尔・楚德拉》,他的《伊则吉尔老婆子》《鹰之歌》等赞美热爱自由、向往光明的坚强个性;著名的散文诗《海燕之歌》,塑造了象征革命者勇敢搏风击浪的海燕形象,鼓舞人们去迎接革命风暴和伟大的战斗。代表作品还有自传体三部曲《童年》《在人间》《我的大学》，长篇史诗巨著《克里姆·萨姆金的一生》等。高尔基对文学创作方法进行探索，提出了现实主义与浪漫主义相结合的观点。

尼古拉·阿列克谢耶维奇·奥斯特洛夫斯基(1904—1936)是坚强的布尔什维克战士、著名的无产阶级作家。他的长篇小说《钢铁是怎样炼成的》是30年代苏联无产阶级革命文学中最优秀的作品之一。小说主人公保尔·柯察金在烈士墓前的独白："人最宝贵的是生命，生命属于人们只有一次。人的一生应当这样来度过：当他回首往事时他不致因虚度年华而懊恨，也不因碌碌无为而羞耻。这样，在临死的时候他就能够说：'我已把自己的整个生命和全部精力都献给了世界上最壮丽的事业——为全人类的解放而斗争'"，成为千百万革命青年人生的座右铭。

肖洛霍夫(1905—1984)的创作在前苏联文学中独树一帜。他出生于顿河流域的维约申斯克区，自学成才。代表作《静静的顿河》从1926年开始直至1940年，用了14年的时间才创作完成。作品一经问世，立刻受到国内外的瞩目，由于"在对顿河流域史诗般的描写中，以艺术力量和真正的创造性反映了俄罗斯人民的一个历史阶段"而获诺贝尔文学奖。1957年发表的短篇《一个人的遭遇》被称为当代苏联新浪潮文学的开篇之作。小说通过主人公索科洛夫在战争中的不幸遭遇和所体现出的坚韧品格，反映了法西斯侵略战争带来的深重灾难，以及苏联人民强烈的爱国主义精神、博大的胸怀和坚不可摧的意志。

《静静的顿河》的主人公葛利高里"是殁于历史过程的矛盾中的一个牺牲者"。小说开始，他是一个青春焕发、生气洋溢的哥萨克青年。他勤劳勇敢、真诚正直、富于同情心；他有强烈的独立精神，执着地追求真理，也无所畏惧地捍卫着自己爱情的权利。葛利高里具有创造生活，追求幸福的一切先天禀赋，满怀信心地踏上了自己的人生之路。

然而，在他面前展开的却是一条崎岖坎坷、荆棘遍布的道路。十月革命后，他曾经先后两次参加红军，作战英勇，屡建功勋。也曾一再身不由己地投身叛乱。在葛利高里的生活中有一些较唐·吉诃德更为可悲的因素：他是一个真诚的献身者，要为哥萨克人民的幸福去战斗，却也不能不为时代的大潮所裹挟，一再陷入矛盾和迷惘之中；他幻想能够“逃避开这整个的、沸腾着仇恨的和难以理解的世界”，最后还是陷入了举步无路，回头无岸的悲惨境遇——小说结尾，葛利高里埋葬了逃亡中死于流弹的恋人婀克西妮亚，顺着被春融侵蚀过的三月的蓝色河冰，穿过顿河，大踏步往自己家里走去。“葛利高里在许多失眠的夜里所幻想的那一点点希望总算实现了。他站在自己家的大门口，手里抱着儿子”——“这就是在他的生活上所残留的全部东西，这就是使他暂时还能和大地，和整个这个巨大的、在冷冰冰的太阳下面闪闪发光的世界相联系着的东西”。

在历史的急流漩涡中，葛利高里始终不肯随波逐流，而坚持着主宰自己命运的权利；他走遍了但丁的层层炼狱，直至在命运的迎头痛击下头破血流，但是，他以自己的血肉之躯、以自己赤裸裸的灵魂，承受了时代的狂风暴雨，经历了血与火的严酷洗礼。现在，面对那“冷冰冰的太阳”照耀下的世界，他也没有背过脸去，他以自己整个的生命悲剧，作为了那个时代的历史献祭。黑格尔说：“人格的伟大和刚强只有借矛盾对立的伟大和刚强才能衡量出来……环境的互相冲突愈众多，愈艰巨，矛盾的破坏力愈大，而心灵仍能坚持自己的性格，也就愈显出主体性格的深厚和坚强”[①]。在这里，我们看到的正是一个比一切苦难、比毁灭还要坚强的灵魂。他走向了毁灭，却以那不可摧折的人性的力量震撼着人们。

帕斯捷尔纳克(1890—1960)是著名的前苏联诗人、翻译家、小说家。他精通英、德、法三国语言，对欧洲文艺造诣很深。但帕斯捷尔纳

① [德]黑格尔.美学(第1卷)[M].朱光潜，译.北京：商务印书馆，1979：222.

克性格孤僻，同十月革命后的官方文学团体格格不入。他在家庭中也同样孤独，文化修养上的差异使他与妻子无法有精神上的相通。二战中，他投身反法西斯战争，并获一枚奖章。1946 年，他邂逅终身挚友伊文斯卡娅，这大大改变了他们的人生轨迹①。1957 年，帕斯捷尔纳克完成了被称为“诗话小说”的《日瓦戈医生》。这部对历史深沉思考的长篇小说在西方出版后，立即引起强烈反响，人们将其与托尔斯泰的《战争与和平》相提并论，小说获得了诺贝尔文学奖（此前的 1945 年至 1957 年，他曾先后 10 次被提名为诺贝尔文学奖候选人）。

《日瓦戈医生》的中心人物是尤里·日瓦戈。他正直善良，但命运把他抛入了 20 世纪俄罗斯的炼狱。日瓦戈经历了战争、流亡、疾病，全家一再濒临饿死的边缘；他目睹了革命、恐怖、无辜平民遭受的镇压。日瓦戈辗转跋涉，渴望找到一个可以逃离的地方，但他逃无可逃，

① 1946 年，帕斯捷尔纳克在《新世界》编辑部结识了伊文斯卡娅。帕斯捷尔纳克本是伊文斯卡娅崇拜的偶像，帕斯捷尔纳克也被伊文斯卡娅的超尘拔俗所震撼。伊文斯卡娅第一个丈夫是在苏联大清洗中被迫自杀的，她同女儿相依为命。相识一年后，帕斯捷尔纳克对伊文斯卡娅说：“普希金没有凯恩。心灵不充实，叶赛宁没有邓肯写不出天才诗句，帕斯捷尔纳克没有伊文斯卡娅便不是帕斯捷尔纳克”。伊文斯卡娅不仅成为帕斯捷尔纳克的红颜知己，还是他事业的坚决支持者，《日瓦戈医生》中拉拉的形象就是以她为原型塑造，而且也是他们两人的共同完成的。1949 年，当局为迫使帕斯捷尔纳放弃《日瓦戈医生》的创作，逮捕了伊文斯卡娅。帕斯捷尔纳克没有屈服，这使监狱里的伊文斯卡娅更遭受了非人的折磨。她在服苦役时流产，直到 1953 年才被释放。1956 年，帕斯捷尔纳克的《日瓦戈医生》被《新世界》编辑部否定，并称“小说的精神是对社会主义的仇恨”。意大利出版商费尔特里内利通过伊文斯卡娅读到手稿，欣赏备至，准备出版意文译本。前苏共中央书记苏斯洛夫亲自飞往罗马，要意共总书记陶里亚蒂干预。没料到曾是意共党员的赛尔特里内利索性退党，并果断出版了《日瓦戈医生》意文译本。之后，英、德、法等各种译本相继面世，《日瓦戈医生》成为当时西方最畅销的书。面对当局的恼羞成怒，伊文斯卡娅挺身而出，把一切都揽在自己身上。之后，面对种种不择手段的迫害，伊文斯卡娅又决然声明，如果继续指使人骚扰帕斯捷尔纳克，她们俩便双双自杀。帕斯捷尔纳克获诺贝尔文学奖后曾致电瑞典皇家学院：“极为感谢！”但为使已失去工作的伊文斯卡娅免遭进一步迫害，他后来又不得不表示：“鉴于我所从属的社会对我被授奖所做的解释，我必须拒绝领奖”。可是，妥协也无济于事。受蛊惑的群众仍然在帕斯捷尔纳克住宅前示威狂呼。如果不是印度总理尼赫鲁直接给赫鲁晓夫打电话，声称他本人要担任保卫帕斯捷尔纳克委员会主席的话，作家可能就被驱逐出境了。最终，磨难和迫害过早夺去了帕斯捷尔纳克的生命。他下葬那天，成千上万的人到住宅告别。因他妻子奈豪斯的阻挠，伊文斯卡娅在门口站了一夜，最后只能在人群后面远远望着爱人的灵柩，五内俱焚晕倒在地。帕斯捷尔纳克逝世后，当局把气都撒在了伊文斯卡娅身上。她和 20 岁的女儿伊琳娜同时被捕，判处四年徒刑，直到赫鲁晓夫下台才被释放。伊文斯卡娅同帕斯捷尔纳克相爱 13 载，相互扶持，共同面对风雨的摧残，她把这些都写入了《回忆时间的俘虏》中。

最后猝死在莫斯科的人行道上。在那个动荡的年代，苦难是俄罗斯普遍的生存境遇。一代知识分子的理想和信仰，在现实面前经受着严酷的拷问。他们在磨难里耗尽了青春和生命，却仍执著于俄罗斯人的救赎情怀，坚持“让那苦难的暗流，温暖生活的冷酷”。在小说中，日瓦戈冒着生命危险解救并放走了那个还是少年的士兵谢廖沙，在危难中把无家可归的乡村孩子瓦夏带到了莫斯科，还设法送他进工艺美术学校学习。日瓦戈与女主人公拉拉之间那种舍己无私之爱，更是动人心弦。他们感情愈深，就愈关注对方的幸福：“不爱是一种叫人多么难堪的无情的惩罚！……不爱有如谋杀，我决不会给任何人这种打击”。在帕斯捷尔纳克看来，真正的人永远活在别人之中。如他在自传随笔中所言：“只有在我们能爱别人，并且有机会去爱的时候，我们才成其为人”①。

文学作为人类一种特殊的精神存在方式，它带给人们的应该是灵魂的自由和诗性的拯救。“人是不朽的，这并不是说在生物界唯有他才能留下不绝如缕的声音，而是因为人有灵魂——那使人类能够怜悯、能够牺牲、能够耐劳的灵魂。诗人和作家的责任就在于写出这些，这些人类独有的真理性、真感情、真精神”②。在那样一个铁血交织的严酷时代，帕斯捷尔纳等一批作家克坚持写出了这些“人类独有的真理性、真感情、真精神”，这是他们的伟大之所在。

索尔仁尼琴（1918—2008）被誉为“俄罗斯的良心”，也是诺贝尔文学奖得主。他二战时因作战勇敢获二枚勋章，1945 年遭当局监禁和流放。1962 年发表处女作《伊凡·杰尼索维奇的一天》，这部首次描写斯大林时代劳改营生活的中篇小说立即在国内外引起了的强烈反响。1968 年发表长篇《癌病房》，小说真实揭示了主人公在经过炼狱般的磨难后，重返生活时的特殊心态，有力揭露了肃反扩大化和劳改营对人

---

① ［俄］帕斯捷尔纳克．人与事［J］//汪介之．《日瓦戈医生》的历史书写和叙事艺术．当代外国文学，2010(4).

② ［美］福克纳．在 1949 年诺贝尔文学奖颁奖典礼上的讲话［M］//穆易给诺贝尔一个理由：诺贝尔文学奖获奖演说精选．北京：中国广播电视出版社，2006：164.

的摧残。索尔仁尼琴后因出版《古拉格群岛》被驱逐出境，随后移居美国。

他的《古拉格群岛》结构宏大，卷帙浩繁。所谓“古拉格”，即“劳动改造营管理总局”。斯大林去世之前，遍布全国的170所集中营，是前苏联专制制度的象征。索尔仁尼琴在古拉格集中营度过长达8年的监禁生活，出狱后又采访了270多人。大量的第一手资料使《古拉格群岛》成为斯大林时期政治和法制历史最真实的写照。

书中有激昂的控诉，愤怒的谴责，也有尖锐的嘲讽，诚挚的诉说。被投入古拉格的人们上至高级官员和将领，下到一般百姓，囊括了所有阶层。许多人是全家遭难；一些少数民族被整体流放，称为“强制迁移”。古拉格是刑事犯的天下，政治犯处于最底层。他们财物遭抢劫，肉体受摧残，人格蒙侮辱。政治受害者的罪名五花八门：一位裁缝因为随手把针插在了印有国家领导人照片的报纸上被捕，一位厂长因为稍早停止鼓掌被判十年劳改。人们对冤案已经习以为常，真正因犯罪而被判刑倒成了稀罕的事情。书中列举了契卡[①]的31种刑讯方法，从心理折磨到肉体摧残，无所不用其极。人们食不果腹，衣不蔽体，在冰天雪地的北极圈内，每天要承受12到16小时的强体力劳动。在古拉格时代，一切传统伦理道德都成了要摧毁的对象。人与人之间不再有信任，不再有亲情，有的只是无处不在的告密和“大义灭亲”，朋友背叛、夫妻出卖、父子反目、母女为仇成了司空见惯。

书中的大量引述都是以可查证的资料为基础的，其目的是为了突出作品的真实性，也是要准确和理性地剖析这种极权主义政治模式带给人类的灾难。

六、社会主义从空想到科学

启蒙运动和欧洲革命一个顺理成章的结果，是马克思主义和社会

---

① 契卡：全称为全俄肃清反革命及怠工非常委员会，简称全俄肃反委员会，契卡是俄文的缩写音译。于1917年由捷尔任斯基创立，1922年改组为国家政治保卫局，1934年改名为国家安全总局，后又在1954年更名为国家安全委员会，即著名的克格勃。

主义理论的广泛传播和实践。德国古典哲学、英国古典经济学，和英法空想社会主义是马克思主义的三大主要理论来源。

德国古典哲学是在广泛吸收之前各派哲学家思想成果的基础上产生的。德国哲学的革命始于康德，经过费希特和谢林的努力，由黑格尔建立了包罗万象的唯心主义哲学体系；到了费尔巴哈，又对以黑格尔为代表的唯心主义哲学进行了批判。这些德国古典哲学家，在总结前人学说的基础上，把哲学思维提高到了一个全新的水平。

贯穿古典哲学最重要的问题是关于思维和存在、主体与客体的关系问题。哲学家们对此给出了各自不同的回答。

德国古典哲学创始人康德(1724—1804)被视为对现代欧洲最具影响力的思想家之一。他的《纯粹理性批判》《实践理性批判》和《判断力批判》等“三大批判”的出版，标志着康德哲学体系的完成。康德承认有某种不依赖于人的意识而存在的东西，他称之为“自在之物”。但他认为，“自在之物”本身究竟是怎样的在原则上是无法认识的，人所能认识的只是由“自在之物”作用于我们的感官而在我们心中所产生的表象，即现象。现象界离不开人的先天的认识能力，所以，现象在某种程度上也是意识自己的创造物。这样，康德就在“自在之物”和“现象”之间划了一道不可逾越的鸿沟，把人的认识局限于现象界，从而把思维和存在形而上学地割裂开了。从这种观点出发，康德建立了他主观唯心主义的认识论。在他看来，带有普遍性、因果性的规律并非客观世界所固有，而只是人的主观意识的产物。从这个意义上说，人是自然界的立法者。知性不是从自然界抽引出规律，而是人为自然界制定规律。

黑格尔(1770—1831)是德国古典哲学的集大成者。黑格尔青年时受卢梭的思想影响极大，崇尚法国革命的自由精神，反对封建专制和民族分裂，渴望德国的统一和强大。他的主要著作有《精神现象学》《逻辑学》《美学讲演录》《哲学史讲演录》等。

黑格尔批判地继承了前人的哲学思想。他反对康德把现象同“自在之物”绝对地隔离开，认为现象和本质之间有着辩证的联系，而且是可以相互转化的。他从客观唯心主义出发，把所谓绝对精神或绝对理念说成是第一性的、永恒的本原，认为自然界和人类社会都是从绝对精神中派生出来、异化出来的。

黑格尔反对把世界看作固定不变、没有矛盾的东西，而把它理解为具有矛盾，不断变化的运动过程。黑格尔以辩证发展的思想为基础，探讨和论证了关于对立统一、质量互变和否定之否定等辩证法的基本规律，着重阐述了矛盾学说。在他看来，矛盾是客观的、普遍存在的。一切事物都包含着矛盾，没有矛盾，就没有运动，就没有世界。在事物发展的整个过程中存在着自始至终的矛盾运动。黑格尔强调，矛盾是事物发展的内在源泉，是一切运动和生命力的根源。

黑格尔认为，绝对理念由于自身的发展而外化为自然界，又通过进一步的发展，克服外化，在人类的精神生活中回到自身，最后在精神发展的最高阶段——绝对精神中认识自身。在这个过程中，他特别强调主体的积极能动作用。黑格尔指出，人不仅要理解世界，而且还要去"宰制"世界。在理论活动中，人研究世界，获得知识，以纠正自己的主观片面性；在实践活动中，人要按自己的观念去"人化"世界。认识就是理论活动和实践活动的统一。黑格尔的名言是："凡是现实的都是合理的，凡是合理的都是现实的"①。这不仅反映了他对社会现实的深刻理解，更蕴含着一种一往无前的革命精神和对未来的满满信心。

当然，本质上是革命的辩证法与黑格尔保守的唯心主义体系，不可避免地要发生矛盾。辩证法认为人类历史的发展是永无止境的，根本不承认有什么终极性的绝对真理；可黑格尔的体系则要求设立一个发展的终点，似乎到了绝对精神阶段，精神就完成了自我认识的运动，一切的发展也就此画上了句号。这种基于唯心主义的"头脚倒置"的辩证法，必然会走向自己的否定方面。

19 世纪 30 年代末，黑格尔学派发生解体。费尔巴哈是黑格尔左派中最杰出的人物。费尔巴哈从唯物主义的立场出发，在他的《黑格

---

① 黑格尔.法哲学原理[M].北京：商务印书馆，1961：11.

尔哲学批判》等著作中对以康德和黑格尔为代表的唯心主义哲学进行了尖锐的批评。费尔巴哈坚决反对康德的不可知论，认为思维和存在之间并没有不可逾越的鸿沟；物质世界是客观地存在于人的意识之外，并不以人的意识为转移的；人的认识、思维则是客观世界在头脑里的反映。他强调，物质世界在原则上是可认识的，人的认识能力是无限的。

费尔巴哈一针见血地指出，黑格尔错误地把精神、思维看成是一种脱离人脑而独立自在的东西，并进而颠倒本末，把自然界和人都说成是从精神、思维中产生出来的。他说，"思维与存在的真正关系只是这样的：存在是主体，思维是宾词。思维是从存在而来的，然而存在并不来自思维"[①]。费尔巴哈还用无神论的观点揭露了黑格尔唯心主义和宗教神学之间的血缘关系，他指出："黑格尔的哲学是神学最后的避难所和支柱"[②]，"绝对理念"就是从虚无中创造世界的基督教神学中的上帝；黑格尔的唯心主义无非是转化为哲学的神学，是"理性化了的有神论"。

费尔巴哈对黑格尔的批判虽然击中要害，但他的唯物主义学说也带有人本主义的历史局限性。费尔巴哈哲学以人为核心，但他所理解的人主要是生物学、生理学意义上的自然的人，是脱离具体历史和社会关系的抽象的人。马克思在《关于费尔巴哈的提纲》等著作中对他的形而上学唯物主义进行了深刻的批判。马克思指出：任何人都是一定时代和社会的产物，只能是一定时代、一定社会的人，所以，"人的本质不是单个人所固有的抽象物，在其现实性上，它是一切社会关系的总和"[③]。

作为德国古典哲学的直接继承者，马克思和恩格斯充分肯定了德国古典哲学的积极成果，批判了黑格尔的唯心主义，把辩证法从他神秘的哲学体系束缚下解救了出来；同时，又批判了费尔巴哈的人本主

---

① 《费尔巴哈哲学著作选集》上卷，第 115 页。
② 同上，第 27 页。
③ 《马克思恩格斯选集》(第 1 卷)，第 18 页。

义，吸取了他唯物主义哲学的基本内核。他们把辩证法与唯物主义有机地结合起来，创立了辩证唯物主义和历史唯物主义。

英国古典经济学最杰出的代表是苏格兰经济学家亚当·斯密(1723—1790)。他的《国富论》把资本主义经济学发展成为一个完整的体系。当代经济学巨匠萨缪尔逊说："我们可以把亚当·斯密出版《国富论》的那年看作是现在所学的经济学的诞生之年"①。亚当·斯密分析了自由竞争的市场机制，将其视为"看不见的手"，认为是这只"看不见的手"在支配着社会经济活动。他相信价格体系是最好的资源配置办法，反对国家干预经济生活。斯密指出，在竞争和自由市场这只"看不见的手"的作用下，追求自我利益的人们也可以和谐地行事共处，促进全社会的利益和发展。他认为，资本积累推动了生产专业化和劳动分工的发展，而劳动分工反过来通过提高总产出，使社会产生更多的资本积累，并让资本流向最有效率的生产领域。这样一来，就会形成发展的良性循环。

李嘉图(1772—1823)继承和发展了斯密的理论，他 1817 年出版的《政治经济学及赋税原理》标志着古典经济学的最后完成。

数千年来，对自由、平等、和谐、幸福的理想社会的追求，一直是人类的美好向往和终极目标。对理想社会的追求贯穿了整个人类的历史。在中国有大同世界②的理想；在西方，则有《圣经》的末世憧憬和柏拉图的《理想国》等等。

空想社会主义学说始于 16 世纪英国的托马斯·莫尔(1478—1535)③，他的《乌托邦》是空想社会主义的第一部作品。在《乌托邦》

① 张雄，等.经济哲学：经济理念与市场智慧[M].昆明：云南人民出版社，2000:315.
萨缪尔逊：美国著名经济学家。

② 《礼记·礼运》："大道之行也，天下为公，选贤兴能，讲信修睦。故人不独亲其亲，不独子其子，使老有所终，壮有所用，幼有所长，矜、寡、孤、独、废疾者皆有所养，男有分，女有归。货恶其弃于地也，不必藏于己；力恶其不出于身也，不必为己。是故谋闭而不兴，盗窃乱贼而不做，故外户而不闭，是谓大同"。

③ 托马斯·莫尔也是虔诚的天主教徒。他曾任亨利八世的总理大臣，但是当亨利八世推行宗教改革，成立英国国教时，他坚决反对。莫尔被处斩首，头颅插在矛尖上游街示众。他后来被罗马教廷封为"圣人"。

中，财产是公有的，人民是平等的，实行按需分配，大家穿统一的工作服，在公共餐厅就餐，官吏由秘密投票产生。

18世纪的空想社会主义者认为，是私有制引起了经济上的不平等、进而导致政治上的不平等。他们主张实行绝对平均主义，追求斯巴达式的“共产”主义。

现代社会主义思潮的出现，人们通常归因于法国大革命和工业革命的共同影响。工业革命没有能够建立起一个更幸福、更合理、更富有自尊的社会，相反却让千百万劳动群众陷入灾难和痛苦的深渊。社会的不公使得工人愤起反抗，也使当时的思想家、社会学家认真反思造成劳动群众贫困的根源，寻求变革社会的途径。

18世纪空想社会主义的著名代表是法国的圣西门(1760—1825)、傅立叶(1772—1837)和英国的欧文(1771—1858)。他们深刻揭露资本主义的罪恶，企图建立“人人平等，个个幸福”的新社会。这些先驱者不仅有主张，还有实践。1824年，欧文在美国印第安纳州买下1214公顷土地，开始新移民区社会实验，可后来以失败告终。空想社会主义对启发和提高工人觉悟起了重要的作用，但它只是一种不成熟的理论。他们未能揭示资本主义的根本矛盾和发展规律，不懂得阶级斗争，没有认识到无产阶级的历史使命。所以，这只能是一种无法实现的空想。

19世纪40年代，马克思(1818—1883)和恩格斯(1820—1895)创立了科学社会主义。当时，西方随着资本主义的快速发展，创造了前所未有的物质财富；另一方面，资本主义固有的基本矛盾，即生产的社会性和生产资料的私人占有之间的矛盾充分暴露，资产阶级和无产阶级的对立加剧，工人运动高涨。在这一历史条件下，马克思和恩格斯将无产阶级革命思想与欧洲工人运动相结合，创立了完整、科学的思想理论体系。

1842年《共产党宣言》的发表，标志着科学社会主义的诞生。《共产党宣言》第一次较为系统地阐述了马克思的基本原理。它科学地论证了资本主义必然灭亡，社会主义必然代替资本主义的客观规律；深刻地阐明了无产阶级的历史使命和无产阶级解放的根本道路。社会主义从空想发展为科学的关键,是唯物史观和剩余价值学说的创立。马克思 1867 年发表的《资本论》和 1875 年撰写的《哥达纲领批判》等,对科学社会主义的理论原理进行了全面而深刻的论证。

科学社会主义是关于无产阶级解放的科学,即关于无产阶级所进行的斗争的性质、条件以及由此产生的一般目的的科学。无产阶级所进行的斗争的性质,就是要使自己从资本主义奴役下解放出来,彻底埋葬雇佣劳动制度;无产阶级所进行的斗争的条件,就是要使自己获得彻底解放,必须消灭阶级剥削、阶级压迫和阶级差别,消灭产生阶级的生产资料私有制;无产阶级所进行的斗争的最终目的,就是解放全人类,在全世界实现共产主义。

科学社会主义的最终目标是共产主义。共产主义是一种政治信仰和思想体系。恩格斯在《共产主义原理》中指出:共产主义是"关于无产阶级解放条件的学说",共产主义要通过发展生产力,建立起没有阶级,没有生产资料私有制,没有剥削和压迫的社会。尽管人类已经历了几千年的阶级社会,但从整个人类数百万年的历史来看,这毕竟只是一个非常短暂的过渡;只有当人类彻底摆脱自然界对人的奴役,彻底摆脱人对人的奴役之后,人才能够在一定意义上最终脱离动物界,从"野兽"的生存条件真正进入"人"的生存条件。"人类将真正掌握自己的命运,从必然世界走向自由世界",而"每个人的自由发展将是一切人自由发展的条件"。

需要强调指出的是:作为社会政治理想的共产主义,它是一个蓝图,而不是一个宗教性的末世预言。随着历史的发展,随着社会的进步,这个蓝图会不断丰富,不断发展,不断完善,且永无尽头。任何将其绝对化、凝固化、终极化的做法都是不可取的。马克思主义从来不承认人类有什么黑格尔式的"终极目的",或者要建立一个什么"至善"的地上王国。恩格斯在《路德维希·费尔巴哈和德国古典哲学的终结》中说:"这种辩证哲学推翻了一切关于最终的绝对真理和与之相应的绝对的人类状态的观念。在它面前,不存在任何最终的东西、绝对的东西、神圣的东西；它指出所有一切事物的暂时性；在它面前，除了生成和灭亡的不断过程、无止境地由低级上升到高级的不断过程，什么都不存在。……这就是辩证哲学所承认的唯一的绝对的东西”①。所以，马克思和恩格斯一再强调：共产主义不仅是一种社会理想，而且是一个运动。他们指出：“共产主义对我们来说不是应当确立的状态，不是现实应当与之相适应的理想。我们所称为共产主义的是那种消灭现存状态的现实的运动”②。

对此，我国杰出的思想家顾准③曾有过极其出色的论述。顾准在他的《民主与“终极目的”》等著作中深刻指出：一切终极目的，都源自基督教的传统。但“那都是早期人类的认识，已经由现在更进步的认识所代替了”。“革命的目的，是要在地上建立天国——建立一个没有异化的、没有矛盾的社会”，可“我的结论是，地上不可能建立天国，天国是彻底的幻想；矛盾永远存在。所以，没有什么终极目的，有的，只是进步”。“至善是一个目标，但这是一个水涨船高的目标，是永远达不到的目标。至善达到了，一切静止了，没有冲击，没有互相激荡的力量，世界将变成单调可厌”。顾准说，如果自己生活于其中，就一定会自杀。无论是当年“楼上楼下，电灯电话”或“土豆加牛肉”式的幼稚儿童画，还是种种似是而非或言之凿凿的终极图景描绘，最终都会沦为笑柄。顾准还深刻指出：“革命家本身最初都是民主主义者。可是，如果革命家树立了一个终极目的，而且内心里相信这个终极目的，那么，他就不惜为了达到这个终极目的而牺牲民主，实行专政。斯大林是残

① 《马克思恩格斯选集》(第4卷)，第270页。

② 同上，第40页。

③ 顾准(1915—1974)，思想家，经济学家，历史学家，中国提出社会主义市场经济理论的第一人。于1930年组织秘密的马克思主义学习小组——进社，1935年加入中国共产党。反右运动中两次被划为右派分子。文革中尽管遭受非人的迫害，仍坚持独立思考，写成《希腊城邦制度》《从理想主义到经验主义》等。1980年代《顾准文集》出版后，中国思想界刮起了“顾准旋风”。李锐评价他“是1975年以后唯一一个在中国代表精神独立的人，唯一一个能与西方学者如葛兰西、卢卡斯、哈耶克和伯林等对话的人，是以一人之力顽强凿通了那条阻隔中、西思想对话的黑暗隧道的人。李慎之说，顾准其实是拆下自己肋骨当作火把，用以照亮黑暗。邵燕祥说，顾准为中国的一代知识分子“挽回了集体名誉”。吴敬琏则称他“是一座巍然屹立的山峰”。

暴的，不过，也许他之残暴，并不100%是为了个人权力，而是相信这是为了大众福利、终极目的而不得不如此办。内心为善而实际上做了恶行，这是可悲的”①。

共产主义也是政治理想、社会运动和人格理想的统一。共产主义信仰包含了一系列的基本理念与信念，比如：社会的真正公平和平等；人的自由而全面的发展；人与人之间和人与社会之间的和谐等等。这些基本信念具体体现在一个未来的目标上，就是共产主义理想。苏格拉底说，“世界上最快乐的事，莫过于为理想而奋斗”。把生命投入到这样一种崇高而神圣的事业之中，正是无数志士仁人所孜孜以求的人生境界。

歌德在《浮士德》中说，“理论是灰色的，而生活之树常青”。科学社会主义理论具有强大的生命力，但同样也不是一成不变的教条。它在指导实践的过程中，也要接受实践的检验，并随着实践的推进而不断修正、深化和发展。

一个多世纪以来，在马克思主义的指导下，国际共产主义运动蓬勃兴起，对人类历史的发展产生了深远的影响。从“共产主义者同盟”和“共产国际”，到席卷全球的社会主义运动，一代又一代的共产主义者前赴后继，不懈奋斗，为自己理想的旗帜增添着血色的辉煌。其间，有十月革命阿芙乐尔巡洋舰的壮丽启航，有“东方雄狮”中国的昂然崛起，有社会主义阵营半个多世纪的雄风激荡；也有苏联屹立70年庞然大厦的一夜倾覆，和企图用钢筋水泥来分割世界的柏林墙的轰然倒塌。

然而，对于超乎现世的真理的追求，乃是人类精神成长的内在需要。在人类踟蹰前行的漫漫长路中，尽管有过种种的迷蒙失误，有过种种的曲折坎坷，但是，“人因梦想而伟大”，那些真诚地怀揣信念，公而忘私，英勇奋斗，而至前赴后继的追梦先驱，无疑永远值得后来者追随和仰望。

---

① 顾准．顾准文集[M]．福州：福建教育出版社，2010：327．

阅读书目：

1. 歌德《浮士德》
2. 洛克《论政府》*
3. 马克思恩格斯《共产党宣言》*
4. 勃朗特《简·爱》
5. 肖洛霍夫《静静的顿河》
6. 帕斯捷尔纳克《日瓦戈医生》

思考题：

1.《浮士德》为什么被称为“近代人的圣经”?

2. 谈谈你对雨果“在绝对正确的革命之上,还有一个绝对正确的人道主义”的理解。

3. 试论《红与黑》中的于连和勃朗特笔下的简·爱。

4. 以《复活》为例,谈谈俄罗斯文化的特点。

5.《静静的顿河》中格里高利的悲剧可以带给我们怎样的思考?

6. 恩格斯为什么强调“共产主义不仅是一种社会理想,而且是一个运动”?

第五章

失重年代的思考——现代思潮

自人类跨入文明的历程，从最初的自然崇拜，到成熟的一神论理性宗教，尽管道路曲折而迷蒙，但始终坚持着对自身意义与理想的探寻和追求；启蒙运动的惊天霹雳撕开了笼罩在上帝和天国之上的神圣光环，“理性”气宇轩昂地取代了上帝的位置——宗教的面纱被揭去了，但人们对自身和未来的信念并没有动摇，一切只是变得更为直接和明朗。19 世纪达尔文的进化论[①]与黑格尔的辩证法共同开创了一种崭新的历史发展观。进化论虽然将人的起源追溯到并不高贵的猿猴身上，却也使西方人进一步增强了自信心——人们根据进化论所提供的发展观念，从自己与猿猴之间的巨大差别中就可以展望到人类未来的光辉前景。工业革命以来，资本主义的高歌猛进和社会的飞速发展，更是让欧洲俨然以世界的中心自

思想者——罗丹

① 达尔文(1809—1882)，英国生物学家、进化论的奠基人。他 1859 年出版的《物种起源》提出了“物竞天择”的生物进化论学说，从而摧毁了各种唯心的神造论以及物种不变论。恩格斯将“进化论”列为 19 世纪自然科学的三大发现之一(其他两个是细胞学说、能量守恒转化定律)。

居——当时的欧洲也确实是世界的中心：科学的中心、技术的中心、工业的中心、思想的中心，学术的中心，时尚的中心。所以，一直到20世纪之初，以欧洲为主体的西方都是充满自信、自豪和优越感的。

然而，20世纪以来，情况发生了变化。

一、上帝死了

19世纪末，尼采以一声断喝“上帝死了！”开启了一个新的时代。长期以来，西方的主流观念是上帝崇拜。启蒙运动以后，对上帝的崇拜转为对理性的崇拜，人们相信，理性能够成就他们所想做的一切事情。然而，这种观念自20世纪开始受到了巨大的挑战。

20世纪以来，一方面是生产力和社会的巨大发展，另一方面却是无尽的灾祸、危机、动乱、恐怖、战争。面对这不可理喻的一切，人们发现自己面对的竟是一个“荒缪的世界，痛苦的人生”。天地万物并不是为了人而存在，生活中也不会有任何一种力量——不论是天国的上帝还是世间的救星，能父母般地关注着每个人的安宁幸福。而且，人的努力不过像投进黑洞中的石块，并不一定能够听到回声。“上帝死了”，西方进入了一个“祛魅”和“解构”的时代。

科学技术和社会的迅速发展。20世纪“相对论”“量子论”和“基因论”的出现，从根本上改变了人们的思想观念和思维方式。

爱因斯坦(1879—1955)是现代物理学的奠基人和集大成者。在爱因斯坦之前的两百多年，多数物理学家都坚持牛顿提出的“绝对时间”“绝对空间”和“绝对运动”理论。爱因斯坦的“相对论”则明确指出时空与运动都是相对的。他的“狭义相对论”指出：“同时性”是相对的，运动的尺子会缩短，运动的时钟比静止的时钟走得慢。他的广义相对论则进一步揭示了四维时空同物质间的统一关系，说明时间与空间不能离开物质而独立存在，时空的结构与性质取决于物质的分布。同相对论一起促使人类科学观念革命的还有量子论。普朗克和爱因斯坦共同创立的量子力学把粒子与波最终统一了起来，改变了对微观客体运动的描述。

被誉为“另一个爱因斯坦”的是当代的霍金(1942—)。霍金提出宇宙大爆炸自奇点开始，时间由此刻开始，黑洞①最终会蒸发，从而奠定了他“宇宙之王”的地位。他 1988 年出版的《时间简史》是全球最畅销的科普著作之一。霍金的魅力不仅在于他是一个充满传奇色彩的物理天才，也因为他是一个令人折服的生活强者。他患有肌肉萎缩性侧索硬化症，几乎全身瘫痪，后来又因为实行气管造口手术而失去了语言能力，但始终以坚强的意志追求科学和真理。

对人类思想产生重大影响的另一门学科是生物学。继 19 世纪达尔文的进化论之后，美国生物学家摩尔根(1866—1945)丰富与发展了孟德尔②的遗传学说，创立了比较完善的基因学说。随着遗传密码 DNA 的破译，人们对遗传机制有了更深刻的认识。

1960 年，苏联宇航员加加林乘坐“东方一号”宇宙飞船在太空飞行并安全返回地面，成为进入太空的第一人。1969 年 7 月 20 日，美国宇航员阿姆斯特朗和奥尔德林乘“阿波罗”11 号飞船首次登月，阿姆斯特朗踏上了沉寂亿万年的月球，他激情洋溢地说：“这是个人迈出的一小步，但却是人类迈出的一大步”。

20 世纪后期以来，人类在电子计算机技术、信息技术、生命工程技术、纳米技术、核能技术、航天技术、环境技术等方面均取得了骄人的成就。科技进步带来了生产力的极大提高和物质生活的极大改善，也促进了社会的巨大进步和思想的变革。

---

① 关于黑洞，比较准确的定义是：“黑洞是广义相对论预言的一种特殊天体。它的基本特征是有一个封闭的边界，称为黑洞的‘视界’；外界的物质和辐射可以进入视界，视界内的东西却不能逃逸到外面去。”黑洞无法直接观测，但可以借由间接方式得知其存在与质量，并且观测到它对其他事物的影响。而霍金等人以量子力学为基础，对黑洞作了更缜密的考察，结果发现黑洞会像“蒸发”那样稳定地往外发射粒子，其蒸发的速度取决于黑洞的质量和相应的温度。

② 孟德尔(1822—1884)出生于奥地利，被称为“现代遗传学之父”，他通过著名的“豌豆实验”发现了遗传定律。

社会的急剧动荡。20 世纪是人类科技和经济实力迅猛增长的世纪，同时也是一个充满了各种灾难和最不人道的杀戮的世纪。

战争。近现代欧洲民族国家产生的历史，实际上也是民族冲突的历史①。在近 500 年的时间里，为了所谓的最高民族利益，各国冲突不断，常常以战争相向。进入 20 世纪更是登峰造极，在不到 100 年中，死于战争的人数超过了以往 2000 年死亡人数的总和。1914 年爆发第一次世界大战，历时 4 年，参战国 33 个，卷入人口 15 亿以上，双方伤亡人数达 3000 万以上。1939 年爆发第二次世界大战，历时 6 年，61 个国家和地区、20 亿以上的人口被卷入，伤亡 7000 万以上，战争尽管以人民的胜利告终，但人类遭受了前所未有的劫难。这两次大战，都是在突然之间把人们从和平环境抛入了苦难的深渊。

世界性经济危机。西方自英国 1825 年第一次经济危机以来，每隔 8～10 年就会爆发一次经济危机。1929 年至 1933 年的经济危机最为空前绝后：4 年中，资本主义世界工业下降了 44％，4000 多万工人失业，数千万农民破产，经济损失是第一次世界大战的两倍。此后，经济危机的程度虽然有所缓解，但爆发却愈益频繁。

法西斯主义的猖獗。法西斯是独裁和暴力的代名词。1922 年，墨索里尼在意大利建立了世界上第一个法西斯专政。第二次世界大战期间，希特勒统治下的德国、军部统治下的日本、墨索里尼统治下的意大利是三个典型的法西斯国家。法西斯专政推行恐怖政策，德国对超过 1100 万人进行了有组织的大屠杀，其中不仅包括犹太人，还有吉普

① 著名政治学家安德森(1936—2015)在其代表作《想象的共同体：民族主义的起源与散布》中指出：民族和民族主义只是现代的产物，民族作为这个世界上影响最大的观念之一，其实是建构出来的。“民族是一种想象的政治共同体”，这种想象中的联结和友爱关系，在过去两个世纪中，驱使数以百万计的人们甘愿为民族——这个有限的想象——去屠杀或从容赴死。另一位政治学家汉娜·阿伦特(1906—1975)也指出：政治领域必须由理性主导，应该避开个人激情；民族主义鼓吹对集体的爱，拥抱一个集体的同时往往就意味着敌视或抵抗外部另一个集体，而这是危险的。

赛人、波兰人和斯拉夫人[①]。法西斯作为一种国家民族主义的政治运动，能够在相关国家得到几乎全民特别是下层民众的狂热支持与拥戴，甚至在短短几年内就蔓延大半个欧洲和日本，这无疑是令人震惊和深思的。

“红色恐怖”。理性崇拜在历史领域的终极成果是一个理想化的大同世界。然而，百余年的共运史同样与那些先知式的预言大相径庭。国际共运中的“左祸”蔓延，以“只要目的正确，可以不择手段”为圭臬的政治实践所带来的灾难和残酷现实，已不容人们再背过脸去。资料表明，苏联 1937 年—1952 年间被镇压的人数竟为整个沙俄时期的 10 倍以上[②]；苏联的强制劳动营，强制人口驱逐政策和乌克兰大饥荒，更造成了逾千万人的死亡。类似的骇人听闻的情况，也先后发生在其他社会主义国家。难怪有学者会说：“如果从自由角度看，20 世纪一百年就是一部自由的完败史，而且它顶戴着的还就是现代与进步之类的名头”[③]。

---

① 事实上类似的“种族灭绝”绝非仅此一例。1915 年，奥斯曼土耳其政府屠杀亚美尼亚人高达 150 多万，联合国将其与纳粹的大屠杀和 1994 年卢旺达种族大屠杀并称为“20 世纪三大种族屠杀”。著名历史社会学家迈克尔·曼在其《民主的阴暗面——解释种族清洗》中指出：这种屠杀出现在“我者”与“他者”的区分，衡量的依据或者是民族，或者是宗教，又或者是阶级。然后，就是强化这种认同，模拟出敌我概念。一个群体获得某种正当而高尚的理由，就可以义正言辞地处决另一个群体，只要对某个特定人群打上标签——罪犯、流氓、异教徒、劣等民族、“黑五类”等，庸众就会从四面八方涌出，整个国家就会成为杀人机器。处决规模之大，死亡人数飙升之快，往往连常规战争都望尘莫及。

② 在“大清洗”中，领导十月革命的 29 名中央委员和候补委员中 15 人被处决；列宁建立的第一届人民委员会 15 人中唯一活下来的是斯大林；1934 年党的“第 17 次全国代表大会”1996 名代表中有 1108 人因“反革命活动”而遭逮捕；军队中 3.5 万名军官被镇压，其中包括高级军官的 80%；第一批被授予元帅军衔的 5 人中 3 人被处死；15 名集团军司令中 13 人被杀；85 名军长中处决了 57 人；159 名师长中处决了 110 人，遭到逮捕、杀害的普通党员、干部更是不计其数。镇压还涉及到大量的外国共产党人，仅东欧就有 3 名总书记、1 名国家主席、几十名正副总理及部长、100 多名将军被害。被誉为苏共“党内头号思想家”的布哈林在被捕之前《致未来一代党的领导人的信》中说：“我就要离开人世了。我不是在无产阶级斧钺面前低下了我的头，无产阶级斧钺应该是无情的，但也应该是纯洁的。我在万恶的机器面前无能为力，这台机器居然使用了中世纪的方法，它拥有无比强大的力量……这些‘万能的机构’能把任何中央委员、党员变为叛徒、恐怖分子、暗杀分子、间谍”。他在信的最后还满怀深情地说道：“同志们，你们要知道，在你们向共产主义胜利进军时所高举的旗帜上，也洒有我的一滴鲜血”。

③ 邵建. 专制之下有无自由[J]. 大家专栏，2013(11).

核威胁。1945年8月广岛和长崎的原子弹爆炸，10亿度的高温把一切都化为了灰烬，强烈的冲击波、光波和放射雨，导致受害者在以后20年中缓慢地走向死亡，据统计死亡总人数分别超过25万和14万。到20世纪80年代，苏联拥有的核武器已经可以摧毁美国，而美国拥有的核武器则足够摧毁苏联1250次。

"冷战"。二战以后，美国联合西欧各资本主义国家建立了北大西洋公约组织，苏联则联合东欧等实行社会主义制度的国家组建了华沙条约组织。政治意识形态和社会制度的对立，演化为军事上的竞争与对抗，导致了近半个世纪之久的"冷战"。这场冷战虽然没有激化为第三次世界大战，却把核战争的威胁像阴霾一样笼罩在全人类的头顶上，并且把军事竞争扩展到了太空领域。一直到20世纪90年代初，随着苏联的解体和东欧社会主义阵营的瓦解，构成二战以来世界政治主要格局的"冷战"时代才终告结束。

发展的负面效应。科技和工业发展造成的全球气候变暖、生态破坏、环境污染、人口膨胀、资源枯竭等等问题愈演愈烈，它在世界快速前行的道路上也一再亮起了红灯。

这一切给西方人心理上带来的是什么？——危机感，恐惧感，破灭感。人们感到朝不保夕，惶惶不可终日，更重要的是精神上失去了自信和依托——为什么要相互残杀？为什么会有法西斯？为什么会有危机？为什么会有种种灭绝人性的恐怖？启蒙运动以来一直讲的是理性、公正、平等、博爱，可现实告诉人们的恰恰是反理性、无秩序、不平等、没人性。美国原参谋长联席会议主席布雷德利说："我们掌握了原子的奥秘，却摒弃了耶稣的训谕。人类一边在精神的黑暗中盲目地蹒跚而行，一边却在玩弄着生命和死亡的危险的秘密。这个世界有光辉而无智慧，有强权而无良知。我们的世界是核子巨人、道德侏儒的世界。我们精通战争远甚于和平，熟谙杀戮远甚于生存"①。面对这样一个不可理喻的世界，传统的理性万能的观念，同样也不得不在理

① 1948年11月10日在波士顿商会举行的第一次世界大战停战纪念日午餐会上的演讲。

性的法庭上接受质询。

当初，那些启蒙思想家曾满怀自信地宣称："只有一种法律是适用于一切的，它统辖着所有的法律，是我们造物主的法律，这就是人道、正义和公道的法律——自然和万国的法律"[①]。但是，在经历了这一切的战乱、危机、恐怖之后，人们睁大了眼睛，才发现"造物主的法律""自然和万国的法律"也不灵了。弗洛伊德说："看起来，认为世界上有一种力量，以双亲的关怀注视着每个人的福利，把他操心的事情带到幸福的终点，这是不真实的。相反，人的命运和慈爱的普遍原则是不能相容的。……强暴、诡计多端和毫无原则的人经常为自己在世上捞到称心如意的好处，虔诚的人则两手空空，这种情况是经常发生的。黑暗、冷酷和丑恶的力量决定着人的命运。按宗教的说法，管理着世界的那种报偿和惩罚的规律看来是不存在的"[②]。

17 世纪以来，哥白尼日心说的广泛传播[③]和达尔文《物种起源》的出版，把人类从世界中心的位置上废黜了下来，不过，他们建立在理性基础上的传统价值观并未因此动摇。可是，20 世纪以来严酷的社会现实，再加上弗洛伊德心理分析学说对人性毫不遮掩的剖析和揭示，最终从根本上击碎了西方知识分子对理性王国的信念，所以，尼采的一声"上帝死了"才如石破天惊，震撼了整个西方世界。

里德里希·威廉·尼采(1844—1900)是西方现代哲学的开创者，卓越的诗人和散文家，被视为时代的先知。不了解尼采，就很难理解 20 世纪哲学、神学、心理学以及文学等各种现代思潮的发展逻辑。

尼采出生于德国普鲁士一个乡村牧师家庭。1849 年 7 月，他的父亲死于脑软化症。数月后，两岁的弟弟又夭折。亲人接连的死亡，使

① 爱德蒙·柏克.法国革命感言[M]//陈焜.西方现代派文学研究.北京：北京大学出版社，1981：144.

② 见陈焜《西方现代派文学研究》，第 144 页，同上。

③ 通常认为完整的日心说宇宙模型是由哥白尼在 1543 年发表的《天体运行论》提出的，但在《天球运行论》出版后的半个多世纪里，日心说却很少受到人们的关注，直到 1609 年伽利略发明了天文望远镜，并以此发现了一些可以支持日心说的新的天文现象后，日心说才开始产生重大影响。

年仅 5 岁的尼采过早感受了人生的晦暗，铸成了他忧郁内向的性格。他后来回忆说："那一切本属于其他孩子童年的阳光并不能照在我身上，我已经过早地学会成熟地思考"。1864 年，尼采进入波恩大学攻读神学和古典语言学，但尼采有自己的喜好。他热爱希腊文化，崇尚希腊神话中性格鲜明的人物；他热爱巴赫、贝多芬，以及他在《悲剧的诞生》中热情褒扬的那位歌剧巨人——瓦格纳。在莱比锡期间，他偶然在一个旧书摊上购得了叔本华的《作为意志和表象的世界》，欣喜若狂。他说，叔本华的书就像一面巨大的镜子，映现了世界、人生和自己的心境。1869 年 2 月，年仅 25 岁的尼采被聘为瑞士巴塞尔大学古典语言学教授。

1872 年，尼采发表了第一部专著《悲剧的诞生》。1885 年，他最终完成了代表作《查拉图斯特拉如是说》。查拉图斯特拉即古代波斯的琐罗亚斯德，他出身于贵族骑士家庭，20 岁弃家隐居，30 岁时改革传统的多神教，创立了琐罗亚斯德教[①]。尼采自己说："在我的著作中，《查拉图斯特拉如是说》占有特殊的地位。它是我给予人类的前所未有的最伟大的馈赠。这部著作发出的声音将响彻千年……"[②]。

章太炎说，"古来有大学问成大事业的人，必须有神经病才能做到"[③]。1889 年，长期不为人们理解的尼采，在都灵大街上抱住一匹正在受马夫虐待的马的脖子，于极度的悲愤中最终失去了理智。他在母亲和妹妹的照料下度过了生命最后的 10 年。1900 年 8 月 25 日，这位生不逢时的思想大师在魏玛与世长辞，"银白的，轻捷地，像一条鱼，我的小舟驶向远方"。

尼采热爱生命，提倡昂然的生命力和奋发的意志力。他强调，哲学的使命就是要关注人生，给生命一种解释。他的哲学没有推理论证，没有体系框架，而是对人生痛苦与欢乐的直接感悟。正是在尼采

---

① 中国称拜火教或祆教，曾为波斯国教，是现存最古老的宗教之一。

② [德]尼采．瞧，这个人：尼采自传[M]．黄敬甫，李柳明，译．北京：团结出版社，2006：2－3．

③ 1905 年章太炎在东京留学生迎接他出狱的集会上的讲话，见张研．1908 帝国往事[M]．重庆：重庆出版集团，2007：126．

之后，哲学从天上又回到了地上，由神秘莫测、玄而又玄的灰色理论，转变为引起了亿万人心灵共鸣的人生思考。

尼采是极端的反理性主义者。他猛烈揭露和批判传统的基督教道德和现代理性。他借狂人之口说，自己是杀死上帝的凶手。他说基督教伦理约束人的心灵，使人的本能受到压抑，使人们失去自由思想的激情和创造文化的冲动。要使人获得自由，就必须杀死上帝。

德国是唯意志论的发源地和影响最大的地方。康德强调实践理性优于纯粹理性，就带有明显的唯意志论倾向。叔本华(1788—1860)是唯意志论最早的倡导者，他的名言是："世界就是我的意志"。作为对理性的挑战，尼采则提出了强力意志说。基督教的哲学是"弃强就弱"，而尼采主张"弃弱就强"，用强力意志取代上帝的地位。尼采认为，人生虽然短暂，但只要具有强力意志，敢于创造，成为精神上的强者，就能实现自己的价值。在尼采看来，人类与自然界的生命一样，都有强弱之分，强者总是少数，弱者总是多数。而历史与文化是少数强者创造的，他们理所当然要引领和统治弱者。他说："坚强的意志指挥软弱的意志。除了从意志到意志以外，根本没有别的因果联系"①。尼采推翻了神的等级制度，却肯定了人的等级制度。

尼采提出了关于建构理想人生的超人哲学。尼采特别蔑视和憎恶中产阶级的虚伪道德和庸俗卑微，称之为"奴才道德"。他强调："人是应当被超越的"，任何一个民族、任何一个个人，都应当自强不息，不断地超越自己，向更高的境界升华。"一切生物迄今都创造了某种超出自己的东西，而你们竟愿成为这一伟大潮流的落伍者吗。想退回动物而不去超越人吗，人的伟大之处在于他是一座桥梁，而非一个目的"②。

尼采的"超人"具有大地，海洋，闪电那样的气势和风格，是人生理想的象征，是未来人的理想形象。尼采宣称"我是太阳"，意思是说人生要像太阳一样发光发热，辉煌耀目。他强调，超人是在困苦磨难中

① 尼采.权力意志[M]//洪谦.现代西方哲学论著选辑(上).北京：商务印书馆，1993：12.

② 尼采.查拉图斯特拉如是说[M].黄明嘉，译.桂林：漓江出版社，2000：8.

成长起来的，只有经历过地狱磨难的人，才有建造天堂的力量。“仔细审查一下，最优秀、最有成效之士的生平，然后反躬自问：一棵巨树如果昂首天宇，能否无恶劣天候和暴风雨之助呢？是否外部的不善和对抗，是否某种仇恨和嫉妒，顽梗疑惑，严酷贪婪和暴戾，不算是顺利环境的因素呢？没有这种顺利环境，甚至连德性上的巨大的长进，也是不可能的”[①]。

尼采强调要昂首向天，更要关注当下。他说：“万物走了，万物又来，存在之轮永恒运转，万物死了，万物复生，存在之年永不停息。万物破碎了，万物又被重新组装起来；存在之同一屋宇永远自我构建。万物分离，万物复又相聚，存在之环永远忠于自己”[②]。在这一永恒轮回的观念下思考生存的意义，我们每一个人需要关注的只是这个现实的感性世界，而不是去指望什么虚无缥缈的天国或灵魂的转世。“人类的生命，不能以时间长短来衡量”，“存在开始于每个瞬间”，过去的已经不存在了，未来的还没有到来，真正存在的只有当下这一个瞬间。我们的人生所能够拥有的、可以把握的，只有现在的瞬间。所以，一个人对于自己正在经历的瞬间，正在说的每一句话，做着的每一件事情，都要认真地对待，都要问一句是否希望它再来一遍，甚至千百遍。

尼采的思想具有一种气势逼人的冲击力。任何一个没有偏见的人拿起尼采的著作，都会感到它们光彩夺目、豪气冲天。尼采以非凡的勇气和惊人的洞察力，轻而易举地颠覆了各种公认的观念，奚落了一切美德。他并没有建立一个封闭而完备的哲学体系，尼采只写散文、格言和警句；在他的字里行间并不证明什么，只是预言和启示；但恰恰不是凭借逻辑推理，而是凭借天才的想象力，尼采征服了全世界。瑞士思想家汉斯·昆说：“尼采刺穿了人类知识的基础，并像前无古人似的那样质疑它们。没有什么人在其思想的正确性、深度及彻底性方面能比得上他”。雅斯贝尔斯说尼采和克尔凯郭尔给西方哲学带来了

① 尼采．快乐的知识[M]//滕云起．现代西方哲学思潮评介．北京：解放军出版社，1985：147.
② 同①，第236页。

"颤栗",而这种"颤栗"的最终意义是不可估量的。

尼采对20世纪的影响无疑是巨大的。雅斯贝尔斯、萨特、海德格尔、福柯和德里达等都深受尼采思想的影响,直接受他影响的文学家更是数不胜数:茨威格、托马斯·曼、肖伯纳、杰克·伦敦、黑塞、里尔克、纪德,还有我们中华民族的脊梁——鲁迅。

"上帝死了!"——这是尼采带给新世纪的一声惊雷。可是,对西方来说,"上帝死了"到底意味着什么?意味着人类终于从漫长的神权时代解放出来了?意味着我们终于获得了独立于世、自主生存的能力?还是表明人类从此将免于一切形式的权威的羁绊?——也许,我们都误解了这个看似喜剧性的命题。

"上帝"固然是一个想象性的命题,科学与文明的进步,一再证明着上帝的虚妄。然而,对于人的精神世界来说,"上帝"或许又意味着某种不可或缺的东西:"上帝"不仅是基督教观念中至高、至神、至圣的权威,不仅是人类的主宰、牧者,不仅是"我必报偿"的监督者、审判者和大法官;而且,"上帝"又意味着人间不可或缺的规范和秩序,意味着公理、正义、天地良心①,意味着人关于自身的全知、全能、博爱的理想,意味着作为人类终极目标的"末日追求"或"灵魂涅槃",总之,"上帝"意味着一切有关人之为人的根本。在基督教世界中,上帝是主人,人是上帝的"羔羊"。而"羔羊"有主人才有依靠,有归宿。主人带来了约束,带来了戒律,带来了敬畏;但是也带来了指望,带来了信心,带来了人之为人的追求和榜样——上帝虽无始无形,无可定义,但按照费尔巴哈的论述,上帝的品性是完满,是全知、全能与博爱。在历史的某些阶段,人类曾经拥有上帝的丰富品性,但是,由于人类的无知与贪婪,这些品性正在丧失殆尽——上帝死了,自由了。但是,人也没有了主人和依靠,没有了权威和敬畏,没有了约束和戒律,没有了追求和榜样,没有了未来和希望。

---

① 康德有言:有两种东西,我对它们的思考越是深沉和持久,他们在我心灵中唤起的赞叹和敬畏就会越来越历久弥新,一是我们头顶浩瀚灿烂的星空,一是我们心中崇高的道德法则。他们向我印证,上帝在我头顶,亦在我心中。

陀思妥耶夫斯基说“如果上帝不存在，任何事情都可能发生”。人之初，在伊甸园中无忧无虑，自由自在。后来，失乐园，是为了智慧，为了超越自然的独立，为了活明白，而失去了大部分“特权”，承担起为人的责任。再后来，启蒙运动是为了自由，情愿或不情愿地放弃或失去了全部的“特权”，把为人的责任全部扛在了自己的肩上。宗教偶像打破了，但信念还在，理性崇拜取代上帝成了人的精神依靠和主宰。但是，进入 20 世纪，西方延续千年的信念——无论是宗教的还是理性的，无论是对社会的还是对人性的，一概轰然崩塌了。人没有了依托，没有了归宿，没有了根基，失去了自信，成了漂浮在虚空中的尘埃。所以，弗洛姆说：“十九世纪的问题是上帝死了，二十世纪的问题是人死了”①。

当初，哈姆雷特宣称：“人类是件多么了不起的杰作！多么高贵的理性！多么伟大的力量！多么优美的仪表！多么文雅的举动！在行为上多么像一个天使！在智慧上多像一个天神！宇宙的精华！万物的灵长！”如今，法国哲学家巴斯科则说：“人是一种怎样的怪物啊！怎样的一种新颖！怎样的一个恶魔！怎样的一种奇观！怎样的一种混乱！万物的法官，地上的能儿；真理的宝库，充满了疑问和错误的阴沟；天地的骄傲，宇宙的垃圾”②。

20 世纪以来，西方现代思潮波起涛涌，思想家们从不同角度对“上帝死了”的时代进行着自己的解说。

“祛魅”的时代。“祛魅”(Disenchantment)一词源于马克斯·韦伯所说的“世界的祛魅”。“祛魅”是指对非理性之魅力和神圣感，特别是对“克力斯玛”神秘光环的祛除，是指把魔力从世界排除出去，并使之理性化的过程或运动。“克力斯玛”表示某些被认为具有超自然、超人或至少是非常特殊的力量或人格特征。1919 年，韦伯在慕尼黑发表题为《以学术为业》的讲演，强调当今时代的基本特征是理性化、理智

① ［美］埃利希·弗洛姆．健全的社会［M］．北京：中国文联出版公司，1988：370．

② 何永康．二十世纪中西比较小说学［M］．南京：江苏教育出版社，2006：60．

化，最主要的趋势是“世界的祛魅”。“韦伯对世界祛魅之积极意义与深刻危机的双重接橥，使他成为现代性的先知和诸神时代的智者”①。

韦伯认为：远古人的自然观是“附魅”，人类文明的最初实现伴随着对本能的压制与图腾崇拜等形式的“附魅”。宗教理性化的不断拓展与驱除巫术的持续斗争，构成了西方文明筚路蓝缕的进步历程。在前现代的传统社会，人们相信世界是一个由神所主导的有意义的体系，每个人都可以在这个体系里获得安顿，都可以在其中确定自己的位置，找到人生的目的和意义。宗教改革最终完成了从多神到一神，从偶像到抽象，从感性到理性，从原始宗教到成熟宗教的进步，但也开始了世界从神圣化走向世俗化、从神秘主义走向理性主义的新历程。

18 世纪的启蒙运动宣告理性战胜了巫魅，理性成为 19 世纪人类的精神主导。在祛魅的时代，“神为人立法”转为“人为自己立法”，人替代超越之物成为自己精神的主宰，人类的理性成为普遍的智慧和最高甚或最后的标准。人们不再以神秘的超人意志作为解释宇宙生成、万物起源和人的状况的前提，科学成为人们理解周遭诸事物的基本方式，技术成为人们改变生存现实的有力支撑。

在祛魅的时代，人们不需要先知和神谕，每个人都可以凭借理性来认识和决定自己的命运；除了理性和现实功利主义的考虑，其他任何神谕或价值理性的考虑都不再有实质性的意义；人们的终极关怀、价值源头和生活的意义也不待外求，而是产生于世俗生活本身。

在祛魅的时代，神不仅不再成为人之为人的根据，也不再成为社会政治制度的设计支点，更加不再成为日常生活的仪式化内容，以及行为正当与否的判断标准。祛魅的时代是一个世俗化和功利化的时代，是一个工具理性替代价值理性、责任伦理替代信念伦理②，并主宰

---

① 王泽应：《祛魅的意义与危机——马克斯·韦伯祛魅观及其影响探论》，《湖南社会科学》，2009，第 4 期。

② 马克斯·韦伯 1919 年在《以政治为业》的演讲中，提出了信念伦理与责任伦理的区分，他认为前者意味着只考虑善的动机，导致的后果是上帝的安排，即“基督徒行公正，让上帝管结果”；后者意味着必须顾及行为的可能后果，必须对自己的行为承担责任。

人们生活秩序和精神追求的时代。

总的来看,“祛魅”显然是一个进步性的历史事件和发展过程,它不仅孕育了资本主义精神和近代经济人,创造了巨大的社会财富,而且张扬了实用理性和科学技术,使人类处于发展和创新的无限之中。祛魅之后的现代世界,完全是一个被理性所主导的世界。理性,成为现代世界的精神符号、制度导向和生活理念。

20 世纪似乎宣告了理性的全面胜利,可实际上又是一个转折的时代。祛魅后的世界取得了高歌猛进的物质和文化成就,也带来了许多深重的问题和危机。审视“理性祛除巫魅”这一人类历史上的空前进步,无论是从逻辑上,还是从此前与此后的人类生活经验上看,理性不仅未能彻底镇制住宗教,也没能全面引导人类生活走向一个纯粹理性化的完美境地。

世界的祛魅导致工具理性片面发展并走向极致,而价值理性日趋式微,人沦为了工具性的存在。随着世界的祛魅,社会主流思维从传统的价值理性逐渐转向现代的工具理性,人们考量生活和行为的重心,不再是衡量其有何终极性意义,而是作为达到特定世俗目的之手段是否有效。受这种思维模式的支配和制约,人们越来越工具化和物化,不再去追求精神超越的意义。这种成为资本主义普遍精神的工具理性,由于失去了终极价值的依托,失去了对生命意义的反思,而最终走向了“理性的暴政”。

人从宗教的蒙昧中解放出来,却又被理性的创造物所奴役,成为机器的、商品的、和官僚体制的奴隶。韦伯在晚年更是深刻感受到了工具理性对于现代社会的强力侵入,他把日益理性化所造就的现代社会称为“合理的铁笼”。

世界的祛魅导致“诸神之争”。韦伯认为,世界祛魅所产生的最为严重的后果便是诸神之争,即价值的多元化。“诸神之争”意味着世界上不同的价值体系带来的相互冲突的立场。目的论宇宙观被证伪之后,机械论的宇宙观再也无法推导出普遍的意义联系。它只能证明事实是怎么样的,却无法告诉我们应该怎样。事实与价值的分离,使得价值最终失去了其客观的保证。究竟什么是好，什么是坏，什么是善，什么是恶，成了众说纷纭的无解之题。

世界的祛魅导致信仰体系的解体，人生成了无意义的存在。随着目的论式的世界秩序被摧毁，世界不再具有任何终极目标。人生价值和目的这种超验的问题，由于不具有工具的意义，因而变成完全非理性和无意义的。“文明人的个人生命被置入一种无限的‘进步’之中，根据它自己的确切含义，它决不会达到终点，因为一个人在前进的道路上，总有一个台阶在他面前。没有任何人在死亡时能达到无限的顶点”[①]。祛魅后的世界摧毁了终极价值，将一切置于无限发展的链条之中，从而尽显出人的有限性和自身的不完满。既然人生不可能达到一个完美的境界，生命和死亡的价值也许便不再成为可能。

放眼失魅后的世界，比大地的沙化更为残酷的是灵魂的沙化，是人性特别是人的伟大性的沉沦，是爱与被爱、信任与被信任的能力的消竭，是人与周遭世界共生关系的崩解。如狄更斯当年在《双城记》中所说：“那是最好的年月，那是最坏的年月；那是智慧的时代，那是愚蠢的时代；那是信仰的新纪元，那是怀疑的新纪元；那是光明的季节，那是黑暗的季节；那是希望的春天，那是绝望的冬天；我们将拥有一切，我们将一无所有；我们直接上天堂，我们直接下地狱”。

西方马克思主义[②]和后现代主义继承并发展了韦伯关于世界的祛魅的思想，掀起了一场针对启蒙和理性主义的批判运动。他们接过韦伯关于工具理性与价值理性冲突对抗的思想，作为批判现代社会特别

---

① [德]马克思·韦伯.社会科学方法论[M].杨富斌，译.北京：华夏出版社，1999：13－14.

② 西方马克思主义：20世纪20年代，卢卡奇、葛兰西等开始对马克思主义进行人道主义的阐释。西方马克思主义把马克思主义同现代哲学的一些流派结合了起来，在对现代资本主义社会的分析和对社会主义的展望上，在革命的战略和策略上，提出了同激进的列宁主义相对立的见解。其内部有两种不同的趋向：按照黑格尔主义、弗洛伊德主义、存在主义的精神解释和发展马克思主义，被称作“黑格尔主义马克思主义”“弗洛伊德主义马克思主义”和“存在主义马克思主义”；按照新实证主义、结构主义的精神解释和发展马克思主义，被称作“新实证主义马克思主义”和“结构主义马克思主义”。在20世纪60年代末期西方的新左派运动中，特别在1968年的法国“五月风暴”中，西方马克思主义曾被激进的青年学生和工人奉为反对资本主义异化制度的思想武器。

是启蒙以来诸种社会弊端的有力武器。阿德诺指出：理性在近代的祛魅之后已经堕落为神话，发展为“理性的暴政”。他主张在韦伯用理性祛除神学和形而上学之魅的基础上，进一步祛除理性和启蒙的自身之魅。这种“自身之魅”既包括知识和科技的神秘性、专断性、魅惑力，也包括文化态度上对于崇高、典范、儒雅、宏大叙事等等的表征。

面对一个失魅或失去神圣性与崇高性的世界，我们应该如何生活，如何做人？人们怎样才能过一种真正有意义的生活？如何才能拯救人最后的尊严？韦伯寄希望于价值理性与工具理性、信念伦理与责任伦理的结合。这实质上又暗含了复魅的要求和主旨。

爱因斯坦在晚年曾写道：“光有知识和技能并不能使人类过上幸福而优裕的生活，人类有充分理由把对高尚的道德准则和价值观念的赞美置于对客观真理的发现之上。人类从像佛陀、摩西以及耶稣这样的伟人身上得到的教益，就我来说要比所有的研究成果以及建设性的见解更为重要”[①]。因此，思想家们提倡用人文关怀来消除由于工具理性的暴虐所造成的人性冷漠与社会异化，用“人的生活世界”来取代“物的科学世界”，用艺术和诗的语言来对抗僵硬的技术“框架”，使人与自然重归和谐，以求在大地上“诗意地栖居”。

“解构”的时代。20世纪是一个市场化和平民化的时代，它的哲学思想和文学艺术的主流是解构一切深沉的东西。以黑格尔为代表的西方形而上传统遭到否定，一种反实体主义和反本质主义的技术化潮流，使得人们把眼光从虚无缥缈的本体转向了直观的现象。无论是英美的科学哲学、分析哲学、实证主义哲学，还是欧洲大陆的现象学、存在主义和后现代思潮，都或多或少地表现了这种“摈弃形而上学”的倾向，它的极端形式就是风靡一时的后现代思潮和解构主义。

20世纪60年代以来，后现代主义对现代文明发展的根基和传统进行了全方位的批判性反思，涉及文学、艺术、语言、历史、哲学等诸多

① 卞伟光.超存在哲学概论 中国文化的母型特征及其发展前景[M].西安：西北大学出版社，2006：141.

领域。后现代主义以消解中心性、秩序性、明晰性、权威性、决定性、理性等为出发点，以倡导否定性、非中心性、模糊性、破碎性、不确定性、非连续性、多元性、差异性、非理性等为宗旨，对现代主义所尊奉的科技霸权、理性独断、人与自然的对立等等进行了深刻的剖析与反驳。其代表人物有哈贝马斯、福柯①、德里达、马尔库塞等。

马尔库塞(1898—1979)是德裔美籍哲学家和社会理论家，法兰克福学派左翼的主要代表，被西方称为“新左派哲学家”。马尔库塞深受黑格尔、胡塞尔、海德格尔和弗洛伊德，也包括马克思早期著作的影响。他主张把弗洛伊德和马克思主义结合起来。马尔库塞认为现代工业社会的技术进步给人提供的自由条件越多，给人的种种强制也就越多。这种社会造就了只有物质生活没有精神生活，失去了创造性的单面人。他试图追求一种理性文明和非理性的爱欲协调一致的爱欲解放，实现“非压抑升华”。马尔库塞著作很多，影响较大的有《历史唯物论的现象学导引》《黑格尔本体论与历史性理论的基础》《理性与革命》《爱欲与文明》《单面人》《论解放》等。

马尔库塞从弗洛伊德的心理分析理论出发来理解人的本质及其解放。弗洛伊德把人的心理结构分为“意识”与“无意识”。马尔库塞认为，因为“意识”是后天形成的，受“现实原则”支配；“无意识”是与生俱来的，受“快乐原则”支配；所以，“无意识”比“意识”更能体现人的本质。弗洛伊德认为“无意识”是由生的本能和死的本能构成，在马尔库塞看来，因为生的本能与人的“存在原则”相一致，所以更能体现人的本质。弗洛伊德把生的本能的主要内容规定为口渴、饥饿、性欲等，马尔库塞则进一步指出，在这些内容中，性欲占核心地位，因此，把生的本能作为人的本质，实际上也就是把性欲作为人的本质。在弗洛伊德的著作中，“性欲”有时指同生殖机能有关的对异性肉体的追求，有时则指人的机体追求快乐的普遍属性。马尔库塞是在后一种意义上使

① 哈贝马斯(1929—)，德国当代最重要的哲学家之一，西方马克思主义法兰克福学派第二代的中坚人物；福柯(1926—1984)，法国哲学家、社会思想家和“思想系统的历史学家”。

用“性欲”一词的。为了与前者相区别，他称之为“爱欲”。马尔库塞通过对人的本质的分析后得出结论：人的解放就是爱欲的解放。马尔库塞说，在人的所有爱欲活动中，劳动是最基本的爱欲活动。因为真正有意义的劳动，应该是人的器官的自由消遣，它为“大规模地发泄爱欲构成的冲动”提供了机会。所以说，爱欲解放的核心和关键是劳动的解放。要使人真正获得幸福，必须使人所有的活动“爱欲化”，最主要的是劳动的“爱欲化”。由此，马尔库塞把“爱欲解放论”同马克思的“劳动解放论”联系在了一起。

在当今的资本主义社会，被压抑的人们为什么不起来革命，而变得“消极沉默”了呢？马尔库塞认为，这是因为资本主义社会是一个单向度的社会，资本主义社会的人已成了单向度的人。他认为，当代资本主义社会已不同于从前的对抗性社会。由于科学技术的迅猛发展，技术统治取代了政治统治，矛盾对抗已经或正在消失，取而代之的是整合与同化的趋势。因此，当代资本主义社会正在失去其双面性，而变为一个只有肯定、没有对抗的单向度社会。生活在这个社会中的人都丧失了具有创造性的社会批判功能的向度。只剩下维护、肯定现存秩序这样一个向度，从而失去了个性，失去了反抗及否定能力。马尔库塞说，在这样一个“单面”和“全面异化”的社会中，人性受到普遍的压抑。因而，在当代，革命的根本目的是克服各种形式的异化，是人的实现和人的解放，是争取最高形式的自由。

解构主义的首倡者是法国的德里达(1930—2004)。德里达是当代著名哲学家、符号学家、文艺理论家和美学家，他的思想在20世纪中后期掀起的巨大波澜，不仅使他成为欧美知识界最具争议性的人物之一，也使其成为后现代思潮最重要的理论源泉。其核心概念“解构”风靡全球，广泛渗透到艺术、社会科学、语言学、人类学、政治学甚至建筑等领域。

解构主义与结构主义之间有着一种既延续又断裂的关系。结构主义起源于法国，声称“结构主义基本上是关于世界的一种思维方式”，在这一思维方式中，“事物的真正本质不在于事物本身，而在于我们在各种事物之间感觉到的那种关系”①。因此,结构主义强调相对的稳定性、有序性和确定性。

德里达的理论基于对结构本身的否定。他认为符号本身已能够反映真实,所以对单独个体的研究比对于整体结构的研究更重要。德里达以其“去中心”的观念,反对西方自柏拉图以来的“逻各斯中心主义”传统。海德格尔认为,西方的哲学史即形而上学的历史,它的原型是将“存在”定为“在场”。借助于海德格尔的概念,德里达将此称作“在场的形而上学”。“在场的形而上学”意味着在万物的背后都有一个根本原则,一个中心语词,一个支配性的力,一个潜在的神或上帝。这种终极的、第一性的东西,构成了一系列的逻各斯,所有的人和物都拜倒在逻各斯门下,遵循逻各斯的运转逻辑,背离逻各斯就意味着走向谬误。而逻各斯则是永恒不变的,它类似于“神的法律”。

于是,为了反对形而上学,反对逻各斯中心,反对一切封闭僵硬的体系,解构主义就强调反对权威,反对理性崇拜,反对二元对抗的狭隘思维。他们大力宣扬的是主体消散、意义延异、能指自由等。换言之,它强调语言和思想的自由嬉戏,哪怕这种自由仅仅是一种“带着镣铐的舞蹈”。

二、异彩纷呈世纪文坛

在“上帝死了”的时代,西方文坛更显异彩纷呈。现实主义的继续发展,现代主义的异峰突起、大众文艺的滥觞,无不令人目眩神迷。而知识分子的社会批判意识一直保持着特有的社会参与性和历史反思性。

现代主义文艺。现代主义文艺是对 20 世纪以来,用不同于浪漫主义和现实主义方法进行创作的文艺流派的通称。在这 100 多年中,纵向看,此起彼伏的象征主义、表现主义、未来主义、超现实主义、迷惘的一代、存在主义、意识流小说、新浪潮电影、新小说派、荒诞派戏剧、

① [英]特伦斯·霍克斯.结构主义和符号学[M].瞿铁鹏,译.上海:上海译文出版社,1987:8.

黑色幽默、魔幻现实主义、后现代主义和元小说等等，叫人眼花缭乱，目不暇接；横向看，从小说、诗歌、戏剧、到音乐、美术、建筑、服装等等，其潮流无所不及。在这种文学艺术流派此起彼伏，新陈代谢的过程中，我们可以看到一个发展的“大趋势”，是为现代主义。

如果说19世纪的浪漫主义传达了一种脱俗的理想精神，现实主义表现了一种深沉的批判意识，那么，在20世纪的文学艺术中，这种理想精神和批判意识则往往转化为一种冷幽默的调侃情调，充满了解构与荒诞的风格。在一个“解构”的时代，人在不知不觉中被塑造成了马尔库塞所说的“单面的人”。文学艺术对于现实世界的批判和超越，或许不再具有19世纪那种恢弘的理想情怀和深刻的思想内蕴，而萎缩成一种嬉皮士式的我行我素和标新立异的形式主义。无论是表现主义、意识流、超现实主义，还是荒诞派、黑色幽默、垮掉的一代，都反映出一种强烈的自我意识和既随波逐流又调侃自嘲的矛盾态度。然而，在这种表面的荒诞之中，我们往往又可以看到一种执着的坚持；其中，也不乏深刻的时代巨著。

现代主义的产生，一般从第一次世界大战前后算起，但是其萌芽可以一直追溯到19世纪末。

印象派绘画。站在现代主义艺术前沿的是19世纪80年代出现的印象派绘画。受到当时自然科学成就的启发，印象派绘画在以现实为基本题材的基础上，尤为注重光色运用的创新。印象派前期以马奈和莫奈为代表，后期有荷兰的凡高和法国的高更与塞尚。

法国画家马奈（1832—1883）是印象派的先驱，他的《草地上的午餐》引起了巨大的争议。印象画派最杰出的代表是法国画家莫奈（1840—1929）。他的代表作《日出·印象》用饱含激情的笔墨和奇特的技法，描绘了转瞬即逝的海上日出的壮观景象：辉煌的太阳冲破朝雾冉冉升起，河面上波光闪烁生机洋溢。莫奈晚年的作品《睡莲》，把大自然的色彩表现得如梦如幻，被人们称为“一曲春天的赞歌”。

凡高（1853—1890）是一位极端个性化的艺术家，叛逆与创新在他身上表现得极其强烈。这位惊世骇俗的色彩大师似乎在以他不羁的画笔，默契地呼应着尼采的激情华章，宣泄着艺术家对那个异化社会的生命抗争。创作中最为著名的是他的12幅《向日葵》，一朵朵峥嵘怒放的向日葵 就像一团团熊熊燃烧的烈火，似乎能够点燃起每个观者的心灵。

高更(1848—1903)与凡高、塞尚并称为后印象派三大巨匠，他对南太平洋热带岛屿的风土人情极为痴迷，创作很大程度上受到原始艺术的影响，英国作家毛姆的名作《月亮与六便士》就是以高更的经历为蓝本的。塞尚(1839—1906)是印象派到立体主义之间的重要画家，被称为“现代艺术之父”。

象征主义与艾略特的《荒原》。第一次世界大战前后到第二次世界大战，是现代主义确立并获得极大发展的时期。在此期间，后期象征主义由法国遍及欧美，以意大利为中心的未来主义，以法国为中心的达达主义、超现实主义，以德国为中心的表现主义，以英国为中心的意识流小说等差不多同时而起，汇成了一股颇为壮观的文学潮流。

象征主义是现代主义中产生最早，流传最久，影响也较大的一个流派。波德莱尔(1821—1867)的《恶之花》是第一部象征主义的作品，他宣称：“透过粉饰，我会掘出地狱；拿来粪土，我把它变为黄金”。

象征主义的代表艾略特(1888—1965)被誉为“当代英语世界最伟大的诗人”，“开辟了一整个世纪的大手笔”。他的代表作《荒原》是现代主义诗歌的里程碑，也是西方文学中划时代的作品。

“荒原”是整个现代西方社会的象征。贯穿全诗的有两个相互关联的神话传说，一个是亚瑟王传奇中的圣杯的故事，一个是渔王的故事。传说主要来自魏士登的人类学的著作《从祭仪到神话》。长诗讲渔王患病，他的国土变成了荒原(鱼在古代是生命力的象征)，要治好渔王的病，就必须找到能够带来水的圣杯。圣杯是耶稣在最后的晚餐上用过的酒杯，在他罹难时，他的门徒用这个杯子去接他的血，他对门徒们说：“这是我的血，为赎众人的罪而流出来”。后来，这个杯子成了神奇的圣物，杯中的水会自动满盈，还会自动出现一条银鱼，取用不尽。可是，由于人们的堕落，圣杯遗失了。圣洁勇敢的圆桌骑士帕西法尔带着剑，经历种种艰险，找到圣杯，治愈了渔王，使大地得以复苏。这里的圣杯既象征女性和生命之水，又暗指可以洗刷世人罪恶的耶稣之血。

长诗把西方社会比为万物枯死的荒原，艾略特给这个荒原化社会开出的药方是宗教。长诗最后以雷廷的话点题：圣杯即为上帝的教诲，即为舍弃、同情、克制；这个圣杯不在别处，就在我们每个人的心中。

超现实主义。超现实主义是第一次世界大战后在达达主义的基础上兴起的，他们是文艺界反传统的急先锋。超现实主义作为文艺流派存在时间并不长，但美学影响却十分深远。

超现实主义自命为造反专家。他们认为传统文艺只是在做戏，只是为了迎合世俗的要求，千方百计在作品中虚构一个理性和美好的世界，而实际上是虚假骗人的。因此，超现实主义要从根本上推陈出新，要从根本上否定传统的东西。1917 年，达达主义的领袖人物、法国画家杜尚(1887—1968)向纽约独立美术家协会送交了一个男用陶瓷小便器，取名为《泉》，用以公开展出。他的另一件"现成品"代表作，就是在《蒙娜丽莎》画像上加了两撇小胡子，以表示对传统乃至艺术本身的蔑视。在超现实主义作品中有一种拿传统，拿现实、拿神圣的东西开玩笑的意味。正面反对，无论怎样激烈，总是把对方当作一个对手看待，而超现实主义是一下把对方置于一个被嘲弄、被视若无睹的地位，没有反击的可能。

超现实主义的另一个重要特点是反理性。他们认为：人的理智思维已经受到了资本主义文明和偏见的毒化，不是纯粹的精神，只有潜意识、梦幻等才是未受污染的纯净意识。因此，他们提出诗人要听从潜意识的召唤，去写梦境，写事物无规律的、偶然之巧合，并提出了适应这种要求的写作方法：自动写作法。超现实主义文学的代表勃勒东与苏波，他们合作的第一部超现实主义作品《磁场》，就是坐在咖啡馆里，在半昏睡的状态下完成的。

超现实主义艺术最具代表性的人物是西班牙画家达利(1904—

1982)，他与毕加索、马蒂斯被认为是 20 世纪最有代表性的三位画家。达利为人放荡不羁，充满传奇色彩。据说，他 6 岁就能画出成熟的风景画，7 岁想成为拿破仑，10 岁以印象派画家自居，15 岁定期撰写艺术评论，17 岁学野兽派、19 岁学立体派，25 岁之前已确立了自己那种旷世无双的特殊画风。达利几乎尝试过所有的艺术载体，而且都成了个中翘楚：他的版画风靡一时，雕塑身价非凡，他还设计珠宝、家具、装潢，拍影片，做摄影，搞行为艺术。达利曾亲率众人抬着长达 25 米的巨型面包在街上游行；也曾在伦敦身着潜水服上台演讲，观者目瞪口呆，而他自己却差点儿被闷死。达利说，"我与疯子的唯一不同之处在于我没疯"。

达利那些光怪陆离的作品细节极其逼真，总体却荒诞不经。他的雕塑《追忆往事的少女半身像》是瓷器，玉米、面包、硬纸板制作的。作于西班牙内战之前的绘画《内战的预感》，远景是蓝天白云，近景却阴森恐怖：四处抛洒的内脏、枯骨，拆零的屁股上又是干枯的脚骨，另一边大腿上伸出一只胳膊，手在撕裂乳房和肌体，而最上面是一个狞笑的人头。这与毕加索同一主题的《格尔尼卡》异曲同工。

毕加索(1881—1973)是现代艺术的创始人，现代派绘画最主要的代表。他 1907 年创作的《亚威农少女》标志着立体主义的诞生。他的代表作《格尔尼卡》充斥着变形的画面：战士的断臂、幼儿的死尸、母亲的眼泪(与眼睛合而为一)、惊恐的人群……画中的牛首象征恐怖势力，马头象征惨遭蹂躏的人民，画面的中间是一只手臂，高擎着光明之灯。格尔尼卡是西班牙一个城市，内战中遭到德国法西斯的飞机轰炸。可以说，任何一部传统的战争题材作品，在表现的深度、强度、力度上，都远不能同《格尔尼卡》和《内战的预感》相比。什么是战争？——这才是真实的战争！

超现实主义在电影以至建筑、工艺美术等领域均有影响。

荒诞派戏剧与《等待戈多》。从第二次世界大战到 20 世纪 60 年代，是现代主义发展的一个新阶段。以存在主义哲学为基础的种种新流派，如存在主义文学、新小说、新浪潮电影、垮掉的一代、荒诞派、黑色幽默等先后兴起，风靡一时。

荒诞派是二战后西方戏剧界最有影响的流派，50年代兴起于法国。什么是荒诞？尤内斯库的解释是："荒诞是指缺乏意义……和宗教的、形而上学的、先验论的根源隔绝之后，人就不知所措，他的一切行为就变得没有意义，荒诞而无用"①。

尤奈斯库(1912—1994)是荒诞派戏剧的主要代表。他的童年在法国度过，后来一度在罗马尼亚学习和工作，1938年以后定居法国。尤奈斯库的《秃头歌女》是荒诞派诞生的标志。《秃头歌女》1950年在巴黎首演时只有三名观众，但戏剧的新奇令观众愕然。全剧没有情节，没有戏剧冲突，也没有明确的人物形象，只有两对夫妇在进行一些毫无意义的谈话，其中的马丁夫妇竟互不相识，谈来谈去，到最后才发现是住在同一房间，睡在同一张床上的夫妻，还生过一个面目奇怪的女儿。到后来，这两对夫妇调换了一下位置，又开始重复原来的对话。剧名也是毫无意义。排练中一位员工错把台词"金发女教师"读成了"秃头歌女"，作者遂借此为名。他是想以此说明生活中的一切都是无所谓的。这样的一出戏，却很快就轰动了巴黎，被认为是一部突出反映了现代人和现代生活的空虚无聊的"天才的作品"。

1952年的剧本《椅子》进一步奠定了尤奈斯库，也奠定了整个荒诞派在西方当代剧坛的地位。在《椅子》中，两个年近百岁的老人，住在死水环绕的孤岛上，周围是黑暗笼罩的世界。生活凄凉难耐，可他们还是苦中作乐，还在挣扎。他们要举办一场讲演会——这是他们显示自己在世界上的存在，也是他们与人交流的唯一机会。所以，他们竭力筹划，忙得不亦乐乎。然而，一切不过是一幕幻景，一场滑稽戏。全剧最后，不仅一个实在的客人也没有，老头同自己的妻子也被物的力量(椅子)所隔离，老两口绝望之余，一块投水自尽了。表面上看，这一切都是荒诞不经的，但细细想来，其中包含着一种震撼人心，撕裂人心

① [法]尤金·尤奈斯库. 在城市的武器里[M]//伍蠡甫. 现代西方文论选. 上海：上海译文出版社，1983：358.

的东西。它表述的“不是人生的挫折和两个老人道德的混乱，而是椅子本身，也就是缺少了人，缺少了皇帝、神灵和物质，是说世界的非现实性……它的主题就是虚无”①。尤奈斯库的《阿实戴或怎样摆脱它》也是同样手法，不过内容更离奇。作品讲一对夫妇被一具不断以几何级数膨胀的尸体挤得无处存身，最后不得不飞向空中。

《犀牛》是尤奈斯库最重要的作品之一，曾连续演出一千多场，场场爆满。《犀牛》的主人公贝兰吉是一个小职员，他所生活的城市突然撞进一头犀牛，起初没有人对犀牛抱有好感，可是在不知不觉中，贝兰吉的同学、上司、熟人，开始一个接一个地变成了犀牛，人们纷纷以变犀牛为荣。曾反对犀牛化并劝说贝兰吉要坚守的朋友也转而声称：“我的责任责成我追随我的上司和同志们”。后来，全城只剩下贝兰吉和自己的爱人，他试图以爱情来对抗变异，要和爱人做最后的“亚当和夏娃”，以“拯救人类”。但是，他爱人最终也表示“不能再坚持抵抗了”，离他而去。世界只剩下了贝兰吉一个人，在绝对的孤独中，贝兰吉别无选择，毅然表示：“我是最后一个人，我将坚持到底！我绝不投降！”

这出戏以悲闹剧的形式，揭示了资本主义社会人格丧失，精神堕落的异化过程，讲述了“自我本质”的难以保存和坚持。如贝兰吉所说：“谁坚持保存自己的特征，谁就要大祸临头！”

贝克特(1906—1989)也是荒诞派的奠基人之一。他原籍爱尔兰，1936年定居巴黎，二战中曾参加反法西斯的地下抵抗运动。贝克特从20年代开始文学创作，写过诗歌、小说、评论、翻译过乔伊斯的作品。但让他在文坛最终站稳脚跟并享誉西方的，却始于剧作《等待戈多》的问世。

比起其他荒诞派作家，贝克特的作品故事更加荒唐离奇，形式更加怪诞夸张，内容更加难以捉摸，所反映的现实和其中所蕴含的思想

---

① [英]马丁·埃斯林.荒诞派戏剧[M]//赵宪章.20世纪外国美学文艺学名著精义.北京：北京大学出版社，2008：206.

也更为深刻。他的人物在坛子里谈情说爱，在黄土及颈时梳妆打扮，在垃圾桶里自得其乐，这种喜剧画面似乎要使观众发笑，但同卡夫卡的《变形记》相类似，不等你笑出来，一种令人毛骨悚然的感觉已从心底冒了起来——因为你不得不看到，这就是你的生活，这就是在荒诞生活中麻木不仁，自我欺骗的你。

贝克特曾在巴黎大街上无缘无故被人刺了一刀，为弄清缘由，他到监狱问凶手为什么行凶，那个青年回答："我不知道"。荒诞的动机导致荒诞的行动，整个世界本身就是这么荒诞。不过，荒诞派戏剧写荒诞，揭示荒诞，骨子里也还是想通过否定来寻求肯定的东西，就是他们自己说的，要从一个毫无意义的世界里"找出意义来"。

贝克特的《啊，美好的日子》一共两幕，地点是一片荒凉的海滩，人物有一对老夫妇。第一幕，老妇维妮已经半截入土，仍在梳妆打扮自己：刷牙，抹口红，修指甲，戴眼镜，撑阳伞。她的第一句台词就是："又是一个好日子"。第二幕，维妮已经只剩下头部露在地面了，但仍在津津有味地品咂着庸俗的生活乐趣，还唱起一首轻佻的情歌，嘴里重复着："又是一个美好的日子"。全剧不仅无情节，甚至无动作，只有维妮语无伦次的独白。荒诞的形式突出了现实生活的可悲，但更可悲的是人们的自我麻醉，自我欺骗，死到临头还不知死之将至。贝克特的《喜剧》也是这样。三个装在坛子里的人，只有头露在外面，但还要搞三角恋爱，还要争风吃醋，还要互相追逐，被称为"棺材里的爱情三重奏"。

1953 年，贝克特的代表作《等待戈多》在巴黎上演，随即轰动了整个西方。这是一出两幕剧，出场人物有五个：流浪汉爱斯特拉冈（戈戈）和弗拉季米尔（狄狄），奴隶主波卓和他的奴隶幸运儿，还有一个报信的小孩。

第一幕开场，两个流浪汉相遇，开始了梦呓般的对话。戈戈坐在地上脱靴子，怎么也脱不下来，后来，戈戈闻臭烘烘的靴子，狄狄闻脏烂的帽子，又开始前言不搭后语的谈话，讨论是不是玩上吊的游戏。他们在干什么？——在等待戈多。接着，波卓赶着幸运儿上来，他们以为是戈多，结果不是。波卓拿着皮鞭大显威风，称幸运儿为"猪"，要把他送到奴隶市场上卖掉。两个流浪汉又开始对话:“干什么”?“不知道”;“走吧”,“不行”;“为什么”?“等待戈多”。再后来,戈多的信使,一个小男孩上场,报告戈多今天不来了。夜幕降临,两人说走,但仍坐着不动。

第二幕场景不变,只是树上长出了四五片叶子。两个流浪汉又开始重复昨天的一切,聊天、漫骂、唱歌、讲故事。波卓主仆再次上场,波卓已成了瞎子,幸运儿成了哑巴,两人一上场就烂泥似的摔倒地地上。主仆下场后,男孩又上来报信,戈多不来了。两个流浪汉讨论戈多是什么样子,最后玩起了上吊的游戏。天黑了,又是“咱们走吧”,可人站着不动。剧终。

大家可能会想,这是什么玩意儿?这样的戏怎么能看下去?

然而,有人能看下去。1957 年 11 月 19 日,美国旧金山实验剧团进行一场特殊的演出。演出前,导演、演员都惶惶不安,因为观众是一千多名囚犯,而演出的剧目正是《等待戈多》。仅仅因为这出戏里没有女人,不会发生“精神污染”,才选中了它。在一片哄闹声中,舞台拉开了幕布。结果如何呢?——第二天的新闻中说:“三人一组的腕力充沛的大力士,把一共六百四十二磅的体重全停在过道上,等着看姑娘和逗乐的那套玩意儿,既然没有这些,他们发火了,而且打算一黑灯就溜出去。可是他们打错了主意。他们听了听,看了看,两分钟后,就安静下来了,一直到散场才离开。都震惊了……”①。

这样一出荒诞不经的戏,为什么能抓住这些粗鲁野蛮、谈不上什么文学修养的囚犯?——因为剧中讲的正是他们的生活,正是他们人生境遇。《等待戈多》在荒诞的背后,深刻地表现了西方社会一个可悲主题:人生活在盲目的希望中。人们在遥遥无期地等待着一个模糊的、难以实现的希望,然而现实只有等待,失望,再等待,再失望,人在期待中耗尽生命,到头来只是一场梦幻。所以剧中的狄狄说:“希望迟迟不来,苦死了等的人”。在那些囚犯身上,这样一种人生境遇当然表

① 刘强.荒诞派戏剧艺术论[M].合肥:安徽文艺出版社,1997:2.

现得更为突出。他们等待什么？刑满释放，可出狱后面对的又会是什么？——贫困、失业、社会的歧视，再犯罪、再入狱、再等待……。有些评论总在没完没了地琢磨戈多是谁，戈多代表什么。其实，这不是主要的。剧的重点不是戈多，而是等待，是等待本身。

人生的一大主题就是期盼和等待，但这种期盼是无意义、没希望的。戈多是戈戈与狄狄的希望，也是人类的希望，然而，人们等来等去，等来的不是希望和救星的化身戈多，而是痛苦、压迫的化身波卓和幸运儿。而且，按作者的观点，被压迫者是不幸的，压迫者也同样没有幸福，波卓在第一幕中不仅虐待幸运儿，对戈戈与狄狄也是耀武扬威，可到第二幕中，波卓自己也成了瞎子，又向戈戈和狄狄求救。在现实生活中没有一个幸运儿。

评论家罗宾逊指出，"贝克特并未具体地描绘过氢弹的爆炸，但是他以其独特的诗意和真实感描绘了那种残酷、痛苦和绝望，而这是一种发生了氢弹爆炸这类事情的世界中人类社会的普遍心理状态和气氛。他写出了一个难以忍受的世界以及在这个世界中人的孤独、绝望和痛苦"[①]。

贝克特的创作对后来"黑色幽默"作家产生了直接的影响。

黑色幽默。继荒诞派之后，20 世纪 60 年代风靡美国的黑色幽默，更是一种绝望的幽默在文学上的反映，它试图引出人们的笑声，作为人类对生活中显而易见的无意义和荒诞的反响，然而，人们在笑的同时，反思一下自己的处境，就会发现被自己嘲讽的东西尽管滑稽，却极其可怕，不仅自己对它无可奈何，相反它还要主宰，要决定自己的命运。这样一来，尴尬的笑声里自然地就会掺进恐怖，以至绝望。所以，人们又称黑色幽默为"绞架下的幽默，大难临头时的幽默"。

黑色幽默的代表作家是约瑟夫·海勒（1923—1999），其代表作《第二十二条军规》。小说的中心人物尤索林是一个"反英雄"意义上

① [英]迈克尔·罗宾逊. 冗长的死亡奏鸣曲——对于贝克持的研究[M]//中国社会科学院情报研究所. 外国文艺思潮(第 4 集). 西安：陕西人民出版社，1986：332.

的英雄。他本来是一个正直、诚实、富于正义感和爱国心的青年。二战开始，他毅然选择为国上前线，在战斗中表现很勇敢。可他后来发现战士们流血拼命的直接结果并不是正义、国家，而仅仅是给上司升官发财提供资本。他说："我抬头一看，就只看见人们拼命捞钱。我看不见上帝，看不见圣人，也看不见天使。我只看见人们利用每一种正直的冲动，利用每一出人类的悲剧，拼命捞钱"。面对这样的现实，尤索林才改变了自己最初的选择，成了所谓的"怕死鬼"。他给自己规定的生活目的就是"活下去"。活下去就是一切，活下去就是胜利——因为他看不到死的价值，看不到死的意义。所以，他装病、装疯，光着身子倒退走路，最后是公然抗命，拒绝起飞。后来，上司没有办法，只好同意他回国，但有个条件，就是要把他作为英雄送回国去，让他当个宣传工具。尤索林如答应条件，就可以提少校，发勋章，离开战场，过富有、奢华并不断得到酬劳和特权的生活。而且，他"要么接受这笔交易，要么就上军事法庭"。尤索林曾一度答应，但很快就意识到这是一笔卑鄙下流、令人作呕的交易。自己当了英雄，就意味着更多人要受骗上当，流血送命。最终，尤索林又一次做出了自己的选择，不当英雄，不坑害别人，而宁肯当逃兵。

尤索林的形象中可看到明显的存在主义的影响。尤索林不是英雄，但是，以存在主义的观点来看，他是一个真正的人。他生活在一个疯狂的世界，能清醒认识到世界的疯狂，并在这样一个疯狂的世界中做出自己的选择。他坚持了自己的存在，保持了自己作为一个人的价值。

当然，《第二十二条军规》的意义远不止于对米洛之流反面人物的揭露或塑造尤索林这样一个"英雄"。小说的题名"第二十二条军规"本身就表明它包含着更深一层的意思，它要表达的是一种形而上的东西，是要从一个更深的层次上去揭示现实的荒谬和不合理。

什么是"第二十二条军规"?"第二十二条军规"其实是一个象征，是灭绝人性的军事官僚体制的象征，是那种任意捉弄人，摧残人的力量的象征，是现实中的权力加荒谬加蛮不讲理的象征。"第二十二条军规”规定，神经病可以回国，但必须自己申请，而你一申请，就证明你不是神经病；“第二十二条军规”规定，飞行任务满 32 次者，可不再执行任务，但有个条件：必须服从长官命令，不得违抗。这样，别说 32 次，你飞了 320 次，只要长官命令，你就还得飞，直到被打死。作者写道：“这里面只有一个圈套，就是第二十二条军规。这条军规规定，面临真正的，迫在眉睫的危险时，对自身安全表示关注，乃是头脑理性活动的结果。奥尔（尤索林的同事）疯了，可以允许他停止飞行。只要他提出请求就行。可是他一提出请求，他就不再是个疯子，就得再去执行飞行任务。倘若奥尔再去执行飞行任务，那他准是疯子，如果他不再去，那他就没有疯，可是既然也没有疯，他就得去执行飞行任务。倘若他去执行飞行任务，他准是疯了，不必再去飞行，可是如果他不想再去，那么他就没有疯，他就非去不可，尤索林觉得第二十二条军规订得真是简单明了之极，所以深深受到感动，肃然起敬地吹了一声口哨”。这段文字读起来跟绕口令差不多，但第二十二条军规本身的那种绕劲，那种绕得空虚，绕得荒谬，绕得霸道，正是作者要让大家感受的。说到底，第二十二条军规就是一句话，“他们有权去做任何事情”，而受害者无权过问。反正它总是有理，你总是无理。你无论怎么挣扎也逃不出它的手心，倒了霉还要放弃想问个明白的念头。美国评论家认为，当代的社会生活本身就具有一种“黑色幽默的形势”。

魔幻现实主义是 20 世纪 60 年代前后由拉丁美洲兴起的文学流派。拉美人民曾创造过辉煌灿烂的古代印第安文化。现代拉丁美洲的生活形态十分复杂，一方面有殖民者带来的西方科学文明，同时也存在大量传统的、甚至是原始图腾崇拜式的文明。这些跨度极大、差异迥然的文明融合为一，构成了拉美的“神奇”现实。魔幻现实主义的代表作家有马尔克斯、阿斯图里亚斯、鲁尔福等。他们的创作对 20 世纪后期整个世界的文学产生了重大影响。

哥伦比亚的马尔克斯（1927—2014）是 20 世纪最有影响力的作家之一，他 1967 年出版的长篇《百年孤独》代表了魔幻现实主义的高峰。

《百年孤独》通过虚构的小镇马孔多以及布恩迪亚一家 100 年的

变迁,生动反映了哥伦比亚的历史。小说中充满离奇怪诞的情节和人物,带有浓烈的神话色彩和象征意味。家族创始人老布恩迪亚带领亲朋来到这片新土地,他们历尽艰辛也收获了欢乐。家族的第二代布恩迪亚上校是一位有着传奇经历的人,他经历了无数战斗,可是所争取的和平很快就被葬送在下一代手中,这个百年世家最终陷入了衰败。家族一代代承传,每一代都经历了历史长河中波涛汹涌的时刻,又渐渐地老去。它的最后一个守护者奥雷良诺读了记载家族历史的羊皮卷后说:"这里面所有的一切,我都曾经看到过,也早已知道!"作者借这个总结性人物之口,表达了自己对拉美历史的感悟。

魔幻现实主义的创作原则是"变现实为幻想而不失其真实","魔幻"只是手法和形式,最终目的还是要反映和揭露拉丁美洲黑暗如磐的现实。马尔克斯的重要作品还有《霍乱时期的爱情》等。

"元小说"。20世纪后期也被称为后现代主义时期,影响较大的有"元小说"等。"元小说"是关于小说的小说。传统小说往往关注的是人物、事件,是作品所叙述的内容;而元小说更关心作者是怎样写这部小说的。小说中往往以各种方式不断提醒读者,作者是在虚构作品。小说讲的往往是正在进行的叙述本身,并使这种对叙述的叙述成为小说整体的一个有机部分。当一部作品中充斥着大量这种关于小说本身的叙述的时候,这种叙述就是"元叙述",而具有元叙述因素的小说则被称为元小说。代表作家如博尔赫斯、卡尔维诺等。

博尔赫斯(1899—1986)是阿根廷诗人、小说家。他的诗歌、散文和小说各有千秋,相互辉映,人们说"他的散文读起来像小说;他的小说是诗;他的诗歌又往往使人觉得像散文。沟通三者的桥梁是他的思想"。博尔赫斯的《交叉小径的花园》是一部带有科幻色彩的小说,讲述一战期间德国间谍余准在同伴被捕、自己被追杀的情况下,为了把重要情报告知上司,不惜杀死汉学家艾伯特的经过。小说以怪诞夸张的形式,强调了现代作家反复书写的荒诞主题:在上帝布下的棋局里,人类被赋予了选择的权利;然而,人类所有的选择都成了命运的悖论。选择是必须的,选择却不可能改变人的命运。正如博尔赫斯所说"上帝潜伏在洞穴里”,默然注视着人们。

卡尔维诺(1923—1985)是20世纪最重要的意大利小说家之一。他的《树上的男爵》写意大利贵族少年隆多因与专制的父亲发生冲突而爬上树,由此开始了50多年的树栖生活,因为他在树上可以将地上的事情看得更清楚。这部作品和其后《不存在的骑士》《分成两半的子爵》组成了他的“幻想三部曲”,以《我们的祖先》为标题出版。《分成两半的子爵》写梅达尔多子爵在与土耳其人作战中被炮弹击中,分为两半的身体被医生救活。右半边身体成为恶的梅达尔多子爵,因回家较早而继承了爵位。他性情恶毒狡黠,纵火做恶,滥杀无辜,他将遇到的鸟、青蛙、瓜果、蘑菇、花朵等动植物都一撕为二,甚至将自己的奶妈也送到麻风村隔离,还多次暗算善的一半的梅达尔多子爵。左半边身体成为善的梅达尔多子爵,他乐善好施,助人为乐,但也迂腐虚伪。整部作品充满了寓言式的智慧。

大众文艺。20世纪中期以来,随着教育的普及和电影、电视、网络等新媒体的迅速崛起,大众文化空前繁荣。这使得文艺的“昔日王谢堂前燕”,真正飞入了“寻常百姓家”。

电影的复苏曾对大众文化的繁荣产生了重要影响。意大利的新现实主义、法国的新浪潮电影将一系列的新理念带入了影视界,之后的美国好莱坞电影占据了西方电影的主流。而电视的普及更使大众文化的消费日益成为人们业余生活的一个主要内容。

在大众文化的日益扩张中,流行音乐是一个重要方面。布鲁斯(Blues)是美国流行音乐形式。又译为蓝调,原指悲伤忧郁的情感。布鲁斯约产生于19世纪末,由美国南部庄园中做奴隶的黑人所哼唱的劳动歌曲、灵歌和田间号子融合而成。在黑人歌曲中,有一大部分是描写生离死别之情,抒发忧伤凄惨的内容,用布鲁斯一词来概括十分贴切,久用成习,就成了这一类黑人歌曲的总称。最初的布鲁斯基本上都是歌曲,伴奏只用吉他,后来逐渐加进了其他乐器,并出现了专供器乐演奏的布鲁斯。作为一种音乐形式,布鲁斯看似简单,实际上可以有几乎无穷的变化。布鲁斯的一般特点是:以每八或十二小节为一个乐段的音乐组成，歌词紧密，它的"忧郁(蓝色)"色调是由于将音阶中的"mi"音及"si"音降了半音。布鲁斯音乐发展到今天，已经被纳入主流音乐的范畴，它的许多元素被更多地运用到摇滚乐及其他流行音乐中。

爵士乐(Jazz)19世纪末20世纪初源于美国，诞生于南部港口城市新奥尔良，是非洲黑人文化和欧洲白人文化的结合。"爵士"一词意为喧闹、粗犷、刺激、放纵。但是，"爵士乐"的前身却是一种表达忧郁情绪的蓝调布鲁斯。人们为了忘却现实生活里的悲苦，转而演变为"爵士"，在喧闹欢快中冲淡和忘却苦闷。爵士乐最大的特点之一是"即兴性"。最初的爵士乐都是即兴创作的，表演者在演奏时默契配合，即兴发挥。乐队一般分为节奏组与旋律组，爵士乐具有强烈的、节拍分明的节奏，一般用鼓来敲出节奏；爵士乐又具有优美的、摇摆感强烈的旋律，旋律一般用小号、长号或萨克斯管表现。在爵士乐队中小号有重要作用，美国著名爵士乐演奏家阿姆斯特朗就是小号演奏高手。爵士音乐是20世纪西方音乐的主要流派之一，对以后出现的"摇滚乐""迪斯科"等音乐都产生了深刻的影响。

摇滚乐兴起于20世纪50年代中期，主要由节奏布鲁斯、乡村音乐的影响发展而来。早期摇滚乐很多都是黑人节奏布鲁斯的翻唱版。摇滚乐分支众多，形态复杂，主要风格有：民谣摇滚、艺术摇滚、迷幻摇滚、乡村摇滚、重金属、朋克等。

摇滚乐在战后的兴起，标志着以吉他为象征的流行摇滚，取代了以钢琴为代表的高雅音乐，而成为西方大众的时尚。摇滚乐和"猫王"的名字是当代西方流行音乐的一个里程碑。"猫王"埃尔维斯·普雷斯利(1935—1977)是摇滚乐之王。他的音乐超越了种族以及文化的疆界，将乡村音乐、布鲁斯音乐以及山地摇滚融会贯通，把黑人音乐的强劲与南方白人乡村音乐的粗犷结合起来，形成了具有鲜明个性的独特曲风。他不仅给美国大众文化带来了一股新的空气，也让摇滚乐如同旋风一般横扫了世界乐坛。与"猫王"同享盛名的大众偶像还有"披头士乐队"的代表列侬(1940—1980)。英国的"披头士乐队"在60年代初以自唱自弹自鼓的方式赢得了广大的听众。列侬也参与了许多社会活动，用音乐来呼唤和平。

“迪斯科”是一种即兴舞蹈，既可表演，也可自娱。“迪斯科”以美国黑人民间舞为基础，吸纳印第安舞和西班牙舞的一些动作要素而形成。为其伴奏的迪斯科音乐也是摇滚乐的一种，只是节奏更强烈，速度更欢快。“摇滚乐”的“摇”与“滚”，通过“迪斯科”的形体演绎，表现得更为酣畅淋漓。

三、异化理论与表现主义

“异化”曾经是一个让中国人神经紧张的概念。但是，讲现代社会，就不能不讲异化。其实，“上帝死了”的时代，也是一个“异化”凸显的时代。

异化是指在主体的发展中，产生了一个对立面，这个对立面作为一种外在的、异己的力量，转过来反对主体、控制主体、压迫主体的过程。

异化的概念，早在卢梭等一些启蒙思想家的著作中就已经出现了。这一概念在德国哲学中得到了最广泛的运用。黑格尔把“绝对精神”视为世界的本源，把自然界、人类社会，包括人类的主观精神、自我意识，都看作是“绝对精神”的异化，而历史发展的终极目标则是“绝对精神”的复归。费尔巴哈揭示了宗教崇拜的实质是人类精神形态的自我异化。人按照自己的本质和意愿造出了上帝，又反过来拜倒在上帝脚下，心甘情愿地做上帝的奴隶，而“在自身中否定了他在上帝身上加以肯定的东西”，把自己看成渺小的罪人，这是宗教异化。另一位青年黑格尔派思想家莫泽斯·赫斯，则进一步把异化的概念运用到政治经济学的范畴，他认为资本主义社会一切缺陷的根源在于人的异化。

异化这一概念，到马克思这里获得了全新的内容。马克思在《黑格尔法哲学批判导言》中说：“人自我异化的神圣形象被揭穿以后，揭穿非神圣形象中的自我异化，就成了为历史服务的哲学的迫切任务。

于是对天国的批判就变成对法的批判,对神学的批判就变成对政治的批判"[①]。他的意思是说,在费尔巴哈利用异化这一概念对宗教进行剖析和批判之后,就该我们用它来对社会进行批判了。在《1844 年经济学哲学手稿》中,马克思以异化劳动作为考察的出发点,集中论述了资本主义制度下的异化问题;在《政治经济学批判》和《资本论》等著作中,他进一步以分析资本主义生产关系为基础,深刻阐明了异化的本质。

马克思借助异化的概念,探讨了人类历史发展的客观规律,揭示了私有制的本质和起源,并通过异化劳动的扬弃来说明共产主义的历史必然性。异化作为社会现象是同私有制和阶级一起产生的。人类历史的发展,起初是生产力低下状态的"原始的和谐"。随着私有制的出现和社会分工的固定化,才产生了愈演愈烈的异化,到资本主义社会达到了最严重的程度。在资本主义社会,人所创造的整个世界都变成了异己的、与人对立的东西,资本、机器、权力和媒体彻底控制了人。人遭到异己的物质和精神力量的奴役,能动性丧失,只能片面,甚至畸形地存在和发展。马克思认为异化只是受一定生产关系制约的历史现象。因此,受资本主义生产关系制约的异化,必将随着这种生产关系的彻底消灭而消灭。随着私有制和阶级以及僵化的社会分工的最终消亡,异化必将成为过去,而实现以"人的自由全面的发展"为标志的全面复归。

异化劳动是马克思在《1844 年经济学哲学手稿》中首次提出的概念。马克思用它来概括私有制条件下劳动者同他的劳动产品以及劳动本身的关系。他着重从劳动活动、劳动产品、人与人、人和社会等四个方面论述了劳动的异化。

人同自己的劳动活动的异化。马克思认为,劳动是人类的本质,劳动创造了世界,也创造了人本身。自由、自觉的劳动是人与动物相区别的基本标志,也是人生活和生理的正常需要。人的生存与发展都离不开劳动。但是,在私有制条件下,劳动仅仅变成了人谋生的手段,

---

① 《马克思恩格斯选集》第 1 卷,第 2 页。

变成了劳动力的出卖，变成了外在的、强迫性的东西。干活拿钱，工作谋生，这意味着人本身的生命活动、人的需要和快乐变成了强迫和痛苦。包括科学技术的发展，都会演变成对人自身的奴役，这在卓别林的《摩登时代》里就有极为生动形象的反映。

与劳动活动的异化相伴的是劳动产品的异化。劳动产品本来是人创造出来满足自己生活需要的。劳动者理应是自己劳动产品，是一切社会财富的主人。但是，在资本主义社会，所有的产品都是作为商品生产的，它的本质属性是“价值”而非使用价值，它直接的目标指向是利润。所以，劳动产品一经问世就变成了与生产者无关、不受生产者支配的、异己的东西。种地的没饭吃，盖房的没房住。物质财富和金钱凌驾于生产者之上，成了支配生产者的力量。

在资本主义社会，决定人命运的力量往往是金钱。金钱作为商品的一般等价物，也就代表着财富。拜金主义的“拜金”，实际上还是拜物、拜商品。金钱本是人创造出来方便物与物流通和交换的，现在反过来成了主人；作为创造者的人自身却沦为了金钱的奴隶。这是物，乃至物的替代品统治了人。

继之而来的是人与人之间关系的异化。人是社会性动物，人与人之间的联系、交往，既是人们生产和生活的需要，也是人性本身的需要。但是，资本主义的社会现实却往往把人与人变成了单纯的竞争对象，甚至变成了敌人，只有利害冲突，只有你争我斗。所以，马克思说：“当人同自身相对立的时候，他也同他人相对立”[①]。连劳动这些本属人的自身需要的东西都变成了人的对立物，更何况人与他人。萨特的名言“他人就是地狱”，正是对这一现象的深刻揭示。

最后导致的是整个人和社会的异化，即人同自己“类本质”的异化，同自由自觉的活动及其创造的对象世界的异化。人本来应该以自身、以自身的幸福和人自由全面的发展为目的，可现在司空见惯的却

① 中共中央马克思 恩格斯 列宁 斯大林著作编译局. 马克思1844年经济学哲学手稿[M]. 北京：人民出版社，2000：59.

是金钱、财富、权力等等这些第二位的东西变成了人生的最高追求。就社会来说，国家、法律、官吏、军警等等，本来都是人们出于安全、安定、有序生活的需要而创建起来的。但是，这些上层建筑被异化之后，却变为凌驾于人民之上的异己力量，反过来压迫人民，欺凌人民。

马克思的《手稿》是20世纪30年代才发表的，一发表马上引起了极大的反响，西方由此掀起了一股“马克思学”的热潮。我国对异化理论的介绍和研究是随着对文革的否定和批判而开始的，集中反映是1983年周杨同志在纪念马克思逝世百年时的讲话。后来，搞“清除精神污染”，这一刚刚起步的工作就又停了下来。其实，周扬文章中指出的许多领域里的异化现象是否存在，我们完全可以让事实回答：从50年代初的“万岁”到文革中的“万寿无疆”，从林彪的“一句顶一万句”到后来的“两个凡是”，把领袖（且不论功过是非）神化，当作偶像崇拜，是不是思想上的异化？党和国家机关应该以为人民服务为宗旨，干部应该是人民的公仆，如果搞官僚主义，搞特权，甚至权力寻租，贪腐堕落，变成了骑在人民头上作威作福的老爷，是不是政治的异化？人本应以自身的全面发展为目的，把人生意义归结为升官发财，金钱追逐是不是伦理的异化？在生活中，把恩格斯称为最神圣的感情——爱情，蜕变成了种种世俗的权衡甚至是交易，是不是情感的异化？现实中的实例数不胜数，大家只要睁开眼睛看一看，是不难找到答案的。

表现主义和卡夫卡。表现主义兴起于20世纪初，最早出现于绘画界，后来扩展到文学、音乐等领域，二三十年代极盛于德国和美国等。表现主义在戏剧方面成就突出，先驱人物是瑞典的剧作家斯特林堡。他的《到大马士革去》被认为是最早的表现主义戏剧。

奥地利小说家弗兰兹·卡夫卡（1883—1924）是西方现代主义中最有影响的人物，他和法国的普鲁斯特、爱尔兰的乔伊斯等，被视为现代派的鼻祖。卡夫卡的创作最深刻、最典型地反映了现代主义的思想特点和倾向。人们一般把卡夫卡视为表现主义的代表，但实际上他的艺术手法是多方面的，表现主义、超现实主义、象征主义、存在主义、荒诞派、黑色幽默等等的因素都有。同时，他也开了后现代主义的先声。

卡夫卡是犹太人，他父亲是一个白手起家的批发商，在家里“专横有如暴君”。卡夫卡的性格内向而缺乏自信，他说，“在巴尔扎克的手杖上刻着：我能够摧毁一切障碍，在我的手杖上则刻着：一切障碍都能摧毁我”。他三次订婚，但因为不自信又三次解约，直到去世前才同疗养院的一位护理员同居。卡夫卡的性格本身就是一个时代的典型，挪威表现主义画家蒙克《呐喊》中的形象，可以说就是卡夫卡精神世界的一个很好写照。

卡夫卡因患肺结核1924年6月3日在维也纳附近一个疗养院去世，死前要求自己的好友把全部遗稿“毫无保留地，读也不必读就统统予以焚毁”。他的好友布罗德违背他的遗愿，整理出版了他的全部著作。

在现代主义文艺对资本主义异化现象的反映中，卡夫卡是最突出，最深刻的。这几乎反映在他的全部创作中。

他的小说《城堡》《审判》与《美国》合称“卡夫卡三部曲”，但均未最后完成。《审判》写一个银行职员一天早上醒来，莫名其妙地被宣布逮捕，他四处奔走辩白，但始终无济于事，甚至都没能同裁决机构接触上。最后，他终于悟出：一切奔走都是徒劳，个人无论如何是摆不脱有形与无形的蛛网的；而且，现实中的每个人都是这个网的构成因素，从这个意义讲，自己对别人也是有罪的。所以，尽管他的结局是稀里糊涂地被处死，可他已自甘认命。人们常说，要自己掌握自己的命运，但面对一个异化的社会，人的命运被那些盲目的，不可知的力量所左右，只能听天由命，只能当冤死鬼。

《城堡》则更富于“卡夫卡式”的构思和语言风格。表面上看这部作品的故事再简单不过了：在风雪交加中，土地测量员K来到一个村庄，想进入管辖这一地区的城堡。尽管城堡近在咫尺，可他费尽周折，直至精疲力竭，也未能接近城堡，更没有见到那位从未露过面的城堡主人。《城堡》所具有的荒谬、虚拟，无明确时代和地理背景的特征，使它带上了很浓的寓言色彩。和卡夫卡的其他小说一样，对《城堡》没有唯一的解释。有人说它表现的是“人试图进入天国而不得的痛苦”，即面对20世纪上帝的缺失，人类怎么才能拯救自己；有人认为它集中反映了卡夫卡本人精神世界的荒诞、孤独与恐惧；有人结合写作背景，说明城堡实际上反映了奥匈帝国官僚体制与大众的鸿沟，反映了社会的异化，法律和统治机器的异化；还有论者以为，《城堡》和《审判》《美国》的主题相同，即“人们所追求的真理，不管是自由、安定，还是法律，都是存在的，但这个荒诞的世界给人们设置了种种障碍，无论你怎么努力，总是追求不到，最后只能以失败告终”。《美国》也是讲主人公在荒谬现实中的孤独和迷失，他们都同样是永远达不到心中的目的地。

短篇《变形记》是卡夫卡的代表作之一。小说写样品推销员格里高尔一天早晨从睡梦中醒来，发现自己变成了一只大甲虫。但他自己似乎并没有怎样吃惊，他躺在床上，想着的还是出门的烦恼，萍水相逢的人，还债，赶火车；担心着上司的训斥，开除……。后来，家里人来敲门，他好容易打开房门，一看是上司站在面前，吓坏了，马上战战兢兢地说：“我立刻穿上衣服等样品包好就动身。您是否还容许我去呢？您瞧，先生，我并不是冥顽不化的人，我很愿意工作，出差是很辛苦的，但我不出差就活不下去”。从他一早上的所想所说中，我们可以勾勒出一副格里高尔日常生活的图景，在这副图景中，有没有一点属于人的乐趣呢？可以说一点也找不到。工作对他显然不是人性的需要，而是不得不承受的负担。这位小职员过去虽然维持着人的外形，但在环境的压力下，他只是一部工作机器，过着非人的生活，早已在精神上变成一只“虫”了。

西方自古以来就有关于变形的故事。但与古罗马奥维德的《变形记》大不相同，卡夫卡的笔下没有仙和妖，没有魔法和巫术，他讲的是人，是普普通通的人，他讲的是资本主义制度下人们共同的生活境遇和命运。作者写人变成虫，表面上风平浪静，不动声色，实际上包含着一种源自灵魂深处的震撼。有人一听人变成了虫也许会笑起来，可凡是认真读过小说的人是笑不出来的，是不敢笑的。因为笑格里高尔，实际上就是在笑自己，笑自己作为人的可怜，笑现代人人生境遇的可悲与可怜。格里高尔就认为，在今天“谁也不敢担保不出这样的事”。

在我们看来，要说人生悲剧，一个人变成了虫大概是最大的悲剧了，可卡夫卡却说，这算不了什么，比起徒有人形的生活，这样也许还好一些。小说中有一个格里高尔的妹妹演奏小提琴的场面：琴声“优美悦耳”，可是家人和房客却没有一个欣赏，他们“只是出于礼貌才让自己的宁静受到打扰”，相反，只有变成了甲虫的格里高尔陶醉在音乐声中。马克思说过，艺术是以人自身为目的，最能体现人之为人的劳动的创造物。在资本主义社会，只有艺术才能在一定的程度上置身于异化之外。可是，我们看到，人的艺术人自己却不知欣赏，恰恰只有已经变成了虫的格里高尔才沉浸其中——这不是一个极其深刻的讽刺吗？小说在开头描写格里高尔变虫时就写道：“他的身子已经获得了安稳的感觉……他的脚底下现在是结结实实的地板了；……他简直要相信，他所有的痛苦解脱的时候终于快来了”！作者告诉我们，与其徒有人形，精神上过着非人的生活，不如来个表里一致还踏实一些。

小说不仅深刻反映了人的自我异化，还深刻揭示了人与人之间关系的异化。作者从外部关系和内在的精神联系两个方面写了人与人之间关系的变化。格里高尔变形后，一是丢了差事，影响了一家人生活；二是成了全家的丑闻，影响了家人的地位。开始家人对他还抱有希望，但随着他“虫性”日增，好转无望，格里高尔完全变成了家人的负担。“他一定得走”——这是全家人一致的最后裁决。小说结尾，格里高尔死了，全家如去重负。人与人之间这种外部关系的异化是公开的，直接的。从内在的方面来看，即使是格里高尔活着的时候，他的思想、感情也无法和家人交流、更不用说和外人交流。他想的别人不理解，他说的别人听不懂。表面上这是人、虫之别造成的，实际上，这正是现代社会人与人之间疏远、隔膜，以至矛盾、对立的真实反映。

卡夫卡说：“司空见惯的事情本身就是一个奇迹，我所做的一切就是把它记录下来”[①]。卡夫卡的出色之处就在于他能从不怪中见出怪

① [捷]古斯塔夫·雅诺施. 与卡夫卡的谈话[M]//中国社会科学院外国文学研究所. 外国文学研究集刊(第5辑). 北京：中国社会科学出版社，1982：298.

来，能从人们习以为常中看到不合理，看到荒谬。而且，他不仅自己看到了，还指给大家看，使自然本性已经被现实挤压得麻痹了的人，使对现实见怪不怪，久居茅厕不知臭的人重新看到了自己的真实面貌和真实处境，这大概就是所谓“敏锐的审丑感”吧。

卡夫卡写异化，写现实的丑恶，他笔下的种种揭示无不叫人触目惊心。可这是因为这种现实让他感到痛苦，是因为他希望改变，扭转这种现实，并不是如某些人的逻辑，表现丑就是爱丑，就是自己丑。其实，卡夫卡最可贵的地方，正在于他在对丑恶看得如此分明，如此深刻的情况下，仍始终保持着对人类诚挚的爱，仍执着地希望着能够恢复自己的尊严和价值。你看，格里高尔变虫后，尽管担心工作，惧怕上司，但归根结底，他心里挂念的还是自己的家庭，自己的亲人，他向往的还是温情和美。小说最感人肺腑之处，恰恰是格里高尔变虫后那种凄婉动人的内心活动，那种在虫形对照之下的人性之美了。

英国诗人奥登说：“就作家与其所处时代的关系而论，当代能与但丁，莎士比亚和歌德相提并论的第一人是卡夫卡……卡夫卡对我们至关重要，因为他的困境就是现代人的困境”[①]。卡夫卡之所以能引起这样持久而广泛的轰动，根本原因正在于此。

我们讲卡夫卡的性格是时代的典型，他的作品是时代的缩影，是20世纪西方人真实而深刻的写照。其实，也不仅是西方。1963年，为纪念卡夫卡诞生80周年，他的故乡布拉格举行了卡夫卡国际讨论会，卡夫卡和他的创作随即在整个东欧引起了轰动。人们从《审判》《城堡》等作品中看到了自己真实的处境。当时，作为对苏联式官僚政治的反响，最常听到的一句牢骚话即：“这简直就是卡夫卡”！卡夫卡生前不愿发表作品，死后要把遗稿一焚了之，主要原因是他认为自己作品别人不会理解。可事情恰恰相反，只要异化还存在，人们就会理解卡夫卡，欢迎卡夫卡。

---

① 钱满素，袁华清．审判[M]．长沙：湖南人民出版社，1982：“译序”．

四、心理分析与意识流小说

弗洛伊德的心理分析学说。 1936年,197位学者联名向弗洛伊德祝贺80大寿,在贺词中,著名作家托马斯·曼把达尔文的进化论、马克思的异化理论、弗洛伊德的心理分析学说并列为人类现代思想史上的三大革命。

在弗洛伊德之前,有两个人对心理分析学说的产生有过重大贡献。一位是美国的威廉·詹姆斯(1842—1910),他是美国实用主义哲学的创始人,也是著名的心理学家,被誉为美国心理学之父。他最先提出了"意识流"的概念,还指出了人的意识中有很大一部分是非理性、无逻辑的。詹姆斯的观点一出现就受到了广泛的注意和高度的评价。另一位是法国直觉主义哲学的代表人物亨利·柏格森(1859—1941)。柏格森提出了心理时间的概念。时间、空间本来都是以数量表示的物理概念,时间的量是以某一事件延续间隔的长短决定的。但心理时间则将过去、现在和将来的互相渗透,它以事件对人们刺激、影响的强度为转移,成了表示强度和质量的概念,所以又称为"主观时间"。

西格蒙德·弗洛伊德(1856—1939)原是奥地利一位精神病医生,他反对19世纪精神病学中占统治地位的"肉体派"和"物理派",而采用精神分析的方法治疗病人。他认为精神病往往是由于人在童年时期某种无意识的动机遭到长期强制性的压抑,或某种强烈的刺激造成的。所以他采取一种聊天的方式,为患者创造一种轻松的氛围,引导患者通过自由联想,把隐藏在内心深处的心理创伤发掘出来,以求得痊愈。正是在长期的观察和治疗精神病的实践中,弗洛伊德逐步形成了自己一套完整的心理学理论。

精神分析学认为,人首先是一个生物体。既然人是生物体,那么,人的一切活动的根本动力必然是生物性的本能冲动。本能冲动中最核心的是生殖本能,即性本能的冲动。但是,在文明社会法律、道德、习俗、舆论的压制下，人被迫将性本能压抑进潜意识中，使之无法进入到人的意识层面上，而只能以社会允许的某些形式发泄出来，如进行文学、艺术的创作和欣赏等。弗洛伊德后来又提出了与“生殖本能”对应的“死亡本能”，认为人除了维护自身生存繁衍的能量，即生的本能之外，还有将自身生物肌体带入无机状态的能量，即死亡本能。死亡本能往往表现为战争、杀戮、仇视、自残等等。

精神分析学认为，人的精神活动，包括欲望、冲动、思维、幻想、判断、决定、情感等，会在不同的意识层次里发生和进行。主要可分为意识、前意识和潜意识三个层次。它们好像深浅不同的地壳层次，故称之为精神层次。

意识(conscious)，凡是自己能察觉的心理活动即是意识，它属于人心理结构的表层，它感知着外界的现实环境和刺激，用理性语言来反映和概括事物的内容和特性。

前意识(preconscious)是调节意识和潜意识的中介机制。前意识是潜意识的一部分，是一种可以被回忆起来的、能被召唤到清醒意识中的潜意识。它的功能主要体现在阻止潜意识进入意识，它起着“检察官”的作用。充满本能冲动的潜意识绝大部分被它控制和阻止，不可能转变成或者进入意识。

潜意识又称无意识(subconscious)，是在意识和前意识之下受到压抑的、无法被意识到的心理活动。它代表着人类更深层、更隐秘、更原始、更根本的心理能量。“潜意识”包括人的原始冲动和各种本能，以及同本能有关的各种欲望，是人类一切行为的内驱力。由于潜意识具有原始性、动物性和野蛮性，不见容于社会理性，所以被压抑在意识域之下。但是它并未被消灭，潜意识无时不在暗中骚动，要求直接或间接的满足。它从深层支配着人的整个心理和行为，成为人的一切动机和意图的内在源泉。潜意识的概念是精神分析学说的核心和基础。

精神分析学在此基础上进一步对人格结构进行了分析。他们把人格结构划分为本我、自我和超我三个层次。

本我(id)是最基本的层次，它处于心灵最底层，是一种与生俱来的动物性的本能冲动，特别是性冲动。它是混乱的、毫无理性的，只知按照快乐原则行事，盲目地追求满足，不顾忌其他。构成本我的核心是生的本能，其表现形式往往是恋母情结和恋父情结。恋母情结也称俄狄浦斯情结，弗洛伊德借用俄狄浦斯的神话说明，男性对女性的情欲不是从性成熟才开始的，而是自幼即有、根深蒂固的；男子依恋的第一个对象往往是自己的母亲或姐妹，因而他们本能地排斥自己的父亲，其极端表现即为“弑父娶母”。恋父情结也称厄勒克特拉情结。厄勒克特拉是希腊神话中阿伽门农之女，她曾唆使并帮助弟弟杀死母亲以替父报仇——他们的行为最后却被神的法庭判决无罪，马克思认为这反映了父权制对母权制的胜利。还有反映同性恋倾向的自恋情结，亦称“纳喀索斯情结”。在希腊神话中，美少年纳喀索斯(Narcissis)迷恋上自己的水中倒影，他拒绝回声女神厄科和其他众多女神的求爱，最终溺水而亡，化为了倒垂的水仙花。

人类历史的研究证明，弗洛伊德所讲的父母与子女之间的性关系，兄弟姐妹之间的性关系，在原始社会是存在，而且是不足为怪的。美国著名的民族和历史学家摩尔根(1818—1881)在他的《古代社会》中讲到，文明是在生存竞争的压迫之下，牺牲了原始冲动的满足而建立起来的。恩格斯的《家庭、私有制和国家的起源》对摩尔根的观点给予了充分的肯定。马克思在谈到《尼伯龙根的指环》时也说：“在原始时代，妹妹曾经是妻子，而这是合乎道德的”。

人格结构的中间一层是自我(ego)。它是从本我中分化出来，受现实陶冶而渐识时务的一部分。自我充当本我与外部世界的联络者和仲裁者，并且在超我的指导下监管本我的活动，它是一种能根据周围环境的实际条件来调节本我和超我的矛盾，最后来决定自己行为方式的意识。自我遵循现实的原则，既要追求满足，又要避免痛苦。自我既要满足本我，又不肯得罪超我，同时要兼顾社会环境的要求，它“必须伺候三个苛刻主人——这三个暴君就是外在世界，超我和本我”。

人格结构的最上面一层是超我(super-ego)，即能进行自我批判和道德控制的理想化了的自我。超我是儿童在生长发育过程中，通过社会，尤其是父母给予的赏罚中形成的。超我主要包括两个方面：一是平常人们所说的良心，代表着社会道德对个人的惩罚和规范作用，二是自我理想化的至善追求。超我遵循道德的原则，追求伦理感、崇高感、荣誉感，它是意识活动中的检察官，主要职责是指导自我，限制、压抑本我的冲动。它也是一种本能，但属于精神本能，社会性本能。歌德说：人是什么，半是天使，半是野兽。天使是指人的社会性、精神性的一面，野兽是指人的动物性的一面。在弗洛伊德这里，超我是指向“天使”的社会性本能，本我是趋于“野兽”的动物性本能，这二者处于一个永久的矛盾之中。

弗洛伊德认为，由于意识的审查制度的作用，人的本能和冲动大部分被压抑在无意识中。其发散和宣泄的主要途径有二：一是做梦。弗洛伊德认为一切梦都是“愿望的实现”。“鹅梦见什么，玉蜀黍”——他常用这一民谚来解释梦的本质。二是文艺。弗洛伊德认为文艺创作和欣赏的效用同做梦十分相似，他称之为“白日梦”。他说“我们能从作品中享受我们自己的白日梦，而用不着自我责备或害羞”。弗洛伊德认为人类历史上最杰出的文艺作品有三部，即索福克勒斯的《俄狄浦斯王》、莎士比亚的《哈姆雷特》、陀斯妥耶夫斯基的《卡拉玛佐夫兄弟》，他说：“这三部作品都涉及同一主题：弑父。这是很难归于偶然的。还不止于此，所有这三部作品中，行为的动机，即对妇女的性竞争，被揭示了出来。为了通过审查，《俄狄浦斯王》以神意掩盖；《哈姆雷特》冠冕堂皇地名为复仇；《卡拉玛佐夫兄弟》中，性竞争的动机才是被公开承认的”[1]。他认为，《蒙娜丽莎》也是达·芬奇本人“俄狄浦斯情结”的反映。

弗洛伊德曾把自己的理论归纳为两个基本点：“精神过程在本质上是无意识的，有意识的东西仅仅是整个精神统一体中孤立的行为和

---

① [奥地利]西格蒙德·弗洛伊德.陀思妥耶夫斯基与弑父者[M]//弗洛伊德论美文选.张唤民，陈伟奇，译.北京：知识出版社，1987：160.

局部”;“无论从广义还是从狭义上说，只能称之为性冲动的东西，在精神和精神病的成因中，都起着特别巨大的作用”，而且，“这些性冲动，对于人类精神的最高文化、艺术和社会成就做出了不可估量的贡献”[①]。

弗洛伊德的理论对西方文化传统是一个巨大的挑战。他自己后来回忆说：“我在两个方面冒犯了全世界，一是潜意识，一是性”。但是，随着时间的推移，对弗洛伊德的评价经历了戏剧性的变化。他被誉为“心理分析之父”，他的曾引起轩然大波的《梦的解析》被誉为“一部改变世界历史的著作”。托马斯·曼说，“在这个地球上，一个人不需要直接接触弗洛伊德的任何著作，也会受到他的影响。因为，长期以来，空气中已经充满了精神分析的思想和它所引起的效果”[②]。

其实，弗洛伊德理论的出发点和归宿都不是非理性，而恰恰是理性。他主张正视无意识是为了揭示无意识活动的规律，“目的在于控制生活中的阴暗面”。他强调：要加强自我，开阔它的视野，本我在哪里，自我就要在哪里，一切非理性的只求享乐的盲目冲动在哪里，理性和抑制就要在哪里。不过，弗洛伊德认为以往只是从善的愿望出发，粉饰人性，掩盖了人性中真实的、恶的东西，是一种浅薄的理性主义。他主张对人性中的恶和混乱要有客观和足够的估计，在此基础上设法加以认识和控制，达到一种健全的理性。

弗洛伊德的心理分析学说极大地深化了人对自身的认识，它对20世纪西方的影响，不仅是震撼，而且是颠覆性的。如茨威格所说：“弗洛伊德使人更清楚地认识了自己——这是一个人做出的了不起的事情，我是说更清楚，而不是更幸福。他深化了一整代人的世界图像，我说是深化而不是美化。因为偏颇从事不会是幸福的，它只带来判决。弗洛伊德从来不为了安慰人而向他们指出一条快乐之路，一种入地或上天的遁逃，而永远是一条进入自身深处的危险之路，感谢他的贡献，

① [奥地利]西格蒙德·弗洛伊德.精神分析引论[M].高觉敷，译.北京：商务印书馆，1984：8.
② 董学文.西方文学理论史[M].北京：北京大学出版社，2005：244.

使新一代能用另一种目光，自由地自知地和诚实地看到一个新的时代”[①]。

弗洛伊德的心理分析学提出后，不少人对他的理论进行了修正、补充。其中最有价值的是荣格和阿德勒等人。荣格和阿德勒本来都是弗洛伊德心理分析学派的核心成员，他们分别提出了集体无意识和机体补偿等概念。

荣格(1875—1961)认为弗洛伊德把本我仅仅归结为性冲动是片面的；无意识中不仅有个人的生理性本能，而且包含着社会、历史、民族的集体无意识的沉淀。荣格认为，集体无意识反映了人类在以往的历史进化中所积累起来的集体经验，是一种千百亿年来人类祖先经验的沉积物，是一种每一世纪仅会有极小变化和差异的史前社会生活经历的回声。他说：“集体无意识是心灵的一部分，它有别于个体潜意识……个体潜意识的内容大部分是情结，集体无意识的内容则主要是原型”[②]。原型是人心理经验的先在的决定因素，它促使个体按照他的本族祖先所遗传的方式去行动。人们的集体行为在很大程度上是由这种无意识的原型所决定的。

荣格认为，这种无意识的原型往往通过各民族的原始神话表现出来。这类神话往往也会成为文学创作的原型。历代的文学作品万变不离其宗，大都可以归结到某一固定的原型中去。荣格认为，艺术家有双重身份，既是个体的人，又是集体的人，他代表了民族甚或人类被压抑的共同倾向。一个出色的艺术家，即“一个用原始意象说话的人，是在同时用千万个人的声音说话。他吸引、压倒并且与此同时提升了他正在寻找表现的观念，使这些观念超出了偶然的暂时的意义，进入永恒的王国”[③]。一部成功的作品，应该在表现个体的同时，也表现出

---

① [奥地利]斯蒂芬·茨威格.茨威格小说集[M].高中甫，韩耀成，等，译.天津：百花文艺出版社，1982：11.

② [瑞士]卡尔·荣格.集体潜意识概念[M]//高觉敷.西方近代心理学史.北京：人民教育出版社，2001：399.

③ 荣格.心理学与文学[M].冯川，苏克，译.北京：生活·读书·新知三联书店，1987：122.

集体的无意识。

阿德勒(1870—1937)认为人生的动力不仅在于本我及其升华,还存在一个机体的补偿作用。他认为真正对人的行为起作用的还是人的社会需要。人作为一个有限的存在,其自卑与补偿的心理,特别是对超越的欲求,构成了人生的基本动力。以马斯洛为代表的人本主义心理学派,就是在此基础上发展而来的。

马斯洛(1908—1970)的动机理论被称为“需要层次论”。他认为人生的动力在于潜能的发挥。他把人的基本需要分为:生理——安全——爱——尊重——自我实现——五个层次;其中生理、安全和感情的需要属于较低级的层次,尊重和自我实现属于高级需要。一般来说,较低的需要获得满足后,才会出现高一层需要;各层次的需要会相互依赖和重叠,但每一时期总是一种需要占支配地位;而“高级需要的追求与满足导致更伟大,更坚强以及更真实的个性”[①]。马斯洛认为,自我实现的需要是最高等级的需要,是一种创造的需要。人在自我实现的创造过程中,才能迸发出所谓的“高峰体验”,才能获得最大的幸福感、成就感。他们还认为,一个国家多数人的需要层次结构,是同这个国家的经济、社会、文化的发展水平,和人民受教育的程度直接相关的。

意识流小说。意识流小说是在心理分析学说的直接影响下出现的文学流派。它不仅艺术上大量采用内心独白与分析、自由联想、时间和空间蒙太奇等手法,而且在内容上注重揭示人物意识的流动状态,特别是非理性的无意识、梦幻意识和语言前意识等。虽然运用意识流方法创作的作家并没有共同的组织和纲领,但随着普鲁斯特、乔伊斯、伍尔芙、福克纳等人作品的广为流传,意识流小说成为现代主义一个影响深远的文学流派。

意识流小说在法国最杰出的代表是普鲁斯特(1871—1922)。普鲁斯特自幼体弱,9 岁患哮喘病,阳光、花卉都是致病因素,只好把住房全部用软木覆盖起来,过着与世隔绝的生活。他经过 15 年努力,写出

① [美]马斯洛.人的潜能和价值[M].林方,译.北京:华夏出版社,1987:203.

了15卷的巨著《追忆逝水年华》。小说用第一人称，一切都是以我卧病独居中的回忆和梦幻展开的。“我”家境富裕，才华横溢，喜欢书籍、绘画，热衷于上流社会，但也是自幼体弱多病。“我”在一次疗养时爱上了一位叫阿尔贝蒂娜的姑娘，遭到拒绝；“我”到处寻找，最后得知她已死去，在绝望中决定从事创作。作者通过回忆和梦幻为我们创造了一个既是虚构，又是现实的世界，实际上是对20世纪初法国社会的真实反映。

意识流小说首推英国的乔伊斯(1882—1941)。乔伊斯的代表作《尤利西斯》酝酿10年，写作花费了8年时间。小说只是描写了都柏林三个小市民在1904年6月16日早8点至夜间2点40分，将近19个小时的生活经历，却被评论家誉为表现了西方“现代社会的全部生活和全部历史”。

小说主人公是广告业务员布鲁姆。布鲁姆是无所归依的现代人的一个象征。他是犹太人，在种族歧视的环境中过着不安定的流亡生活。布鲁姆多年前失去了儿子，精神上受到无法弥补的创伤；由于性机能衰退，妻子对他不忠，他也沉默地接受了现实。小说写他在外面游荡了一天之后，到深夜居然还进不了家门。布鲁姆的妻子莫莉是个放纵情欲的女人。另一位主人公斯蒂芬是个年轻的艺术家，他少年时察觉到自己对母亲的依恋有情欲成分，因此走向了另一个极端，致使母亲伤心死去；斯蒂芬背着沉重的精神和心理负担，走上了人生道路。

小说第二章写到斯蒂芬给学生指导作业时，有他一个意识的片断：“‘你自己会做吗?’斯蒂芬问。/‘不会，老师’。/又丑，又没出息，细脖子，乱头发，一抹墨水，蜗牛印儿。然而他也曾经有人爱过，在怀中抱过，在心中疼过。要不是有她，他早就被社会踩在脚下，变成一摊稀烂的蜗牛泥了。她疼爱从自己身上流到他身上去的孱弱稀薄的血液。那么那是真实的了，生活中唯一靠得住的东西，他母亲的平卧的身子上，骑着圣情高涨的烈性子的柯龙拜纳斯(爱尔兰著名僧侣和圣人)。她已经不复存在：一根在火中烧化了的小树枝，只留下颤抖着的残骸，花梨木的香味，沾湿了的灰烬。她保护了他，使他免受践踏，自己却还没有怎么生活就与世长辞了。一个可怜的灵魂升了天；而在不住地眨眼的繁星底下，在一块荒地上，一只皮毛中带着劫掠者的红色腥臭的狐狸，眼中放射着残忍的凶光，用爪子挖着地，叫着，挖起了泥土，又叫，又挖，又挖”。斯蒂芬全部意识的联系点是这位名叫沙堇特的学生脸上的一块墨迹——蜗牛印，整个意识似乎是天上地下，杂乱无章，叫人摸不着头脑，但实际上深刻揭示了生活的悲惨和主人公复杂而痛苦的内心世界，表面的非理性后面，隐含着丰富的思想内涵。

在小说中，布鲁姆和斯蒂芬在一家妓院偶然相遇，斯蒂芬喝醉了酒，布鲁姆精心照顾他；两个人在彼此身上找到了精神寄托，布鲁姆似乎找回了儿子，斯蒂芬似乎得到了父亲。布鲁姆深夜回家后，告诉妻子斯蒂芬要加入他们的生活；莫莉刚刚与情人告别，从这一消息中也隐隐感到一种母性的满足，其中又混杂着对一个青年男子的情欲冲动。三个主人公各有所思，他们的生活也许会翻开新的一页？

作家戏谑地把游荡了一天还进不了家门的布鲁姆比作希腊神话中的英雄尤利西斯（奥德修斯的罗马名），以放荡的莫莉对应尤利西斯忠贞不渝的妻子珀涅罗珀，以孱弱的斯蒂芬对应尤利西斯勇敢机智的儿子忒勒马科斯。乔伊斯就这样以差之天壤的反讽对比手法，展示了现代人的悲哀和现代生活的堕落。

福克纳（1897—1962）是美国意识流小说的代表，美国文学史上最具影响力的作家之一。他一生写了 19 部长篇、120 多部短篇，绝大多数作品的故事都发生在一个所谓的约克纳帕塔法县，小说的主要脉络是这个县杰弗逊镇不同社会阶层若干个家族的故事，时间从 1800 年起直到第二次世界大战以后，600 多个有名有姓的人物在各个长篇、短篇小说中穿插交替出现，被称为“约克纳帕塔法世系”。

福克纳的代表作《喧哗与骚动》，书名出自莎士比亚《麦克白》的台词：“人生如痴人说梦，充满了喧哗与骚动，却没有任何意义”。小说采用一种反讽式的“圣经原型”，来揭示杰弗逊镇的望族康普生家的没落和各个成员的遭遇与精神状态。作家刻意使故事的情节、结构、人物和传统宗教故事或神话相对应，小说四个部分皆以日期为标题，这四个日期都与耶稣受难有关；可正是在这些神圣庄严的日子里，康普生家族的成员却一个个走向堕落与毁灭，使得小说整体成为一部关于人类的讽刺性寓言。

《喧哗与骚动》的开头是白痴班吉的叙述。班吉是康普生的三儿子，三十三岁了却只有三岁小孩的智能，他不会说话，只能用哭嚎表达自己的心情。由于班吉没有受任何虚伪、世俗和功利的影响，这使他反而成为“一面道德镜子”。人们以为他什么都不懂，因此在他面前也不做掩饰。康普生夫妇对他们的儿子漠不关心，康普生太太甚至觉得班吉是她的耻辱，是老天对她的惩罚，她不仅不爱班吉，也不允许别人爱班吉。康普生的女儿凯蒂可以说是全书的中心，她曾经关爱班吉，但凯蒂从“南方淑女”的规约下走过了头，成了一个轻佻放荡的女子。小说写斑吉虽然是白痴，但嗅觉极发达，能闻到凯蒂身上有一种树木的清香。随着凯蒂的堕落，清香也消失了，斑吉不由得号啕大哭。康普生的长子昆丁作为没落庄园主最后一代的代表，极其骄傲，却又极其孱弱。他把凯蒂的贞操视为家族荣誉的标志，凯蒂的堕落使他一下子失去了精神平衡，竟至溺水自杀。次子杰生冷酷贪婪，被福克纳称为“最最邪恶的”人，他为独占遗产，甚至去阉割自己的亲弟弟班吉。但是，杰生的邪恶又与他童年的孤独，以及所遭受的不平等对待不无关系。康普生家唯一的亮色是黑人女佣迪尔西，作者要通过她体现“人性的复活”信念。迪尔西是福克纳以自己家女佣为原型塑造的，她正直无私、仁慈高尚，她信仰并身体力行基督教所颂扬的博爱和同情精神，自始至终呵护着班吉。

在这样一个昔日曾出过州长和将军的显赫之家，如今除了女佣迪尔西竟再没有一个正常的人：凯蒂堕落，昆丁没有行动能力，斑吉没有思想能力，杰生没有道义能力。《喧哗与骚动》通过这个“簪缨之家”的解体，入木三分地揭示了旧制度的后继无人和南方社会的崩溃。正如牧师的布道中所说，“我看见了初，也看到了终”。

五、存在主义哲学与存在主义文学

存在主义哲学。存在主义哲学肇始于丹麦哲学家克尔凯郭尔。第一次世界大战后，德国哲学家海德格尔和雅斯贝尔斯在吸收和改造克尔凯郭尔的生存概念、尼采的唯意志论以及德国胡塞尔的现象学的基础上，创立了存在主义哲学。克尔凯郭尔的早期存在主义是一种基督教存在主义。存在主义有一个基本命题：世界是荒谬的，人生是痛苦的。那么，面对这荒谬的世界，痛苦的人生，该怎么办？他们的回答是：皈依宗教，到上帝和来世中去寻求安慰。

后期存在主义是在批判基督教存在主义的过程中产生的，称为无神论存在主义。无神论存在主义最杰出的代表是萨特。

存在主义强调"存在先于本质"。他们认为，世界上有两种情况：一种是本质先于存在。人之外的所有事物都是本质先于存在，它们的本质是在它们的实体之前就已经规定好了的；一种是存在先于本质，存在先于本质的是人。人是历史的产物，是"文化"的产物，是一种"有待"规定的存在者。本质先于存在者是被动的，而人是主动的。以往有人之初性本善或性本恶之说，但存在主义认为"性"不是先天的，而是后天形成的。人是自己造就自己，自己决定自己的本质。萨特说："我们说存在先于本质的意思是指什么呢？意思就是说首先有人，人碰上自己，在世界上涌现出来——然后才给自己下定义"[①]。人是自己行为的结果，人的历史是自己写的，"行动的过程创造了人本身"。

存在主义还强调"自由选择"。他们认为，人自由地决定自己的本质。每个人都有选择的自由。人面对不同境遇采取什么行动，怎样采取行动，都可以自由选择。这种选择不应该考虑他人的意志、世俗的要求，乃至现实的后果，而只须听从自己内心的意志。一个人如果仅仅是按照世俗、多数人、更不用说是长官的意志来选择，而不会或不敢按自己的意志做出自由选择，那他就是放弃了权力，失去了"自我"，也

① [法]让保罗·萨特.存在主义是一种人道主义[M].周煦良，汤永宽，译.上海：上海译文出版社，1988：8.

就失去了存在的价值和意义。这种人就不是真正的存在，而是“他在”。只有那些能够坚持自己选择自己道路，决定自己命运，自己创造自己本质的人，才是真正的存在。“自由选择”的权力是人的最高权力，是人生的价值所在。一个俘虏，宁死不屈，选择了死亡，他没有放弃自己自由选择的权力，他的存在就有价值、有意义；一个达官贵人，只会听命于他人，放弃了自己选择自己道路和命运的权力，他也是不自由的，活得没有意义。总之，人应该，也只能自己决定自己的本质，自己对自己负责，在人生的根本问题上，人不能推卸责任。

存在主义强调人要有面对现实说“不”的权力。“不”或“拒绝”是他们的一个重要概念。他们还有一个概念是“忧虑”。在这个荒谬的世界上，人孤立无援，一无指望，要自己对自己的存在、自己对自己的选择负责。像哈姆雷特那样的“忧虑”是负责的表现，它不是行动的障碍，而是行动的保障。

存在主义认为人自己决定自己的本质，但这种决定不是一次完成的，而是在不断地自由选择的过程中实现和完成的。人不断地遇到各种矛盾，面临各种人生境遇，需要不断地做出选择，不断地进行自我创造，在这样一个过程中实现人的本质，直到盖棺论定。

存在主义讲存在先于本质，可人的存在离不开一定的生存境遇。我们面对的是怎样一个境遇呢？——“荒谬的世界，痛苦的人生”。世界并不如《圣经》所言是为了人而存在，它并不那么合乎理性，合乎正义。而且，我存在，别人也存在，面对我的自由，是他人的自由，每个人都有他的主观性，在这样一个主观林立的社会里，人与人之间的矛盾、冲突，甚至争夺，是不可避免的。一方面是有限的生命，荒谬的世界，一方面是无限的自由，无穷的追求，矛盾无法解决，人生难免痛苦。

概括起来，可以把他们的思想做这样一个表述：人生是荒谬的，现实是令人恶心的；人的存在在先，本质在后；人存在，进行自由选择、自由创造，而后获得自己的本质；人在选择、创造自我本质的过程中，享有充分的自由；人应该勇敢地面对人生——尽管它是荒谬、痛苦的——坚持自由选择自己人生道路和命运的权力；人的本质的最后获得和确定，是在整个人生过程的终结才完成的。

存在主义被称为“人”的哲学。它的最大特点是强调人的价值，人的尊严；特别是它强调“自由选择”，强调人的主观能动作用。就是说，人的存在，人的价值和尊严是由人自己决定的；人的本质，人的意义，要由人自己的行动来证明，来决定，“人是自由的，懦夫使自己懦弱，英雄把自己变成英雄”。

存在主义文学。后期存在主义的主要代表是萨特、加缪和萨特的终身女友波伏娃等。这些存在主义哲学家大多同时也是文学家，他们继承了法国启蒙文学的传统，往往是借文学的形式宣传自己的哲学主张。如一位评论家看过萨特的作品后所说，他的剧中人物好像早已读过《存在与虚无》。二战后的现代主义流派，大多都受到存在主义的影响。

让·保尔·萨特(1905—1980)是著名哲学家、文学家和社会活动家。萨特的一生，是不断反抗，不断奋斗的一生，是坚持实践他的存在主义主张的一生。他特立独行，按照自己的意愿——而不是社会或他人——走自己的路，书写自己的历史。

萨特生于巴黎，父亲是海军军官。萨特不满两岁时，父亲就在越南病故，后来母亲改嫁，他是在外祖父家长大的。萨特 3 岁时因眼病引起斜视，不久一眼失明。眼疾加上没有父母的处境，使他自幼很受同伴歧视。萨特后来回忆说自己小时候是个“丑八怪”，没有一块玩的朋友。然而，这个没有朋友的萨特，却 4 岁就能读马洛的《流浪儿》，7 岁就能读《包法利夫人》，读高乃依、拉伯雷、伏尔泰、雨果等人的作品。他在中学和大学时接触了大量叔本华、尼采、马克思的著作，逐渐形成了存在主义的哲学观。

第二次世界大战爆发后，萨特参加了抵抗运动。1943 年发表《苍蝇》。剧本写古希腊阿尔戈斯的老百姓，面对阿加门农被杀的丑行，不敢伸张正义，放弃了自己选择的自由，因而，象征着悔恨的、多如乌云的苍蝇充塞了全城。阿加门农之子俄瑞斯忒斯毅然选择了复仇，他以自己的行动证明“人类是自由的”，“一旦自由在人的灵魂里爆发出威力，神对他也无能为力了”。当时的法兰西正处于存亡的关头，在这种历史的严峻时刻，人们应该采取怎样的立场？人对社会、对民族、对人类负有怎样的责任？剧本以象征的手法，做出了明确的回答：国家兴亡，匹夫有责，谁也不能回避自己的选择。该剧上演后轰动全欧，不久被德国当局禁演。同样主题的剧作还有《死无葬身之地》等。萨特的创作当时就被称为“介入文学”。所谓“介入”，就是不能回避现实，不能面对苦难和不公闭上眼睛，每个人都义不容辞。

萨特一直反对法国的殖民侵略政策。他反对印支战争，反对侵略阿尔及利亚，也反对美国侵朝、侵越。他不畏强权，不求名利，言必信，行必果。他在1968年“红五月”风暴中坚决支持学生运动，还上街游行，并贴出大字报：“我控诉共和国的总统”，声称“我的立场扼要地说，在于把资产者作为坏蛋来谴责”①。1970年，左派报纸《人民事业报》负责人被捕，萨特尽管并不完全认同其观点，却毅然出任社长，并亲自上街叫卖报纸。因此，他一直被政府视为危险分子，65岁时还受到警方拘禁。萨特“拒绝一切来自官方的荣誉”：他拒绝过法国荣誉团勋位，拒绝过诺贝尔奖，拒绝过法兰西学院院士头衔，还拒绝过部长等政府高位。

萨特同样反对前苏联的霸权主义。1956年匈牙利事件，他谴责苏联出兵；他反对苏联对索尔仁尼琴等持不同政见者的迫害；1968年，苏联侵捷，他宣称是“十足的侵略”。1979年，苏联侵略阿富汗，记者问他：依你看，今天谁家是肮脏的手②？他毫不含糊地说：“是苏联政府，我认为这是肯定无疑的！”总之，他不把自己归入任何一方，也不要任何一方说好。他认为谁对，就支持谁；他认为谁不对，谁搞侵略，搞非正义，他就反对谁。他只坚持一个原则：“尽可能诚实！”就是我们常说

---

① [法]萨特. 七十岁自传[M]//刘继南. 西方现代思潮评介. 北京：北京广播学院出版社，1989：46.

② 语出萨特1948发表的名剧《肮脏的手》。作品写二战结束前夕，虚构的东欧国家“依利黎”的共产党与莫斯科失去了联系。党的领袖贺德雷认为当时共产党还无力单独夺取政权，主张建立统一战线，胜利后分享政权。他党内的对手认为这是妥协，决定要干掉他，执行者是年轻党员雨果。雨果被指派担任贺德雷的秘书，在相处中，他发现贺德雷为人很好，下不了手，他妻子更不同意他杀贺德雷。后来，雨果因为妻子向贺德雷求爱，一怒之下拔枪打死了贺德雷而入狱。不久，与莫斯科联系恢复，莫斯科的指示竟与贺德雷的主张完全一致，党的路线随之改变。组织上为杀人灭口，曾给狱中的雨果送去有毒的巧克力，雨果出狱后找到以前的战友奥尔加，杀他灭口的人也随之而来。奥尔加竭力保护他，由于当时共产党损失很大，领导人提出，如果他承认当时是情杀，就放过他。雨果认清了“肮脏之手”，不顾奥尔加的营救，踢开房门，迎接死亡。而剧中的贺雷德同样认为：“一切手段，只要有效就是好的”，“只有什么也不干的人才不会弄脏自己的手”。1981年春，上海青年话剧团曾内部演出此剧，引起轰动。

的凭良心说话办事。

无论官方怎样对待，但人民了解他、承认他、尊敬他，称他是“20世纪人类的良心”。萨特是人民的朋友，特别是青年的朋友、知已。在法国，他的剧本上演，场场爆满；他演讲，门外往往挤满了听众；他从不以大师自居，常常步出书斋，和群众一起游行、集会，任人嘲弄而毫不顾忌；他生活简朴，一直不置别墅、汽车。如果照某些人的办法，给萨特贴个政治标签很容易，什么自由主义、无政府主义、小资主义、激进主义等等，但无论怎样的帽子都遮掩不住他一生的高风亮节和战斗光辉。柳鸣九先生说：“萨特用自己的行动写下的这份‘政治履历表’充分显示出一种不畏强暴，不谋私利，忘我地主持正义的精神和任自己感情真挚流露而不加矫饰和伪装的襟怀坦白的政治风格”，称他是“法国历史上那种作家兼斗士的光荣传统的当之无愧的继承者”①。

萨特1980年4月15日逝世。6万多人参加了他的葬仪，送葬队伍达3公里，这是法国自19世纪雨果逝世后规模最大的自发性葬仪。连生前反对他的一些法兰西院士也承认：“这位执拗的反抗者可能是20世纪法国文化中最具代表性的人”②。

萨特一生发表了各种著作50多种，被译成近30种文字。他的主要哲学著作有《存在与虚无》《存在主义是一种人道主义》《马克思主义与存在主义》。小说有长篇《厌恶》、短篇集《墙》等。他文学创作中成就最高的是戏剧，生前发表了《苍蝇》《禁闭》《死无葬身之地》《肮脏的手》等八个剧本。此外，还有多种评论。

短篇《墙》是萨特的第一篇小说，小说写西班牙革命战士伊比塔和两名难友被法西斯长枪党逮捕，在等待处决的一整夜中的种种表现。《墙》是指生、死之间的界墙，是人生的终点，阴间的门坎。在它面前，人人都要把自己作为人的真实性暴露出来，经受最严峻的考验。存在主义认为，客观现实，比如伊比塔他们将要面临的死亡，包括人生理上对死亡的恐惧反映，都是不以个人的主观意志为转移的。但是，人有

① 柳鸣九.柳鸣九谈萨特[M].北京：东方出版社，2008：15.

② 杨文极.存在主义新论[M].西安：陕西人民教育出版社，1996：39.

自己的主观意志，可以“自由选择”对死亡的态度，在这种选择的过程中，人才能确定和证实自己的存在和本质。伊比塔的两名难友被死亡压倒，一个吓呆了，一个失去了自制。而伊比塔尽管心理上也有对死亡的恐惧，但他把痛苦与恐惧埋在心底，以冷漠回敬敌人，他要在敌人面前保持人的尊严，使灵魂不受侮辱。“一定要体体面面地死去”——这是他的选择。死亡可以夺去他的生命，却夺不去他选择对待死亡态度的自由；客观上的死亡是可怕的，而主观上的无畏是永生的。他选择了死亡，但坚持了人的权力和尊严，在精神上是自由的存在体。这就是存在主义的“自由选择”。

小说结尾，敌人提出只要伊比塔供出革命军领导人格里的藏身地点，就放了他。伊比塔明知格里藏在自己表哥家，但为了在临死前嘲弄一下敌人，就信口说格里藏在公墓。伊比塔想到敌人被骗后恼羞成怒的丑态，不禁暗自好笑。不料阴差阳错，因为偶然原因，格里却真的从伊比塔表哥家转移到公墓去了，结果被敌人当场打死。伊比塔听到消息后昏了过去，苏醒后，他“大笑不止，连眼泪都笑出来了”。这说明什么？——世界的荒谬！在这样一个荒谬的世界面前，个人的努力是微不足道的，是徒劳的，甚至，人总是失败者。“在人的本质中有一种本质的失败”，即“人们永远不会正好达到他们所追求的目标”[①]。有的人会问，既然如此，那么伊比塔的选择不是毫无意义了吗？存在主义回答：有意义。存在主义讲的自由选择，并不是那种世俗的实用选择，并不是去选择什么实惠的结果，而是要通过选择，显示人的存在，显示人的自由，显示人的精神价值。伊比塔失败了，但失败是这个荒谬的世界造成的，他在主观上做了选择，作了努力，没有放弃权力，在精神上是自由的。

“一个人调动起自己的整个身心，却又一事无成”——这正是存在主义所推崇的“荒诞英雄”的精神内涵。

加缪与《西绪福斯的神话》。20 世纪法国与萨特比肩而立的是加缪(1913—1960)。加缪的父亲在一战中阵亡，贫穷与死亡自幼就与他

---

① 《圣经》中“罪”的字根意思即为偏离或“达不到目标”。

相随相伴。二战时，他直接参加了抵抗运动。加缪的成名作《局外人》被视为萨特《厌恶》的姊妹篇。他的小说《鼠疫》则是一部"人们所能想象的关于人同恶势力作斗争，以及最终使有正义感的人起来反对现存生活，并同人们和自我作斗争的最激动人心的神话之一"①。

加缪影响最大的作品是哲学随笔《西绪福斯神话》。西绪福斯是希腊神话中的科林斯国王，奥德修斯的父亲，他在西方被视为普罗米修斯式的斗士之神。传说西绪福斯极为狡猾，当死神来找他时，他用计把死神捆了起来，以至人世间好几年无人死亡，后来战神把死神救出，西绪福斯才被带走。他死后被罚在阴间向山上推一块巨石，每推到山顶，巨石就又滚下来，他只好重推，如此循环往复而永无休止。从古希腊的埃斯库罗斯到现代的波德莱尔，许多著名作家都以这一神话为题材进行过创作。

在随笔《西绪福斯神话》中，加缪列举了西绪福斯被罚原因的种种说法：有说他曾抢劫行人，有说他泄露了宙斯的丑闻，有说他曾扼住过死神的喉咙，致使地狱因缺乏新鬼而荒凉寂默，还有的说，他死后骗取冥王准他暂时还阳，"但当他又一次看到大地的面貌，重新领略流水、阳光的抚爱，重新触摸那火热的石头、宽阔的大海时，他就再也不愿回到阴森的地狱中去了。冥王的召令、气愤和警告都无济于事"。"面对起伏的山峦、奔腾的大海和大地的微笑，他又生活了多年"。当西绪福斯再次被强行投入地狱时，"为惩罚他而设的巨石已经准备就绪"。在被罚的诸种原因之中，加缪倾向于最后一种。加缪要强调的，是西绪福斯对生活刻骨铭心的热爱，是"他藐视神明、仇恨死亡，对生活充满激情"。浮士德不惜以灵魂为代价，换取品尝人生的机会；而西绪福斯为了大地和阳光，也毫不畏惧地面对地狱的巨石。

加缪的《西绪福斯神话》通篇充溢着浓重的悲剧气氛。你看，地狱里受罚的西绪福斯全身绷紧，竭尽气力，用脚，用臂、用肩，用双手，甚至用脸颊，一步一步把巨石推上山顶。可巨石屡推屡落，无法逾越的命运之石，日复一日，年复一年，永无穷期地横在西绪福斯面前。

① 郑克鲁. 法国文学论集[M]. 桂林：漓江出版社，1982：290.

其实,西绪福斯所面对的命运之石,也同样矗立在我们每个人的面前。如加缪所说:每个人都是西绪福斯,差别只在是否认识到这一点。"起床,电车,四小时办公室或工厂的工作,吃饭,电车,四小时的工作,吃饭,睡觉,星期一,星期二,星期三,星期四,星期五,星期六,大部分的日子一天接一天按照同样的节奏周而复始地流逝。可是某一天,'为什么'的问题浮现在意识中,一切就都从这略带惊奇的厌倦中开始了。'开始',这是至关重要的。厌倦产生在机械麻木的生活之后,但它开启了意识的运动"。

不过,西绪福斯的核心价值,也正在于他面对赫然矗立的命运之石所表现出来的不屈精神。"创造是对人至高无上的尊严的最激动人心的证明。即不屈不挠地与环境条件作斗争,坚持不懈地努力奋斗,虽则这种努力被看作是无效的"。加缪满怀激情地写道,"我感兴趣的是返回中,停歇中的西绪福斯……我看见这个人下山,朝着他不知尽头的痛苦,脚步沉重而均匀"——没有鲜花,没有喝彩,没有光明,甚至也没有苦难的尽头。西绪福斯知道这一切,可是,他仍然朝山下走去,"脚步沉重而均匀"。"人维护自尊的场面是惊心动魄的",正是"这种反抗赋予生命以价值"。西绪福斯超越了苦难和失败,他也就超越了自己的命运。

面对现实,会有两种态度:一种是看破红尘,悲观绝望,怨天尤人,恨恨不已;另一种是坚忍不拔,奋斗不息,"从我做起,从现在做起"。基督教传统带给人们的信念是好人好报,是道路曲折,前途光明;而存在主义却说:好人未必好报,人类的发展也未必会有什么末日天国。萨特、加缪这一代思想家,他们不靠救世主,也不指望什么天公地道,善恶有报。他们公然宣称理性的虚惘和现实的荒谬。有人说他们描绘的人生图景就像置身于没有星光、永无尽头的长夜,在悬崖上沿着崎岖小径摸索前行。这幅图景固然暗淡,可我们更应该注意的是:他们在看穿红尘之后,还强调了什么?

在希腊神话中,潘多拉打开了宙斯所赠的禁盒,盒中的"饥荒""灾难""战争"等一涌而出,最后只关住了一个"希望"。存在主义把人生的失意、苦难、困境推到了极致,可是,面对这个没有希望的世界,他们强调的恰恰是不能悲观颓丧、不能绝望哀号，而要勇敢地面对现实，负起为人的责任。要咬紧牙关，“义无反顾地生活”。现实是不合理，恶是不会根除的，唯其如此，才更要为捍卫人的尊严和幸福而斗争；人生是一个悲壮的存在，苦难是没有尽头，但征服顶峰的斗争本身就足以充实人的心灵。

人生的最高意义在哪里？不在于一定要达到一个什么目标，而在于追求本身，奋斗本身。尽管无望，明知无望，还要坚持，还要干，正是在这种无望的追求中，才显出了人的理性，人的尊严和人的伟大。

加缪说过：“希望和希望不同。我觉得某些乐观的作品特别使人泄气”①。一种是建立在虚幻之上、甚至是建立在自欺欺人之上的所谓“乐观”；一种是“确认自己界限的清醒的理性”，是不讲条件、不论代价、莫问收获、只事耕耘。加缪他们推崇的是后者。这种崇尚无条件奋斗的人生哲学，曾极大地鼓舞了二战沦陷时期法兰西等国人民奋起反抗；也孕育了萨特、加缪、海明威、雷马克笔下那一大批冒险犯难、蔑视命运的“硬汉”英雄。所以，《西绪福斯神话》一问世，便受到战后一代又一代刚刚步入人生的青年们的欢迎，成为激励他们在漫漫长夜里搏击奋进的旗帜。

从现实来讲，加缪那一代的困境可能成为过去，可时代又会给我们不断提出新的难题，摆在有限人类有限人生面前的，仍将是不尽的困惑，仍将是执拗地沉默着的无限和永恒。其实，从形而上的意义来看，现实的缺憾与理想的完满，生命的有限与欲望的无限，本是无法化解的、伴随着人类始祖偷食禁果而来的“智慧的痛苦”，是人类永恒的憾恨。从根本上讲，我们每一个人面对的都是没有终点的追求、没有顶峰的攀登。失掉了天国的人类，只有用自己的意志来勇敢地面对世界，才能在永恒轮回的过程中有所超越。所以，尽管绝对真理只是人的理性的虚拟性预设，人们却可以通过相对真理的积累和修正，不屈不挠地向着绝对真理逼近；尽管终极意义只是人的意志的虚拟性预

① ［法］阿尔贝·加缪．弗朗茨·卡夫卡作品中的希望与荒诞［M］//中国社会科学院外国文学研究所《文艺理论译丛》编辑委员会．文艺理论译丛(3)．北京：中国文联出版公司，1985：415．

设，人们却决不肯停止对人生和历史终极意义的不懈扣问；尽管心心相印只是人的情感的一厢情愿的虚拟性预设，人们也决不会放弃对理解、沟通和爱的向往与追求。从某种意义上讲，这种无助的挣扎，无望的追求，也正是人之为人的标示，人们只有在追求的过程之中，才能找到自己安身立命的根本。

海明威与《老人与海》。海明威(1899—1961)是西方文学史上的一个现代神话。他出生在美国芝加哥郊外的"橡树园"镇。父亲是著名医生，一心培养海明威的"男子汉"性格。传记作家说，三岁时，父亲就给海明威买了第一根钓鱼竿，十岁时又送他一支猎枪并教他射击，同年海明威吸了第一支烟，十二岁时喝了第一杯劣质威士忌，十三岁有了第一个女人，十四岁开始学拳击，十六岁时开始写作，十八岁中学毕业去了《堪萨斯明星报》当见习记者。几个月后的 1918 年，海明威虚报年龄参加一战，在意大利北部战场被迫击炮弹炸伤，生死关头还背着一个重伤员，中途两次被机枪射中，仍坚持赶到急救站；住了三个月医院，通过 12 次手术，身上取出 237 块弹片；复原后他又上前线，到 1919 年回国时，已经获得了三枚勋章。海明威 20 岁时决定要当作家，1926 年发表的《太阳照常升起》使他一举成名。他 1936 年志愿参加了西班牙反法西斯战争，国际纵队撤退时，海明威是走在最后的一批。1942 年，他向美国海军自告奋勇，驾驶着自己的游艇沿佛罗里达海峡巡逻。诺曼底登陆之后，他参加了几次大型战役，是最先冲进巴黎的解放者之一。二战使他获得了铜星勋章和第四任妻子。战后，海明威的生活依然喧闹而充满奇遇：到古巴钓鱼，到非洲猎狮子，到西班牙参加斗牛。身历重重险境的结果之一，是海明威打破了人类受苦的记录：极险恶的汽车事故三次，飞机失事两次，作战中弹九处，还不算那些数字惊人的弹片，这使他晚年深受病痛折磨。海明威在战时是一个战士，在平时是猎手，渔人，斗牛士。他的生活信条是"活着就要做个强者"，要顶天立地；当他意识到这一切已不可能时，毅然做出了一个强者的最后选择：1961 年 7 月 1 日晨，海明威用心爱的猎枪结束了自己的生命。

海明威是作家中的"明星"。纵观海明威的 62 个年头，的确有让人眼花缭乱之感。海明威是一种生活方式，他一生追逐的是故事、女人和冒险。文学史上以自杀画句号的作家不少，参加过战争的作家也不少，耽于声色犬马或沉迷于自然之中的也不乏其人，喜爱醇酒妇人的更是数不胜数，可海明威是独特的。他喜欢人们称他为“老爸”“冠军”，喜欢把自己表现为饮酒、拳击、打猎和钓鱼的能手。海明威刷新了以往的作家形象，不再苍白虚弱，囿于书斋、无病呻吟，而在一切能够彰显男子汉气概的领域，洋溢出生机活力和无与伦比的英雄气概。正因如此，海明威一有作品发表，不管写得成功还是失败，总能引起广泛关注，掀起一轮又一轮的“海明威热”。美国前总统肯尼迪说，“几乎没有哪个美国人比海明威对美国人的感情和态度产生过更大的影响”①。他虽然不是 20 世纪最伟大的作家，但却是 20 世纪最引人注目的作家。

海明威创作前期是“迷惘的一代”的代表。在巴黎时，侨居巴黎的美国女作家斯泰因有一次指着海明威等人说：“你们都是迷惘的一代”，海明威借用这句话作为自己《太阳照样升起》的卷首题辞，后来“迷惘的一代”就成了这一批青年作家的称号。“迷惘的一代”的作家多参加过一战。当时，他们都是 20 岁左右的热血青年，满怀民主理想奔赴战场。可是，在目睹了空前的人类大屠杀之后，他们才发现战争远不是他们原来所想象的英雄事业，所谓的“爱国”“正义”“光荣”“牺牲”等等都是骗人的东西。战争的荒谬和残酷在他们心中留下了无法医治的创伤，他们的作品就集中反映了这种情绪。海明威的《永别了，武器》是“迷惘的一代”创作的高峰和终结，作品深刻揭示了：不仅战争是悲剧，生存本身就是悲剧；人逃过了战争，却逃不过命运。

海明威的代表作是《老人与海》。他说：“我一拿起这本书，就仿佛觉得终于得到了我平生所追求的东西。这本小说是我一生中打到的最美的狮子”。

《老人与海》的情节极为简单。主人公桑提亚哥与海明威小说中

---

① 肯尼迪在海明威去世后发给其家人的唁电。见：张宏峰．外国文学精华欣赏（第三卷）［M］．合肥：安徽教育出版社，2013：131．

的其他硬汉一样,也是生活中的不幸者。可他并没有被不幸所压倒。桑提亚哥自豪地声称,只要我愿意,任何人都能打败。小说开始时,桑提亚哥尽管已经年老力衰,孤身一人,而且一连85天一无所获,但他并没有向命运低头,决定照常出海,还要走得"远远的"。后来,他钓到了一条巨大的马林鱼。鱼拖着小船漂了两天两夜,老人不能睡觉,以生鱼充饥,以麻袋作被,手、背都受了伤。但他顽强坚持,最终战胜了马林鱼。

桑提亚哥所面对的马林鱼可以说也是一条"硬汉":"鱼那么长,那么高,那么宽,银光闪闪的,围着紫色的条纹,在海水里没有尽头地伸了出去。它从水里一跳到天上,把它的长,宽,威力和美都显示了出来"。桑提亚哥对鱼说:"兄弟,我从来没有见过一件东西比你更美,更好看,更沉着,更崇高了。来,把我给弄死吧"。在桑提亚哥看来,与强者对战,这本身就是值得骄傲的事。胜利了,是光荣的;即使失败了,也输得值得,也是光明磊落,可以引为自豪的事。当然,他毕竟打败了大鱼,是强中之强。在返航时,成群结队的鲨鱼不期而至,老人用鱼叉、棍子、船桨同鲨鱼搏斗,但最终未能保住自己的胜利果实。大鱼被吃得精光,他拖着一具鱼骨回到家中,精疲力竭,沉沉入睡了,但在睡梦中,桑提亚哥梦见的仍是非洲的海岸和狮子。

海明威在这个短短的故事中描写了惊心动魄的打鱼场面。然而,醉翁之意显然不在打渔本身,作者要我们关注的并不是老人与鱼搏斗的结局,而是老人在搏斗中的表现,是他的主人公在这个过程中如何对待困难,如何对待强者,如何对待失败,如何对待命运。从一定意义上讲,所有生命的最终结局都是一样的,那就是死亡。可是,没有人会去追求死亡。所以,人生的丰富,人生的精彩,人生的意义,原本就在于这样一个过程之中。

桑提亚哥完美地体现了海明威所欣赏的"压力下的风度"。桑提亚哥说:"不经过奋斗而捕到大鱼,是软弱的人干的事","你把鱼弄死不仅仅是为了养活自己,卖去换东西,你弄死它是为了光荣,因为你是打渔的"。他在同鱼的搏斗中,充分体会了鱼的力量,他尊敬、崇拜这种力量,能同这种力量对阵,更使他深深感受到作为一个渔人的骄傲,感受到和强者搏斗的骄傲。

在海明威看来，如何对待失败，这是衡量一个男子汉气概的标志。他的名言是："一个人并不是生来要给打败的，你尽可以把他消灭掉，可就是打不败他"！

六、《不能承受的生命之轻》

《不能承受的生命之轻》的作者米兰·昆德拉(1929—)是捷克裔法国作家。他的父亲是钢琴家，当过音乐学院院长。昆德拉在父亲的引领下很早就走进了音乐世界，他曾沉迷于造型艺术，一度成为小有名气的画家，后来又狂热地爱上了音乐和诗歌。1947 年，18 岁的昆德拉加入捷克共产党。1956 年，他完成了在布拉格电影学院的学业，留校任教，并开始了文学创作。给他带来世界声誉的第一部作品是小说《玩笑》，该书连出 3 版，还被拍成了电影。昆德拉曾投身 1968 年的"布拉格之春"①改革运动。这场运动最终被苏联镇压。之后，昆德拉党籍被开除，《玩笑》被列为禁书，还被禁止发表任何作品。1975 年，昆德拉和妻子前往法国，并于 1981 年加入法国国籍。昆德拉的绝大多数作品，如《玩笑》《笑忘录》《不能承受的生命之轻》《不朽》等，都是首先在法国走红，接着就引起了世界文坛的瞩目。

昆德拉 1984 年发表的《不能承受的生命之轻》被视为 20 世纪最重要的经典之一。小说描述"布拉格之春"运动以及被苏军占领时期捷克人生活和人际关系的种种困境。作品表面轻松，实质沉重；表面随意，实质深邃而又充满了人生智慧。美国《新闻周刊》说"昆德拉把哲理小说提高到了梦幻和情感浓烈的一个新水平"。正因如此，进入 20 世纪晚期的世界，才一次又一次地掀起了"昆德拉热"。

《不能承受的生命之轻》是昆德拉思想和才华得到集中体现的一

① "布拉格之春"是捷克斯洛伐克 1968 年初开始的一场国内政治民主化运动。时任捷共总书记杜布切克提出要建设"带有人性面孔的社会主义"。当年 8 月 20 日深夜，苏联及华约的 20 万军队、5000 辆坦克突然入侵，鉴于对 1956 年匈牙利的血腥悲剧记忆犹新，杜布切克没有组织抵抗，改革遂告失败。

部作品。然而,如人们所说,这样一本小说却“不仅难懂,而且读来让人饱受思想上的折磨。如果没有准备好受难,就不要打开它”[①]。

米兰·昆德拉是一位喜欢借小说阐释哲理的作家。对命运与人生价值的关注是《不能承受的生命之轻》的主题。在昆德拉看来,生命只是一个过程;人生是一种痛苦,这种痛苦源于我们习以为常的对生活目标的错误选择,对生命价值的错误判断。世人都在为自己的目标孜孜以求,殊不知目标本身往往就是一种空虚,生命因“追求”变得庸俗,人类成了被“追求”所役使的奴隶;在“追求”的名义下,我们不论放浪形骸,还是循规蹈矩,最终只是无休止地重复前人。因此,人类的历史最终将只剩下两个字——“媚俗”。

媚俗一词源于德语 Kitsch,被昆德拉多次使用。媚俗是以做作的态度迎合取悦大众的行为,这种行为侵蚀人类最初美好的心灵,是一种文明病。昆德拉认为,只要有公众存在,只要留心和在意公众存在,而不是按自己内心深处真正的意愿行事,就免不了媚俗。包括眼下的现代主义艺术,也同样失掉了解放个性的初衷,变成了一种新的时髦、新的媚俗。“媚俗所引起的感情是一种大众可以分享的东西……就是把既定模式的愚昧用美丽的语言和情感乔装打扮,甚至自己都会为这种平庸的思想和感情洒泪”。台湾著名作家龙应台说,在现代所追求的开放社会里,个体与集体之间应该保持一个理性距离,一个思辨空间。而在昆德拉看来,这个距离和空间是很难保持的,他强调:媚俗是人类境况的一个组成部分,很少有人能脱俗。由于媚俗,人们往往会扭曲自我的价值判断以迎合整体的价值取向,如萨宾娜所意识的:“在共产党当局和法西斯主义的后面,在所有占领与入侵的后面,潜在着更本质更普遍的邪恶,这邪恶的形象就是人们举着拳头,众口一声地喊着同样的口号齐步游行”。当整个价值判断体系完全失重,美与丑、善与恶、好与坏无从判别,甚至形成一体时,生命在外界和内心的重压

① 采薇.深紫色的忧伤[M].北京:大众文艺出版社,2008:244.

之下无所适从，也就变成了“不能承受之轻”。

昆德拉当过爵士乐手，他在《不能承受的生命之轻》中成功把握了政治与性爱这两个敏感领域，并形成了“幽默”与“复调”的小说风格。昆德拉在书中提出了轻与重、灵与肉、牧歌、天堂等一系列的生存暗码，并与人物一一对应，支撑起了各自的生存状态。这部小说又是现代众多四重奏作品中的妙品：托马斯、萨宾娜、特丽莎、弗兰兹——这些普通人物的命运，成了“布拉格之春”的一个剪影，四位主人公一个一个地被时代的洪流所吞没，似乎没有留下一丝痕迹。

小说的主人公托马斯是昆德拉笔下一系列唐璜式人物①中的一位。托马斯原为布拉格著名的外科医生，他拒绝束缚，希望生活在生命之“轻”中，却又摆脱不了“重”的吸引，不断地在生命的重与轻的漩涡中挣扎。“布拉格之春”时，一向拒绝媚俗，更无意于政治的托马斯，由《俄狄浦斯王》的故事联想到当局常用的“我们不知道……我们是真正的信奉者”一类托词，心血来潮地写了一篇文章，文中质问道：俄狄浦斯以残酷的自我惩罚为无知犯下的罪过忏悔，难道组成当局的“热情分子成了杀人凶手”就不该承担责任吗？——此事本起于偶然，在后来的政治清算中，他的上司也想保护他过关。可是，托马斯却宁肯失去一切去做一名窗户擦洗工，也不肯放弃人格收回过去的文章。托马斯对这个世界反叛的另一个表现是性爱。对他来说，性爱追逐本就不是一个爱情话题而是一种生命态度②。从某种意义上讲，女性其实也是他理想世界的一个隐喻。他“在女人身上寻求的是他们自己，他们的理想，又因为理想注定是永远寻求不到的，于是他们会一次又一

---

① 唐·璜本是西班牙民间传说中的人物，以潇洒风流著称。在拜伦的长篇诗体小说《唐璜》中，他被塑造成了一个心地善良、见义勇为的热情青年。

② 昆德拉回忆在捷克斯洛伐克度过的青年时代时说，“从最初的共产主义的迷惑中摆脱出来后，我们感到，走在反官方学说道路上的每一小步，似乎都是一个勇敢地举动。我们抗议对宗教信徒的迫害，我们为遭唾弃的现代艺术辩护，我们对舆论宣传的愚蠢提出异议，我们批评我们对俄国的臣属关系，等等。干这些事时，我们在冒某种风险，不是什么大险，但总归有一点点风险，而这小小的风险给了我们一种精神上的惬意的满足。”可以说，这也是托马斯性爱放纵行为的一个注脚。

次失望”，否定一个，再开始下一个，他不知疲倦地寻找，最后的结果却是不期而遇的特丽莎——尽管没有任何理由，尽管她对他而言完全陌生——理想永远落空的忧伤变成了一种无可奈何的悲壮。

情人之间的游移，政治风波中的坚持，托马斯一次又一次地徘徊在轻与重的十字路口，可内心深处却一再重复着贝多芬的乐句：“非如此不可！”托马斯最终选择和特丽莎一道隐居山村，“他们意识到在一起是快乐的，是折磨与悲凉里的快乐，彼此是生命中甜美的负担”。可是，命运到底还是轻轻地把他推向了死亡。

萨宾娜是一位画家，托马斯的情人之一，也是托马斯妻子特丽莎妒忌的对象。她思想自由，生性叛逆，反对媚俗。她背叛父母，背叛祖国，背叛爱情，不断地叛己所叛，最后到了无可背叛的境地。她不停地流浪，从布拉格到日内瓦，从苏黎世到美国，“于是，有一天她写了一份遗嘱，请求把她的尸体火化，骨灰撒入空中。特丽莎与托马斯的死显示着重，她想用自己的死来表明轻，她将比大气还轻”。萨宾娜一生不断选择背叛，选择轻盈的生活，她讨厌任何讨好大众的媚俗行为；但是，这样的背叛却让她感到自己的人生只是存在于虚无当中。萨宾娜是四个主人公中唯一活了下来的人，也是最悲惨的命运承担者和历史的牺牲者。

特丽莎是托马斯的妻子。她原是一个乡村酒店的女招待，邂逅托马斯之后来到布拉格，经萨宾娜介绍成为某新闻图片社的摄影记者。特丽莎像一个孤独的守望者，坚守着自己生命中的“重”。苏军侵捷时，她义无反顾地冲上街头，用镜头留下了苏军入侵的罪证：坦克、示威的拳头、毁坏的房屋、血染的红白蓝三色捷克国旗所覆盖着的尸体……；然而，她的照片却可能成了当局迫害爱国者的线索和证据。她深爱托马斯，且因爱而妒，无法承受由于托马斯不忠带来的嫉妒和痛苦，生活在噩梦和眩晕之中；但是，“托马斯没有把她的妒忌看成诺贝尔奖，却看成了一个负担，一个到死都压着他的负担”。后来，她追随托马斯去山村做了一名牧羊女，他们死于一场意外的车祸。

弗兰兹是日内瓦某大学的教授。他崇拜并深爱着萨宾娜，并为此离开了无爱的妻子。弗兰兹热衷于政治，他参加所有可能的游行示威，向往奋斗与呐喊时的那份激情，把行进和呼喊看做是“伟大的进军”；可是，一切的狂热像堂吉阿德与风车搏斗一样徒劳无益，随风而去。最后，弗兰兹为了缥缈的爱情与理想，参加了支援柬埔寨的国际医疗队，借着一场突然的死亡得以解脱。他加入医疗队的理由也富有反讽意味——“他想：如果萨宾娜知道他加入到支援柬埔寨的伟大进军，一定会感受到他对她的祖国遥远的支持和同情，她也就会因此而高兴的！”

《不能承受的生命之轻》将人类的生存境遇提升到形而上的高度加以思考、审查和描述。关于“轻与重”，关于“灵与肉”，关于生命中的“偶然与必然”，实在是尘世中让人颇感迷惑的命题，而昆德拉以他哲人的深邃，小说家的细腻，把这些人生的坚果一个个敲开了让人看。

“轻”指的到底是什么？——习惯上，想象中，我们都会认为“重”让人无法承受，压得人喘不过气来。可到了昆德拉这里，我们忽然听到“轻”让人无法承受，这如何不叫人们费解呢？其实，无论是特丽莎的沉重，还是萨宾娜的轻盈，作者要表达的都是基于某种形而上的价值选择。

西方历来有两种截然不同的历史观。一是古希腊哲学家巴门尼德主张的“永恒轮回”，认为历史是一个无限的、无意义的循环过程；一是由犹太教所开创的线性直进发展观，认为人类历史是有意义有目的地朝着一个既定目标发展的过程——无论这个目标是末日天国还是共产主义。后者曾主导了中世纪以来整个西方的精神世界，可进入20世纪以来，这一观念却日益受到普遍的质疑：且不论那种乌托邦的终极天国是否存在，现代历史一再上演的却是：“他们确认自己发现了通往天堂的唯一通道，如此英勇地捍卫这条通道，竟可以迫不得已地处死许多人。后来的现实清楚表明，没有什么天堂，只是热情分子成了杀人凶手”。“受到乌托邦声音的迷惑，他们拼命挤进天堂的大门，但当大门在身后砰然关上时，他们却发现自己是在地狱里。这样的时刻使我感到，历史总是喜欢开怀大笑的”。

不同的历史观自然会导引出不同的价值观。尼采所揭示的“永恒轮回”是说，所有事物的存在，所有生命的过程，其内容、本质与现象都是完全的重复。我们人类的生活也一样，一切都会周而复始、绝无新意地出现。也就是说，能够永恒的其实只是现在，我们死后不会有什么灵魂永生，人类未来也不会有什么天国在等待。人生能够拥有、可以把握的，只有现在，只有现在的瞬间。而且，我们的生存是非常渺小的，如同一粒灰尘，“生命属于我们只有一次，时间不会为我们的欢笑或泪水停留。在这样一个瞬时性组构的世界里，一切选择都失去了充足的理由，一切结果都变得十分的合理。幸福何堪？苦难何重？或许生活早已注定了无所谓幸与不幸。我们只是被各自的宿命局限着，茫然地生活，苦乐自知。就像每一个繁花似锦的地方，总会有一些伤感的蝴蝶从那里飞过”。

昆德拉“永劫回归”的话题中最核心的一句话是：“曾经一次性消失了的生活，像影子一样没有分量，也就永远消失不复回归了。无论它是否恐怖，是否美丽，是否崇高，它的恐怖、崇高以及美丽都预先已经死去，没有任何意义”。昆德拉借托马斯之口表示：历史和个人的生命一样，轻得不能承受，轻若鸿毛，轻如尘埃，卷入太空，明天不复。在这样一个宏观的永恒轮回的观念下思考生存的意义，我们需要关注的只是现实这个感性的世界，而不是去指望什么不存在的天国或灵魂的转世；只需要关注生存的瞬间，“存在开始于每个瞬间”，过去的已经不存在了，未来的还没有到来，真正存在的只有当下这一个瞬间，任何一个瞬间都已经寄托了所有的过去与所有的未来。所以，要活在当下，要执着人生，要在现在时中把握生命。

也许一切的结果，无论暗淡还是辉煌，都不值得追悔或者赞叹，对于所选择的道路，我们根本没有机会比较其优劣！而最终的选择便是无数偶然之下的必然，是你命中注定的“非如此不可”。或许，那正是你内心真正的渴望。我们也正是从这反复重演的悲剧中，看到了自己生命的潦草画图，看到了自己的本性。它无关道德，只来自人心。

轻与重到底孰轻孰重？昆德拉似乎并不是简单地在轻与重之间做出抉择，他只是力图揭示生存的真实与虚妄，并在真实与虚妄之间对人类进行轻轻地揶揄。托马斯无疑钟情于“轻”，却又始终受到“重”的不可抗拒的诱惑，并且为了他的选择不计代价。萨宾娜一再逃避媚俗的世态，为的只是那份“轻盈”，可这样一种“轻”带来的注定是一生漂泊，在无尽的背叛和漂泊中，她感受到的恰恰又是不能承受的生命之轻的残酷重压。

昆德拉问道：“如果永劫回归是最沉重的负担，那么我们的生活能以其全部辉煌的轻松，来与之抗衡，可是，沉重便真的悲惨，而轻松便真的辉煌吗？”“我们常常痛感生活的艰辛与沉重，无数次目睹了生命在各种重压下的扭曲与变形，‘平凡’一时间成了人们最真切的渴望。但是，我们却在不经意间遗漏了另外一种恐惧——没有期待、无需付出的平静，其实是在消耗生命的活力与精神”。“最沉重的负担压得我们崩塌了、沉没了，将我们钉在地上。可是在每一个时代的爱情诗篇里，女人总渴望压在男人的身躯之下。也许最沉重的负担同时也是一种生活最为充实的象征，负担越沉，我们的生活也就越贴近大地，越趋近真切和实在”。

人作为一种理性动物，是无法在虚空中生活的。昆德拉说，如果上帝已经走了，人不再是主人，谁是主人呢？地球没有任何主人，在虚空中前进，这就是存在的不可承受之轻。在经历了一个多世纪种种反复的质疑之后，西方似乎又有了一个否定之否定。

帕斯卡尔说，“人是会唱歌的芦苇”[①]。生命固然脆弱，“一口气、一滴水就足以致他死命”，然而，地球生命的出现本就是宇宙的奇迹，人的出现更是奇迹中的奇迹，宇宙生命无数亿兆次的选择和进化，才孕育出了人这一物种；人类的心智代表着宇宙演化的最高境界，而正是

① 又译“人是能够思想的芦苇”，见帕斯卡尔《思想录》。布莱士·帕斯卡尔(1623—1662)，法国数学家、物理学家、哲学家、散文家。他的《思想录》与《蒙田随笔集》《培根人生论》一起，被誉为欧洲近代哲理散文的三大经典。

对理性与意义的坚持和追求，才把人自身远远高举于万类之上。

人与其他动物一个最基本的不同点，就是他的生活必须要有某种依据，某种希望，某种道理，而决不能只是为了存活而活着。杭盖乐队的《轮回》中唱道："春夏秋冬四季轮回/生老病死命运轮回/年月更替兴衰轮回/宇宙永恒/青春却一去不回"，人必须不虚此生。"没有期待、无需付出"乃是最大的人生悲剧。既然世界没有意义，那么，人就得造出一个意义，否则，人继续在一个没有意义的世界中存活就完全没有道理了，因为，只有人才懂得什么叫做"荒诞"。

所以，20 世纪以来，西方文坛上无论是"迷惘的一代""垮掉的一代"，还是"愤怒的一代""回归的一代"，他们在出色表达理想追求全部死亡的绝望和疯狂的同时，又表现了对一个永远不能追回的美好生命的无限渴念，对人间"上帝"重临的热切企盼。

正如昆德拉在《不能承受的生命之轻》中所言："每个人的生命只有一次，它无法去借鉴于前世，也无法为后世做一个参考。生命之中充满着各种或轻或重的事件，它们构成了我们完整的一生。许许多多的事我们必须去做，我们不得不在我们有限的生命之中去处理各种各样的事件，从而，从中体现出我们生命的价值"。昆德拉强调："与巴门尼德不一样，贝多芬显然视沉重为一种积极的东西……我们相信正是人能像阿特拉斯[①]顶天一样地承受着命运，才会有人的伟大。贝多芬的英雄，就是能顶起形而上的重负的人"。

阅读书目：

1. 周国平《尼采——在世纪的转折点上》
2. 卡夫卡《变形记》*
3. 加缪《西绪福斯神话》
4. 海明威《老人与海》*

① 阿特拉斯：希腊神话里的擎天神，北非阿特拉斯山脉就是以他命名的。

5. 亨廷顿《文明的冲突与世界程序的重建》

6. 昆德拉《不能承受的生命之轻》*

思考题:

1. 如何理解弗洛姆所说“19 世纪的问题是上帝死了,20 世纪的问题是人死了”?

2. 为什么说《变形记》是“现代人生存状况的寓言”?

3. 为什么说弗洛伊德的心理分析学说深化了人对自身的认识?

4. 西绪福斯为什么会被视为“普罗米修斯式的斗士之神”?

5. 以《老人与海》为例,谈谈你对人生成败的理解。

6. 谈谈你对《不能承受的生命之轻》中“轻”与“重”的理解。

结　语

挑战与机遇

二战以后的半个多世纪，科技与经济的发展，把一个饱受摧残的世界推向了前所未有的工业化时代。尽管人们依然不得不一次次面对新的问题甚至困境，但从总体来看，也开始一步步表现出更趋理智和成熟的思维态度。

走向天空——乔纳森

在人与自然的关系方面，与中国文化崇尚的“天人合一”不同，西方文化以往的思维模式是“二元论”的。中世纪是上帝和人的对立；文艺复兴以后上帝没有那么重要了，就成了人和自然的直接对立。“二元论”强调“主客分立”，人要不断地去认识自然，改造自然，征服自然，为我所用。随着人类征服自然能力的空前提高，这种思维模式潜在的弊端也越来越明显。一味地役使自然，最后造成了自身生存环境的巨大破坏，人们终于开始认识到：科学技术是一柄双刃剑，既可能成为引导人类进入天堂的神灯，也可能成为毁灭世界的潘多拉魔盒，而今天的地球已经“到了最危险的时刻”。

1962年，蕾切尔·卡逊的《寂静的春天》描述了由于农药的使用带来的环境污染，标志着人类开始了对环境问题的关注。罗马俱乐部1971年发表了《增长的极限》，提出由于人口增长和不可再生资源耗竭速度加快，在2100年到来之前，人类社会将会崩溃，这在西方引起了强烈反响。1972年，联合国在斯德哥尔摩召开会议，通过了《人类环境宣言》。1987年，世界环境与发展委员会(WCED)发表《我们共同的未来》，明确指出人类也要面对万物和宇宙的质询，呼吁面对"共同的挑战"，需要全人类"共同的努力"。之后，联合国又先后推动通过了《21世纪议程》《联合国气候变化框架公约》《里约环境与发展宣言》等具有历史意义的重要文件，明确提出经济发展、环境保护和社会发展是实现可持续发展的三根支柱，并在2000年召开的联合国千年峰会一致通过了《千年宣言》，宣示要共同推进全球的可持续发展。

人与自然的矛盾之外，还有人与人之间的冲突。以美国为首的西方世界同以苏联为首的社会主义阵营的对立与"冷战"，构成了二战后近半个世纪的世界格局。分隔东西德国近30年的柏林墙是"冷战"时代的一个象征。该墙建于1961年，东德称其为"反法西斯防卫墙"。1989年，前苏联和东欧国家相继发生政治变动，柏林墙被迫开放和拆除，"打开这道门，推倒这堵墙"的呼吁终成了现实。如我国老诗人艾青的名篇《墙》所说："再高、再厚、再长"的墙，终究也没能阻挡"天上的云彩、风、雨和阳光"，更没能阻挡"千百万人的比风更自由的思想""比土地更深厚的意志""比时间更漫长的愿望"！

如今，西方社会与文化所面对的最主要的挑战显然来自西方以外，他者文化与西方文化的互动与冲突日益凸显。1993年，亨廷顿发表了著名的《文明的冲突》，他断言："新世界冲突的根源主要的将不是意识形态上或经济上的，人类的巨大分化以及冲突的支配性根源将是文化上的。在世界事务中，民族国家虽依然是强有力的行为主体，但主要的全球性政治冲突将产生于不同文明的民族和集团之间。文明的冲突将主导全球政治。文明间的虚线将成为未来战争的界限”①。

历史似乎被他不幸而言中。2001 年 9 月 11 日，恐怖分子劫持了美国 4 架民航客机，其中两架撞塌了纽约世贸中心“双子大厦”，一架撞毁华盛顿五角大楼的一角，另一架坠毁。袭击导致 3201 人死亡，并造成了数千亿美元的经济损失。而美国为了报复这次恐怖袭击发动的阿富汗战争和伊拉克战争，又进一步加深了西方基督教世界与中东伊斯兰教世界之间的历史夙怨。9.11 以来，恐怖主义仍呈愈演愈烈之势，这在世界范围内更引起了“文明冲突”的忧虑。

然而，历史毕竟要前行。尽管人们一再面对增长的极限和环境的挑战，可环保意识、绿色经济、可持续发展的理念，无疑已成为全球的共识；尽管有极端主义的沉渣泛起和恐怖主义的猖獗肆虐，但暴力和恐怖终究已成为人人喊打的过街老鼠，为全世界所唾弃；尽管 20 世纪末以来经济危机频现，西方增长衰退，有学者预言“西方的支配地位将会终结”，但时势流转乃历史之必然，就人类总体而言，毕竟一直在曲折中一步步艰难向前；尽管国家和地区间的矛盾冲突乃至局部战争此起彼伏，了无穷期，但零和博弈的思维毕竟日益为合作共赢②的概念所取代，和平与发展成了不可逆转的时代主题，更加开放包容、协同共进、高效运作的 21 世纪全球治理新框架正在逐步形成。

20 世纪 90 年代以来，互联网的飞速发展更是把独立平等、自由创造、合作共赢这些人类千百年来的追求推向了一个前所未有的新阶段。

在互联网的世界里，每一个交汇点都是平等的，处于特权地位的中心被解构了，人类社会延续千年的金字塔层级开始消解，无论处于哪个位置上的普通一员，都拥有了新时代的上帝之手，都可以平等地分享世界，并触摸天空。文化的自由意识和创造精神不再是少数精英

---

① [美]亨廷顿. 文明的冲突[J]. 国外社会科学，1993(10).

② 博弈理论的概念。所谓零和，是指“彼之所得必为我之所失、得失相加只能得零”。在零和博弈中，一方得益必然意味着另一方吃亏，双方是没有合作机会的。所谓共赢，是共同致力于把蛋糕做大，从而增加每一方的份额。

的特权，而成了普通人和全社会可以共享的财富。而且，互联网让“所有的你，都让我变得更强，所有的我，都让你变得更加有效”，“原本稀薄的得以聚合，曾经蜷曲的得以伸展，容易被忽略的得以显现，可能被排斥的获得接纳。孤独的不再孤独，卑微的不再卑微，每一个生命绽放的声音，从来没有像今天这般的韵味深长”[①]。网络文化的兴起使相距千山万水的人们瞬间即可沟通，经济、社会、文化以及政治等方面的交流和影响，势不可挡地超越了民族和国家的界限，人们开始用一种全新的视角看待世界和世界上所发生的一切，人权、自由、民主、平等等普世价值观念成为评判事物的基本原则。中国“各美其美、美人之美、美美与共、天下大同”[②]的理念，赢得了越来越多国家和人们的认同。

半个多世纪以来，从联合国的巨大影响，世界贸易组织（WTO）、国际货币基金组织和世界银行的有效运作，到欧洲联盟[③]吸引力的不断彰显，亚太经济合作组织（APEC）、石油输出国组织（欧佩克）、北美自由贸易区、非洲联盟、阿拉伯联盟、“二十国集团”“金砖国家”等的勃勃生机，无不昭示着和平发展、合作共赢。沟通融合逐步成为世界发展的一个重要趋势，作为“人类命运共同体”的“地球村”愿景开始轮廓显露。

回首来路，西方人曾在中世纪物质贫乏的环境中，凭借着基督教的信仰度过千年；而现代人则在丰盈的物质条件下，感受着未曾有过的精神迷惘。希腊式的灵肉和谐的理想，始终像一个可望而不可即的海市蜃楼，折磨着在物质诱惑和精神感召之间苦苦挣扎的西方人的心

① 中国中央电视台：《互联网时代》解说词，2014－09。

② 费孝通．费孝通论文化自觉[M]．呼和浩特：内蒙古人民出版社，2009：6．

③ 欧盟作为一个理想化的国家联盟尝试，承载着很多西方人的梦想。雨果说过“总有一天……所有的欧洲国家，无须丢掉你们各自的特点和闪光的个性，都将紧紧地融合在一个高一级的整体里”。1958 年 1 月《罗马条约》正式生效后成立的欧洲共同体标志着西方走向联合的第一步。1993 年 11 月 1 日《马斯特里赫特条约》生效，欧洲联盟正式成立。截至 2013 年，欧盟的成员国已经扩大到 28 个国家。当然，进入 21 世纪以来，随着“伊斯兰国”（ISIS）等极端组织的轮番坐大，爆恐事件接二连三的发生，难民潮带来的复杂局面等，欧盟乃至整个西方都面临着新的挑战。

灵。然而,如黑格尔所说,那走出了原始和谐的伊甸园的道路,正是人类之成为人类的现实的历史过程;唯有失却了乐园,人类才能在更高的境界中把握自己,重归乐园。

美国雕塑家乔纳森曾把父亲在自己儿时讲的故事,变成了一个著名的现代雕塑——《走向天空》:一个倾斜的钢柱拔地而起,直插蓝天。钢柱上走着很多人,不同肤色,不同年龄,不同职业。走到哪里去?——走向天空,走向一个美好的所在。看来,今日西方也只是漫漫文明之旅的一个驿站,身处一个新时代的黎明,人类的未知远远大于已知,前路依旧是曲折迷蒙,脚步依旧会磕磕绊绊,但是,那微露的晨曦,却昭示着东升的旭日和无限的光明。

主要参考资料

1. 徐新. 西方文化史[M]. 北京:北京大学出版社,2007.

2. 蒋承勇. 现代文化视野中的西方文学[M]. 上海:上海社会科学出版社,1998.

3. [美]威尔·杜兰特. 历史的教训[M]. 倪玉平,译. 成都:四川人民出版社,2015.

4. 杨葆根. 西方文学:心灵的历史[M]. 北京:清华大学出版,1988.

5. [美]布林顿,克里斯多夫,吴尔夫. 西洋文化史[M]. 刘景辉,译. 台湾学生书局,1983.

6. [英]伯特兰·罗素. 西方哲学史[M]. 何兆武,李约瑟,译. 北京:商务印书馆,1963.

7. [美]梯利. 西方哲学史[M]. 葛力,译. 北京:商务印书馆,1995.

8. 郑敬高. 欧洲文化的奥秘[M]. 上海:上海人民出版社,1999.

9. [英]弗雷泽. 金枝[M]. 徐育新,等,译. 北京:新世界出版社,2006.

10. [美]摩尔根. 古代社会[M]. 杨东药,等,译. 北京:中央编译出版社,2007.

11. [英]爱德华·泰勒. 原始文化:神话、哲学、宗教、语言、艺术和习俗发展之研究[M]. 连树声,译. 上海:文艺出版社,1992.

12. [美]阿兰·邓迪斯. 西方神话学读本[M]. 朝戈金,译. 桂林:广西师范大学出版社,2006.

13. 顾晓鸣. 犹太——充满“悖论”的文化[M]. 杭州:浙江人民出版社,1990.

14. [以]阿巴. 埃班. 犹太史[M]. 阎瑞松,译. 北京:中国社会科学出版社,1986.

15. [以色列]尤瓦尔·赫拉利. 人类简史[M]. 林俊宏,译. 北京:中信出版社,2014.

16. [美] C. 沃伦·霍莱斯特. 欧洲中世纪简史[M]. 陶松寿,译. 北京:商务印书馆,1988.

17. [瑞士]布克哈特. 意大利文艺复兴时期的文化[M]. 何新,译. 北京:商务印书馆,1979.

18. [美]乔治·萨顿. 科学史和新人文主义[M]. 陈恒六,等,译. 北京:华夏出版社,1989.

19. [荷兰]R. 霍伊卡. 宗教与现代科学的兴起[M]. 丘仲辉,等,译. 成都:人民出版社,1999.

20. 杨周瀚. 莎士比亚评论汇编[M]. 北京:中国社会科学出版社,1981.

21. [德]恩斯特·卡西尔. 人论[M]. 甘阳,译. 上海:世纪出版集团译文出版社,2003.

22. 杨适. 中西人论的冲突[M]. 北京:中国人民大学出版社,1999.

23. 岸根,卓郎. 文明论 文明兴衰的法则[M]. 北京:北京大学出版社,1992.

24. [法]丹纳. 艺术哲学[M]. 北京:人民音乐出版社,1986.

25. [德]恩斯特. 海克尔. 宇宙之谜[M]. 上海:上海人民出版社,1974.

26. 张建珊,等. 欧洲科技文化史论[M]. 天津:天津人民出版社,2011.

27. [德]马克斯·韦伯. 新教伦理与资本主义精神[M]. 于晓,陈维纲,译. 北京:三联书店,1987.

28. [美]房龙. 房龙文集[M]. 郭兵,等,译. 北京:北京出版社,1999.

29. [法]托克维尔. 旧制度与大革命[M]. 冯棠,译. 北京:商务印书馆,1992.

30. 陈焜. 西方现代派文学研究[M]. 北京:北京大学出版社,1981.

31. [奥]弗洛伊德. 弗洛伊德论美文选[M]. 张唤民,等,译. 北京:知识出版社,1987.

32. [奥]弗洛依德. 图腾与禁忌[M]. 杨庸一,译. 北京:中国民间文艺出版社,1986.

33. [奥]弗洛依德. 精神分析引论[M]. 北京:商务印书馆,1984.

34. 冯川. 荣格文集[M]. 北京:改革出版社,1997.

35. [法]让保罗·萨特. 存在主义是——种人道主义[M]. 周煦良,汤永宽,译. 上海:上海译文出版社,1988.

36. 汪剑钊,等. 希望从绝望深处迸发——存在主义文学述评[M]. 海口:海南出版社,1993.

37. [德]斯宾格勒. 西方的没落[M]. 齐世荣,等,译. 北京:商务印书馆,2001.

38. [美]萨缪尔·亨廷顿. 文明的冲突与世界秩序的重建[M]. 周琪,等,译. 北京:新华出版社,2009.

39. [英]阿诺德. 汤因比. 历史研究[M]. 郭小凌,等,译. 上海:上海人民出版社,2010.

40. [美]马尔库塞. 理性与革命[M]. 程志明,等,译. 重庆:重庆出版社,1993.

41. [德]胡塞尔. 欧洲科学危机和超验现象学[M]. 张庆熊,译. 上海:上海译文出版社,2005.

42. [日]福泽谕吉. 文明论概略:影响世界历史进程的文明论经典[M]. 北京:九州出版社,2008.

43. 褚慧敏,王凤玲. 世界文学的拓荒者——20 世纪欧美文学研究[M]. 北京:中国言实出版社,2011.

44. 李凤亮. 诗思史:冲突融合一米兰昆德拉小说诗学引论[M].

北京:商务印书馆,2006.

45. 贾植芳,陈思和. 中外文学关系史资料汇编[M]. 桂林:广西师范大学出版社,2004.

46. 何永康. 二十世纪中西比较小说学[M]. 南京:江苏教育出版社,2006.

47. 伍蠡甫. 西方古今文论选[M]. 上海:复旦大学出版社,1983.

48. [美]菲利普·李·拉尔夫,等. 世界文明史[M]. 北京:商务印书馆,1998.

49. [美]爱德华. 麦克诺尔. 伯恩斯,等. 世界文明史[M]. 北京:商务印书馆,1987.

中英人名对照表

阿波罗 Apollo

阿德勒 Alfred Adler

阿耳忒弥斯 Artemis

阿芙洛狄忒 Aphrodite

阿拉法特 Yasser Arafat

阿兰·邓迪斯 Alan Dundes

阿里斯托芬 Aristophanes

阿瑞斯 Ares

埃尔维斯·普雷斯利 Elvis Presley

埃斯库罗斯 Aeschylus

艾略特 Thomas Stearns Eliot

艾萨克·牛顿 Sir Isaac Newton

爱克哈特 Eckhart Meister Johannes

爱因斯坦 Albert Einstein

安·萨哈罗夫 Andrei Sakharov

安东尼 Marcus Antonius Marci Filius Marci Nepos

奥古斯丁 Aurelius Augustinus

奥古斯特·罗丹 Auguste Rodin

奥勒留 Marcus Aurelius Antoninus Augustus

奥诺雷·德·巴尔扎克 Honoré · de Balzac

柏拉图 Plato

柏辽兹 HectorLouisBerlioz

拜伦 George Gordon Byron

薄伽丘 Giovanni Boccaccio

保罗 Paul

鲍利斯·列奥尼多维奇·帕斯捷尔纳克 Lys Leonidovich Pasternak

贝多芬 Ludwig van Beethoven

贝克特 Samuel Beckett

贝尔尼尼 Giovanni Lorenzo Bernini

本杰明·富兰克林 Benjamin Franklin

本尼狄克 Benedictus

彼得 Peter

彼得拉克 Francesco Petrarch

毕达哥拉斯 Pythagoras

毕加索 Pablo Picasso

别林斯基 Visario Grigorievich Bellinsky

波德莱尔 Charles Pierre Baudelaire

波里克利特 Polyclitus

波普 Alexander Pope

波赛冬 Poseidon

博尔赫斯 Jorge Luis Borges

博马舍 Pierre Augustin Caron de Beaumarchais

布鲁诺 Giordano Bruno

查理·路易·孟德斯鸠 Charles Montesquieu

查士丁尼 Flavius Petrus Sabbatius Justinianus

柴可夫斯基 Peter Lynch Tchaikovsky

达利 Salvador Dalí

大卫·李嘉图 David Ricardo

丹尼尔·贝尔 Daniel Bell

但丁·阿里盖利 Dante Alighieri

德拉克洛瓦 Eugène Delacroix

德里达 Derrida Jacques

德尼·狄德罗 Denis Diderot

狄奥根尼 Diogenes

狄奥尼索斯 Dionysos

狄更斯 Charles Dickens

笛福 Daniel Defoe

笛卡尔 René Descartes

杜尚 Marcel Duchamp

多那太罗 Donatello

恩格斯 Friedrich Von Engels

恩斯特·卡西尔 Ernst Cassirer

凡高 Vincent Willem van Gogh

斐洛 Philo

费奥多尔·米哈伊洛维奇·陀思妥耶夫斯基 Fedor Mikhailovich Dostoeyevsky

弗朗索瓦·马利·阿鲁埃 Francois Marie Arouet

弗雷泽 James George Frazer

伏尔泰 Voltaire

福克纳 William Faulkner

傅立叶 Baron Jean Baptiste Joseph Fourier

伽利略 Galileo Galilei

高乃依 Corneille,Pierre

哥白尼 Nicolaus Copernicus

果戈里 Nikolai Vasilievich Gogol-Anovskii

哈台斯 Hades

海顿 Franz Joseph Haydn

海明威 Ernest Miller Hemingway

海涅 Heinrich Heine

荷马 Homer

赫尔墨斯 Hermes

赫淮斯托斯 Hephaistos

赫拉 Hera
黑格尔 Georg Wilhelm Friedrich Hegel
亨德尔 George Friedrich Handel
亨利·柏格森 Henri Bergson
亨利·贝尔 Henry Bell
华托 Jean Antoine Watteau
华兹华斯 William Wordsworth
加缪 Albert Camus
卡尔维诺 Italo Calvino
卡夫卡 Franz Kafka
卡拉瓦乔 Michelangelo da Caravaggio
开普勒 Johannes Kepler
恺撒 Gaius Julius Caesar
康德 Immanuel Kant
柯尔律治 Samuel Taylor Coleridge
克拉苏 Marcus Licinius Crassus Dives
库尔贝 Gustave Courbet
拉宾 Yitzhak Rabin
拉伯雷 Francois Rabelais
拉斐尔 Raphael Sanzio
拉辛 Jean Racine
莱辛 Gotthold Ephraim Lessing
劳伦斯 David Herbert Lawrence
雷必达 M·Aemilivs·Lepidvs
里德里希·威廉·尼采 Friedrich Wilhelm Nietzsche
列奥纳多·达·芬奇 Leonardo da Vinci
列宾 Ilya Yafimovich Repin
列夫·托尔斯泰 Lev Tolstoy
列维坦 Levitan Isaak Iliich

鲁本斯 Peter Paul Rubens

路德维希·安德列斯·费尔巴哈 Ludwig Andreas Feuerbach

路易·大卫 Jacques-Louis David

伦勃朗 Rembrandt Harmenszoon van Rijn

罗素 Bertrand Russell

马丁·路德 Martin Luther

马尔克斯 Concordia García Márquez

马尔库塞 Herbert Marcuse

马基雅维利 Machiavelli

马克思 Karl Heinrich Marx

马克斯·韦伯 Max Weber

马克西姆·高尔基 Maksim Gorky

马库斯·图留斯·西塞罗 Marcus Tullius Cicero

马奈 Edouard Manet

马斯洛 Abraham Harold Maslow

米哈依尔·肖洛霍夫 Mihail Sholokhov

米开朗基罗 Michelangelo Simoni

米兰·昆德拉 Milan Kundera

米勒 Jean Francois Millet

米隆 Myron

摩尔根 Thomas Hunt Morgan

莫泊桑 Guy de Maupassant

莫里哀 Jean Baptiste Poquelin Moliere

莫奈 Claude Monet

穆罕默德 Muhammad

尼古拉·阿列克谢耶维奇·奥斯特洛夫斯基 Nicola Alexeyevich Ostrovsky

欧里庇得斯 Euripides

欧文 Robert Owen

庞培 Gnaeus Pompeius Magnus
培根 Francis Bacon
皮浪 Pyrrōn
普勒斯顿 John Preston
普鲁斯特 Sell Proust
普罗塔哥拉 Protagoras
普桑 Nicolas Poussin
契诃夫 Anton kowolski vicki Chekhov
乔叟 Geoffrey Chaucer
乔托 Giotto di Bondone
乔伊斯 James Joyce
乔治·桑 George Sand
乔治·萨顿 George Alfred Leon Sarton
让·保尔·萨特 Jean Paul Sartre
让·雅克·卢梭 Jean-Jacques Rousseau
热罗姆 Jean-Leon Gerome
荣格 Carl Gustav Jung
塞万提斯 Miguel de Cervantes
桑德罗·波提切利 Sandro Botticelli
圣西门 Comte de Saint-Simon
叔本华 Arthur Schopenhauer
斯蒂芬·威廉·霍金 Stephen William Hawking
苏格拉底 Socrates
索福克勒斯 Sophocles
塔耳塔洛斯 Tartarus
泰勒 Edward Burnett Tylor
梯利 Frank Thilly
提香 Titian
屠格涅夫 Ivan Sergeyevich Turgenev

托马斯·杰斐逊 Thomas Jefferson
托马斯·莫尔 St. Thomas More
托马斯·潘恩 Thomas Paine
托玛斯·阿奎那 Thomas Aquinas
瓦格纳 Wilhelm Richard Wagner
威尔·杜兰 Will Durant
威廉·莎士比亚 William Shakespeare
威廉·詹姆斯 William James
维加 Vegay Carpio
维克多·雨果 Victor Hugo
屋大维 Gaius Octavius Thurinus
西格蒙德·弗洛伊德 Sigmund Freud
席里柯 Theodore Gericault
夏多布里昂 Chateaubriand
夏洛蒂·勃朗特 Charlotte Bront ?
雪莱 Percy·Bysshe·Shelley
雅典娜 Athena
雅高伯·佩里 JacopoPeri
雅斯贝尔斯 Karl Theodor Jaspers
亚·拉吉舍夫 Radishev Aleksandr Nikolaevich
亚·索尔仁尼琴 Alexander Solzhenitsyn
亚当·斯密 Adam Smith
亚里士多德 Aristotle
亚历山大·谢尔盖耶维奇·普希金 Alexander Sergeyevich Pushkin
扬·胡斯 Jan Hus
耶稣 Jesus
伊壁鸠鲁 Epicurus
伊波利特·阿道尔夫·丹纳 Hippolyte Adolphe Taine
尤奈斯库 Eugene Ionesco

约翰·加尔文 John Calvin

约翰·洛克 John Locke

约翰·弥尔顿 John Milton

约翰·沃尔夫冈·歌德 Johann Wolfgang von Goethe

约翰 John the Baptist

约瑟夫·海勒 Joseph Heller

芝诺 Zeno

宙斯 Zeus

附　言

本书完成过程中得到了许多朋友和同事的帮助，北京师范大学珠海分校的唐灿灿、莫茜老师分别承担了引文和外文等内容的校核工作；西安交大出版社的雒海宁女士为本书的编辑等付出了辛勤的努力，在此一并致谢。

本书附有配套的精美 PPT 课件（获教育部 2015 年优秀课件奖），任课教师可免费提供，需要者请在征订的同时与出版社联系。